市域社会治理
现代化双城模式研究

Research on the Modernization Model of
Social Governance of Chengdu-Chongqing
Administrative Region

郑泰安 钟 凯 唐 军 郑 妮 李明春 汤 丽 著

图书在版编目（CIP）数据

市域社会治理现代化双城模式研究 / 郑泰安等著
. — 成都：四川大学出版社，2022.12
ISBN 978-7-5614-5229-5

Ⅰ. ①市… Ⅱ. ①郑… Ⅲ. ①城市管理－社会管理－研究－中国 Ⅳ. ①D63

中国版本图书馆 CIP 数据核字（2022）第 226381 号

书　　名：市域社会治理现代化双城模式研究
　　　　　Shiyu Shehui Zhili Xiandaihua Shuangcheng Moshi Yanjiu
著　　者：郑泰安　等

出 版 人：侯宏虹
总 策 划：张宏辉
选题策划：蒋姗姗
责任编辑：蒋姗姗
责任校对：庄　溢
装帧设计：墨创文化
责任印制：王　炜

出版发行：四川大学出版社有限责任公司
　　　　　地址：成都市一环路南一段 24 号（610065）
　　　　　电话：（028）85408311（发行部）、85400276（总编室）
　　　　　电子邮箱：scupress@vip.163.com
　　　　　网址：https://press.scu.edu.cn
印前制作：四川胜翔数码印务设计有限公司
印刷装订：四川省平轩印务有限公司

成品尺寸：165 mm×238 mm
印　　张：28
字　　数：501 千字

版　　次：2022 年 12 月 第 1 版
印　　次：2022 年 12 月 第 1 次印刷
定　　价：86.00 元

本社图书如有印装质量问题，请联系发行部调换

版权所有 ◆ 侵权必究

扫码获取数字资源

四川大学出版社
微信公众号

国家社科基金后期资助项目
出版说明

后期资助项目是国家社科基金设立的一类重要项目，旨在鼓励广大社科研究者潜心治学，支持基础研究多出优秀成果。它是经过严格评审，从接近完成的科研成果中遴选立项的。为扩大后期资助项目的影响，更好地推动学术发展，促进成果转化，全国哲学社会科学工作办公室按照"统一设计、统一标识、统一版式、形成系列"的总体要求，组织出版国家社科基金后期资助项目成果。

全国哲学社会科学工作办公室

前　言

　　社会治理成为一门显学，毫无疑问其源动力来自鲜活的地方治理实践，但更重要的推动力是国家在对社会治理认识不断深化的基础上，所提出的一系列新思想、新观点和新论断。国家治理体系和治理能力现代化、社会治理共同体、市域社会治理现代化等创造性概念，就是在这样的背景下提出的。

　　在学术研究层面，多少人皓首穷经，只为探寻各国尤其是中国的治理奥秘。然而，追溯"治理"一词的理论源流，是极不容易的。治理前面冠以"社会"二字，代表着这一治理领域的广度和宽度。什么样的社会需要治理？哪一种治理可以称得上"社会"之治？如果不弄清楚不同的语境、词义和理论背景，就容易让人陷入理论与实践的迷雾之中。

　　社会治理的中西方之辩，在"两个一百年"历史交汇点的今天，已经算不上特别重要的议题。道理很简单，中国已发展成为世界第二大经济体，总体发展趋势不可逆转，中华民族伟大复兴近在咫尺。发生在中国的一切事实，就是各种伟大理论的最佳注脚，也为进一步的理论创新提供了"富矿"。现在的问题，已不是中国治理和西方治理哪个更好，而是中国的治理制度还有哪里做得不够好。显然，与自己较真，做更好的"中国"，某种意义上才是真正的"四个自信"。

　　另一件不易处理的事，莫过于社会治理研究的学科视野。社会治理研究属于什么学科门类，见仁见智。在跨学科研究大行其道的当今理论界，学科定位本身已不是值得争论的细节。关键是，选取的研究工具能否契合研究设计和研究对象特点。总的来讲，不受学科限制的"开卷有益"，不受思维定式的开放性思考，对于社会治理问题的研究而言，十分重要。

　　"市域社会治理现代化"在官方叙事中是一个举足轻重的概念，它正好居于国家治理和基层治理之间，被视为推进国家治理体系现代化承上启下的关键环节。但从理论视角来看，与国家治理研究相比它似乎少了一点学术厚重感，与基层治理对照又缺了一点田野调查的实证性检验。考虑到牵头市域社会治理主管机关的工作范围，以及理论与实务界普遍将"市域"定位于"地级市"这一特定空间，倘若稍不注意，我们的研究就可能落得两头不讨好，无法与既有研究展开学术对话，也难以与实务部门的关切相对接。对此怎么破题，相信已成为许多研究市域社会治理问题同行的一块"心病"。

在我看来，研究的突破口其实就在中国改革与创新的这片沃土上，以及隐藏在诸多文献提及的"区域治理"这一概念中。"区域"与"市域"相比，它仍属地方治理的基本范畴，且同样位于国家和基层的承上启下环节。更重要的是，区域空间选取范围可大可小，不完全受到行政区划制约。在区域经济一体化发展的社会要素高度流动的背景下，忽略"区域"这一空间因素，市域社会治理能力现代化多大程度能够实现？京津冀协同治理，长三角和粤港澳大湾区一体化治理，无一不是打破行政边界的社会治理先行者。中央提出推动成渝地区双城经济圈建设，支持川渝两地探索经济区与行政区适度分离改革，这一国家区域发展重大战略，为市域社会治理研究提供了新的观察角度与创新路径。

基于对有关概念及理论背景的比较与审视，我带领研究团队选择区域意义上的"双城治理"作为市域社会治理研究的破题点，以成渝地区和国内主要城市群的治理实践为研究对象，成功申报国家社科基金后期资助项目。本项研究建立在我对地方立法和社会治理长期跟踪研究的基础之上，课题组为此积累了大量一手实证材料。这期间，我带领团队相继参访美国、德国等欧美国家的基层法院和社会机构，密集调研收集成渝地区和广东沿海部分城市的社会治理问题，通过比较分析审视不同国家、地区的治理现状，真切感受到不同治理逻辑对国家和地区治理能力、治理需求的真实影响。部分课题组成员特别运用了质性研究方法，与研究对象充分互动，通过深度参与案例处理过程以及亲历基层矛盾纠纷调解，进一步深化了对社会治理特别是跨域治理规律的认识。这对于增强本书理论假设及有关命题的解释力，至关重要。

为了让研究达到一定高度，我们还注重跨学科研究。全书借鉴了制度经济学、社会学、政治学、法学等多学科概念与视角，将双城治理主要命题植入不同学科的分析进路中，综合建立了跨学科意义的双城治理研究框架。从研究范式来看，本书不是单纯的实证或规范研究，而是兼而有之，整体上遵循了"概念定义—提出假设—总结命题—实证检验—规范分析—对策建议"的研究思路。

通过以上方法和思路,全书形成了导论、本体论、实践论、体系论和对策论五大部分,共十六章内容。研究具体分工如下:全书由我负责研究方案设计、统稿和组织讨论,并承担本体论第三章和第四章、实践论第七章、体系论第八章以及对策论第十四章的写作;钟凯研究员负责实施具体调研工作,并承担导论第二章、实践论第六章、体系论第九章至第十三章的写作;本书其他章节,由唐军研究员、郑妮教授、李明春博士和汤丽副教授撰写。

研究市域社会治理或国内城市群治理的文献虽有不少,但直接以成渝地区为主要研究对象的系统研究,尚属空白。作为国家社科基金后期资助项目的结项成果,呈现在读者面前的这部作品是有学术诚意的,它初步搭建了市域治理现代化的双城治理框架,提出了一些富有新意的论点以及具有现实针对性的建议。当然,限于实地调研的局限性,书中对我国地方治理实践的考察,必有考虑欠周之处;对成渝地区治理规律的提炼以及相关对策建议的科学性如何,还有待实践检验。不管怎么说,这是研究团队在跨区域市域治理研究方面做出的最新探索,疏漏在所难免,愿以此求教于同仁。

郑泰安
2021 年 6 月 23 日

目 录

第一部分 导 论 问题的缘起及研究设计

第一章 治理问题研究回顾与基本语境 ……………………… 3
第一节 治理问题研究的文献回顾 ………………………… 4
第二节 治理语境中的词义定位 …………………………… 25

第二章 双城治理的理论假说与研究路线 …………………… 38
第一节 问题的提出及理论假说 …………………………… 38
第二节 研究创新与技术路线 ……………………………… 48

第二部分 本体论 理论命题与制度内涵

第三章 全球可治理性危机与中国治理当代命题 …………… 57
第一节 全球可治理性危机及其理论溯源 ………………… 57
第二节 中国社会治理的理论特征及域外可借鉴经验 …… 65

第四章 双城治理的制度内涵与基本命题 …………………… 78
第一节 经济圈背景下双城治理的制度内涵 ……………… 78
第二节 关于成渝地区双城治理的五个命题 ……………… 89

第三部分 实践论 研究采样与分析启示

第五章 社会治理现代化的市域采样分析 …………………… 121
第一节 "双城治理"市域采样的基本问题 ……………… 122
第二节 市域社会治理现代化的成都探索 ………………… 128
第三节 市域社会治理现代化的重庆实践 ………………… 144
第四节 社会治理现代化的其他市域采样 ………………… 155

第六章　我国主要城市群及区域治理采样 …… 175
第一节　京津冀区域治理模式与协同机制 …… 176
第二节　粤港澳大湾区治理多层协调模式考察 …… 188
第三节　长三角一体化治理的理论与实践 …… 199
第四节　成渝地区双城治理实践及结构雏形 …… 210

第七章　地方治理比较的启示与展望 …… 224
第一节　地方治理共识及主要模式比较 …… 224
第二节　基于地区比较对双城治理命题再审视 …… 234

第四部分　体系论　双城治理体系结构及主要内容

第八章　双城治理体系构建的基本问题 …… 249
第一节　构建双城治理体系的意义和目标 …… 250
第二节　双城治理体系中的理念表达 …… 258
第三节　双城治理体系的结构与内容 …… 267

第九章　双城治理圈层空间体系 …… 274
第一节　成渝区域经济空间演进及其结构特征 …… 275
第二节　双城治理圈层空间结构及体系化特征 …… 284
第三节　圈层空间体系的结构强化与空间再造 …… 288

第十章　双城治理共同体体系 …… 294
第一节　构建双城治理共同体的现实逻辑及挑战 …… 295
第二节　双城治理共同体构建目标及路径选择 …… 301
第三节　双城治理共同体的多维体系构成 …… 306

第十一章　双城治理客体体系 …… 314
第一节　双城基层治理中的公共事务 …… 315
第二节　双城治理中的跨域公共治理 …… 320
第三节　治理型公共设施规划建设事务 …… 325

第十二章　双城治理区域法治体系 …… 329
第一节　双城治理法治规范体系 …… 330
第二节　双城治理的法治实施体系 …… 337
第三节　双城治理法治载体建设体系 …… 344

第十三章　双城治理运行体系 …… 349
第一节　双城治理体系中的技术运行机制 …… 350
第二节　双城治理体系中的公共治理机制 …… 356

第三节　双城治理体系中的市场运行机制 …………………… 363
　第四节　双城治理体系中的社会参与机制 …………………… 367

第五部分　对策论　加快推进成渝地区双城治理现代化

第十四章　加强双城治理国家制度供给 …………………………… 375
　第一节　双城治理的长期制度供给路径 ……………………… 375
　第二节　加强双城治理国家制度供给的中期路径 …………… 378
　第三节　加强双城治理国家制度供给的短期支撑策略 ……… 379

第十五章　加快双城协同治理制度供给 …………………………… 382
　第一节　川渝党政联席会议机制的完善 ……………………… 382
　第二节　双城治理立法供给及监督联动 ……………………… 390
　第三节　双城治理现代化指标体系构建 ……………………… 404

第十六章　市域社会治理融入双城治理的建议 …………………… 417
　第一节　市域立法对市域社会治理创新的制度设计 ………… 417
　第二节　市域社会治理融入双城治理体系的构建突破 ……… 421
　第三节　成渝地区市域治理优化及加快同城化治理的建议 … 423
　第四节　毗邻圈层市域社会治理的协同建议 ………………… 427

参考文献 ………………………………………………………………… 430

第一部分 导 论

问题缘起及研究设计

第一章　治理问题研究回顾与基本语境

国内理论界对社会治理的理解，发端于20世纪90年代末引入的西方治理理论。治理作为一种学术概念，蕴含了有限政府、法治政府、公众参与、民主、社会公正等政治、法治基本理念。放眼全球，我们已处在人口爆炸、环境污染、恐怖主义、金融危机、网络安全等重大问题频发，"黑天鹅"事件不断涌现的"全球风险社会"时代。[①] 当今世界，泛抗议以及抗议的民粹化、极端化正席卷包括西方民主国家在内的世界各国。西式民主不仅没能平息争议、化解矛盾，反而每每成为党派互倾、激化矛盾的战场，导致社会高度撕裂和政府陷入瘫痪，"可治理性"在全球范围内已成为一个无法回避的时代命题。

进入新世纪的第二个十年，突如其来的新冠肺炎疫情全球大流行并深刻影响各国社会经济和安全形势，这表明非传统重大风险应对能力同样是检验一国治理体系和治理能力的重要标尺。国家发展和治理的实践表明，治理理论只有在本土化的基础上才能实现理想的重塑。[②] 可以看到，我国新时代背景下的治理问题，与全球化和西方治理传统理论及实践有一定关联，但又有着不同的问题意识和话语体系。此外，中国当代治理问题也存在不同的场域和语境，它们相互之间的关联程度更高、有关研究内容更加重叠，词义定位方面的实质区别更小。这就需要对中西方以及我国国家治理、地方治理中的各类命题进行归纳，特别是在提出具有特殊性的双城治理理论框架并界定制度内涵之前，进行必要的词义和语境限定，以保证全书研究内容论述的集中性，避免发生命题"漂移"。

[①] 范如国：《"全球风险社会"治理：复杂性范式与中国参与》，载《中国社会科学》2017年第2期。

[②] 王浦劬：《国家治理、政府治理和社会治理的含义及其相互关系》，载《国家行政学院学报》2014年第3期。

第一节　治理问题研究的文献回顾

社会治理是什么？社会治理和国家治理是什么关系？社会治理背后存在哪些理论资源和学术争鸣？这些问题一直以来都是国内外学者研究关注的重点。在纷繁复杂的学说争论和理论演变过程中，不同治理命题也会基于实践需要、学科发展和理论交流等原因，发生概念和内容上的交叉、融合乃至发展出新的命题。研究市域社会治理问题，就不能不首先回到治理问题的基础理论，考察其理论源流及其变迁过程中产生的一系列相关概念，诸如全球治理、国家治理、区域治理、市域治理、城市治理和基层治理等；同时还要看到，中西方治理的理论基础、实践经验和时代命题存在较大差异，且各自在不同的历史阶段所接受和形成的治理理论也不尽相同。要回答为什么要研究市域社会治理问题，市域社会治理在区域经济发展中有哪些特殊命题等疑问，就有必要在本章中对相关理论背景、基本研究现状进行学术史梳理和词义限定。在本节，我们将围绕前述关键词进行文献分析。必须说明的是，市域社会治理是一个较有中国特色的研究命题，故本节所做研究综述主要以国内文献为分析对象。

一、中西方社会治理的理论源流比较

虽然社会治理这一术语在世界范围内提出的时间相对不长，但是其背后的理论源头却与西方近代哲学思潮和启蒙思想有着密不可分的联系。起源于西方理论思潮的社会治理理念在传入我国之后，经过了我国政治意识形态、经济基础、社会结构和发展阶段等多种元素的本土化改造。综合来看，社会治理理念的演进历程既含有西方国家为解决自身社会危机而引发的改革思潮，又凸显了我国全面深化改革的迫切需求。

（一）西方社会治理理念的历史演进和代表性理论

在西方传统社会中，城邦是最初产生的一种社会治理形态。在经历德拉古立法改革、梭伦改革、克利斯提尼改革、伯里克利改革之后，西方逐渐形成了古典民主形式的城邦治理，随后又经历了城邦从形成到解体的400多年，并轮番上演了各种政体。[①] 到中世纪，欧洲国家开始进入

---

① 许耀桐：《国家治理：古希腊城邦的启示》，载《治理研究》2018年第4期。

"宗教治理"阶段，但总体上没有摒弃"君权统治"的路径。在"君权神授"思想的影响下，这一时期国家与社会的关系存在一个显著特征，即统治者和宗教首领为了维护各自的政治利益而相互联合。所以当时欧洲的国家治理思想的核心在于强化封建君主制度①，其本质还是强调城邦统治和君主统治的核心地位。

西方社会治理理论可溯源于近代启蒙思想家的贡献。一般认为，治理理论的发展是以西方民主自由观念为理论根基的。② 事实上，西方民主自由的观念经历了不同的历史阶段，对近代西方民主思想具有较大影响的是法国思想家卢梭提出的"社会契约论"。这一理论建立在自然法的假定状态下，主权者被抽象成一种社会公意，即每个人都自愿把自身置于公意的最高指导之下，且成为不可分割的政治共同体。卢梭还区分了公民和臣民：作为主权的参与者，每个人都称为"公民"；作为国家法律的服从者，则称为"臣民"。③ 按照卢梭对国家起源的理解，国家（政府）这一实体是社会每个成员让渡了一部分权利集合形成的。正如他在《社会契约论》一书中指出的那样，如果原始状态已经危及人类的生存，继续保持这种状态而不改变其生存方式，就会灭亡。④ "社会契约论"的历史意义在于，它从根本上确认了人民主权、国家及其政府等都是作为社会建构的结果，而民主则是进行社会建构所必须遵循的基本的和普遍的原则。⑤

随着西方现代民主政治和法治进程的发展，政府从大量市场活动中退出，在经济社会诸多方面，资本和市场力量形成了资本主义社会特有的强大话语权，大小资本对分享国家权力的要求比以往任何时候都强烈。不过，西方社会并没有由于国家政治生活逐步被资本所主导而停止演变。从20世纪70年代开始，由民主政治所催生的高福利国家逐渐产生了巨大的财政危机，此时西方国家的社会矛盾进入了新的激化周期，社会各阶层的利益分化、冲突愈加难以平衡。在社会矛盾的催化方面，资本逻辑固然是其中一个重要推手，但残酷的市场竞争导致的贫富差距不断被

---

① 王芳：《比较视角下的国家治理模式及其理论构建》，载《人民论坛·学术前沿》2016年第20期。
② 吴家庆，王毅：《中国与西方治理理论之比较》，载《湖南师范大学社会科学学报》2007年第2期。
③ 〔法〕让雅克·卢梭：《社会契约论》，李平沤译，商务印书馆2017年版，第19—20页。
④ 〔法〕让雅克·卢梭：《社会契约论》，李平沤译，商务印书馆2017年版，第17页。
⑤ 张康之，张乾友：《民主的没落与公共性的扩散——走向合作治理的社会治理变革逻辑》，载《社会科学研究》2011年第2期。

拉大，被逐步边缘化的弱势群体越来越难以获得基本的政府公共服务，最终使得社会的整体利益受到了损害。① 但与此几乎同步的是，第一个全球化的黄金时代到来。全球化社会问题通过全球平台在世界范围内进行传播，为国家治理主体带来巨大的压力，促使西方各国对单一治理结构进行反思。② 为了应对这种利益格局的变化，西方理论里不仅形成国家与市场的分立，还兴起了国家与社会的分离，社群社区或公共领域成为学者关注的热点。③

由以上社会变迁来看，治理对象的确定实际取决于国家、市场和社会的关系。当国家与社会关系分离程度较低，国家的相对自主程度在某种程度上会超越社会的限度或制约。④ 在这种情况下，治理国家也就是在治理社会。而当代西方政府、市场、社会的多中心治理格局，完全是在历史演进过程中各方力量此消彼长的背景下动态形成的。通常而言，不同治理主体往往都有较高的治理权，这总体上契合了西方三权分立的政治体制和近现代西方民主的发展路径。

正如刘湘顺和李雅莉分析指出的，西方国家社会治理理念的演进是典型的"社会统治—社会管理—社会治理"三阶段的发展历程，社会治理理念的发展和兴起，与西方国家社会发展的政治、经济、文化等社会环境的变化具有密不可分的关系，并且很多治理理念是在单一治理主体治理能力不足以应对社会危机的情况下诞生的。⑤ 整体而言，西方社会治理理念遵循了由产生到发展再到反思的演化路径。

1. 社会秩序理论

西方社会步入近代以后，专制主义受到启蒙思潮的影响，"家天下"的统治思维逐步为西方自由民主所取代。在权力制衡等理念的指引下，从政府到民间，西方开始倡导分权治理的治理路径，并根据自身不同的历史文化和政治现实，分别演化出自下而上和自上而下两种分权模式。⑥

---

① 张翼飞，郑莉：《"社会"为何需要"治理"——西方社会治理问题的起源及其启示》，载《湖南师范大学社会科学学报》2017年第4期。
② 赵传君：《社会治理法治化：西方是一面镜子》，载《经济研究导刊》2014年第36期。
③ 有关公共领域的代表著作为〔德〕尤尔根·哈贝马斯：《公共领域的结构转型》，曹卫东等译，学林出版社1999年版。
④ 臧乃康：《统治与治理：国家与社会关系的演进》，载《理论探讨》2003年第5期。
⑤ 刘湘顺，李雅莉：《西方治理理论对我国社会治理建设的若干启示》，载《湖南省社会主义学院学报》2017年第3期。
⑥ 喻锋：《走向"地方的欧洲"：欧洲地方治理的发展及其启示》，载《国家行政学院学报》2010年第6期。

但是，近代资本主义的民主法治并不能掩盖和消除内在的根本矛盾，不断带来新的治理难题。由于西方各国内部的阶级矛盾和社会对立显著，统治者必须寻找一种合适的手段来维护社会秩序与稳定。①

社会秩序管理的需要，催生了早期的社会治理理念。这一理念旨在强调通过强权政府来实现对社会秩序的维护，减少各社会阶层之间的各种矛盾和冲突，实现社会的整体有序。②因此，分权制改革虽然开启了社会治理演进的开端，但该思路在社会秩序管理的目的方面仍然存在一定的"旧制度"的路径依赖。不论是中央主动分权还是地方自治分权治理的路径，都是为了在调和阶级矛盾的前提下，更好地管理社会秩序、解决社会矛盾。

2. 社会福利理论

早期的秩序治理观主要依靠强权政府对社会进行管制，此时的民主制度适用人群也是有限的。随着资本主义的快速扩张，不同阶层、群体之间的地位、贫富差距逐步拉大，更多的社会资源被掌握在更少的人手中。③在经历了两次世界大战后，为了缓和社会矛盾，并在一定程度上改善利益的失衡，西方各国普遍拥抱凯恩斯主义。这一时期的国家治理表现出明显的政府扩大支出的福利主义倾向。

与这一治理思维相匹配的是政府职能的扩张，"大政府"借此重回西方社会。在社会福利理论指导下，政府负有向国民提供"从摇篮到坟墓"的所有公共产品和公共服务的责任。政府的一系列改革举措，使得西方各国迅速摆脱第二次世界大战带来的经济收缩，社会整体幸福感增加，国家治理也进入一个较为积极的状态。由于这一时期的经济和社会政策制定通常倡导从社会整体利益出发，尤其支持为民众提供更多福利的方式④，有利于平衡资本主义国家阶级固化带来的阶层对立和冲突，帮助国家摆脱社会治理危机。⑤

---

① 王道勇：《西方发达国家社会治理制度创新的基本趋向》，载《中国民政》2015年第3期。
② 房宁：《国外社会治理经验值得借鉴》，载《理论导报》2015年第2期。
③ 孙晓莉：《西方国家政府社会治理的理念及其启示》，载《社会科学研究》2005年第2期。
④ 陈立周：《当代西方社会福利理论的演变及其本质——兼论对中国社会福利实践的启示》，载《辽宁大学学报（哲学社会科学版）》2011年第2期。
⑤ 王贤斌：《民生国家VS福利国家：中西方的比较与启示》，载《中共宁波市委党校学报》2018年第4期。

3. 多中心治理理论

在20世纪70年代，以布坎南的公共选择理论为代表的新自由主义思潮兴起，公共行政改革在西方国家形成热潮①，为多中心治理提供了理论基础。此外，多中心治理意味着公民个体的觉醒和作为公共活动集中场域的公共领域的兴起。因为，治理行为主体多元化的特征决定了多中心治理必须以行为主体间的信任为基础，采取合作的手段来开展。②由此，公共领域理论进一步为多中心治理提供基本理论工具。

按照哈贝马斯对公共领域的界定，公共领域就是社会的本质。在公共领域中，这些群体的活动场域呈现的活动或事件需要通过社会主体自身予以解决，并不希望将之国家化。③ 国家与社会的分离，契合了多中心主义的治理观念。麦金民斯和奥斯特罗姆分析指出，多中心治理是多元化和多层次的治理主体所组成的复杂联合体，包括公共部门、私人机构、市民或第三部门等，每个治理节点都在其中发挥关键和支持作用。④

4. 社会合作理论

社会合作理论研究的重点，在于如何保持国家、市场和公民社会关系的均衡，即所谓的"第三条道路"。这是在多中心治理理论基础上演化出的又一治理理论。按照吉登斯的说法，由于国家和市场的强大力量，复兴公民社会是第三条道路政治的一项基本抱负。⑤

杨雪东曾指出第三条道路的局限性：社会合作理论本质上并非内生的理论创新，而是一种拿来主义和折衷立场；它有限承认新自由主义的理论框架，又接受国家职能的许多政治目标，看起来无所不包，非常全面，但缺少衔接系统和可行措施。⑥

与其他治理理论下社会与国家关系二元划分或一元主导不同，按照第三条道路的预设立场，社会组织与国家的关系显得更为多元和灵活。萨拉蒙和克拉默等人将社会组织参与社会治理的模式分为政府支配模式、

---

① 刘秀伦，庞伟：《超越西方治理与走向中国特色的国家治理现代化》，载《重庆邮电大学学报（社会科学版）》2015年第2期。

② 李明强，王一方：《多中心治理：内涵、逻辑和结构》，载《中共四川省委省级机关党校学报》2013年第6期。

③ 张昱，焦志勇：《统治、治理、自治：国家与社会关系视角》，载《社会建设》2015年第2期。

④ Michael D. McGinnis, Elinor Ostrom. Reflections on Vincent Ostrom, Public Administration, and Polycentricity [J]. *Public Administration Review*, 2012 (1): 15–25.

⑤〔英〕安东尼·吉登斯：《第三条道路及其批评》，孙相东译，中共中央党校出版社2002年版，第82页。

⑥ 杨雪冬：《第三条道路：新路还是旧途》，载《马克思主义与现实》1999年第1期。

第三部门支配模式、双重模式和合作模式。① 科斯顿则进行了更为细致的划分，将社会组织和政府的互动关系总结为由八种模型构成的连续谱系，包括压制、敌对、竞争、合约、第三方治理、协作、互补和合作。② 这些关系模型，反映了社会与政府和市场之间不同的合作治理关系。

随着第二个全球化黄金年代的到来，西方学术界对整个西方治理理论提出了系统性的反思，进一步提出"可治理性"的概念以及"可治理性危机"的命题。这一命题基于对西方社会治理难题的当代反思，反映出学者对全球化机制促使治理危机在不同国家和地区传导和扩散的担忧。关于可治理性危机的介绍、具体表现形式以及由此带来的当代命题，将在"本体论"部分展开。

（二）中国社会治理理念的历史演进和代表性理论

中国与西方国家于社会治理思想演进方面，既有着差异又有部分相似的发展历程，但社会治理在中国历史上的大多数时期并未成为一门显学，而西方自近代以来就不断发展出各种不同的治理概念和命题。相比之下，西方社会治理理念的发展脉络和阶段特征似乎更为清晰。但是从近年来国内学者的理论挖掘和有关讨论来看，中国社会治理理念在历史厚度和思想深度上并不输于西方国家。

1. 古代社会治理思想雏形

自上古三皇五帝开始，社会治理就已经作为一种实践活动而存在。从"道法自然、无为而治"的小国寡民和"天道"治理理念，到法家推崇的"严刑峻法"式的"霸道"治理理念，再到儒家推崇的采取自上而下③与自下而上方式④相结合的民本"王道"治理理念，乃至于后续各朝代对儒家思想的承袭与改造⑤，中国传统文化中的社会治理理念其实或多或少地包含了"放任—管制—关注民生"的演进脉络。宏观层面孔孟二人所主张的"仁政、德政""礼乐之治"，就是在意识到国家的稳定与

---

① B. Gidron, R. M. Kramer, M. Salamon. *Government and the Third Sector: Emerging Relationships in Welfare States* [M]. SanFrancisco: Jossey-Bass, 1992: 1—14.

② M. Jennifer, Coston. A Model and Typology of Government-NGO Relationship [J]. *Nonprofit and Voluntary Sector Quarterly*, 1998 (3): 358—382.

③ 李达：《新时代中国社会治理体制：历史、实践与目标》，载《重庆社会科学》2020年第5期。

④ 杨宗科：《中国古代社会管理的基本经验》，载《政法论丛》2013年第4期。

⑤ 张来明：《中国社会治理体制历史沿革与发展展望》，载《社会治理》2018年第9期。

社会的稳定均来自民生的稳定后，才得出"得其民，斯得天下矣"的论述；① 微观社会中"乡绅之治"、乡里制向保甲制等制度的转变②，或多或少都尚且存在"官吏绅民"相互协作的地方。③

当然，中国古代的社会治理思想（如果存在的话），它的主要目的在于确保政权的稳定。在此前提下，才涉及社会活动的各个方面。诸如重农还是重商、德治还是法治、保守还是改革，这些都是在各个朝代反复出现的命题。朱康有指出，由于过少的外部信息交换的途径，各个朝代并没有多少机会寻求与外部世界开展各种社会治理理念的横向比较，古今是非之间的评断更多地只能依靠与前朝的对比来形成前车之鉴和理论与实践之间的参照。④ "乱治"的循环一直未能打破⑤，直至被西方列强撬开国门之后，睁眼看世界的国人才提出了"师夷长技以制夷"的民族救亡图存时代之音。⑥

2. 社会管理理论

新中国成立之后，国家的社会性质发生了根本性改变，社会治理也开始学习苏联社会主义国家阵营的治理理念，建立起由国家统一调配和管理的社会治理模式，在农村地区建立人民公社，在城镇地区建立单位制的管理区划。⑦ 国家几乎垄断全部社会资源，基层社会被严密的行政管理体制所包裹，社会力量的兴起要么是被抑制，要么是在发展壮大之后被吸收为国家的一部分，形成国家对社会全方位的单一主体社会管制模式。⑧ 这种严格的社会管理理念和相关实践，在新中国成立以后相当

---

① 顾伯冲：《中国古代社会治理的病症在哪里》，载《决策探索（下半月）》2015 年第 1 期。

② 唐鸣，赵鲲鹏，刘志鹏：《中国古代乡村治理的基本模式及其历史变迁》，载《江汉论坛》2011 年第 3 期。

③ 李胜，何植民：《社会治理现代化的结构与路径：基于中国语境的一个分析框架》，载《行政论坛》2020 年第 3 期。

④ 朱康有：《中国古代有关治理理念的争论》，载《人民日报》2017 年 03 月 27 日。

⑤ 孙晓春：《中国传统治理观念与社会治理实践》，载《中国党政干部论坛》2019 年第 12 期。

⑥ 河浚：《中国社会治理方式的历史考察与现实选择》，载《山西财经大学学报》2000 年第 5 期。

⑦ 孙涛：《从传统社会管理到现代社会治理转型——中国社会治理体制变迁的历史进程及演进路线》，载《青岛行政学院学报》2015 年第 3 期。

⑧ 和思鹏：《"国家—社会"视阈中民族地区社会治理现代化研究——历史逻辑、边界重构与机制创新》，载《贵州民族研究》2016 年第 10 期。

长的一段时间内，一直都是社会治理的主要表现形式。①

3. 社会治理理论

姚华平以1992年党的十四大为节点，将此后十年划分为我国现代社会治理体制建立的过渡阶段。②《中共中央关于全面深化改革若干重大问题的决定》提出"创新社会治理体制"，这是中国共产党成立以来首次在党的正式文件中引入"社会治理"的概念。苏长枫总结社会治理相对于社会管理，内在逻辑的三点变化：一是社会治理主体从"一元"到"多元"；二是社会治理对象从"维稳"到"维安"；三是社会治理手段从"单一"到"多样"。③曾小波认为，社会治理的要义主要体现为强调管理主体包括政府但又不限于政府、国家与社会组织间的相互依赖关系、管理对象的参与、围绕提高管理效率和创新管理方式四个方面。④

4. 社会治理创新理论

党的十八届三中全会及十九大提出的创新社会治理体系的论述，标志着我国社会治理进入现代化治理的新阶段。⑤关于社会治理体制创新，孙涛的阐释是：依据公民社会理论、社会治理理论基础，同时结合中国实践经验，营造政府、市场、社会在社会治理中的互补作用。⑥孙迪亮和杨烁对此总结为：社会治理体制从高度集权走向分权，社会治理主体从单一走向多元，社会治理方式从管制走向服务，传统政治动员和行政管理不再是主要的治国理政方式。⑦曾小波则从法治的角度强调社会治理创新，提出其实质是社会治理手段的变革，权力不再集中于某些个人，而是依靠法律的制定实施发挥作用。⑧

---

① 蔡清伟：《建国以来中国共产党农村社会治理思想的历史演进》，载《西南交通大学学报（社会科学版）》2015年第4期。

② 姚华平：《我国社会管理体制改革30年》，载《社会主义研究》2009年第6期。

③ 苏长枫：《从"管控"到"治理"：社会治理研究回顾与前瞻》，载《党政干部学刊》2019年第3期。

④ 曾小波：《社会治理：从理念到方法的变革》，载《西南民族大学学报（人文社会科学版）》2014年第7期。

⑤ 习近平：《决胜全面建成小康社会 夺取新时代中国特色社会主义伟大胜利——在中国共产党第十九次全国代表大会上的报告》，人民出版社2017年版，第49页。

⑥ 孙涛：《社会治理研究的五个视角——兼论其存在问题与发展趋势》，载《北京行政学院学报》2015年第1期。

⑦ 孙迪亮、杨烁：《马克思社会有机体理论视域下的乡村社会治理》，载《辽宁行政学院学报》2020年第3期。

⑧ 曾小波：《社会治理：从理念到方法的变革》，载《西南民族大学学报（人文社会科学版）》2014年第7期。

（三）中西方社会治理理论的比较

关于中国社会治理理论与西方社会治理理论的关系，俞可平认为，中国在社会治理上暴露出的问题与西方社会面临的问题大体无异。① 罗星指出，社会治理理论从西方向东方的传递，更多是像一种接受与重构的过程。② 但有不少研究突出了两者的差异，认为西方社会治理理论并不能充分地解决我国不同政治模式和文化背景下的社会治理问题。③

叶险明提醒，部分西方社会治理理论有"去国家化"或"去政府化"的倾向，与我国社会治理所说的"多元共治"不是一个范畴。④ 正如俞可平所说，中国古代传统到新中国社会治理体系具有历史延续性⑤，不少学者意识到，中国社会治理体系的路线图更像是一张西体中用同时又独具中国特色的发展脉络图⑥，目前已创新出一条具有中国特色的社会主义现代化治理理论体系，形成"从'西方中心'到'中国立场'的意向转型"⑦。

二、市域社会治理现代化的提出及问题讨论

自 2002 年党的十六大提出构建服务型政府的概念，社会力量参与社会治理、社会秩序与社会发展的贯通促进等理念一步步成为显学，"社会管理"理念的构建也逐渐转变为更为科学和现代化的"社会治理"理念的构建⑧，后者成为国家治理体系中的一个重要组成部分，并在基层治理、区域治理等治理环节中发挥着越来越显著的基础性作用。党的十八届三中全会以来，以习近平同志为核心的党中央提出"要坚持以人民为中心的发展思想，加快推进社会治理现代化"，标志着以"社会治理"全面取代"社会管理"理论话语体系，我国社会治理进入了现代化治理的阶段。我国跨入社会经济发展转型的关键时期，党的十九届四中全会正

---

① 俞可平：《治理与善治引论》，载《马克思主义与现实》1999 年第 5 期。
② 罗星：《中国特色治理理论的构建：治理理论从西方到东方的演进》，载《实事求是》2015 年第 5 期。
③ 宋瑞芝、张瑾：《中西方社会治理的文化观照》，载《社会治理》2016 年第 3 期。
④ 叶险明：《关于"中国国家治理"研究的方法论》，载《理论与改革》2020 年第 3 期。
⑤ 俞可平：《中国治理变迁 30 年（1978—2008）》，载《吉林大学学报》2008 年第 3 期。
⑥ 王亚茹：《国内外社会治理研究的比较分析——以 WOS 和 CSSCI 文献为样本》，载《湖北行政学院学报》2019 年第 2 期。
⑦ 范逢春：《国家治理现代化场域中的社会治理话语体系重构——基于话语分析的基本框架》，载《行政论坛》2018 年第 6 期。
⑧ 何增科：《我国社会管理体制的现状分析》，载《甘肃行政学院学报》2009 年第 4 期。

式将"构建基层治理新格局,加快推进市域社会治理现代化"作为国家治理体系和治理能力现代化的重要内容。

(一)市域社会治理现代化的提出

国家治理体系和治理能力现代化的提出,标志着新时代治理理论话语体系的全面科学构建,这不仅意味着我国治国理政观念和行为发生了深刻变革,而且极大地推动了治理理论和实践的本土化发展,催生了社会治理理念的超越和更新,推动治理理论在不同领域的纵深发展。因此,张凯兰主张,推进市域社会治理现代化建设,离不开在社会治理乃至国家治理的框架下行动。[①]

从词源上看,陈成文等人指出,"市域社会治理"的概念系陈一新在2018年延安干部学院培训班中首次提出的。[②] 而后在十九届四中全会中,"市域社会治理现代化"被正式写入党和国家的文件中,并在"枫桥经验"纪念会上被再次提及。[③]

对于市域社会治理属于哪一层面、包含哪些内容的治理体系,则存在不同观点。吴晓林认为,市域社会治理实质是在研究城市本身的问题,展现了一种新的城市治理构想。[④] 但姜晓萍和董家鸣认为,市域社会治理是一个综合性的集成领域,具有城乡系统性治理双重性、区域协同治理联动性、国家治理与基层治理纽带性的特点。[⑤]

按照中央政法委陈一新同志的解读,市域社会治理的特殊性表现在:市域层面具有较为完备的社会治理体系,具有解决社会治理中重大矛盾问题的资源和能力,是可以将风险隐患化解在萌芽、解决在基层的最直接、最有效力的治理层级,在推进基层治理现代化阵地中处于前线位置,能够发挥很好的先锋导向和样板作用。[⑥]

关于市域社会治理现代化的维度划分,一般认为包括治理理念、治理体系、治理能力的"三个现代化"。杨安和刘逸帆提出在"三个现代

---

① 张凯兰:《市域社会治理现代化的五个维度》,载《学习时报》2019年12月11日。
② 陈成文,陈静,陈建平:《市域社会治理现代化:理论建构与实践路径》,载《江苏社会科学》2020年第1期。
③ 高语阳:《我国将开展市域社会治理现代化试点》,载《北京青年报》2018年11月13日。
④ 吴晓林:《城市性与市域社会治理现代化》,载《天津社会科学》2020年第3期。
⑤ 姜晓萍,董家鸣:《市域社会治理现代化的理论认知与实现途径》,载《社会政策研究》2019年第4期。
⑥ 陈一新:《推进新时代市域社会治理现代化》,载《人民日报》2018年07月17日。

化"的内容之外,还应当在法治、生态、科技等具体领域实现现代化。①

(二) 市域社会治理现代化的基本内容

市域社会治理现代化有哪些构成要素、具体包含哪些内容,学者并无统一论述。徐汉明认为,市域社会治理的基本构成要素包括理论核心、治理主体、治理方式、治理目标。② 根据党的十九大报告在提出实现"共建共治共享"的社会治理格局时的论述内容,张强主张将市域社会治理的基本要素归纳为"基层党建、民本理念、法治思维、社会组织、现代科技"③。

关于现代社会治理体系的内容,孙迪亮和杨烁在论述中指出:在治理体制上,现代社会治理体制的特征是从高度集权走向分权,社会、民众在其中的权力、参与度得到提升;在治理主体上,现代社会治理主体从单一走向多元,政府不再是包办一切的万能主体,多元主体的参与开始为社会治理贡献更多的力量;在治理方式上,现代社会治理方式从管制走向服务,传统政治动员和行政管理不再是主要的治国理政方式,政府职能的精确定位为市场的自由运作增强了信心。④

此外,市域社会治理现代化的一个重要标志是治理方式和治理手段从人治走向法治,权力不再集中于某些个人,而是依靠法律的制定实施发挥作用。⑤

(三) 市域社会治理现代化的实现路径研究

结合历史和现实维度,客观而言,我国传统治理制度和治理能力正面临着一系列的转型挑战。回顾相关学术研究,治理现代化问题研究大体上有治理社会化、治理法治化、治理智能化和治理专业化等具体研究

---

① 杨安,刘逸帆:《市域社会治理现代化研究:意义、原则、逻辑、框架和路径》,载《社会治理》2020年第5期。

② 徐汉明:《市域社会治理现代化:内在逻辑与推进路径》,载《理论探索》2020年第1期。

③ 张强:《"五个要素"破解社会治理难题》,http://www.qstheory.cn/zhuanqu/bkjx/2018-12/26/c_1123906911.htm,最后访问时间:2020年6月21日。

④ 孙迪亮,杨烁:《马克思社会有机体理论视域下的乡村社会治理》,载《辽宁行政学院学报》2020年第3期。

⑤ 曾小波:《社会治理:从理念到方法的变革》,载《西南民族大学学报(人文社会科学版)》2014年第7期。

路径。① 它们侧重点各不相同，较有代表性的思路包括党建引领、技术治理、治理法治化、治理资源配置和风险防范等，研究内容基本涵盖了学者关注的市域治理问题。

第一，治理过程领导权的实现路径。不少学者都明确主张党建引领应当贯穿社会治理尤其是基层社会治理的始终，强调党作为引领治理主体的规划行动路径、确定目标方向、开展社会治理活动的总领导地位。② 但对于党的领导如何嵌入社会治理过程中，并实现治理逻辑、党建逻辑和法治逻辑的有效兼容，实践中尚未形成清晰的、可复制的制度化的实现路径。

第二，治理法治保障问题。陶希东指出，目前尚无全国性社会治理综合立法相匹配，无促进社会组织治理规范化、制度化和法制化的专门立法。③ 季金华从行政法治的角度出发，提出治理主体创新运用行政手段来实现协商型、协议型的规制模式。④ 在基层治理领域，陈柏峰揭示了基层组织对个人义务和责任缺乏合法性制衡的现象。⑤ 社会治理规则不限于法律，如何将民间规则运用限制在宪法和法律的框架之内⑥，也是市域社会治理需重点关注的问题。

第三，治理结构及其激励问题。范如国从理论上描述了社会治理协同创新的复杂网络结构，即社会治理主体之间、社会各子系统之间，通过既竞争又协作、自组织非线性作用，产生单一社会主体无法实现的社会治理整体效应。⑦ 成伯清认为，市域社会治理的核心理念在于构建都市共同体，通过构建利益共同体、精神共同体、发展共同体的相互作用关系，解决好都城内发展与治理、引领与自治、整体与局部之间的矛

---

① 杨安，刘逸帆：《市域社会治理现代化研究：意义、原则、逻辑、框架和路径》，载《社会治理》2020年第5期。

② 王岩，魏崇辉：《基层社会治理的理性认知与实践路径探究》，载《中国行政管理》2016年第3期；周庆智：《政社互嵌结构与基层社会治理变革》，载《南京大学学报（哲学·人文科学·社会科学）》2018年第3期。

③ 陶希东：《社会治理体系创新：全球经验与中国道路》，载《南京社会科学》2017年第1期。

④ 季金华：《社会治理创新与法治政府建设互动的法律机理》，载《江苏大学学报》2017年第5期。

⑤ 陈柏峰：《基层社会治理模式的变迁与挑战》，载《学习与探索》2020年第9期。

⑥ 赵天宝：《论中国社会治理观的赓续与嬗变》，载《江苏社会科学》2019年第6期。

⑦ 范如国：《复杂网络结构范型下的社会治理协同创新》，载《中国社会科学》2014年第4期。

盾。① 孔德福指出，社会组织专业性不足，组织成员以普通民众为主，他们仍停留在自我娱乐和服务的层面，造成社会治理资源配置低效。②

第四，治理的精细化和科学性。大部分学者肯定大数据对于治理效能的提升③，以及利用智能化、信息化技术手段应对社会系统性风险④，实现城市治理精准施策⑤。针对实践发展出各种网格化技术治理模式和指标考评体系，尹利民认为，精细化治理并不完全代表技术化治理本身，精细化治理应具有包容性和人性化的维度⑥。贺雪峰和田舒彦也指出，如果不能因地制宜，就会出现手段对目标的替代，形成精准治理悖论。⑦

第五，国内外风险叠加凸显执政安全风险。范如国关于全球视角的风险分析指出，我国社会治理正面临外部风险、内部风险和执政风险叠加的各种不利因素，正步入高风险社会。⑧ 在这种全球风险的中国情景中，基层的偶发性个例，在诸多因素发酵过程中，极易成为反噬国家和地方治理合法性的"黑天鹅"事件。

三、区域治理视野中的市域治理问题

随着国内区域一体化发展以及新型城镇化进程不断加深，国内涌现出不少"跨域协同治理"⑨"城市协同治理"⑩ 等领域的研究。概念上，区域治理并没有一个明确的定义，从字面及学界研究中的描述来看，区

---

① 成伯清：《市域社会治理：取向与路径》，载《南京社会科学》2019 年第 11 期。
② 孔德福：《天津：发挥社区社会组织在基层治理和公共服务中的积极作用》，载《中国社会组织》2014 年第 8 期。
③ 夏锦文：《共建共治共享的社会治理格局：理论构建与实践探索》，载《江苏社会科学》2018 年第 3 期。
④ 江必新，王红霞：《论现代社会治理格局——共建共治共享的意蕴、基础与关键》，载《法学杂志》2019 年第 2 期。
⑤ 李乾：《城市治理法治化的深圳经验研究》，载《人民论坛·学术前沿》2018 年第 7 期。
⑥ 尹利民：《社会治理精细化：是什么？何以实现》，http：//www. rmlt. com. cn/2018/0413/516580. shtml，最后访问时间：2021 年 5 月 7 日。
⑦ 贺雪峰，田舒彦：《资源下乡背景下城乡基层治理的四个命题》，载《社会科学研究》2020 年第 6 期。
⑧ 范如国：《"全球风险社会"治理：复杂性范式与中国参与》，载《中国社会科学》2017 年第 2 期。
⑨ 魏向前：《跨域协同治理：内生动力、制度困境与机制创新》，载《领导科学》2016 年第 5 期。
⑩ 唐亚林，于迎：《大都市圈协同治理视角下长三角地方政府事权划分的顶层设计与上海的选择》，载《学术界》2018 年第 2 期。

域治理倾向于指代不同城市群之间直接的社会治理合作或社会治理协同。① 从地区比较的视野观察，根据不同区域经济和城市群发展的实际状况，区域治理模式千差万别。有规律可循的模式，大体有自下而上的"自组织"型和自上而下的"行政主导"型两种。区域治理与市域治理究竟存在什么关系？超大城市中的市域治理是否包括区域治理问题？当具有行政区意义的"市域"被非行政区意义的"区域"一词置换后，无疑可能导致这些研究面临理论盲点和知识体系的断层。

（一）区域治理的动因及相关理论

一般认为，区域治理的理论研究是随着区域一体化、大都市区、城市群的发展而兴起的，协同共治是解决有关问题的关键。② 推动区域协同治理的原因，学界的讨论主要集中在以下几方面：

一是区域经济一体化的发展要求。从我国社会治理理念的发展历程大致可以发现，改革开放以来社会经济的快速发展同时带来了大量社会治理问题，如市场封锁、市场保护、市场竞争不充分、市场要素不完善等，这些社会问题的出现影响了区域经济协同发展③。因此，基于社会经济协同发展的需要，社会问题的治理必须同样进行区域间协同解决。

二是府际共建共享治理的需要。④ 经济的流动性与人口的流动性自然带来社会管理问题的流动性，因此区域间府际协作的展开，对于避免行政资源浪费、执法重复等问题来说，是保障区域间政府对公共性问题的统一解决的一种好的方式⑤。同时，在解决重大民生问题上，区域协同治理也能保证政府向服务型角色的快速转变。

三是促进区域内公平的需要。一方面，跨区域公共事务在治理上很可能造成不同行政区划下治理主体相互推诿、重复执法的情况出现⑥，

---

① 刘斌，牛利娜：《京津冀城市群如何实现协同发展与跨区域治理》，载《前线》2018年第4期。
② 孟静：《以协同共治推进区域治理的现代化转型》，载《现代经济探讨》2019年第6期。
③ 李瑞林：《区域经济一体化与产业集聚、产业分工：新经济地理视角》，载《经济问题探索》2009年第5期。
④ 刘卫平：《社会协同治理：现实困境与路径选择——基于社会资本理论视角》，载《湘潭大学学报（哲学社会科学版）》2013年第4期。
⑤ 崔晶：《大都市区跨界公共事务运行模式：府际协作与整合》，载《改革》2011年第7期。
⑥ 徐娜，李雪萍：《治理体系现代化背景下跨部门协同治理的整合困境研究》，载《云南社会科学》2016年第4期。

另一方面，区域边缘公共服务的匮乏也容易造成社会资源的分配不公，因此区域协同治理在保证社会资源分配和行政管理资源分配上具有公平性。①

根据孟静的总结，国外针对区域治理的大都市治理的主要理论有传统区域主义、公共选择、新区域主义和再地域化等理论。②传统区域主义与新区域主义的区别在于治理以谁为主导。传统区域主义主张建立大都市区政府；新区域主义更强调非政府的组织和公民的联合，实质是"没有政府的治理"。③

唐亚林在分析国内城市化和城市群进程中，提炼了区域治理的基本特质，即一方面充分体现了区域经济发展不平衡战略的实际成效，另一方面反映了由市场、产业、政府、社会自治等区域治理要素博弈，并集中体现在行政区经济、区域经济与区域经济社会一体化的更替与复合之上。④马海龙在比较了国外大都市区治理和地方治理的实践模式后指出，世界上的区域治理模式并不存在"没有政府的治理"，也没有唯一正确的治理模式，区域治理的本质是权力资源的再配置。⑤

可以看出，国外区域治理理论实际上是西方社会治理理论在区域经济关系上的现实投影。例如，公共选择理论和新区域主义都强调一种多中心的治理结构，二者区别不过是：前者体现了新自由主义思潮下的市场化多中心治理，后者则加入了网络化合作治理的观念，是社会合作理论在区域治理中的反映。

（二）国内区域治理的主要模式

区域治理是我国在区域发展制度实践中形成的中国特色区域治理理论。学者通过观察国内区域治理实践，大体上把区域治理模式划分为中央政府主导模式、平行区域协调模式和多元驱动网络模式。

---

① 马海龙：《京津冀区域协调发展的制约因素及利益协调机制构建》，载《中共天津市委党校学报》2013年第3期。

② 孟静：《以协同共治推进区域治理的现代化转型》，载《现代经济探讨》2019年第6期。

③ 曹海军：《新区域主义视野下京津冀协同治理及其制度创新》，载《天津社会科学》2015年第2期。

④ 唐亚林：《区域治理的逻辑：长江三角洲政府合作的理论与实践》，复旦大学出版社2019年版，第217—218页。

⑤ 马海龙：《京津冀区域治理：协调机制与模式》，东南大学出版社2014年版，第125页。

1. 中央政府主导模式

中央政府主导模式是我国前期阶段的区域治理模式。我国有政府高权威的传统，从现实来说，短期内要构建区域协同治理体系就必须由中央政府主导，中央政府以行政命令或政策支持的方式来实现跨域治理。① 例如，中央政府授意区域内成立管辖整个区域范围的区域治理机构或者直接从中央派遣派出机构作为治理组织。② 这一模式虽然被称作中央政府主导模式，但区域协同治理的主体仍是地方政府，中央只起推动作用，促成区域内地方政府的互动和协商，合作解决公共事务。由于区域协同治理体系尚处于初级阶段，因此，在中央政府主导模式下社会层面的参与会受到限制。

2. 平行区域协调模式

平行区域协调模式是区域协同治理发展到中期的表现形式。区域间政府在进行一定基础合作之后，建立了相应的合作机制③，中期阶段的区域协同治理就是在此基础上进行深化。这一模式下，中央政府与地方政府的关系发生一定变化，中央政府不再直接主导干预，而是由地方政府自主选择协调与合作。在利益机制和绩效考核的驱使下，地方政府更加主动地与其他治理主体协作，治理关系更多元、稳定和长久。④ 在后一阶段，区域内形成的治理机构成为核心治理组织，相比前期的派出机构，其职能都进一步扩大。

3. 多元驱动网络模式

区域治理发展到后期阶段，形成了多元驱动网络模式。这一模式下，协同治理的范围更加广泛，治理手段也更为丰富多样，第三主体的参与也更为深入，治理主体具备更强的独立性和灵活性。⑤ 这一阶段，派出机构基本上退出区域治理活动，只承担监督职责，而同时区域治理机构的职能继续增强，在政府的领导下，负责区域重大事务的治理决策。⑥

---

① 张成福，李昊城，边晓慧：《跨域治理：模式、机制与困境》，载《中国行政管理》2012年第3期。
② 马海龙：《京津冀区域治理的模式选择》，载《北京行政学院学报》2010年第6期。
③ 马海龙：《京津冀区域治理的模式选择》，载《北京行政学院学报》2010年第6期。
④ 张成福，李昊城，边晓慧：《跨域治理：模式、机制与困境》，载《中国行政管理》2012年第3期。
⑤ 张成福，李昊城，边晓慧：《跨域治理：模式、机制与困境》，载《中国行政管理》2012年第3期。
⑥ 马海龙：《京津冀区域治理的模式选择》，载《北京行政学院学报》2010年第6期。

(三) 区域创新视角下的区域治理

正如区域协同治理与城市群和区域一体化发展的关系，区域创新体系概念的提出也有类似的背景。区域协同治理有关研究，有时也被整合进入区域创新的研究范畴。区域创新体系（Regional Innovation System，简称 RIS）最早由库克在 20 世纪 90 年代对硅谷创新动力的探讨中提出，主要是指地理上相互分工关联的生产企业、研究机构、高等教育机构的区域性组织系统。[1] 不过，在该框架分析中，存在创新的地域范围（诸如"区域"的定义）、政策制度所起作用及可持续发展等许多未被阐明的问题。[2]

在我国，区域创新体系的内涵莫衷一是，有的学者将其定义为在一定区域内为了实现某种目标的一种系统[3]，也有学者认为区域创新体系是一种创新能力[4]，还有的学者认为区域创新体系是一种环境[5]。从内容来看，国内区域创新体系理论框架所涵盖的范围更加宽泛，包括市场、营销、产业、大学、科研、中介机构和政府管理部门等参量集合。[6] 从目标导向而言，区域创新体系最终是为了实现创新产出，如产品、产业创新等。[7]

由上可见，区域创新体系主要属于区域经济学的概念。但从研究视角来看，它可能涉及经济学多个分支学科，如古典经济学、创新经济学、创新系统论等。[8] 此外，还有文献通过协同论、耗散论等理论，分析区域创新体系形成的理论基础。[9] 需要指出，区域协同治理尽管不属于经

---

[1] Cooke P. Regional Innovation Systems: Competitive Regulation in the New Europe [J]. *Geoforum*, 1992, 23 (3): 365—382.

[2] 毕亮亮:《区域创新系统研究述评与展望》，载《中国科技论坛》2011 年第 12 期。

[3] 郭悦红，张磊，孙可娜:《区域创新系统与区域经济发展的协调性实证分析》，载《生产力研究》2011 年第 12 期。

[4] 杨凤阁:《河南省区域创新能力分析与发展策略》，载《地域研究与开发》2012 年第 1 期。

[5] 赵瑞芬，王俊岭:《我国区域创新环境不平衡发展研究》，载《特区经济》2011 年第 11 期。

[6] 熊小刚:《"中三角"跨区域创新系统的协同发展研究》，载《中国科技论坛》2014 年第 4 期。

[7] 冯赫:《关于战略性新兴产业发展的若干思考》，载《经济研究参考》2010 年第 43 期。

[8] 王丽钧，顾新:《跨行政区域创新体系的形成与演化研究》，载《科技进步与对策》2012 年第 17 期。

[9] 王松，胡树华，牟仁艳:《区域创新体系理论溯源与框架》，载《科学学研究》2013 年第 3 期。

济学，而归属社会学、政治学和法学等研究领域，但前者仍与区域创新体系研究难以完全脱钩，其原因在于：

第一，从概念关系来看，区域创新体系研究有时会使用"跨区域治理""协同发展"等类似表述。尽管这里所谓的"治理"，并非在"社会治理"意义上使用，而是强调通过技术或管理的集群来实现相关企业或产业在某一区域内的集群化经营或管理。①

第二，区域治理与区域创新具有相互影响的关系。区域创新体系的构建涉及政府、企业、组织、科研机构等多种主体的共同参与，因此如何实现主体之间的资源共享，不仅关乎区域创新体系的构建，而且影响区域协同治理的开展。② 开展具有一定合作意义的政社企合作、产学研用合作的模式，客观上起到促进区域创新的作用。③ 相反，区域治理结构过度行政化，往往是欠发达地区区域创新体系存在的主要问题。④

第三，区域协同治理本身属于区域创新的范畴。例如，有学者认为，长三角一体化发展的主要困惑就在于各地区职责边界与一体化目标发生了冲突，因此需要开展跨区域社会治理战略协同研究，创新建立长三角一体化社会治理联动机制，探寻长三角社会治理一体化的有效路径。⑤ 又如，有学者分析泛珠三角的区域合作制度演进，如何有效推进区域治理。⑥ 还有人从区域治理制度法定化创新问题出发⑦，提出区域协同治理的可行方向。

（四）中国区域治理实践的主要挑战

一个有效的区域治理体系包括治理主体、治理机制和治理成效三大

---

① 刘斌，牛利娜：《京津冀城市群如何实现协同发展与跨区域治理》，载《前线》2018年第4期。
② 谷志军：《从政企统合到三元协同：开发区治理模式的新变化》，载《社会科学研究》2019年第3期。
③ 白俊红，江可申，李婧：《中国区域创新系统创新效率综合评价及分析》，载《管理评论》2009年第9期。
④ 岳公正，李遵白，熊德斌：《欠发达地区区域创新体系改革与民营化战略》，载《贵州社会科学》2013年第8期。
⑤ 高淑桂，周依尔：《打破行政壁垒，实现长三角社会治理一体化》，载《社会科学报》第1636期第3版。
⑥ 谢宝剑，高洁儒：《泛珠三角区域合作的制度演化分析》，载《北京行政学院学报》2015年第3期。
⑦ 郑则爽：《区域协同治理制度的法定化创新——对珠江三角洲两版区域规划条例的回顾与思考》，载《现代城市研究》2019年第1期。

要素,要解决谁治理、如何治理和治理效果如何的问题。① 区域治理在某种意义上可以理解为一种协同性公共管理。按照 Michael McGuire 的界定,所谓协同性公共管理,通常是指一种在多样化组织中的运作过程,能解决在单一组织中不能解决或者不容易解决的问题。② 国内城市群治理经验表明,城市空间布局失衡、行政边界职责不清、法治保障不足、市场同质化竞争、营商环境差异和文化冲突,正成为区域协同治理面临的棘手问题。根据学者的讨论,我国区域协同治理面临的具体挑战总结如下:

一是合法性困境。区域协同治理要求府际间通过联合执法形式来开展社会综合治理和统一治理活动。在联合机构立法权、执法权尚未明确的情况下,府际间贸然进行法治活动,缺乏合法性依据③,并且不同层级间的立法主体之间的协同立法即使全面但也是缺乏合法性依据的④。提高社会治理的法治化水平,治理主体有必要搭建社会治理的法治架构,营造良好的法治氛围,不断健全完善法治程序,明确各大主体的治理责任与权利。⑤

二是体制性困境。区域协同治理离不开国家或省级层面的协调、市级层面的统筹,归根到底离不开县(市、区)的属地管理。有学者指出,在缺乏配套的监督考核问责机制前提下,府际合作的难度陡然而生,并且地区间财政补偿机制如何应对财政支出等问题,也是区域协同治理面临的困境。⑥ 有学者建议强化顶层设计,在中央部门协调下,构建地方政府(如成渝地区的四川省政府和重庆市政府)合作参与的实施机制,并研究制定适用于该区域的地方性法规。⑦

---

① 张广威,刘曙光:《我国区域治理的制度经济分析》,载《现代经济探讨》2017 年第 3 期。

② Michael McGuire. Collaborative, Public Management:Assessing What We Know and how We Know It [J]. Public Administration Review,2006(S1):33–43.

③ 王学栋,张定安:《我国区域协同治理的现实困局与实现途径》,载《中国行政管理》2019 年第 6 期。

④ 郑泽爽:《区域协同治理制度的法定化创新——对珠江三角洲两版区域规划条例的回顾与思考》,载《现代城市研究》2019 年第 1 期。

⑤ 夏锦文:《区域法治发展的法理学思考——一个初步的研究构架》,载《南京师大学报》2014 年第 1 期。

⑥ 余璐,戴祥玉:《经济协调发展、区域合作共治与地方政府协同治理》,载《湖北社会科学》2018 年第 7 期。

⑦ 冯奎:《优化中心城市和城市群治理,促进西部大开发》,载《中国发展观察》2020 年第 11 期。

三是治理结构的差异化困境。治理结构的差异化主要表现为法治水平的差异。地区间司法机关设置的行政化，法律人才、公共服务资源占比不均衡，折射出的主要问题是区域之间的地位不对等和话语权差距，这种实质性差异加深了政策统一性的难度。① 法治水平的差异，反过来抑制社会要素流动和统一市场的形成，导致社会治理资源的碎片化。治理结构差异化还可能加剧利益冲突。学者指出，若不能很好地处理全局与局部的关系，平衡整体利益和地区利益，区域治理就很可能顾此失彼，可能会对产业结构、经济结构、社会稳定因素等造成影响②，甚至可能造成府际间、区域间的利益博弈及其冲突。③

（五）市域、区域和行政区的关系讨论

关于市域治理的范围，有关讨论主要有两种不同认识。第一种观点认为，市域所谓的"市"，是由法律制度框架所界分、确定，其职权分配所构成的权力运行体系。④ 这一范畴下，市域的范围限于行政区划或特定行政层级，具体分为特指地级市⑤、覆盖地级市、大型省会城市等不同理解⑥。如果考察市域的内部划分，又存在特指以城市行政区划为治理对象⑦和城市与乡村结合的城乡一体化治理两种理解⑧。另一种功能性的界定将市域描述为聚集了一定规模的人群且自成一体的空间体系，其内部形成了相对完整的分工和交换体系。⑨ 这一定义侧重于人口、地理和经济成分的空间概念。

---

① 梁平：《区域协同治理的现实张力与司法应对——以京津冀为例》，载《江西社会科学》2020年第3期。
② 臧雷振，翟晓荣：《区域协同治理壁垒的类型学分析及其影响——以京津冀为例》，载《天津行政学院学报》2018年第5期。
③ 王学栋，张定安：《我国区域协同治理的现实困局与实现途径》，载《中国行政管理》2019年第6期。
④ 徐汉明：《市域社会治理现代化：内在逻辑与推进路径》，载《理论探索》2020年第1期。
⑤ 卢芳霞，刘开君：《新时代"枫桥经验"与市域社会治理现代化》，载《中国社会科学报》2020年5月6日。
⑥ 向德平，苏海：《"社会治理"的理论内涵和实践路径》，载《新疆师范大学学报（哲学社会科学版）》2014年第6期。
⑦ 戴大新，魏建慧：《市域社会治理现代化路径研究——以绍兴市为例》，载《江南论坛》2019年第5期。
⑧ 党国英：《论城乡社会治理一体化的必要性与实现路径——关于实现"市域社会治理现代化"的思考》，载《中国农村经济》2020年第2期。
⑨ 成伯清：《市域社会治理：取向与路径》，载《南京社会科学》2019年第11期。

区域治理这个词组所蕴含的"区域",主要包括两种类型。第一类区域概念,是指"一组地理相邻或相近的国家和次国家区域形成一个相对独立、且具有相当程度的互动关系的地域空间"①。如欧盟的治理,遵循一种以政府间指南作为指导,以评估、同行评议和相互学习作为执行手段的开放式协调方法,而非法律或科层治理。② 第二类区域概念,特指国家内跨行政区域的治理,具体又分为两种:一是根据不同的地缘关系进行的分片区或分级别的行政区域划分,是各级行政权在空间上的投影;③ 二是主张泛"区域"概念,既可以指某种地理空间上的划分,还可以指行政区划,根据治理内容的不同,也可以是在经济、社会等领域的划分。④

根据以上观点可知,不论是市域或是区域,亦不论采广义或狭义的视角,区域与行政区的概念即使有所区别,也不是彻底分离的范畴,总归存在一定范围的交集。正因如此,张紧跟提出了区域行政的制度设想:通过政府间的府际合作促使各地方政府重新审视城市的定位和分工,在进行资源整合和配置时,根据城市定位不同错位发展,形成各城市协调统一的格局,推动区域的形成。⑤ 陈瑞莲和杨爱平在深入比较了行政区、区域行政、区域公共管理和区域治理几个概念的演变后提出以下几点:一是行政区和区域行政都强调政府是管理的唯一主体,但行政区着眼于各自的利益,区域行政则主张走向政区间利益的协调;二是行政区和区域行政都无法解决政府利益与公共利益相冲突的问题,区域公共管理主要以区域政府组织和非政府组织合作的方式,来解决区域内的公共治理问题;三是区域治理是对应西方社会治理语境演变而来的一个概念,它强调多元主体参与社会治理以及多中心共同治理。⑥

基于行政区、区域与市域在空间范围和治理内容上存在的紧密和重合关系,以及传统治理机构在空间上的固定、治理资源的分割和风险的

---

① 杨毅,李向阳:《区域治理:地区主义视角下的治理模式》,载《云南行政学院学报》2004年第2期。

② 〔英〕科林·斯科特:《规制、治理与法律:前沿问题研究》,安康永译,清华大学出版社2018年版,第185-186页。

③ 马海龙:《论行政区经济向经济区经济过渡及二者的竞争与依赖》,载《现代财经(天津财经大学学报)》2010年第5期。

④ 李礼:《区域治理国内研究的回顾与展望》,载《学术论坛》2010年第7期。

⑤ 张紧跟:《从区域行政到区域治理:当代中国区域经济一体化的发展路向》,载《学术研究》2009年第9期。

⑥ 陈瑞莲,杨爱平:《从区域公共管理到区域治理研究:历史的转型》,载《南开学报(哲学社会科学版)》2012年第2期。

系统化等因素，孟静进一步提出了以多元主体协同共治实现区域治理现代化命题，形成区域的合作治理联盟，处理好政府、市场、社会间的伙伴关系，以及政府内部的层级关系。

第二节　治理语境中的词义定位

谈及治理，"国家"和"社会"都是常见的前缀语和限定词。"治理"作为一种国家政治和社会活动领域中的组织协调机制，需要由一国、地区的治理主体协同一致地调动相关治理资源达成共同的目标。一般而言，治理主体涉及政党、政府、企事业单位、社区、社会组织、社会公众等。所谓多元共治，就是充分发挥国家和政府以外的社会力量的治理作用，而不是单纯依靠国家和政府的管理和控制。因此，研究市域社会治理问题，并非只局限于某一行政区或单一城市，它不能脱离国家治理的基本场域，也离不开基层治理主战场的有力支撑。在不同研究领域中，这一问题可进一步延伸出超大城市治理、城市群治理、区域治理等相关范畴。本书搜集和整理了有关理论研究的诸多论述和实践经验中的一些共识，试图在此基础上给出清晰的词义定位，来帮助读者了解市域社会治理问题在不同理论和实践中的语境内涵。

一、治理与社会治理

社会治理的中心词是"治理"一词。探究治理的词源，可谓源远流长，中西方历史文献皆有详细记载。比较二者的词义，它们既有共同点，又明显存在一定差异。在人类历史长期的使用习惯中，多是为"治理"赋予与"统治、管理"相近似的概念。[①] 而社会治理的历史则简短得多，它是 20 世纪后半叶才兴起的一种治国理政的新理念、模式和方法，建立在一系列特定历史阶段发展演变而来的概念、价值和语境基础上。

（一）"治理"词源探义

"治理"一词在西方的使用，最早可以追溯到古希腊时期。柏拉图在《理想国》评价苏格拉底时说："因为在治理技术范围内，他拿出自己全

[①] 李达：《新时代中国社会治理体制：历史、实践与目标》，载《重庆社会科学》2020 年第 5 期。

部能力努力工作，都不是为自己，而是为所治理的对象。"①此时，所谓治理（Governance），主要指控制、指导或操纵。②随着资本主义三权分立政治体制的建立和西方法治文明的提升，治理的内涵被进一步特定化和具体化，专用于与"国家公务"相关的宪法或法律的执行问题，或指管理利害关系不同的多种特定机构或行业。③

随着社会治理理论的发展，西方治理的词义被赋予新的时代内涵。在治理理论语境下，罗西瑙（J. N. Rosenau）将治理定义为：一系列活动领域里的管理机制，它们虽未得到正式授权，却能有效发挥作用。④在这里，治理的内涵超越了国家和政府与被治理对象的对极关系，正式引入了非政府治理主体和治理机制。全球治理委员会对此所做的定义则更为明确：治理是各种公共的或私人的个人和机构管理其共同事务的诸多方式的总和。⑤

在中国，治理一词不是舶来品，它的使用历史源远流长。⑥不过，"治理"最早并非独立的词汇。据学者考察，"治"由"治水"演化、延伸而来，而"理"的本义是攻玉的方法，直到战国晚期两者才合二为一，统指国家管理应按照某种规律、规则行事。⑦随着秦汉建立大一统的君主封建制度，治理多用于君主管理、统治国家或人民。⑧汉朝和三国时期，部分史籍开始用"治理"来形容某位官吏的政绩，含褒奖之义。⑨隋唐之后，"治"与"乱"相对，成为对一时社会情况的评价，"治理"也开始与"国家""财政"结合使用，直至近代。

通过词源分析可以看出，中国古代的"治理"一词，不简单等同于"统治"。我国古代所谓的"统治"，趋向于指依靠强力手段建立的强制性

---

① 李龙，任颖：《"治理"一词的沿革考略——以语义分析与语用分析为方法》，载《法制与社会发展》2014年第4期。
② 〔英〕鲍勃·杰索普，漆燕：《治理的兴起及其失败的风险：以经济发展为例的论述》，载《国际社会科学杂志（中文版）》1999年第1期。
③ 〔英〕鲍勃·杰索普，漆燕：《治理的兴起及其失败的风险：以经济发展为例的论述》，载《国际社会科学杂志（中文版）》1999年第1期。
④ 俞可平：《治理和善治引论》，载《马克思主义与现实》1999年第5期。
⑤ 方涛：《"治理"内涵解析》，载《重庆社会科学》2015年第3期。
⑥ 李龙，任颖：《"治理"一词的沿革考略——以语义分析与语用分析为方法》，载《法制与社会发展》2014年第4期。
⑦ 卜宪群：《中国古代"治理"探义》，载《政治学研究》2018年第3期。
⑧ 方涛：《"治理"内涵解析》，载《重庆社会科学》2015年第3期。
⑨ 李龙，任颖：《"治理"一词的沿革考略——以语义分析与语用分析为方法》，载《法制与社会发展》2014年第4期。

社会服从，涉及社会的各个方面。① 不是所有的君主和王权统治都谈得上"治理"，只有顺应"天道"和民心的统治，才符合所谓"治道"这种包含治理的理念。同时，中央集权具有成本的分界线，中国出现某种程度的地方自治是难免的。② 这就足以解释，即使在奴隶制和封建制时期，治理权在大多数情况下也不可能被皇权和官府所完全垄断，古代基层一直存在官民合治或官民共生的治理模式③，以及传统社会长期表现出的"没有政府的治理"④。

相比较而言，中西方对治理一词的解读，在某种意义上是相互接近的，即二者均强调各类治理主体合作、互动、协商的参与过程。但是，从词源来看，所谓"Social Management"（社会管理）或"Social Governance"（社会治理）是生造出来对应中文的英语翻译。⑤ 二者的词义，更多是在学者的研究比较中，被动借鉴和赋予的。西方学者对治理理论的研究大部分反映了对治理主体多元化的需求⑥，这些理解大多建立在西方三权分立的政治体制基础上，内含了治理主体相互制衡、对抗之意，且总体呈现"去国家化"或"去政府化"的倾向⑦，这与我国执政党领导下的多元共治理念，存在本质差别。

（二）治理概念中的"社会"定位

理解社会治理，我们首先要确定，社会治理为何会成为一个问题，或者说社会为什么需要治理。事实上，社会治理问题并非自古有之，社会治理也不是一种先验的观念。理解社会治理问题的起源和演变，需要从背后的社会结构变迁中寻找答案。从历史上看，"社会治理"一词是在"社会统治—社会管理—社会治理"⑧ 的演化趋势下所诞生的一种特定社会理念。

---

① 乔耀章：《论社会治理原理与原则》，载《阅江学刊》2013年第6期。
② 〔英〕罗纳德·哈里·科斯，王宁：《变革中国：市场经济的中国之路》，徐尧、李哲民译，中信出版社2013年版，第31页。
③ 杨国安：《"天高皇帝远"？古代基层社会如何治理》，载《人民论坛》2020年第3期。
④ 王向民：《"没有政府的治理"：西方理论的适用性及其边界——以明清时期的南方社会组织及其公共服务为例》，载《学术月刊》2014年第6期。
⑤ 蓝志勇：《论社会治理体系创新的战略路径》，载《国家行政学院学报》2016年第1期。
⑥ 王亚茹：《国内外社会治理研究的比较分析——以WOS和CSSCI文献为样本》，载《湖北行政学院学报》2019第2期。
⑦ 叶险明：《关于"中国国家治理"研究的方法论》，载《理论与改革》2020年第3期。
⑧ 麻宝斌，任晓春：《从社会管理到社会治理：挑战与变革》，载《学习与探索》2011年第3期。

在早期奴隶制、封建制社会，社会控制的关系主要为封建领主对隶属于他的土地和人口的阶级支配关系，社会控制的形态也主要表现为领主对其附庸的人身与财产的"统治"。① 人类社会步入工业时代，社会生产力开始提升，政治生活与经济生活开始形成分化，人们发现封建奴隶制下绝对统治的管理模式不再能够形成对社会有效的整体控制，社会控制的关系逐渐由奴隶制和封建制的"统治"关系转变为一种管理者与被管理者的关系，社会控制的形态也主要表现为管理人对被管理人的"管理"。②

随着科技进步以及社会关系、社会结构的日益复杂化，工业时代的管理模式难以在利益更多元化的环境下形成有效的社会管理，管理者的监管权威无法完全形成对社会的全面管理，正如学者指出："他们在社会资源的配置中既看到了市场的失效，又看到了国家的失效。"③ 此时，用"社会治理"取代"社会管理"的思潮开始出现。④ 社会治理并非完全否定政府的作用，而是强调它是一种独特的政府要承担设计的使各式各样自组织相对协调的过程⑤，或者说，社会治理的目标其实就是"少一些统治、多一些治理"⑥。

新中国成立后的一段时期内，治理一词也曾在部分领域被使用，如治安综合治理。这时的治理更多是代指管理，简单来说就是政府对社会组织的管理和政府直接对社会事务的管理。⑦ 随着对治理的认识深化，党的十六大报告首次将"社会治理"这一术语正式纳入国家话语体系。2013年《中共中央关于全面深化改革若干重大问题的决定》，则将社会治理列入体制创新的范畴，首提"创新社会治理体制"。于此，"社会治理"被概括定义为：聚焦于激发社会组织活力、预防和化解社会矛盾、

---

① 张康之：《论全球化、后工业化中的社会治理重构》，载《理论探索》2019年第3期。
② 关学增：《当代西方国家的社会治理思潮》，载《河南师范大学学报（哲学社会科学版）》2006年第4期。
③ 俞可平：《治理和善治引论》，载《马克思主义与现实》1999年第5期。
④ 钱继磊，赵晔：《社会治理视野中的社会法》，载《广西大学学报（哲学社会科学版）》2009年第5期。
⑤ 〔英〕鲍勃·杰索普，漆蕪：《治理的兴起及其失败的风险：以经济发展为例的论述》，载《国际社会科学杂志（中文版）》1999年第1期。
⑥ 丁宏：《全球化、全球治理与国际非政府组织》，载《世界经济与政治论坛》2006年第6期。
⑦ 麻宝斌，任晓春：《从社会管理到社会治理：挑战与变革》，载《学习与探索》2011年第3期。

健全公共安全体系等的活动的过程。①

我国社会治理的含义与治理的传统词义既有联系又有区别，后者包含有管理、控制的意思，而前者更加强调发挥社会和公民的作用，由多元主体来进行合作管理。② 在"社会"参与治理的新语境之下，社会治理从单方的统治、管理转型为处理社会公共事务、协调利益关系的新型治理模式。③

二、国家治理、社会治理与基层治理

在中国特色社会主义制度探索实践中，社会治理的提出先于国家治理。继党的十六大提出社会治理这一概念后，党的十八届三中全会正式提出"国家治理"，并将"国家治理体系和治理能力现代化"与"完善和发展中国特色社会主义制度"并列，作为全面深化改革的总目标。这意味着国家治理和社会治理是一脉相承的，均属于我国治国理政理论体系不同阶段的最新发展。而地方治理又是一个与国家治理相对的概念，基层治理归于其中，其语义需进一步明确。

（一）理解国家治理的两个维度

不论在中国还是西方，治理的内涵在许多情况都特指治国理政。在此意义上，国家治理是一种更具决定性和影响力的元治理。具体而言，国家治理的内涵和范围应当如何界定，理论界与实务界对此尚有不同的认识。广义上的国家治理是指对一切国家事务的管理，涵盖了纵向、横向、时间、空间四个维度，涉及中央到地方、国家到社会、历史到当代、全国到区域等不同内容。④

考察有关研究的学科分布，多数文献围绕"国家治理体系和治理能力现代化"这一话语场域展开：从国家治理哲学、机制、制度体系层面，到辐射包含社会、法律、历史、政治等学科在内的所有人文社会科学子学科，形成了一个内容丰富、包罗万象的"全方位式"的研究领域，成

---

① 李培林：《社会治理与社会体制改革》，载《国家行政学院学报》2014 年第 4 期。
② 方涛：《"治理"内涵解析》，载《重庆社会科学》2015 年第 3 期。
③ 季金华：《社会治理创新与法治政府建设互动的法律机理》，载《江苏大学学报》2017 年第 5 期。
④ 郁建兴：《辨析国家治理、地方治理、基层治理与社会治理》，载《光明日报》。

为一个没有确定内涵，同时外延又无限扩大的"橡皮泥问题"①。

狭义上，国家治理又常常与社会治理、基层治理等概念一同出现。前者特指国家为全国或者区域提供公共服务和协调治理的职能。诸如国防、外交、经贸、法治等方面的基础或顶层设计，是社会治理、区域治理无法提供的，只能由国家供给。②另外，国家治理是以国家主权对应的治理模式选择权为基础的，不同于非政府治理的全球治理，后者是基于各个行为体协商和"意见一致"的共治。③从狭义理解，国家治理与其他领域的治理在构成上是划界而治的。

（二）国家治理与社会治理

国家治理作为我国全面深化改革的顶层设计，与党的十六大以来的治理理念具有理论同源性。从实行基层群众自治到创新社会管理制度，再到提出社会治理创新，党领导人民有效治理国家，进而集治国理政体系之大成，系统提出国家治理体系和治理能力现代化。这是中国共产党在不同发展阶段对"治理"概念的应用，其基本含义都是在中国共产党领导下优化执政能力，实现国家与社会的和谐，达成政治上的长治久安。④

从价值导向来看，尽管中西方有不同方法和路径，但整体上社会公众参与公共管理和政治已成为人类共同认知和政治文明成果。社会治理理念所强调的管理者与群众的双向互动表明，现代政府并非单向的管理者，其管理的效能很大程度上取决于公众的参与和能否与公众产生共识。⑤而公众的参与会打破现有的自上而下的官僚等级结构，并逐步形成官民互信的文化和命运共同体。这种治国理政的最新理念，不仅会重塑国家治理体系，也会改变社会自身。

从制度体系看，国家治理处于全面深化改革的目标层范畴，而社会治理则更多属于具体制度设计和实现路径。这种区别并不能割裂二者的

---

① 尚虎平：《"治理"的中国诉求及当前国内治理研究的困境》，载《学术月刊》2019年第5期。
② 代红凯：《理论·历史·实践：国家治理现代化的三重逻辑》，载《求索》2020年第3期。
③ 叶险明：《关于"中国国家治理"研究的方法论》，载《理论与改革》2020年第3期。
④ 教育部中国特色社会主义理论体系研究中心：《科学把握"国家治理"的含义》，载《光明日报》2013年12月29日。
⑤ 竺乾威：《国家治理的三种机制及挑战》，载《中共福建省委党校（福建行政学院）学报》2020年第3期。

理论同源性。社会治理理论在西方是具有独特理论内涵和明确的西方式理论渊源的,而国家治理现代化则是中国特色社会主义理论的本土化理论表达。正如学者指出,只有依托"国家治理现代化"这一特殊的理论语境,才能够为当代中国社会治理话语体系重构提供坚实的"中国场域"。①

此外,从治理的内容划分来看,狭义的国家治理内容主要涉及公权力机构,一般包含的是政党和政府关系等治理。但从广义而言,国家与社会又是一个有机的统一体,因此国家治理必然包含了社会治理的内容,且国家治理和社会治理都需要处理政社之间的关系。同时,国家不仅要为市场参与社会治理提供公共保障,而且在社会失灵时还要发挥元治理作用。②

(三) 基层治理与社会治理

一般认为,所谓基层治理,是指协调基层社会不同利益之间以及不同利益主体之间的矛盾、冲突,社会基层各组成要素共同处理公共事务的一个系统与活动过程。③ 从这一定义看,基层治理的内涵和目标,与社会治理基本相似,即都强调社会多元共治。党的十九届四中全会提出构建基层社会治理新格局,完善群众参与基层社会治理的制度化渠道。从治理理念和要求来看,构建基层社会治理新格局,需要遵循"人民性、系统性、效能性",更加突出治理的"科学化、民主化、法治化"。④ 从理论到实践,基层治理本质就是社会治理现代化的延伸。不同在于基层治理具有"基层"这一限定词。

那么什么是基层?基层治理在国家治理和社会治理的体系中处于何种位阶?此处的关键要从"基层"出发。尽管我们都知道,从宽泛意义来理解,相对于国家这一层面,"基层"是归于"地方"这一词域的,但是从职能上解读,地方治理更像是落实国家治理承上启下的一环。换言之,地方治理中的政府主体,主要是指省市县三级"地方政府",而不包

---

① 范逢春:《国家治理现代化场域中的社会治理话语体系重构——基于话语分析的基本框架》,载《行政论坛》2018年第6期。
② 郁建兴:《辨析国家治理、地方治理、基层治理与社会治理》,载《光明日报》2019年8月30日。
③ 杨爱杰:《包容性发展理念下社会基层治理的创新策略》,载《学术论坛》2012年第9期。
④ 范逢春:《深刻理解新发展格局对基层治理提出的新要求》,载《国家治理》2021年第3/4期。

括基层政府，故基层治理主要是指国家治理和地方治理的微观基础。①

这种理解也并非没有争议。这是因为，"基层"一词的定义本身是不精确的。例如，县区级从广义上可以理解为基层，但更多理解是镇街和社区，即直接面对群众的层级。这种质疑当然有一定道理。可是，基层治理带有特殊的实践目的性，不是一个简单的层级概念。从中央到地方，各级文件均要求社会治理重心下移，这反映了基层治理在国家治理体系中的分量。正因为基层社会治理是党中央治国理政和公众参与国家治理的基本结合点，它不仅直接决定着社会治理的整体效果，而且影响着国家治理的整体水平。② 故而，基层治理的内涵和外延应当遵循功能性理解，而不应狭隘地被固定在某一行政层级。从这个角度理解，基层治理是社会治理的重心所在，是国家治理的核心内容之一。

综上所述，社会治理和基层治理在治理体系中的位阶和内容存有或多或少的差异，但毋庸讳言，二者在理念、功能和内容等诸多方面，特别是理论脉络上具有内在一致性。

三、社会治理与综合治理

接下来需要审视传统社会管理中的"综合治理"这一话语体系。综合治理作为一个具有中国特色社会主义特色的词汇，是从社会稳定维护工作的"社会治安综合管理"一词更名而来。在长期实践中，综合治理一词都是在社会管理语境中使用的。在当前市域社会治理现代化推进工作中，综合治理和平安建设仍然是其中的重要内容。综合治理与社会治理究为何种关系，需要厘清。

（一）综合治理的词源考证

在我国，"综合治理"的实践源于社会基层问题，这种模式最早可以溯及 20 世纪 60 年代初期的"枫桥经验"。③ 将综合治理作为一种针对社会治安管理的概念，则是由浙江省公安厅 1979 年初在全国率先提出的，着眼于解决社会治安问题和保障改革开发的顺利进行。④ 党的十一届三

---

① 郁建兴：《辨析国家治理、地方治理、基层治理与社会治理》，载《光明日报》2019 年 8 月 30 日。
② 王东旭，郑慧：《基层社会治理何以实现》，载《光明日报》2018 年 5 月 21 日。
③ 王丛虎，王晓鹏：《"社会综合治理"：中国治理的话语体系与经验理论——兼与"多中心治理"理论比较》，载《南京社会科学》2018 年第 6 期。
④ 华乃强：《社会治安综合治理概念源头考》，载《公安研究》2009 年第 10 期。

中全会以来，根据当时的社会治理全形势，党中央在政法战线开展了维护社会治安秩序、肃清政法流毒的系统性清理工作，先后经历了"严打"、重点整治、打防并举、基层治理等阶段。

1981年，党中央在《京、津、沪、穗、汉五大城市治安座谈会纪要》中再次将综合治理与社会治安挂钩。① 从有关中央文件的定义来看，综合治理是指不同主体运用不同手段进行社会治安综合治理工作②，包括主体的综合性以及手段的综合性。在主体上，包括党中央、政府、社会组织机构、人民群众等组成部分；在手段上，包括政治的、经济的、行政的、法律的、文化的、教育的等多种手段。

从综合治理的词源来看，尽管被冠以"治理"一词，但其一般以社会治安作为限定词。从历史逻辑来看，综合治理的本旨处于社会管理语境之中，强调的是通过不同手段来加强对社会秩序的管理和控制。2011年9月，中央社会治安综合治理委员会更名为中央社会管理综合治理委员会，以支持社会管理创新。③ 这说明两点：一是该机构再次展现了综合治理的"社会管理"属性；二是机构的主要工作仍然围绕预防和打击违法犯罪，维护社会治安稳定展开。

（二）社会治理语境中的"综合治理"

从社会管理与社会治理的理念比较来看，社会治理的外延比社会管理更为宽泛。社会管理和治安综合治理归根到底属于一种管理活动④，但社会管理显然比治安综合治理更加宽泛。根据党的十八大报告，治安综合治理作为国家公共安全体系，被放置于一个更高层面的社会治理场域中。在此语境下，加强治安综合治理，依然是社会治理建设当中的重要内容，着眼于"创新立体化社会治安防控体系，依法严密防范和惩治各类违法犯罪活动"。⑤ 在新时代要求下，各地区都着力将平安建设和创新治安综合治理作为推进市域社会治理现代化的重要工作抓手，并把社会治理的新理念融入其中。

---

① 《京、津、沪、穗、汉五大城市治安座谈会纪要》原文表述为："争取社会治安根本好转，必须各级党委来抓，全党动手，实行全面'综合治理'。"
② 参考1991年《中共中央、国务院关于加强社会治安综合治理的决定》。
③ 谢志强，王磊：《从"社会管理"到"社会治理"演变的历史轨迹》，载《中国工商管理研究》2014年第1期。
④ 有关社会管理的定义，可参见壬思斌：《社会行政》，高等教育出版社2006年版，第27页。
⑤ 参见2013年《中共中央关于全面深化改革若干重大问题的决定》。

党的十九届四中全会提出，"加强系统治理、依法治理、综合治理、源头治理，把我国制度优势更好转化为国家治理效能"，这说明综合治理是实现国家治理和社会治理现代化的一种现实路径选择。① 尽管社会治理与综合治理具有内容和对象上的承继关系和包容关系，但这并不意味综合治理和平安建设是旧有社会管理模式的延续。习近平总书记曾就深入推进平安中国建设作出明确指示，要发挥法治的引领和保障作用，坚持运用法治思维和法治方式解决矛盾和问题，加强基础建设，加快创新立体化社会治安防控体系，提高平安建设现代化水平。② 因此，社会治理语境下的综合治理，是在新的治理模式下对相关工作的理念提升和超越。在各地市域社会治理现代推进工作中，尤其需要以社会治理理念作为指导当前我国城市平安建设的重要理论基础和实践指南。③

四、市域社会治理、超大城市治理与区域治理

市域社会治理虽然已经在理论界和地区实践中被广泛讨论，但是，市域治理本身的内涵是丰富的、多元的和复杂的。对于什么是"市域"，理论和实践至今仍无定论。学术界在不同语境中所使用的治理概念如此众多，以至于若不对其进行一番比较和界定，反而不利于论题的集中展开。应当看到，这些概念背后仍存在较大程度的治理共性并反映一致的国家战略意图，词义的差异往往取决于现实治理需求的不同侧重点。

（一）从"市域"到"区域"：市域治理的应有扩展

表面上看，市域社会治理、超大城市治理和区域治理分别根植于不同语境，有着不同的治理对象，甚至实践中牵头部门都不相同。例如，市域社会治理工作开展的牵头部门通常是中共各级政法委员会；从上海市、成都市的做法来看，超大城市治理由党委设立全面依法治市委员会这一常设机构，承担主要的组织领导工作。尽管如此，不论是基于党中央战略部署、问题导向还是理论逻辑等考虑，对市域治理的范围都更适合采用广义理解，具体理由如下：

第一，从中央的战略意图来看，市域社会治理在国家治理体系中承

---

① 张秀梅：《社会治理视野下的平安浙江建设思考》，载《观察与思考》2018年第9期。
② 《习近平就深入推进平安中国建设作出重要指示》，载《人民日报》2014年11月4日。
③ 邓采霞：《社会治理视域下平安青海建设的现实困境与应然选择》，载《青海社会科学》2019年第5期。

担着承上启下的功能，旨在顶层治理设计蓝图内提供多样性的地方治理制度供给，有条件和能力推动基层治理创新。因此，介于基层治理与国家治理层级之间的一定城乡空间范围内，具备配置基层治理资源及相关经济社会事务职能的运行体系，都属于市域社会治理范畴。在此宽泛意义上，市域治理可以扩展为一个行政区和经济区相对分离的概念，融合了区域治理的相关内容。①

第二，基于治理的系统性思维，市域社会治理不是一个片面的、封闭的治理单元，社会治理与社会发展要看成一个整体。②国家治理和地方治理都可以理解为政府提供的一种公共产品，不同效果的治理公共产品可能会制约地区经济发展，影响社会平等与稳定，并不符合国家治理体系现代化的基本要求。区域府际协作的展开，能避免治理资源的浪费，是促进区域间政府解决公共性问题一种好的方式。③

第三，尽管区域治理并不等同于社会治理，但前者在内容上涵盖了市域社会治理的内容。按照学者的定义，区域治理的治理主体为政府、非政府组织和社会公众，治理的客体是区域公共事务，治理方式为协调管理和自治治理。④杨爱平和陈瑞莲也曾指出，在地方治理实践中，区域协同治理与社会治理存在共同的指向，即区域政府合作解决公共管理事务时，需要建立某种纳入社会治理主体的混合治理机制。⑤不难看出，社会治理与区域治理在治理主体和治理方式等方面，可谓一脉相承。

第四，区域治理创新是推进市域社会治理现代化的必然要求。党的十九大报告提出创新社会治理体系的相关论述，标志着我国社会治理进入了现代化治理的新阶段。考察中国社会治理演进史，社会治理波浪式前进的发展脉络，完全符合马克思主义唯物史观、社会有机体理论、社会与国家理论、群众观等内容。⑥这一治理体系强调发挥政府、市场、

---

① 马海龙，刘众：《区域治理：一个概念性框架》，载《理论月刊》2017年第11期。
② 侯金亮：《以系统思维推进市域社会治理现代化》，载《光明日报》2021年1月4日。
③ 崔晶：《大都市区跨界公共事务运行模式：府际协作与整合》，载《改革》2011年第7期。
④ 马海龙：《区域治理：一个概念性框架》，载《理论月刊》2017年第11期。
⑤ 杨爱平，陈瑞莲：《"行政区行政"到"区域公共管理"——政府治理形态嬗变的一种比较分析》，载《江西社会科学》2004年第11期。
⑥ 高惠珠，徐文越：《论唯物史观视域中的社会治理》，载《西南民族大学学报（人文社会科学版）》2014年第7期。

社会在社会治理中的互补作用,这本身是一种创新。① 由此表明,市域社会治理现代化与社会治理创新具有紧密联系。

根据以上分析,离开区域治理这一重要理论拼图,就不足以描绘市域社会治理现代化的完整蓝图。正如学者指出,区域治理可以被理解为国家治理体系在特定国土空间的制度投影,是一种国家愿景的区域映射。② 市域社会治理在国家治理体系中亦具有类似的功能和地位,即事关国家治理顶层设计落实落地,决定着地方治理的成败。③ 因此,区域治理创新理所应当作为评价市域社会治理现代化不可或缺的重要维度。

(二) 超大城市治理与区域治理创新

根据 2014 年国务院《关于调整城市规模划分标准的通知》,超大城市以城区常住人口超过 1000 万作为划分标准。超大城市治理是近年来兴趣的一个治理命题。从词义上看,超大城市也存在一定的"市域"范围,与市域社会治理存在对象和内容上的重合。但是,由于超大城市链接了众多人口,包含了不同地域的公众,基础设施和公共服务需要更为合理的分配,且公共事务具有更高的舆论关注度,这种治理独特性,使其超越了地方性而具有国家治理意义。④ 基于此,在超大城市治理的语境中,市域内各治理主体仍然坚守行政区划的"一亩三分地",则可能与"超大城市"的自身治理命题存在龃龉。其原因在于:

首先,超大城市要素流动具有破除行政区划壁垒的内在驱动力。城市边界快速扩张使得城市转移人口数量不断增加,同时城市与城市之间交通、通信的便捷使得人口流动变得更为频繁和密集。⑤ 人员和要素的流动必然带来治理效应的外溢。如果超大城市想要解决限制自身发展的病症和问题,就不得不跳出行政区划的范畴,与周边地区一起统筹规划、

---

① 孙涛:《社会治理研究的五个视角——兼论其存在问题与发展趋势》,载《北京行政学院学报》2015 年第 1 期。
② 李兰冰,刘秉镰:《"十四五"时期中国区域经济发展的重大问题展望》,载《管理世界》2020 年第 5 期。
③ 张文显:《新时代中国社会治理的理论、制度和实践创新》,载《法商研究》2020 年第 2 期。
④ 赵孟营:《超大城市治理:国家治理的新时代转向》,载《中国特色社会主义研究》2018 年第 4 期。
⑤ 陈玉光:《大城市交通拥堵治理对策研究》,载《中共石家庄市委党校学报》2013 年第 11 期。

协同协商加以解决,搭建跨区域的共治平台和机制。①

其次,超大城市存在显著的区域发展不平衡问题。城市人口的增长可能在某种程度导致公共服务匹配和城市人群差异化扩大,由此产生区域发展不平衡问题。而区域发展不平衡又可能进一步引发治理需求的不对称,使得城市内部出现治理差异甚至增加城市系统性治理风险。② 换句话说,超大城市治理不仅要考虑区域合作问题,其市域内部也存在"区域一体化治理"问题。

最后,区域经济发展必然带来区域一体化治理需求。我国京津冀、长三角、粤港澳、成渝地区双城经济圈等19个城市群已成为承载发展要素、引领高质量发展的主要空间载体。这些主要城市群,无一例外都包含有北京、天津、上海、广州、深圳、成都和重庆这样的超大城市。这些具有国家战略意义的超大城市,其治理边界的扩张、其内部区域交错治理需求、其治理结构,均需超越行政区划的市域界分,按照经济区域行政区划适度分离的要求,实现空间治理机制创新,推动区域一体化发展。《中共中央关于制定国民经济和社会发展第十四个五年规划和二〇三五年远景目标的建议》中关于"提高城市治理水平""建设现代化都市圈"等内容,都是在推动新型城镇化问题中提出的。

综上所述,不论是市域、区域还是城市的治理,从来都不是封闭的、单向度的行政区划意义上的"行政治理",它们无不涉及跨域治理及其治理创新的问题,需要在治理主体、治理客体和治理空间上拓展边界,优化治理结构,消除治理盲区,从而提高国家和地方治理能力。只有这样,市域社会治理才真正到达现代意义的治理之道。

---

① 陶希东:《全面认识我国超大城市治理的瓶颈问题》,载《中国国情国力》2015年第5期。

② 熊跃根:《风险社会中的大城市治理与社会政策的发展》,载《探索与争鸣》2011年第2期。

第二章　双城治理的理论假说与研究路线

国家治理和社会治理既有联系又有区别。谈及其中任一概念的内涵和外延，均不可脱离各自的理论语境和实践场域。因此，针对时下流行的市域社会治理现代化之概念，同样需要分别置于国家治理和社会治理的语境中，加以理论审视、实践总结和体系构建。前文已经指出，我国推进市域社会治理现代化到底面临着哪些主要挑战，有关实践反映出哪些具有普遍意义的理论命题。接下来的问题是，在市域社会治理一般命题的基础上，能否联系最新治理实践和区域特色发展新的理论命题？这就需要充分了解国家治理体系和治理能力现代化的基本背景，结合一定的理论工具，认真对待市域社会治理中的某些特殊变量，如区域协调发展和新型城镇化等国家战略，进一步建立理论框架，从而丰富和完善国家治理理论体系。从学术研究的一般范式来看，社会治理问题是兼具实证性和规范性的命题，研究过程需遵循"限定词义—提出问题—理论假说—归纳命题—实证检验—完善体系—对策建议"的研究进路。本章首先基于市域社会治理实践中的区域问题意识，提出关于成渝地区双城治理的基本理论假说，为建立双城治理体系提供一个初步的理论基础，并为此进行相应的研究方案设计。

第一节　问题的提出及理论假说

回顾"治理"观念演进，它实际上是和人类的社会发展历程息息相关的。从农业封建统治时代向工业资本社会管理时代的转变，再逐步向后工业时代社会治理的转变，及至当代所提出的"市域社会治理"这样更为具体的治理理念，"社会治理"理念的嬗变都与社会发展的进步程度相关。① 在国家治理体系和治理能力现代化的背景下，市域社会治理现代化是一个具有明显中国问题意识和时代特征的理论与实践命题。在某种意义上，它可以理解为国家治理在特定国土空间的具体延伸。正如前文指出，治理、国家治理、社会治理、市域社会治理、区域治理和超大城市治理是密切相关的概念，有的具有种属关系，有的内容高度重叠。在词义内涵方面，有关认知差异既受到时代背景的影响，也反映了国家和地方治理实践的现实需求。

一、成渝地区双城治理的时代背景

市域社会治理这一领域，不论理论研究抑或实践经验，总体上不缺乏核心问题意识。但是，视角扩展至区域治理层面，尚缺乏成熟的理论体系相匹配。市域治理研究如何对接城市群、都市圈等区域治理问题？特别是中央提出的成渝地区双城经济圈建设的国家战略中，经济圈在区域治理相关研究中有什么最新的理论意义？区域治理如何结合自然条件与经济社会发展状况，构建符合本地区特色的治理模式？非政府治理主体如何参与跨区域的社会治理？超大城市的区域治理如何精准施策？比较京津冀协同发展、长江经济带发展、粤港澳大湾区建设、长三角一体化发展等都市圈或城市群的治理模式，这些经验能否适用于成渝地区或其他区域？这一系列问题需要在新的研究背景和语境中审视，为进一步提出理论假说提供基本前提。

（一）上升为国家重大战略的成渝地区双城经济圈建设

成都平原城市群一直是我国西南地区重要的都市圈。成都平原城市群源于经济学界关于成都平原经济区的理论构想，它最早在20世纪90年代被提及，区域范围包括了成都市、德阳市、眉山地区、绵阳市和乐山市等，被学者称为泛成都平原经济区。② 虽然早期构想与成都平原经济区后来的实际版图有所差异，但共通之处在于突出了成都市的核心作用，且当时对"成都与重庆作为长江上游经济圈两极"的相互关系就有所考虑。③ 为破解成都的大城市病，积极对接成渝城市群，培育成渝相

---

① 刘震，谢山河，刘宸琪：《社会治理的嬗变：历史、现状与展望》，载《赣南师范学院学报》2014年第2期。
② 陈钊：《成都平原经济区经济地位及发展前景分析》，载《中共成都市委党校学报》1999年第2期。
③ 林凌，刘世庆：《成都平原经济区构想（下）》，载《长江论坛》1997年第4期。

向发展的新兴极核，成都市在 2017 年提出了东进战略，将成都"东进"区域作为东翼，为未来成都城市空间拓展的核心载体。①

2020 年 1 月，中共中央财经委员会第六次会议正式提出推动成渝地区双城经济圈建设。2020 年 10 月 16 日，中共中央政治局召开会议审议《成渝地区双城经济圈建设规划纲要》时要求"成渝地区牢固树立一盘棋思想和一体化发展理念，健全合作机制，打造区域协作的高水平样板"。紧接着的 10 月 29 日，党的十九届五中全会审议通过《中共中央关于制定国民经济和社会发展第十四个五年规划和二〇三五年远景目标的建议》，将推进成渝地区双城经济圈建设确定为推进新型城镇化建设的重要内容。2021 年 1 月 13 日，最高人民法院发布《关于为成渝地区双城经济圈建设提供司法服务和保障的意见》，提出"合力打造区域司法协作的高水平样板"的司法保障目标。至此，成渝地区双城经济圈上升为国家战略，中央的战略部署已基本成型，其战略能级、重要程度不言而喻。与早期的长三角一体化发展、粤港澳大湾区建设、京津冀协同发展规划不同，成渝地区双城经济圈被赋予了构建新格局的新使命。②

对重庆市和成都市两座大城市而言，入局国家重大战略规划，既是重大的发展机遇，也是重要的历史责任。不同于单极核的成都平原城市群，双城经济圈更突出成渝两大城市的极核辐射带动功能。在成渝地区双城经济圈建设背景下，成都平原经济区向东对接重庆城市带，将会产生一个更大范围城市群的社会和经济联动。作为世界上为数不多的椭圆形双核经济圈，成渝地区双城经济圈建设的目标是培育世界级产业集群。客观而言，成渝地区距离总体发展目标尚存在巨大的差距，成都市和重庆市作为双圈的极核，其区域治理和社会治理水平相较于沿海地区大都市圈仍有差距。当然，这种治理范围的特殊性，也是其他超大城市都市圈或城市群所不具有的。基于此，成渝地区亟待探索符合自身定位的区域治理创新路径，以更好地服务于双城经济圈的建设任务。

（二）成渝地区双城治理问题的提出

正如前文指出，新型城镇化语境中的大城市治理，实质是区域治理意义上的市域社会治理和其他相关治理的总和。对特大和超大型国家和区域

---

① 肖莹光：《对成都实施"东进"战略的几点认识》，载《先锋》2017 年第 12 期。
② 《政治局审议成渝双城经济圈规划，释放了什么信号？》载《第一财经》，2020 年 10 月 16 日。

中心城市来说,提高城市治理水平面临的重要挑战之一,就在于在国家层面上,尚缺乏一套系统的、清晰的、高效的国家区域治理模式。①

从理论上讲,我国区域治理模式的生成,主要外生变量就是国家区域发展战略。京津冀偏向政府主导主要是为了有序疏解北京非首都功能。长三角区域一体化治理体现以市场经济为主导的社会治理经验的法定化和制度化。粤港澳大湾区对标的是世界一流湾区,对它进行准确定位要从提高国家对外开放水平以及"一国两制"方针的实施等层面去审视。基于这些客观情况,国内各城市群、都市圈并没有完全相同的治理方式,其治理效果、制度供给路径也不尽相同。

城市与城市之间的发展脉络或发展目标固然可以是一致的,但地区间资源禀赋和发展阶段的差异不可回避。那么,除了解决立法协同、行政壁垒、协同决策、信息互联、利益共享等共性问题,成渝地区的市域治理还有哪些有待破解的特殊困境?在区域内外均明显存在制度"代差"的前提下②,市场、政府、社会等治理主体的非均衡性如何兼容区域一体化治理目标?与市场化、社会化程度更高的长三角、珠三角,以及区域统筹力更强的京津冀等城市群比较,成渝地区如何找到适合自己的区域治理路径?根据中央的战略定位,成渝双城经济圈不能简单理解为重庆、成都两座城市,而是要看作以两个都市圈市域范围为中心的更大的治理单元,以及与周边市域相互联系又相对独立的治理单元。这些治理单元之间如何确立治理结构、分别以何种方式实现治理现代化?

关于区域治理、市域治理和超大城市治理的现有研究,显然尚不足以有效回答以上问题,即使存在能够加以借鉴的理论和经验,其现实针对性往往不强,需要通过进一步的深化论证予以补强。同时我们还要看到,市域治理与区域治理本身具有复杂性,集成了经济、政治、社会、法律甚至文化等多个专业领域,任何单一的视角都很难对其做出全面的分析。针对这样一个独特而复杂的研究对象,需要打破一些传统的研究框架。

二、成渝地区双城治理相关理论假说

成渝地区双城经济圈建设体现了国家新发展格局在空间上的布局。

---

① 张广威,刘曙光:《我国区域治理的制度经济分析》,载《现代经济探讨》2017 年第 3 期。

② 具体参见本体论第四章的分析。

基于现有的区域治理实践和成渝地区的发展定位，成渝地区的社会治理需要探索符合自身区域特色的治理模式。故而考察双城治理的基本命题，构建相应的理论体系，有必要在既有市域治理和区域治理理论框架基础上，增加新的内容，进一步创新。

（一）假说一：我国区域治理制度供给存在明显的抑制效应

我国区域治理多少存在治理制度供给的不足，成渝地区亦不例外。马克思曾明确指出，制度需求不同于社会公共建设和共同生产方面的需求，前者主要反映了人类社会生产和发展的供给服务需求，包括安全、医疗、教育、社会保障、法律制度等。[①] 区域发展的不协调、区域治理能力不足和水平不高，实际反映了治理制度的供给与需求的不匹配，现存治理制度不再是当前最有效的制度选择。引起制度不匹配、不均衡的原因，包括制度选择集合、技术、需求、其他制度安排的改变等。[②] 我们应当关注的是，包括成渝地区在内的区域治理制度供给不足，可能并非短期的现象，而是长期受到抑制的结果。在后文的实证分析中，我们可以从以下几个方面进行检验：

首先，区域治理制度供给不足，说到底是法治建设存在滞后，表现在国家层面，就是缺少区域立法制度。回到跨行政区的立法事项、立法主体、立法权限等区域协同立法的重大问题，涉及《中华人民共和国宪法》和《中华人民共和国立法法》的解释与修改，以及地方立法能否通过变通方式，就国土空间规划、生态环境、公共安全、应急管理、基层治理等治理事项进行协同制度设计。此外，区域治理的有效性依赖于治理主体相互协同、配合、认可一方发起的创新活动。对地方政府而言，超越法定职责边界意味着需要冒一定的风险。法定职责边界与治理成本收益优化目标，在实践中产生明显的冲突，本质上就是区域治理现状与国家法治化的冲突。

其次，治理主体需求侧的动力机制，同样是检验制度供给的重要观测点。许多制度供给是由需求直接推动的，即制度的重新安排是由单个行为主体（如企业、研究机构）为谋求在现存制度下得不到的利益（外在利润）而产生的制度需求所触发的。经验上观察，对于政府地位过于

---

① 马克思：《资本论（第三卷）》，人民出版社1975年版，第992—993页。
② 〔美〕R. 科斯，A. 阿尔钦，D. 诺斯等：《财产权利与制度变迁——产权学派与新制度学派译文集》，刘守英等译，上海人民出版社1994年版，第384页。

强大且市场不发达的地区来讲，供给主导型制度变迁将起到主要作用。①相对于沿海发达地区，中西部城市群、都市圈市场化水平远低于"北上广"等发达城市。②尽管政府主导区域合作和利益协调，有利于形成各城市协调统一的格局，甚至于推动区域的形成③，但这些地区难以回避创新制度"代差"问题。④成渝地区与东部沿海先进地区相比以及在区域内部，到底存在多少"代差"，需要认真对待。倘若缺乏市场主体的有效参与和过度行政化，那么在短期内较难实现政社企合作的制度供给均衡。

再次，将跨域合作政策作为制度供给，其效果有待考察。政策环境对区域治理过程起着激励和辅助作用，一定程度能够打破官僚体制和行政边界。⑤实践中，一体化治理的理念通常较容易在省级政府层面确立，但该目标实现多是地方政府的自组织和领导型网络行为，没有参与和退出的强制性约束制度。⑥跨区域治理联动方面，较常见的治理机制是组建领导小组作为临时机构负责组织协调工作，到了市、区一级，其工作推动主要依靠地方领导的个人威望，区域政策的执行力度和执行效果存在不确定性。这或许可以解释，为何现实中商议跨域政策容易出现原则性表述，执行部门经常根据自身不同偏好以法律法规予以抵制或限制，使得原本有创新价值的政策无法有效实施。

最后，共同体意识和公共服务资源等非正式制度供给不足，会反过来制约正式制度供给的水平。区域治理创新超越了经济范畴，根本上要由政府、市场和社会围绕共同目标，进行能力互补、资源共享，形成系统。⑦尽管地方政府可以明文打破行政壁垒和市场壁垒，但在社会治理领域，营商环境和政府治理水平的改善不能必然逆转法律服务、行业人才、社会组织等要素向核心区域加速聚集的趋势。这种社会结构的实质

---

① 卢现祥：《西方新制度经济学》，中国发展出版社2003年版，第119—120页。
② 龚勤林，刘慈音：《基于三维分析框架视角的区域创新政策体系评价——以成都市"1+10"创新政策体系为例》，载《软科学》2015年第9期。
③ 张紧跟：《从区域行政到区域治理：当代中国区域经济一体化的发展路向》，载《学术研究》2009年第9期。
④ 岳公正，李遵白，熊德斌：《欠发达地区区域创新体系改革与民营化战略》，载《贵州社会科学》2013年第8期。
⑤ 崔新健，崔志新：《区域创新体系协同发展模式及其政府角色》，载《中国科技论坛》2015年第10期。
⑥ 马捷，位韦，阚艳秋：《地方政府区域合作边界拓展的行动与逻辑——以成都经济区"1+7"到"8+3"为例》，载《甘肃行政学院学报》2019年第1期。
⑦ 吴昊，张天译：《协同创新视角下的区域创新体系构建》，载《社会科学战线》2016年第10期。

性差异,加上成渝地区长期存在的利益博弈和竞争意识,可能会进一步增加区域治理正式制度供给的难度。

提出制度供给抑制假说的目的在于要求在政策上发挥不同层级政府的制度供给积极性,压实政府主体的治理责任,同时也要考虑市场层面和社会层面自下而上的多元制度供给功能,尽可能拓宽制度供给的渠道和路径。

(二)假说二:双城治理是一种典型的非均衡治理结构

改革开放以来,中国经济发展总体上遵循的是一种循序渐进的非均衡发展战略,具有突出的城市化牵引、沿海先行和城市群聚集的特征,经济地理发展呈现为从东到西、分层推进的梯度发展态势。[1] 不平衡是一种现实状态,它在一国不同的发展阶段既表现出正面意义,如市场要素可能最先从地方开始,且随着地方政府参与度的提高,竞争逐步走向区域化,形成中国特色社会主义市场经济的竞争逻辑;[2] 当然也有可能存在负面效果,例如,重复投资以及经济不平衡而导致的不公平现象,会加大社会治理难度。

制度经济学的分析告诉我们,一定程度上容忍甚至鼓励区域经济社会发展不平衡是必要的。但是,当一国区域经济社会发展的均衡张力超出了一定的临界点,就会出现区域协调发展新的战略需求。在这一转型过程中,广袤的中西部地区亟待出现一个足以承担这一历史使命的区域经济新增长极,成渝地区双城经济圈建设的重大国家战略便应运而生。要真正实现成渝地区对东部沿海先行地区的追赶和跨越式发展,其前提及基本路径就是做强做大两个极核,突出重庆、成都两个中心城市的协同带动功能。这也是中央对此寄予厚望,并促成两地相向而行、唱好"双城记"的战略意图。从这点来看,成渝地区与东部沿海的国家区域战略有所不同。长三角地区和粤港澳大湾区的协调发展过程即使存在某种非均衡性,也主要是因要素初始禀赋差异和市场化自发形成的;而成渝地区则混合了市场驱动、行政主导和国家战略扶持的多重特征,且其非均衡发展理论的色彩更加突出,即策略上追求首先以核心增长极扩大地

---

[1] 世界银行:《重塑世界经济地理》,胡光宇等译,清华大学出版社2009年版,第Ⅱ页。
[2] 〔英〕罗纳德·哈里·科斯,王宁:《变革中国:市场经济的中国之路》,徐尧,李哲民译,中信出版社2013年版,第185页。

区发展差异，而后再考虑通过地理渗透效应改善地区发展差距。①

不仅如此，成渝地区和其他经济区有类似的地方。在内部发展区域中存在所谓圈层问题，不同圈层在发展策略和发展方式上存在差异。②所不同的是，成渝地区的圈层分化更加突出，其发展水平、治理空间、治理需求和治理结构异质化更明显。以四川省为例，成都、德阳、眉山、资阳四市已达成同城化发展共识，四川省因此提出把成德眉资同城化发展作为推动成渝地区双城经济圈建设的先手棋，配套建立推进成德眉资同城化发展领导小组及其工作机制。目前，该核心圈的区域共同体意识明显增强，统筹协调更加有力，在空间规划和产业布局统规统筹、交通基础设施互联互通、公共服务共建共享等领域有望率先突破。成都都市圈的其他城市则需要实施差异化的一体化发展路径，其区域治理结构的紧密程度有别于核心圈层。

如果建立在中国经济地理发展经验基础上的非均衡假说能够成立，则双城治理的治理特征将有别于其他治理一体化区域，其治理结构和治理路径就必须做出与此相适应的调整，以匹配该地区非均衡的一体化治理结构。在相应的治理对策设计上，地方政府必须重视对特殊治理区域的社会保护，以及对中心区域与圈层周边、双圈之间中部区域相关社会群体的保护，如农民工及其子女、脱贫人口和其他弱势群体的保护，以避免出现大范围、不可控的"社会"撕裂。

（三）假说三：双城治理现代化进程存在显著的治理拐点

这一假说建立在前述"制度供给抑制"和"非均衡治理"假说基础上，同时还突破了另两项与之相关的基本命题。

其一，经验上判断，一国或地区的治理能力与经济发展水平密切相关，且必然随着经济发展水平和市场化程度提升而"水涨船高"。基于此，推进治理体系和治理能力的现代化，就必须坚持以经济建设为中心，以发展作为第一要务，并充分发挥经济体制改革对其他方面改革的牵引作用。③

---

① 陈秀山、石碧华：《区域经济均衡与非均衡发展理论》，载《教学与研究》2000年第10期。

② 王明、郑念：《城市群内部协同的圈层分化问题研究——基于"环长株潭城市群"的分析》，载《中国科技论坛》2019年第8期。

③ 韩保江：《夯实国家治理体系和治理能力现代化的经济基础》，载《光明日报》2019年11月12日，第11版。

其二，按照"经济基础决定上层建筑"的逻辑，随着经济水平和财政收入的提高，治理制度的供给与治理能力的需要应当是逐步匹配的，且随着对社会治理和民生事业投入的不断增加，边际治理绩效与治理现代化的需求的差距，应当是不断缩小的。

但是，如果考虑假说一和假说二，前两项命题在特定时期、一定具体条件下也会存在例外。由于存在明显的制度抑制，在全面突破现代化转型瓶颈以前，经济发展以及随之而来的资本、技术和人口等要素聚集的规模化效应，并不能即时同步提升地方治理能力。在一个较长的特殊时期，即使地方政府加大社会治理的各种经济投入并积极借鉴先行地区的制度经验，但是受整体制度环境的约束，其治理投入的边际产出也仍然较低甚至维持在零的状态。

为进一步建立假说的理论模型，我们把经济投入记作 I，治理绩效的产出变量记作 A，同时假定：①社会治理现代化相对于经济投入和治理绩效为目标常量；②基于治理的经济投入量是经济发展水平的代理变量，即两者密切高度相关，该投入的观测数量直接代表经济发展水平。在现代化定义及内涵不发生根本性变化的前提下，目标能力需求相对恒定，或仅随着经济发展及投入增加而平稳地增长，具体以 AD 来表示；治理现代化对应的制度供给则以 AS 来表示。为展示以上变量之间的关系，不妨以 I 为横轴，A 为纵轴，则治理能力需求曲线和制度供给曲线如图 1-1 所示：

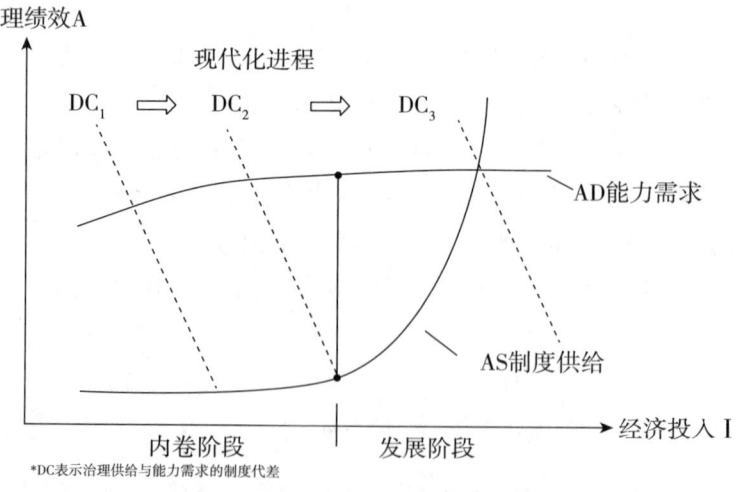

*DC表示治理供给与能力需求的制度代差

图 1-1 治理能力需求曲线和制度供给曲线图

观察以上图形，可以发现治理现代化进程大致包含三个不同的阶段，且存在一个明显的平台期和治理拐点。基于此，有关假说内容为：一地（包括成渝地区和与之相近的区域经济体）经济越发展，治理经济投入力度越大，在一定时期内能力需求与制度供给的缺口基本不变，甚至可能越来越大，反映治理能力距离现代化的目标反而越远。制度供给曲线长期平缓的这一特殊阶段，可称之为治理现代化转型的平台期。由于加大投入的边际报酬接近零，又可视其为转型"内卷阶段"：即不论地方政府是否重视治理能力的提高，如何加大经济上的扶持和投入，也不能取得与治理能力预期相一致的治理绩效。

随着经济水平的进一步发展，地方治理有机会加大制度供给，并成功跨越治理拐点。促使拐点跨越的原因可能是地方治理需求倒逼国家制度变迁，也可能是地方治理创新解决了制度供给抑制的深层次因素，例如与治理相关的人力资本和社会要素持续投入并出现了网络规模效应，逐步扭转了制度抑制所导致的创新"代差"问题。一旦越过特殊的治理拐点，治理边际产出开始加速提升，使得这一阶段中的供给曲线明显陡峭，加快实现治理能力现代化所需的制度均衡。

另一方面，我们还要关注到供给曲线走向的另一种可能，即某地被长期锁定在"内卷阶段"而导致现代化进程中断，无法进入到拐点期和均衡期这两个阶段。产生这一负面后果的主要驱动因素，最可能来自区域非均衡治理结构。由于大量治理资源和社会要素集中到"双核"，制度供给抑制效应不降反增，其综合治理能力无法助推中部"塌陷"地区越过治理拐点。

不同的假说所提出的理论命题及其相应的治理对策，应该是存在较大差异的。基于治理拐点假说，在双城市域治理现代化进程的初期阶段，各级治理单元不应过度依赖资源投入，或者热衷引入超出自身发展阶段的"制度创新"，避免产生资源浪费和治理主体的"悬浮化"问题。[①] 除了自下而上争取支持，更重要的是自上而下重视"社会"本身的建设，通过社会要素的有序流动，补充制度供给方面的不足。

---

① 具体参见第四章"双城治理涉及的五个命题"这一小节的内容。

第二节 研究创新与技术路线

本书的研究内容包括双城治理结构与治理体系中的客观规律性和法治构建的一系列实证性和规范性问题，其总体研究目标是"构建市域社会治理现代化的双城治理体系，为推进国家治理体系和治理能力现代化提供一个中西部地区的区域治理样板"。为实现研究的总体目标，在结构安排上本书还进一步分解出研究子目标：一是通过对成渝地区主要城市的市域社会治理和区域治理的经验和治理细节的研究和分析，为双城治理的理论假说、相关命题和制度内涵提供实践基础和经验性验证；二是通过国内市域（区域）治理的差异化分析和公因式提取，为成渝双城治理乃至国家区域治理研究提供知识增量；三是在宏观理论基础、中观体系构建和微观治理细节不同层面，支撑市域治理现代化双城模式的治理体系。

一、研究创新的思路与方法

基于学界和业内的各种反馈和对最终成果的评价，本研究可能在以下两个方面有所创新：一是研究视角较为独特，不同于既有研究的单一学科论证，本研究集合了经济学、政治学、法学和社会学等多学科的理论工具，借鉴了制度均衡、内卷、悬浮化、协同立法、法治共同体等不同学科概念，从不同视角对成渝地区社会治理进行了综合研究。二是研究方法具有特色。社会治理命题具有鲜明的实践性，属于广义上的实证研究，同时其治理体系构建以及法治保障又是典型的规范命题。本研究将实证研究方法和规范研究较好地结合，既具有理论性假说与模型搭建，又有实证性较强的治理个案深度剖析，在与同类研究比较中可见其特色。

（一）研究思路

本书的研究对象具有开放性和特定性。开放性在于，本研究的视角和内容基于一种"大治理"观念，不限于传统社会治理，因此但凡与社会治理相关的政府、企业、社会组织和个人等主体和活动，都属于研究对象范围。而特定性体现在，本研究涉及的对象具有一定的地域性，相应的治理命题也具有较大的特殊性，即不是对社会治理的泛泛而谈，而是主要针对成渝地区的治理主体和活动，有关实证研究和命题的经验性描述，都以这一区域的对象为主。基于研究对象的特殊性考虑，本书主要采取如下研究思路：

第一，正确处理研究内容的地方性和普遍性的关系。本研究论证所依托的微观素材以及结论主要落脚点，都主要围绕成渝地区特别是成都和重庆双核型都市圈的社会治理细节，这使得本研究成果更像是吉尔兹意义上的"地方性知识"（local knowledge），或者说在方法上，体现了历史特殊主义而非普遍主义。[①] 但应当指出，成渝地区双城经济圈治理作为具有国家战略意义的研究命题，一方面不可避免地涉及全球化视野下的中西社会治理的问题演进、中国国家治理的制度选择及其影响等宏观议题；另一方面，成渝地区的高质量发展及其治理现代化转型突围，又为中西部地区实现跨越转型提供示范样本，有助于实现我国空间治理格局的结构优化。

第二，研究范式方面，本书遵循实证研究的基本规范，亦沿循学术研究的主流范式，即"提出问题—分析问题—解决问题"。首先，基于对有关理论背景的介绍，严格选取和限定概念的词义；其次，在已有研究基础上提出待解决的研究问题、理论假说和理论模型，同时在以大量经验性证据进行佐证的基础上总结和分析有关理论命题；再次，围绕这些命题进行实证研究和比较分析，进一步验证和回应理论假说；最后，构建一定的治理体系化安排，在此基础上提出解决方案。

第三，研究进路方面，本书分别从"宏观—中观—微观"做出路径安排，按照"理论背景—理论命题—实践经验—理论重构—对策建议"的研究路径循序展开。具体而言，先从国家治理体系和治理能力现代化的时代背景、全球治理挑战以及市域社会治理的当代命题切入，通过文献梳理、理论总结和一定的经验描述，引出成渝地区双城治理的特殊命题，再深入分析不同地区市域社会治理现代化和区域治理创新的实践经验，通过理论构建和实践对比建立双城治理体系，最后提出有操作性的推进双城治理现代化的举措和建议。

（二）主要研究方法

在研究方法上，本书根据研究设计和研究内容做了较为周密的安排，主要采用了两种常见的研究方法，即实证研究法和规范研究法，并强调

---

① 有关人类学上的历史特殊主义与普遍主义的方法论之争，参见叶舒宪：《"地方性知识"》，载《读书》2001年第5期。

在研究不同阶段和不同内容中将两者综合运用。

鉴于本研究具有强烈的问题意识和实践指向性，研究开展主要基于问题导向，故而基本遵循了实证研究的基本范式。因此，本研究在导论部分提出相关理论假说，继而又在本体论部分试图通过案例分析佐证，围绕假说进行五大"悖论式"命题的经验总结。同时又鉴于本研究带有较强的对策性研究属性，因此将那些需要通过实证加以审视和评价的内容，集中在实践论部分进行采样和分析，以支撑治理体系的构建。最后在对策论部分还进行了双城治理指标模型的设计，为后续实证研究的展开提供了空间。

需要说明的是，本书并没有采用统计学的抽样和量化分析，而是运用了质性分析法，即通过个案分析、一手资料整理、田野调查，以及通过社会场景的亲历、与被调查对象的互动等研究手段，对有关社会治理活动获得实证性和解释性的理解。[①] 其中，实践论部分对各市域治理的具体做法以及国内主要城市群区域治理的总结梳理，大部分内容源自实地调研和田野调查过程中取得的宣传手册、汇报材料、工作报告等一手资料，部分内容基于对已有研究文献的整理。另外，本体论部分关于成渝地区双城治理命题的经验性描述，也主要建立在座谈和深入访谈等调查手段基础上。需要特别指出，书中选用的部分案例，反映了课题组成员在前期研究中亲自参与或与当事人进行互动所获取的真实素材和场景体验，其典型如成都中洲锦城湖岸小区业主维权、职业打假人有关的各种争议、成都S区某商住楼餐饮油烟异味污染综合执法等案例和社会话题。

除此之外，双城治理命题最终落脚于依法治理、源头治理和综合治理这一基本思路，因此需要构建和优化完整的治理体系和多元治理规范结构，同时亦涉及政治立场、法治理念、社会效果和以人为本的价值追问，故在本体论、体系论和对策论中，大量运用了突出价值导向的规范分析方法。

尽管做出了艰辛的努力，本研究仍然存在一些不足。对于部分研究内容，还需要进一步拓展和深化。例如，关于社会治理的研究文献浩如烟海，本研究难免挂一漏万。又如，区域治理和市域治理研究成果的相互借鉴，还有很多后续工作要做。在研究方法方面也存在局限性：一是

[①] 有关质性研究方法的具体定义和在本书中的具体运用，详见"实践论"第四章第一节的介绍。

国内各市域、区域的一手资料，课题组掌握有限；二是理论模型缺乏动态反馈，如我们假定治理现代化的目标内涵不变，相对于经济发展水平的治理需求曲线几乎为无限弹性，没有考虑现代化目标本身的变化因素；三是本书提出的主要论点和体系构建，部分缺乏经验证据特别是量化分析的支撑，其理论细节尚待丰富与修正。

二、本书的体例结构

本项成果围绕四大目标导向，即价值追求导向、问题解决导向、理论支撑导向、结果实效导向，以成渝地区双城经济圈建设中的市域和区域治理主体与客体为主要探究对象，旨在推动我国市域治理现代化过程中的区域治理创新。探索市域社会治理现代化的双城模式及其规律，构建双城治理体系框架，是本项成果的研究突破口和最终落脚点。

基于前述研究设计、方法运用与思路展开，全书从导论、本体论、实践论、体系论和对策论五部分展开深入论证。其中，导论交代了市域社会治理现代化和区域治理创新的相关理论背景，提出双城治理的三大理论假说；本体论主要着眼于中国社会治理的制度优势及其与西方社会治理理论的关系问题，在此基础上进一步提出市域治理双城模式的制度内涵和基本命题；实践论从市域社会治理和城市群区域治理创新两大实践进路，揭示各地治理方案的共通经验及其对双城治理的启示；体系论是市域社会治理现代化实践在双城治理框架的最新系统集成；对策论从国家制度供给、地方治理创新和市域治理突破不同层面，选择重点领域切入，为推动成渝地区双城治理创新提出对策建议。

具体而言，各章节的内容如下：

第一部分是导论，共分两章内容。第一章集中进行文献梳理，按照从宏观到中观再到微观的思路，对全书可能涉及的研究领域中的国内主要研究文献，做出力所能及的梳理总结，对个别重要问题进行简要的评论。为了对相关理论假设限定合理范围，本章还对治理、国家治理、社会治理、基层治理、市域社会治理、超大城市治理和区域治理等相关群组概念作了词义关联分析。第二章提出了双城治理的研究问题，并在第一章文献综述的基础上，进一步提出双城治理的三大假说，为双城治理体系框架奠定理论基础。

第二部分是本体论，包含第三章和第四章内容。第三章主要比较了中西方社会治理的理论源流以及各自的当代命题，为双城治理理论命题作出一定的理论铺垫。第四章提出了成渝地区双城治理的完整理论构想，包括双城治理的制度内涵、特征和治理需求。本章还完成了一个基础的经验性描述工作，即结合理论实证分析和经验实证分析，总结出双城治理的五大悖论式命题。

第三部分是实践论，分别从市域采样、城市群采样和比较分析三个角度展开，涉及第五章、第六章和第七章共三章内容。第五章重点对成都市、重庆市和东部沿海地区以及香港等城市的市域社会治理现代化实践进行采样分析，有针对性地总结地方治理的某些规律性、创新性做法和治理模式。第六章将采样研究视野扩展至京津冀、粤港澳大湾区和长三角的区域治理，对国内主要城市群的治理过程和治理模式做了比较考察。第七章是对前两章采样分析的综合比较，特别是针对各地市域社会治理现代化的亮点工作做出了一个开放式的初步评价，同时结合地区比较，就成渝地区的治理制度空白及未来治理之道提出了展望分析。整体来看，实践论部分既是对双城治理命题的一种实证检验，又为体系论的规范性论述提供了事实前提。

第四部分是体系论，旨在构建非均衡的双城治理体系，是对双城理论假说及其体系框架的进一步验证与细化。这一部分内容以第八章至第十三章展开详细论述。第八章对双城治理体系构建的基本问题及其构建脉络进行了统一交代，如双城治理体系构建的现实逻辑、外部和内部目标、基本理念表达以及具体体系结构安排等。按照第八章的体系化安排，后面五章内容分别从治理体系的不同侧面具体展开论述：第九章关注了双城治理的圈层空间体系，讨论了成都和重庆主城的中心圈层、各自同城化圈层以及毗邻城市群的第三圈层的治理空间关系。第十章研究了双城治理共同体体系，以中央关于"社会治理共同体"这一创造性概念的内涵和目标作为体系起点，构建了成渝地区优化营商环境共同体、法治共同体和基层治理共同体三大体系结构。第十一章分析了双城治理客体体系内容，强调双城治理超越一般社会治理的客体范围，分别从基层治理公共事务、双城跨域公共治理和治理型公共设施规划建设三个部分展开。第十二章研究了双城治理的区域法治体系，试图实现市域法治向区域法治的转型，使双城治理法治建构与其他体系内容相互支撑、相互衔接。第十三章是关于双城治理运行体系的阐述，研究目标是通过双城治理运行机制的系统建构，贯穿和联结其他体系要素内容，进而形成相互配合、相互衔接和相互促进的完善体系。

第五部分是对策论，具体包括第十四章、第十五章和第十六章共三章内容。第十四章主要从国家制度供给角度解决双城治理面临的体制机制障碍，提出了立法等制度供给建议。第十五章从地方治理创新的角度，围绕府际合作的川渝党政联席会议、区域协同立法、社会风险联动干预、区域治理指标体系与监督考核等方面，提出推动成渝双城治理现代化的对策建议。第十六章则进一步落地到市域层面，就成渝地区各城市如何主动对接和融入双城治理，进行市域社会治理创新提出建议。

第二部分 本体论

理论命题与制度内涵

第三章　全球可治理性危机与中国治理当代命题

全球化背景下，国家治理产生了两个特殊命题。其中一个是关于全球治理的正向命题，即如何促进全球主权国家和地区之间的多边合作和提供全球公共产品，以及不同国家（包括中国）如何参与全球治理并提供自己的智慧和方案。① 而国家或地区因全球化导致自身治理结构的不适应进而出现治理危机，又进一步将此类危机以全球化机制传导到与之相关的其他国家和地区，这就属于另一个与全球化有关的负向命题。可治理性危机，就是后一命题的集中表现。可治理性危机不单单是一个全球问题，在越来越全球化的世界中，也必然会影响包括中国在内的世界主要经济体乃至第三世界的欠发达国家和地区，从而对中国的社会治理带来新的挑战。那么，发生可治理性危机的内在机理是什么？它对我国社会治理的当代命题存在哪些影响，需要吸取哪些教训？这可以从理论源流和时代命题两个维度去探究。

当然，中国社会治理也面临着自己的问题。在国家治理体系和治理能力现代化的背景下，市域社会治理现代化是一个具有明显中国问题意识和时代特征的理论与实践命题。如何完成本土理论构建，破解中国自身的当代命题，这既是完善中国特色社会治理理论体系的着力点之一，也是在与西方相互交流和借鉴过程中提升话语权的重要任务。

第一节　全球可治理性危机及其理论溯源

"可治理性"（governability）在英文表述中又被译为"治理力"，是社会治理领域的一个重要理论命题。可治理性问题，主要是根植于全球

---

① 任琳：《中国全球治理观：时代背景与挑战》，载《当代世界》2018年第4期。

化背景下的可治理性挑战而提出的。正如有学者指出,全球化带来的经济结构转变向各国提出了加强社会保护的要求,但受新自由主义的影响,各国却进一步释放市场力量①,以新自由主义为主导的全球化进程正在引发世界范围内的治理危机,西方社会或多或少地面对来自民粹主义、贫富差距等问题的侵扰,使得社会可治理性问题成为一个公共的全球性问题。② 下文对于可治理性的介绍,分析全球化时代面临的社会治理危机及其产生的原因,有助于我们以更深刻的国际视野来理解中国的治理问题。

一、可治理性理论与全球可治理性危机

"可治理性"概念的出现最早可以追溯到克罗齐等人向三边委员会提交的研究报告中。③ 可治理性起初被限于权力行使范畴,简单来说是针对政府或国家的能力而言的。这一词汇的产生伴随着西方资本主义社会矛盾的激化,及其固有的结构性因素的进一步强化。为此,西方学者对可治理性进行反思,为资本主义和西方民主政治的自我循环开辟了一条新的出路。当前,可治理性概念的内涵已经被扩展到远超其诞生时的范围,成为政治实践分析方面的一个重要范畴。在某种意义上,可治理性理论就是西方版的国家治理能力命题。

(一)可治理性理论的内涵

西方对于可治理性理论的提出,可以追溯到1975年克罗齐等学者在《民主的危机:民主国家的可治理性》研究报告中的论述:它通过分析民主政治的优劣性以及对社会运作尤其是政府对社会的治理影响,将可治理性界定为民主政治体制下的政府管理体制如何应对社会问题的一种能力。④ 关于可治理性的理论内涵,国外学者的理解并不统一。西方学者有的侧重于治理主体应对发展挑战或发展机遇的能力,有的强调统治者和被统治者之间的关系变化,或是社会需求和政府实现能力之间的平衡程度。而较为统一的认识是,正是由于西方国家从20世纪70年代起,

---

① 高柏,草苍:《为什么全球化会发生逆转——逆全球化现象的因果机制分析》,载《文化纵横》2016年第6期。
② 张虎祥:《全球性社会治理危机及创新路径研究》,载《社会科学战线》2017年第10期。
③ 袁东振:《可治理性与拉美国家的可治理性问题》,载《拉丁美洲研究》2007年第5期。
④ 吴国平:《2007—2008年度报告》,载《拉丁美洲研究》2008年第2期。

不断在政治、经济、金融、环境、社会稳定乃至国家政权方面出现重大危机,有西方学者把这些危机作为可治理性的反题,统称为所谓的不可治理性问题。①

我国学界对可治理性的理论内涵也多有讨论。有学者认为,"可治理性"研究关注的是"在怎样的治理逻辑下采取何种方式方法对公共空间的什么进行怎样的治理"的问题。②有学者对可治理性的相关概念研究进行了总结,认为它至少可以包括民众需求与政府满足能力的关系、从专政向民主的转化、社会治理这样三种概念,分别体现为政府治理能力的高低、民主制度的有无和全方位社会问题的解决与否。③还有的从治理绩效出发,主张只要一个社会系统中的主要力量,能够根据一定的规则和程序确立目标和手段、做出集体决策并解决相互冲突,则这个社会就是可治理的。④关于国家不可治理性问题,有学者认为其本质是对国家在基本作用和功能方面出现的治理失败或能力不足的诊断性描述。⑤

当然,由于可治理性涉及国家治理和社会治理的方方面面,几乎所有的政治、经济和社会问题都可以讨论是否具备可治理性,如教育可治理性⑥,劳动关系可治理性⑦,乃至于协商民主中的公共事务可治理性机制⑧,等等。但同时也要看到,当前国内对可治理性问题的关注,基本上都内置了一个前提,即站在西方政治体制和社会发展背景下进行讨论,没有或很少与我国的治理实践发生语境上的关联或话语体系转换。

(二)全球可治理性危机的具体表现

可治理性是由西方学者基于对全球化背景下的国家和社会危机的观察(不限于西方),总结形成的经验性命题。因此,不论是可治理性还是不可治理性,在现实中都存在对应的具体表现。其主要表现形式有以下几种。

---

① See Robert Y. Fluno, The Floundering Leviathan: Pluralism in an Age of Ungovernability, in The Western Political Quarterly, 1971, 24 (3), pp. 560—566.
② 孙志建:《悖论性、议题张力与中国城市公共空间治理创新谱系》,载《甘肃行政学院学报》2019 年第 2 期。
③ 刘纪新:《拉美国家的腐败与可治理性问题》,载《拉丁美洲研究》2010 年第 2 期。
④ 张凡:《拉丁美洲民主化与可治理性问题分析》,载《拉丁美洲研究》2008 年第 4 期。
⑤ 吴畏:《可治理性、社会突现与社会认识论》,载《求是学刊》2018 年第 6 期。
⑥ 袁东振:《可治理性与拉美国家的可治理性问题》,载《拉丁美洲研究》2007 年第 5 期。
⑦ 钱宁:《劳动关系治理与工业社会秩序的建构——社会治理创新背景下的企业社会工作》,载《社会工作》2014 年第 1 期。
⑧ 李广文,王志刚:《协商民主视域下公共事务可治理性机制探索》,载《哈尔滨商业大学学报(社会科学版)》2015 年第 1 期。

1. 个别发展中国家的政局危机

由于西方发达国家已发展出较为成熟的民主政治和法治形式,执政党的更替一般不会导致所谓的政权或政局危机。但在一些非西方发展中国家中,由于各种因素的干扰,国家治理能力和治理效果经常会受到影响。以中东海湾国家为例,持续性的战争使得国家政局异常不稳定,政府忙于应对外部入侵或者内部敌对势力的威胁,无暇顾及对民众的权益维护,使得社会治理的层面缩限为生存,还谈不上发展。[①] 拉美许多国家虽然没有涉及战乱纷争,但权力的内部制约体制出现问题,军权干预政权、寡头政治、政治斗争等,都可能成为影响社会治理效果的不稳定因素。[②] 这些国家和地区的可治理性问题,症结主要表现在政局的不稳定上。

2. "福利国家"的制度性困境

"福利国家"一直是西方发达资本主义国家宣传自身制度优越性的一大招牌。不能否认,这些国家在人权和社会保障方面做出的努力,一定程度缓和了阶级矛盾。但天下没有免费的午餐。西方福利制度同样可能带来治理陷阱,即一方面福利所能规制的风险范围已经不符合当下防范社会风险的需要了,另一方面是出现了越来越多本不应该享受福利待遇的群体加剧了社会治理风险。[③] 同时,社会福利需要大量支出,许多西方国家不得不依靠财政赤字和金融工具来维持社会福利支出,一旦出现经济周期波动或重大金融风险,可能导致社会稳定体系受到冲击甚至崩溃。可以说,西方国家的经济危机,其实就是这些国家的治理危机。[④]

3. 西方社会秩序危机

在以往的理论认知中,西方社会公共领域高度发达,庞大的中产阶级构成社会稳定的基石。但自 21 世纪以来,特别是近年来,一些西方国家和地区的社会结构正在发生根本性变化,即两极分化日趋严重、恐怖主义盛行、治安环境恶化。在这样的社会环境中,任何偶发的公共事件,都可能引发民众对政府或政党公信力的质疑,对政府治理能力造成持续

[①] 王志超:《中东乱局的另一种解读——评车效梅所著〈中东国家城市化与社会稳定研究〉》,载《史志学刊》2020 年第 2 期。

[②] 袁东振:《拉美国家治理的经验与困境:政治发展的视角》,载《拉丁美洲研究》2015 年第 1 期。

[③] 肖巍,钱箭星:《西欧社会党社会治理理论和政策述要》,载《复旦学报(社会科学版)》2006 年第 6 期。

[④] 毛寿龙:《西方治理危机将长期存在》,载《人民论坛》2011 年第 27 期。

的负面影响。例如，美国政府在应对新冠肺炎疫情时的举措，就引发了民众对政府的极度不信任，在"弗洛伊德事件"爆发后，更是引发了国家治理危机。① 同时，西方民主抗议浪潮在不断增多。抗议活动不但没有形成社会合力，反而导致社会进一步撕裂，甚至走向暴力化。② 以法国"黄马甲"运动为例，其源于政府的能源政策转型，马克龙政府希望通过调涨燃油税减弱国内对化石燃料的依赖，同时为发展新能源积累资金。③ 这样一种或许本着良好初心的政策出台，竟然引发了广泛的社会抗议。抗议活动伊始，抗议者们只是穿上黄色背心走上街头，到后期却发展成为"打砸抢"。更值得注意的是，在全球化的时代背景下，可治理性危机正在超越国家疆域的边界，在全球迅速传导。

4. 贫困治理困境

反贫困既是一个全球性命题，也是反映一国治理能力的重要指标。一国政府倘若不能采取有效治理手段，就难以带领国民走出贫困森林，实现"胜利大逃亡"④，反而可能让国家陷入永久性贫困的困境。⑤ 一些发展中国家之所以面临严峻的贫困问题，甚至部分发达国家的某些城市中依然存在一定比例的流浪贫困人口，归根结底就是因为政府治理能力的不足。从另一个角度讲，贫困治理困境在全球范围的存在，充分说明贫困问题并非简单依靠经济发展和技术进步就能解决，也绝非采取"一人一票"的西式民主就能一劳永逸。其中，国家治理能力构成了经济、技术和西方民主以外的关键因素。

二、可治理性危机的理论探源

可治理性危机并不是某一国家独有的问题。引发可治理性危机的原因多种多样，导致各国产生可治理性危机的原因也因国家不同而各有差异。拉美国家可治理性危机主要源于经济发展状态，欧美等发达国家可治理性危机主要源于民众对政府或政党的信任危机，中东地区国家可治

---

① 庞金友：《被极化撕裂的民主》，载《中国纪检监察报》2020年6月18日，第7版。
② 社会抗议走向暴力对社会治理可能造成的伤害，有关分析可参见中国行政管理学会课题组：《我国转型期群体性突发事件主要特点、原因及政府对策研究》，载《中国行政管理》，2002年第5期。
③ 许振洲：《法国的"黄马甲运动"：民粹主义的泛起还是精英政治的危机？》，载《国际政治研究》2019年第5期。
④ 〔英〕安格斯·迪顿：《走出贫困森林》，载《联合早报》2015年10月15日。
⑤ 吴宾，史鲁颖：《国内扶贫研究的热点主题与演化路径》，载《广西师范学院学报（哲学社会科学版）》2019年第2期。

理性危机主要源于政局稳定性,我国可治理性危机主要源于民众日益增长的需求和政府能力水平的不平衡。① 特别是,长期被视为治理典范的西方民主国家,也出现了不同程度甚至十分深刻的治理危机,这就需要进一步探究背后的根源。

(一) 不同国家和地区可治理性危机的主要根源

不同危机形式背后所暴露出来的治理无力、政府行为的高度不稳定等"不可治理性",表明有关体制和理论变得越来越无法回应现实的治理需求。深入分析这些危机形式的根源,无不与以下几个主要因素相关。

一是国家政治体制的弱点。对于存在外部势力干涉,或者存在内部军事冲突的国家而言,国家政权体制稳定与否,往往是影响可治理性的首要因素。但政局不稳并非治理失能的唯一因素。在三权分立和西方民主的政治架构下,西方政治体制同样表现出脆弱性,这种脆弱性来自反对派的攻击、社会和民众诉求的极端化等,特别是新自由主义、民粹主义的反国家倾向有时反而容易造成民众与政府的对立。② 此外,对于某些效仿西方政治体制的发展中国家而言,政治参与扩张过快,而政治制度无法容纳这种参与,也会导致社会可治理性危机。③

二是经济社会发展状况。在一国和地区经历经济危机或社会建设相对滞后的情况下,社会治理容易成为一个难题。经济上的不平等和贫富差距扩大,往往是各类治理危机的重要社会经济条件。例如,在贫民集聚的地区,更容易产生所谓的社会治理问题。④ 如果此时叠加经济危机或金融危机,经济上的冲击又会影响到民众的生存、教育、医疗、就业等各方面。任何一个环节的崩溃都可能导致连锁反应,产生社会秩序上的重大危机。

三是基础理论的局限性。不论是福利国家理论、多中心主义治理理论乃至于第三条道路的社会合作理论,都是社会治理理论应对现实的自我修正和自我进化。它们虽然能够在一定程度上起到重要的治理效果,

---

① 张虎祥:《全球性社会治理危机及创新路径研究》,载《社会科学战线》2017年第10期。

② 韩海涛:《欧美新民粹主义的流行与极化》,载《北京日报》2020年6月8日,第14版。

③ 〔美〕塞缪尔·亨廷顿:《变化社会中的政治秩序》,王冠华、刘为译,上海人民出版社2008年版。

④ 黄涛,肖佳莉:《纽约市贫民区的治理历程与经验》,载《城市发展研究》2015年第2期。

但是，又或多或少地具有某些内在缺陷。例如，多中心主义治理容易导致社会组织和社会权力的泛滥①，特别是在缺乏社会凝聚力和政府权威的国家和地区。又如，西方治理现代化的一大成果是形成了"社会—国家"，社会公众通过拥有"社会"这一公共空间，从而提高国家治理能力，但这一设想显然过于理想化。② 这是因为，第三条道路本身是需要一定社会经济条件的，一方面需要政府长期维持较高的福利水准，另一方面社会本身能够实现"开放中立性立场下的互动交流与公共参与"③，以避免社会思潮的极端化和公共决策的封闭狭隘。基于事实经验，这两类条件要么缺乏足够样本的正面经验支撑，要么其经验有效性容易受到大量反证的冲淡。

（二）基于可治理性危机对西方社会治理理论的反思

审视西方社会治理理论源流可以发现，之所以这种治理理论突出去国家化的社会中心主义倾向，离不开近代以来西方哲学社会科学理论的支撑。学术界的一个基本共识是，西方社会治理理论的发展以西方的民主自由观念为理论根基。④ 对西方民主思想具有较大影响的，是近代启蒙思想家卢梭提出的社会契约论。在卢梭那里，国家主权者被抽象成一种社会公意，作为主权参与者的公民（非单向服从的臣民）则自愿成为公意指导下不可分割的政治共同体。⑤ 社会契约论从理论上确认了人民主权、国家及其政府等都是作为社会建构的结果，而民主则是进行社会建构所必须遵循的基本的和普遍的原则。⑥

除了社会契约论，塑造政治共同体的西方哲学理论还包括共和主义理论。共和主义理论主张：自由取决于共享自治，它意味着公民伙伴就

---

① 周晓丽：《公民参与：公共政策合法性的路径选择》，载《南京社会科学》2005年第4期。
② 张乾友：《"社会之死"与"通过社区的治理"的形成——对西方社区治理实践的反思性考察》，载《南京社会科学》2019年第5期。
③ 〔美〕阿马蒂亚·森：《正义的理念》，王磊、李航译，中国人民大学出版社2012年版，第138页。
④ 吴家庆，王毅：《中国与西方治理理论之比较》，载《湖南师范大学社会科学学报》2007年第2期。
⑤ 〔法〕卢梭：《社会契约论》，李平沤译，商务印书馆2017年版，第19—20页。
⑥ 张康之，张乾友：《民主的没落与公共性的扩散——走向合作治理的社会治理变革逻辑》，载《社会科学研究》2011年第2期。

共同利益（common good）展开充分协商，并致力于政治共同体的命运。① 但自由主义很难为共同体自治提供所需的全部资源，共同体的构建与实践需寻找另一种公共哲学路径。其中，影响较大的是公共领域理论。

在哈贝马斯看来，社会就是公共生活的存在形式，在某种意义上，人纯粹是为了相互依赖而生存的，因此公共生活就是人的主要目的。② 公共领域中的社会交往是"社会自理"的事项，不属于政治权力的支配范围，公共行政的多向性、主体的多元性和互动性，顺理成章成为社会治理理论的主要内容。③ 甚至可以这样讲，西方所建立的社会治理理论及其非中心化的水平权力结构，主要建立在对于公共生活的现代性理解之上。④

当然，西方关于现代公共哲学的探讨，或多或少都受到传统社会契约论的影响。在公共领域，现代社会治理结构可以被看作一个行动权为治理者所独占、话语权则由治理者与主权者所共享的结构。如果治理者不认真倾听主权者（包括边缘群体）的意见表达，主权者就会通过行动来重申主权。⑤ 这与传统社会契约论中，主权者可以通过合法集会的方式中止政府权力，保留恢复治理者身份的权利的相关主张，是一脉相承的。公共领域理论其实迎合了20世纪60年代西方经济社会的最新变化。资本主义市场竞争导致贫富差距不断被拉大，福利社会的兴起正是对市场运转所产生的特定社会后果的一种治理⑥，由此推动着公共领域发生时代转型，催生了国家社会化和社会国家化的重叠渗透现象。

基于简要的理论梳理，西方社会治理理论是西方制度实践和社会问题的折射，可治理性危机则反映了其中不易觉察但日趋明显的理论缺陷。一系列事实表明，建立在社会契约论基础上的西方民主，往往是不良治理政策产生的重要原因。对这一问题的反思最初是来自经济学的贡献。

---

① 〔美〕迈克尔·桑德尔：《民主的不满：美国在寻求一种公共哲学》，曾纪茂译，中信出版集团2016年版，第6页。
② 〔德〕哈贝马斯：《公共领域的结构转型》，曹卫东等译，学林出版社1999年版，第18页。
③ 郎佩娟：《对西方治理理论主要内容的认识和把握——以欧盟国家公共服务改革为切入点》，载《人民论坛》2014年第14期。
④ 周谨平：《社会治理的政治哲学之维》，载《求索》2017年第4期。
⑤ 张乾友：《行动与言说：对社会治理的政治哲学分析》，载《理论与改革》2015年第3期。
⑥ 张翼飞，郑莉：《"社会"为何需要"治理"——西方社会治理问题的起源及其启示》，载《湖南师范大学社会科学学报》2017年第4期。

卡普兰的经济调查数据显示，因系统性偏见导致的理性无知，在民主投票中产生"理性的胡闹现象"，经常导致愚蠢的政策出现。① 全球化、民粹化和互联网等当代变量进一步导致了社会抗议浪潮在更大范围的蔓延，西方社会由此变得更加难以治理。这进一步打破了所谓"公共领域"的治理神话。

频繁出现的社会抗议运动与西方分权决策机制的互动，产生了公共领域的多元主义。从表面上看，这反映了西方社会吸纳民意方面的"治理优势"——在特定的历史阶段来看，似乎确实如此。然而，随着越来越多的民粹主义者质疑社会掌握在少数人的手中②，政治人物更倾向选择使其自身利益最大化的政策，即常常以政治表演讨好选民③，他们在意的是如何当选，而不是长远的治理。这势必进一步挤占西方主流精英所推崇的公共领域空间，在新的治理现实中，最终引发了国家治理危机。

正是基于上述原因，以提出"历史终结论"而闻名的西方政治学者福山，在《政治秩序与政治衰败》一书中修正了原本将西方民主视为"人类意识形态发展终点"的国家治理能力分析框架，转为强调在政治现代化过程中有效国家先于民主的政治理念，以及优先构建国家、国家能力和发展有效国家的必要性。④ 在构成有效国家的现代化菜单中，西方民主能够起到多大的作用？这一作用是正面的还是负面的？如果存在否决政治、社会分化、体制松散等负面效应，又如何重塑有效的国家能力？这一系列的问题不仅事关西方发达国家的治理能力能否重获新生，也关乎模仿西方制度的诸多欠发达国家能否走出不可治理性陷阱。在此意义上，关于全球可治理性危机的当代命题，与其说是对西方国家治理现实的一种警醒，不如说是试图为西方国家治理的"再现代化"寻找出路。

第二节　中国社会治理的理论特征及域外可借鉴经验

与西方的社会治理理论不同，中国社会治理理论建立在中国特色社

---

① 〔美〕布莱恩·卡普兰：《理性选民的神话：为何民主制度选择不良政策》，刘艳红译，上海人民出版社2010年版。
② 张国清，何怡：《西方社会的治理危机》，载《国家治理》2017年第12期。
③ 〔爱尔兰〕帕特里克·麦克纳特：《公共选择经济学》，梁海音译，长春出版社2008年版，第119—120页。
④ 包刚升：《"福山的菜单"与政治现代化的逻辑——评〈政治秩序与政治衰败〉》，载《开放时代》2015年第3期。

会主义理论基础之上，同时吸纳了中国传统社会治理中的有益经验，因此在实践中具有明显的制度优势。例如，它可以有效协调市场和资本在治理过程中的作用，避免市场和资本的恶性影响以及因此产生的各种问题①；避免社会对国家的过度排斥，导致国家效能被弱化而难以重构治理能力，从而出现严重的社会问题和治理危机②。由于有了强有力的政治意愿和政治承诺，我国扶贫治理取得了举世公认的成效。③ 当然，我国在治国理政方面取得的重要成就，并不代表我国国家治理和社会治理能力没有任何短板。应当清醒地认识到，部分治理短板可能会拖慢或者制约国家治理体系现代化的进程，需要为此重点关注基于经验证据总结而描述的相关命题。此外，西方社会治理理论对于中国社会治理创新是否具有一定的借鉴意义，也应当结合中国社会治理的当代命题加以甄别。

一、中国社会治理的理论特征与当代命题

理解中国社会治理的理论特征，需要理清不同的发展脉络，具备多元的审视维度。首先应当是国家和社会治理理论的政治维度。其次才是中国社会治理的历史维度，具体又包括中国古代治理思想的借鉴和新中国成立以来的理论演进。最后，社会治理离不开肥沃的实践土壤，经验性命题可能比纯理论分析重要，故而中国社会治理的现实维度亦不可或缺。

（一）中国社会治理的理论特征

新中国成立之初，我国全面借鉴了苏联的"全能主义国家治理模式"，国家是管理的唯一主体，其余则为管理的对象④。它最直接的特征，就是所有社会事务皆被网罗在"计划"和"单位"织成的巨网中。⑤ 这种治理模式虽有利于新中国成立早期的工业化，但助长了政府职能的

---

① 宋朝龙：《治理现代化的制度之基与体制之鉴》，载《人民论坛·学术前沿》2019年第22期。

② 滕白莹：《美国进步时代经济——社会转型与国家治理体制改革》，载《中国海洋大学学报（社会科学版）》2010年第5期。

③ 钟凯：《"后扶贫时代"深贫地区贫困治理的理论思考——基于四川省贺波洛乡的实证考察》，载《农村经济》2020年第11期。

④ 李龙，任颖：《"治理"一词的沿革考略——以语义分析与语用分析为方法》，载《法制与社会发展》2014年第4期。

⑤ 薛泉：《"自上而下"社会治理模式的生成机理及其运行逻辑——一种历史维度的考察》，载《广东社会科学》2015年第4期。

非理性扩张和公众对政府公共服务供给的无止境需求。①

改革开放后，我国相继提出社会管理体制创新、社会治理、国家治理体系和治理能力现代化等命题，从中国社会治理的演进来看，党的领导和政府的主导地位是一以贯之的。在这个前提下，本土治理体系才考虑如何将社会组织、自治组织、部分私人部门以及直接参与公共生活的公民纳入新的治理主体。②坚持这一基本立场，我国社会治理不可能演变成西方那种中心混乱治理格局，更不会毫无保留地接受"没有政府的治理"。中国社会治理的多元共治，实为"一核多元"的治理格局③，以党的全面领导为遵循，以政府主导为主要特征。④

将中国社会治理放到历史长河中审视，还会发现其演进连贯的一面，即有关演变呈现出长期发展、逐渐改进的特征，这说明中国当代社会治理还具有历史继承性的特征。主要表现在以下几方面：

一是重视德治在社会治理中的作用。"德主刑辅"是古代中国一以贯之的社会治理观。⑤儒家思想追求"无讼"的司法价值目标，注重道德教化就是对德治的一个倡导。⑥在新的历史时期中，习近平总书记在主持中共中央政治局第三十七次集体学习时强调，要坚持依法治国和以德治国相结合，推进国家治理体系和治理能力现代化。自治、法治、德治"三治融合"的基层社会治理理念也已经被写入党的十九大报告。

二是重视民生对社会治理的促进作用。中国古代早就意识到保障民生的重要性。西周时期，就出现了七德六保社会福利制度；汉朝时期也有专门的财政支出进行社会福利的供给；在唐宋鼎盛时期，政府不仅在强化基础设施方面进行了巨额投入，对民众生活水平的提升和精神娱乐的保障更是重视有加。⑦在当代，创新社会治理的重要内容之一，就是要保障社会民生的可持续供给、完善公共服务体系，让人民生活有保障、

---

① 李胜，何植民：《社会治理现代化的结构与路径：基于中国语境的一个分析框架》，载《行政论坛》2020年第3期。
② 向德平，苏海：《"社会治理"的理论内涵和实践路径》，载《新疆师范大学学报（哲学社会科学版）》2014年第6期。
③ 维韬：《新时代中国社会治理新趋势》，载《中国特色社会主义研究》2018年第2期。
④ 刘鹏，刘嘉：《非均衡治理模式：治理理论的西方流变及中国语境的本土化》，载《中国行政管理》2019年第1期。
⑤ 赵天宝：《论中国社会治理观的赓续与嬗变》，载《江苏社会科学》2019年第6期。
⑥ 胡仁智：《中国古代地方治理的儒家化及其历史启示》，载《河南社会科学》2007年第4期。
⑦ 史卫：《中国古代财政与国家治理的"类现代化陷阱"》，载《地方财政研究》2015年第9期。

社会公平正义有体现，才能实现和维持良好的社会秩序。① 抓住老百姓的核心利益，民生保障的好坏直接决定了民心向背，也决定了社会治理的直接成效。②

三是对民本思想的借鉴与超越。中国自古便有"水能载舟亦能覆舟""民为邦本"等民本思想，且也长期存在政府与基层社会的合作，说明现代治理以人为本和以人民为主导的基层自治，与古代的治理经验相契合。③ 但本质上，中国古代的"民本说"服务于统治者根本利益，民众只处于被治理的地位。而在当代中国特色社会主义理论内涵中，人民群众是历史的创造者，这样的治理体系也必然是以人民为中心而构建的。因此，中国当代社会治理中的"以人为本"思想，既是对古代民本思想的借鉴，也是对传统民本主义的超越。

总而言之，一个强大且与时俱进的政党对于一国的稳定和发展至关重要。全球范围的诸多国家之所以相继发生重大治理危机，社会发展停滞不前甚至出现动荡和战乱，重要原因之一就是缺乏强有力的政党领导。党的十九大报告指出，中国特色社会主义制度的最大优势，即中国共产党的领导。从历史经验和国际经验来看，这的确构成了国家治理体系和治理能力上一个核心的理论特征与独特的制度优势。

（二）中国社会治理的当代命题

与西方近代市场经济高速发展相似，我国经济转型期的社会治理对社会的自我保护重视不够。④ 在各种风险叠加和要素越来越向市域集中的今天，党中央提出了市域社会治理现代化这一命题，即试图从市域这一关键环节加强国家治理能力。从系统化的治理思维来看，社会治理的要素并不局限在"社会"本身，其内容集成了经济、政治、法律、文化、环境等治理领域，覆盖了上至省域、中至市域、下至县域等治理空间。简要概括，当代中国社会治理主要包括以下基本命题。

---

① 新华网：《习近平提出，提高保障和改善民生水平，加强和创新社会治理》，http://www.xinhuanet.com/politics/19cpcnc/2017-10/18/c_1121820849.htm，最后访问时间：2020年6月17日。

② 郑功成：《民生发展彰显中国制度与治理优势》，求是网 http://www.qstheory.cn/wp/2020-01/13/c_1125453990.htm，最后访问时间：2020年6月17日。

③ 李文静：《中国古代的国家治理经验及其现代意义》，载《中国党政干部论坛》2014年第12期。

④ 张翼飞、郑莉：《"社会"为何需要"治理"——西方社会治理问题的起源及其启示》，载《湖南师范大学社会科学学报》2017年第4期。

1. 构建和完善社会治理体系

新中国成立以来，中国共产党领导人民进行了长期的治理探索，在总结经验教训的基础上，逐渐形成了体系化的治理实践和理论总结。党的十六届六中全会提出"党委领导、政府负责、社会协同、公众参与"四位一体社会治理体系。党的十八大报告提出包含"法治保障"在内的五位一体社会治理体系。党的十九大报告进一步将"社会化、法治化、智能化、专业化"扩充为社会治理体系的主要内容，形成五位四化的社会治理体系。[①]

从这一过程不难看出，我国当代社会治理体系的架构和内涵在不断扩充和丰富。而且，在不同的历史阶段，社会应该解决哪些社会治理问题？哪些社会治理问题要被重点关注？社会治理需达到怎样的能力要求？这取决于基层治理实践的创新活力，以及系统集成的顶层设计。针对当前地区间、部门间条块分割问题较为突出，政府、社会、公众的协调性和紧密度有待加强的治理现实[②]，党的十八届四中全会提出了四维治理思路，即"系统治理、依法治理、综合治理、源头治理"，而"系统治理"是首要。

从顶层设计落地各级区域的角度，各地区治理目标的设计、治理策略的制定和治理路径的选择，应当充分考虑区域经济发展状况、民族文化状况、生活教育状况的不均衡，科学、合理、有效地平衡法治、德治和经济发展的关系[③]，避免各自为政和治理的单兵冒进，因地制宜补全治理短板，从地区的整体利益推进社会治理各项工作的体系化、法治化。

2. 突出社会治理的"人民性"

"坚持以人民为中心"是中国共产党治国理政的核心思想之一，也是习近平法治思想的一个重要内容。践行社会治理的"人民性"，无疑是社会治理现代化的一个基本命题。习近平总书记指出："创新社会治理，要以最广大人民根本利益为根本坐标，从人民群众最关心最直接最现实的利益问题入手。"[④] 同时，习近平总书记还强调："全面依法治国最广泛、

[①] 张文显：《新时代中国社会治理的理论、制度和实践创新》，载《社会政策研究》2019年第4期。

[②] 郑泰安，钟凯：《创新和完善城市基层治理应处理好五大关系》，载《四川日报》2020年1月9日。

[③] 陈柏峰：《习近平法治思想中的法治社会理论研究》，载《法学》2021年第4期。

[④] 中共中央文献研究室：《习近平关于社会主义社会建设论述摘编》，中央文献出版社2017年版，第129页。

最深厚的基础是人民，必须坚持为了人民、依靠人民。"①

我国强调突出"人民性"的治理观，具有很强的现实针对性。针对城市人口流动性强、人民诉求多元化、利益结构复杂化的特征，各地需要探索打破区域行政壁垒和部门职能界限，搭建良好的民政沟通机制和服务体系②，以确保群众正当诉求能够及时满足、矛盾纠纷能有效化解、社会关切能得到快速回应。这些都离不开突出"人民性"的治理系统。

全面依法治国，加强依法治理，同样需要突出人民的中心地位。科学立法要求立法活动和立法效果充分反映民意，公平正义价值诉求贯穿法治建设各环节，法治实施的过程和效果也要由人民监督评判。③ 在某种意义上说，社会治理的法治保障不足，本质上就是治理活动中的"人民性"有待加强。

3. 优化社会治理共建格局

共建共治共享是新时代基层治理新格局的核心理念，也是科学划分政府与市场主体、政府与社会关系的基本依据。④ 习近平总书记在中央全面依法治国委员会第一次会议上的讲话中指出："要结合新的形势推广'枫桥经验'，并不断总结新鲜经验，加快形成共建共治共享的现代基层社会治理新格局。"⑤ 可见，在国家治理的话语体系和具体实践中，基层是治理的重点和关键。

在当前基层治理中，社会组织对行政部门的依附性较强，基层治理过程缺乏"神经末梢"，产生了主体碎片化、体系悬浮化和效果内卷化等问题。⑥ 破解这些问题需要资源下沉基层，优化社会治理共建格局，并加快政府职能转移，使基层治理更加根深叶茂。

同时，还应当认识到，治理矛盾最为集中的地方尽管一般在基层，矛盾纾解的钥匙以及配置治理资源的开关，却大多掌握在市域和省域。特别是城市治理和超大城市治理过程中，各种治理问题（如群体性事件、

---

① 习近平总书记 2020 年 11 月 16 日至 17 日在中央全面依法治国工作会议上的讲话。

② 朱国伟，郑鑫红：《流动公共服务：城市治理中公共服务供给的新路径》，载《厦门特区党校学报》2020 年第 5 期。

③ 康天军：《坚持以人民为中心的法治意蕴》，载《光明日报》2021 年 4 月 2 日，第 11 版。

④ 郑泰安，钟凯：《创新和完善城市基层治理应处理好五大关系》，载《四川日报》2020 年 1 月 9 日。

⑤ 王利荣，刘博：《推动形成现代继承社会治理新格局的逻辑要义》，载《光明日报》2018 年 9 月 28 日。

⑥ 杨磊，许晓东：《市域社会治理的问题导向：结构功能与路径选择》，载《改革》2020 年第 6 期。

重大舆情）往往是跨区域的，离开市域乃至省域的统筹，基层治理很容易陷入"头痛医头、脚疼医脚"的困境。基于此，我们必须在中央提出"市域社会治理现代化"的基础上，进一步审视基层、市域和区域的共享共建与协同治理关系。

4. 推进更高水平的平安中国建设

党的十八大以来，平安中国建设加快部署，平安建设的体制机制逐步完善，人民安居乐业，社会安定有序。但是，当前我们面临世界百年未有之大变局，国内社会转型挑战仍然严峻，风险防范的那根弦一刻都不能放松。随着经济社会发展，人民群众对于社会治理幸福感、安全感的需求也在逐渐增加，平安中国建设是社会治理对人民日益增长的安全需求的现实回应。因此，按照中央工作部署，需进一步强化和谐社会和平安中国建设，明确和谐社会建设和平安中国建设的社会治理工作目标，积极回应群众关心关切，营造社会和谐、居民安居乐业的社会治理氛围。①

在当前社会环境下，平安中国建设不局限于传统的治安管理和打击犯罪，应当从国家安全、公共安全和社会心理安全三个层面加以拓展。首先，要深入贯彻总体国家安全观，维护国家政治安全，加强重大社会风险源头治理。其次，要提升社会公共安全治理能力，加大对突出公共安全问题的治理力度和广度，依法惩处食品安全、金融安全、个人信息安全、环境安全等民生重点关注的社会治理问题，确保人民群众生命财产安全。最后，提升社会安全感，还应当重视人民群众的"心理需求"。一方面要加强公民人格权保护，在提升社会公平正义水平的前提下，建立日常性心理疏导服务和个人极端风险预警机制，积极引导社会良好心态和社会正能量；② 另一方面，要提高社会舆情的科学应对和化解水平，避免出现政民双输的"塔西佗陷阱"。

5. 促进治理的精细化和专业化

社会治理强调共建共享，但它不是漫无目标的大箩筐，有赖于大联

---

① 张文显：《新时代中国社会治理的理论、制度和实践创新》，载《社会政策研究》2019年第4期。

② 最高人民检察院：《平安中国建设工作会议召开！努力建设更高水平的平安中国》，https://baijiahao.baidu.com/s?id=16831414288815414020&wfr=spider&for=pc，最后访问时间：2021年5月26日。

动、微治理的精细化和专业化社会工程系统推进。[①] 各地纷纷将大数据、云计算、城市大脑等科技元素嵌入社会治理，这其实体现了治理专业化和精细化。但要看到，科技化不等于精细化和专业化，因为技术只是治理手段，而不是治理目标，更不能直接换算为治理能力。

由于市域社会治理本身的"复杂性"和地区间的"交互性"特征，千人一面的"技术治理"，反而可能掩盖治理能力的不足。为此，要鼓励各地探索更为多样、多元的治理方式和方法[②]，允许基层根据实际情况分解治理单元，真正实现"大联动、微治理"。同时，要构建专业性和代表性相结合的治理共同体，建立科学化、包容性的治理评价指标，充分利用社会专业力量和多元评价标准，全面动态立体地评判治理效果。

二、西方社会治理思想的甄别与借鉴

基于前文讨论，全球可治理性危机有其共同性，但是具体到各个国家又会有个体差别。导致可治理性危机在全球爆发的一些结构性的矛盾是根本制度和全球化造成的，因此基本无解，如金融风暴、贫富差距、经济不景气、中产阶层的困境等，都不是任何单个国家的政府能解决的。[③] 这意味着，在防范和化解全球性治理危机的努力上，应当寻求全球合作。构建人类命运共同体既属于全球治理的中国方案，也是中国保持开放和包容的价值指南。在人类文明多样化和坚持本土化的前提下，各个国家、地区和民族都有值得相互学习和借鉴之处。

（一）西方社会治理思想的可借鉴性分析

从中国历史经验来看，古代封建王朝兴衰成败，其背后无疑包含了文明演进的周期性规律。这至少说明，中国古代的民本思想其实具有一定局限性，统治者采取的统治手段，对于社会善治而言并不是毫无风险的。如何避免强大的国家机器成为少数权势个体、利益集团谋取私利的工具，中国传统治理制度未能很好解决这一问题。我国当代所面临的一些治理问题，有些也并非中国独有，任何一国也不能因制度特殊性而独

---

① 郑泰安，钟凯：《创新和完善城市基层治理应处理好五大关系》，载《四川日报》2020年1月9日。

② 高聪颖：《社区公共空间精细化治理的逻辑及其实现路径》，载《领导科学》2020年第20期。

③ 郭良平：《可治理性是时代最大的挑战》，讯息网：http://chinaxunxi.com/yd/9012.html，最后访问时间：2020年6月18日。

善其身。包括新冠肺炎疫情在内的一系列全球性风险,警示各国迫切需要确立人类命运共同体的伦理意识,把人类社会看作一个命运的共同体来治理。只有在全球化的进程中,各国深刻融入全球治理体系中,才能充分解决可治理性危机这一世界命题。①

另一方面,西方社会治理理论本身并非全无可取之处。以人民为中心的治理思想,是马克思政治理论的中国化。从理论源头来看,马克思主张国家制度是由人民所创造的,政府官员受到真正的责任制和社会监督的约束②,这一国家理论其实受到部分西方古典思想的启发。还应当看到,马克思政治经济学思想反过来也对西方当代公共选择理论以及科斯、诺斯、威廉姆森等人的新制度经济学理论产生重要影响。③ 例如,针对新自由主义的弊端,新制度学派试图借鉴马克思关于上层建筑对社会经济基础的反作用等思想。新制度学派代表人物之一诺斯曾指出:"在详细描述长期变迁的各种现存理论中,马克思的分析框架是最有说服力的,这恰恰是因为它包括了新古典分析框架所遗漏的所有因素:制度、产权、国家和意识形态。"④

以上例子说明,中西方社会治理理论不是截然分离的"平行世界",至少在思想资源上共享了人类文明发展的部分成果。西方社会治理理论所强调的政府、市场与社会之间的"善治",与社会主义核心价值观中的民主、自由、和谐等理念存在部分吻合。西方社会治理实践积累的不少经验,如西方发达国家经常采用的底线思维,即集中资源、集中力量打击惩处违反法律、触犯社会秩序和超越社会道德底线的社会行为⑤,往往能起到较好的治理效果。

总之,对西方社会治理理论不宜一概否定。在国家治理现代化场域中,一定范围内对西方社会治理理论有所接受和重构⑥,是必要且可行的。当然,在借鉴西方理论过程中,难免存在意识形态的甄别和话语权

---

① 范如国:《"全球风险社会"治理:复杂性范式与中国参与》,载《中国社会科学》2017年第2期。
② 沈杰:《马克思恩格斯社会治理思想探微》,载《河海大学学报(哲学社会科学版)》2015年第4期。
③ 郭广迪:《马克思对西方经济学的影响》,载《政治经济学评论》2012年第2期。
④ 〔美〕道格拉斯·C. 诺思:《经济史中的结构与变迁》,陈郁,罗华平,等译,上海三联书店1981年版,第68页。
⑤ 房宁:《国外社会治理经验值得借鉴》,载《理论导报》2015年第2期。
⑥ 罗星:《中国特色治理理论的构建:治理理论从西方到东方的演进》,载《实事求是》2015年第5期。

竞争的问题，甚至可能出现理论的不当运用，从而对本国治理实践产生不良干扰。就此而言，坚持创新中国特色社会治理理论和实践，揭示中国社会治理的独特性并塑造理论话语权①，当属理论工作者重要的时代使命。

（二）我国对西方社会治理理论的借鉴和运用

毋庸讳言，中国治理理论和治理实践与西方治理的固有信条之间，诸如西方民主、小政府和大市场以及国家和社会的二元划分等，存在着思想资源、政治体制和意识形态的根本差异和全方位竞争。我们固然应当对西方社会治理的话语霸权保持足够的警惕，限制其可能带来的负面影响，但不应狭隘地以为，对西方理论研究的任何借鉴和吸收，都是一种单向的、不自信的理论"被殖民"。中国特色社会主义的独特制度优势结合人类共同的文明成果，将有助于国家治理体系和治理能力现代化更快、更高效和更平稳地推进。在此过程中，必须对西方社会治理理念与治理模式进行一定的吸收借鉴并进行本土化改造。② 在我国的治理实践中，西方治理思想中的以下几方面已被吸收与借鉴。

1. 多元共治与协商民主

在当代治理伦理中，官智民愚的传统治理理念已被大多数国家所摒弃，中西方治理都要求通畅和丰富民众的信息获取渠道，培养民众参与公共事务的意愿，其治理过程不同程度地主动向民众开放。在西方治理理论中，投票民主并非唯一的民主形式，协商民主也是民众重要的政治参与渠道。具体而言，这一理论推崇公民通过自由而平等的对话、讨论、审议等方式参与公共决策和政治生活。③ 所谓的公共领域就是协商民主体系的基础和核心，一个社会是否具备运行良好的公共领域是顺利进行民主协商的关键。④ 基于这种理论脉络，是否形成有效的公共领域，约束政府对治理的独断地位，往往被认为是社会成功共享国家治理权的标志。

---

① 范逢春：《国家治理现代化场域中的社会治理话语体系重构——基于话语分析的基本框架》，载《行政论坛》2018年第6期。

② 史卫：《中国古代财政与国家治理的"类现代化陷阱"》，载《地方财政研究》2015年第9期。

③ 俞可平：《协商民主：当代西方民主理论和实践的最新发展》，载《学习时报》2006年11月6日。

④ 贺羡：《论协商民主体系中的公共领域》，载《探索》2015年第4期。

我国的治理经验表明，倘若承认完全独立于国家以及去中心化的"公共领域"，给中国这样一个大国带来的后果可能是灾难性的。我国经过长期探索发展而来的协商民主制度，不同于西方那种建立在分权制衡基础上不同利益集团的对话、妥协和平衡，而是一种在中国共产党领导下"有事多商量、遇事多商量、做事多商量"的全过程民主。事实上，当代西方民主也逐渐脱离了它诞生之初的含义，即"民有、民治、民享的政府"。当今关于民主的争论并非围绕它的本质，而是它的实施方式。① 今天，人们已开始意识到选举民主并非民主的唯一实施方式，而协商民主也不是西方社会的制度专利，中国协商民主制度在长期的发展完善过程中，已融入了中国特色，为人类政治文明贡献了中国智慧。

在社会治理领域，我国协商民主的特征是在党的领导下，不同治理主体通过平等协商参与社会治理，实现社会多元共治。实现中国式民主协商的关键在于，如何建立完善党委政府领导社会组织、两新组织、物业企业、社区居委会（村委会）、小区居民共同参与公共事务和自治事务的民主协商机制。多元共治的现代社会治理过程中，西方的协商民主和公共领域理论中也具有一些值得借鉴的内容。例如，与西方社会治理面临的挑战类似，我国同样需要构建更畅通的民意吸纳机制，鼓励和保障更多群体在自治事务中协同合作，培养社会的自治精神。② 中国共产党领导下的社会多元共治，有力推动形成了既有民主协商和自治色彩，又与国家秩序相互嵌入的中国本土化"公共领域"。

2. 强化民生对社会治理的支撑作用

从西方经验来看，加强对公民在教育、医疗、就业、住房、基本生活等方面的保障，提升居民生活水平和社会福利待遇，开放更多的社会资源和社会服务以解决人民日益增长的物质文化需求，有利于解决因社会保障问题带来的社会治理障碍。③ 如果不能解决民众的后顾之忧，国家治理的成本将非常高昂，特别是贫富差距两极分化，往往是撕裂社会的主要因素。我国在缩小贫富差距、加强民生和社会各项基础设施建设以及脱贫攻坚方面做出了巨大努力，并且把改善和保障民

---

① 新加坡前外交部长杨荣文接受《环球时报》专访：《中国有自己实现民主理念的途径》，载《环球时报》2021年6月8日。

② 周晓丽、党秀云：《西方国家的社会治理：机制、理念及其启示》，载《南京社会科学》2013年第10期。

③ 艾伦·罗森鲍姆、许玉镇：《分权与地方治理：美洲经验的启示》，载《吉林大学社会科学学报》2014年第4期。

生与社会治理创新相结合,作为增加人民群众获得感、幸福感和安全感的重要抓手。

3. 对西方法治思想的吸收借鉴

从 21 世纪初我国提出依法治国方略,到党的十八届四中全会提出全面推进依法治国,建设社会主义法治国家和实现国家治理法治化已成为我国治理理论中的核心内容之一。西方法治思想主要以三权分立和所谓的"司法独立"为基本价值取向,这同中国特色社会主义法治有着本质区别。但从另一个角度来看,法治是人类文明的重要成果之一,法治的精髓对于各国国家治理和社会治理具有普遍意义。① 西方法治思想在社会治理中的许多具体应用,诸如社会组织参与立法、执法等法治活动,重视行业自治和商事仲裁在矛盾纠纷中的作用,强调守规则重程序,法定职责必须为,法无授权不可为等②,皆有利于国家治理和社会治理能力的提高,均属于我国可供鉴的人类法治发展成果。

4. 地方自主权和基层权力下放

按照西方社会治理的基本认知,社会治理与地方分权密不可分。社会治理是多元主体共同参与的治理,涉及政府、社会、市场、公民等的共治,因而地方的自主权、第三部门的崛起、公民的广泛参与是社会治理的重要前提。③ 在采取单一制的国家不存在联邦制意义上的地方分权,试图依托地方高度自治的分权治理支持社会治理,与中国国情并不相符。需要指出,单一制国家不意味不存在地方的合理自主权,地方政府良性竞争和功能性的跨区域机构的建立和完善,有利于政府治理的创新。④ 我国改革开放以来,在国家顶层设计和地方体制机制创新的互动下,地方治理创新持续推动着整体社会治理效果的提升。近年来,国家采取自上而下的方式,推动资源下沉基层治理,本质上也是承认地方和基层自主权的一种做法,有条件地借鉴了西方一些国家的治理经验。

总之,中国当代社会治理理论的构建与完善,一方面需要坚持中国

---

① 冯玉军:《沿着中国特色社会主义法治道路阔步前进》,载《人民日报》2018 年 8 月 31 日。

② 张文显:《中国社会治理的法治思维》,在"新时代社会治理的法治思维和法理思维"专题研讨会上的致辞,2019 年 1 月 12 日。

③ 吴自斌:《法国地方治理的变迁及其启示》,载《江苏社会科学》2010 年第 4 期。

④ 周业安:《地方政府治理:分权、竞争与转型》,载《人民论坛·学术·前沿》2014 年第 4 期。

特色社会主义方向，同时善于挖掘和汲取中国传统治国之道的精华，取其精华、去其糟粕；另一方面，应当注意甄别和剔除西方治理理论中的错误，吸收和借鉴西方治理思想中的合理成分、手段和方法。只有这样，才能更好地推进国家治理体系与治理能力现代化，不断完善有中国特色的国家和社会治理制度。

第四章 双城治理的制度内涵与基本命题

在本书导论部分，我们已提出了关于双城治理的三大理论假说。本章内容中，我们进一步完成双城治理理论框架两块拼图：制度内涵与基本命题。基于对各级文件和相关文献的梳理，我们意识到，市域社会治理是向上承接国家治理、向下开启基层治理的关键一环，而区域经济协调发展又是支撑我国经济社会发展新格局的重要一环。在国家区域发展战略部署中，以上两个"环节"看似是不同命题但本质上是相通的，或者说是国家大战略中的一体两面，即不论是经济发展还是社会建设，市域还是区域，围绕这一空间载体所展开的治理与发展两大命题，共同体现了中央优化国土空间布局、促进高质量发展的战略意图。在此考量下，理解双城治理的制度内涵和基本命题，既要求打通区域经济一体化和市域社会治理现代化等中观命题之间的话语体系隔阂，又要整体放置在国家治理体系现代化和"双循环"新发展格局这样的宏观视野中去审视，当然还要对成渝地区鲜活的治理实践经验加以归纳与验证，才能合理搭建双城治理的理论框架。

第一节 经济圈背景下双城治理的制度内涵

为满足我国新型城镇化和区域协调发展的需要，国家基于对不同区域发展状况以及区域协调发展需要的考量，相继提出京津冀协同发展、长三角一体化发展、粤港澳大湾区建设等一系列国家区域发展战略。在国家战略层面打造若干区域经济增长极，目的是以增长极核逐步辐射带动周边区域的发展，最后实现全国经济高质量发展。成渝地区双城经济圈就是在新发展格局背景下，国家提出的又一重大战略。值得注意的是，与城市群、大湾区等用语表述不同，成渝地区的区域定位于"双城经济圈"，这其中的差异需要进一步辨明，以明确成渝地区双城经济圈治理的基本定位和制度内涵。正如前文指出，区域治理和市域治理内容存在大量交叉，理论和实务上都把市域视为一个比行政区划更为宽泛的空间概念。在区域治理意义上，市域治理的内容也不只是单纯的社会治理，而是一个涵盖政府治理、公共治理、社会治理甚至文化治理和经济治理的综合范畴。

一、经济圈背景下双城治理的基本内涵

任何理论创新都首先需要进行概念的定义，这是所有理论研究的起点。显然，双城治理不是一般意义上的市域治理，也不只局限在传统的社会治理范畴。空间范围上，它与都市圈和城市群等区域概念有关；内容上以社会治理为核心，覆盖与之相关和交叉的政府治理、公共治理、经济治理和文化治理。只有从空间和内容上进行适当的扩张，才能有效回应市域治理的"城市性"，并在实践中破解治理结构的碎片化[1]，围绕区域间不同治理主体如何实现合作共赢，给出创新性的解决之道。在此意义上，成渝经济圈域内开展的双城治理，本质上是一种跨区域的社会治理及相关治理。

（一）双城治理的空间内涵界定

在相关学科定义中，大都市圈是指相互密切联系的城市连绵区[2]，城市群则是城镇化的高级阶段。[3] 双城治理显然与城市群治理和都市圈意义上的超大城市治理有关，是一种区域意义上的治理范畴。

从法学视角来看，区域治理至少可以包含两层内涵：一是狭义上以行政区划为基础的基本区域圈层；二是广义上跨行政区划的特殊类型区域圈层，包含经济区域、社会区域、文化区域等。[4] 行政区划作为我国传统意义上最基本的治理单元，长期以来在社会治理乃至国家治理空间体系中发挥着基础性、关键性作用。区域治理结构方面，以"省—地级市—县（区）—乡镇"的四级行政区划体系，构成了地方治理体系层级，每一层级都是区域治理最主要的空间治理单元。在成渝地区的既往治理

---

[1] 吴晓林：《城市性与市域社会治理现代化》，载《天津社会科学》2020年第3期。

[2] Gottmann Jean. "Megalopolis or the urbanization of the northeastern seaboard", *Economic Geography*. 1957（3）：189-200.

[3] 曹海军：《新区域主义视野下京津冀协同治理及其制度创新》，载《天津社会科学》2015年第2期。

[4] 公丕祥：《认真对待区域法治发展》，载《区域治理与法治发展》2017年辑刊。

实践中，不少地区所谓的区域化社会治理，一般就是指在特定层级结构内的一体治理，少有跨区域的协同和联动。

京津冀、长三角、粤港澳大湾区等国家战略的相继提出，使我国区域经济版图出现了新的特征。国家区域经济发展开始升级转型为打造世界级城市群、大湾区和都市圈，以此实现新型城镇化和更高质量的经济增长。为此，《城市蓝皮书：中国城市发展报告 No.12》明确指出，中国城镇化进入城市群和都市圈时代，并成为支撑经济增长的主阵地、主平台。① 由于经济上的一体化、产业的协同布局、公共服务的同城化以及人口和资本要素的聚集，以跨行政区划为导向的各种治理活动也随之展开。例如，作为区域一体化先行者之一，长三角地区已提出探索建立长三角地区基层社会治理数据共享机制，着力解决长三角区域发展中基层社会治理的不平衡问题②；部分一体化示范区的高校、政府和司法机关开始关注和研究示范区域内的市域社会治理现代化问题。③

国家提出建设成渝地区双城经济圈，把围绕城市群、都市圈推进的新型城镇化推到了新的发展阶段。值得注意的是，不同于 2016 年国务院《关于成渝城市群发展规划的批复》所使用的"城市群"一词，关于成渝地区的区域发展最新定位为"经济圈"。这一表述显然是经过精心选定的。成渝地区双城经济圈建设主要围绕重庆和成都两座中心城市推进，不同于超大城市带动周边区域的单一都市圈模式，也区别于由区域内若干个不同城市协同或一体化发展的城市群模式。对于中心和区域的关系，国家的考虑是"提升重庆主城和成都的发展能级和综合竞争力，推动城市发展由外延扩张向内涵提升转变，以点带面、均衡发展，同周边市县形成一体化发展的都市圈"。④ 可见，"经济圈"实为双核型都市圈所带动的经济区域，它以双城为核心，空间上又不限于重庆和成都两座中心城市，行政区划覆盖重庆直辖市行政区以及四川省级行政区内的主要经济区。

因此，从空间上理解，双城治理绝不是重庆市和四川省行政区域的

---

① 详见中国社会科学院城市发展与环境研究所和社会科学文献出版社共同发布的《城市蓝皮书：中国城市发展报告 No.12》（2019 年）。
② 曹文泽：《大力提升长三角一体化基层社会治理能力》，载《经济日报》2020 年 11 月 11 日。
③ 详见倪杨艳：《一体化示范区市域社会治理现代化研究基地挂牌》，浙江新闻网：https://zj.zjol.com.cn/news.html?id=1673917，最后访问时间：2021 年 5 月 29 日。
④ 详见新华社：《中共中央政治局召开会议审议〈成渝地区双城经济圈建设规划纲要〉中共中央总书记习近平主持会议》，2020 年 10 月 16 日报道。

简单叠加和协调，而是一种区域经济协调发展与空间治理上的创新。中央财经委员会第六次会议提出，支持成渝地区探索经济区和行政区适度分离。中共四川省委十一届七次全会对此进一步规划，要求在成德眉资同城化区域、万达开川渝统筹发展示范区、川南渝西融合发展试验区、川渝合作示范区等开展试点工作。不仅如此，即便在传统市域行政区划内，经济区与行政区相分离或多层次交织的空间治理并非个例。成都高新区就是一个较为早期的例子。根据四川省人大常委会通过的《成都国家自主创新示范区条例》第5条规定，成都高新技术产业开发区管理委员会行使成都市人民政府赋予的规划、教育、科技、财政、土地、生态环境、市场监管等经济和社会管理权限。同时，成都高新区又与其他行政区共建有成都国际生物产业城、成都未来科技城等产业新城，形成若干园区"飞地"。

如果说成都高新区是一个由副省级行政区主导、省级立法机构赋权的"高度分离模式"，其产业城"飞地"属于行政区和经济区共建的"中度分离模式"①，成德眉资同城化则是两者适度分离的"中低度分离模式"。② 基于国家的战略构想、相关理论重述和成渝地区最新实践，双城治理的空间范围和治理层级具有鲜明的区域优势和特色。它包含省域、市域、县域和基层治理等地方治理的几乎所有层级，主要依托于重庆市和四川省两大省级行政区的治理协同，在相关行政区域内实施不同层级、不同圈层的经济区和行政区适度分离创新探索，突出重庆市主城和成都市两大中心城市带动周边地区一体化发展，逐步实现区域均衡和城乡一体发展。

（二）双城治理的制度内容

从中央政法委所提出的市域社会治理现代化的概念来看，市域社会治理似乎侧重于平安建设、维持社会稳定、基层自治和矛盾纠纷多元化解等内容。事实上，现代化的社会治理应当是系统性、全局性和嵌入性的。申言之，社会治理涉及治理主体在一定治理空间内的几乎所有公共事务，仅针对某类社会问题或社会现象进行治理，本质上还是把"社会"视为管理对象的传统思维。

---

① 成都国际生物产业成和成都未来科技城的运作模式是，由成都高新区管委会负责招商等经济事务管理，社会事务管理仍保留在属地行政区。
② 详见"实践论"第六章第四节内容的介绍。

以执法和司法为例，不同地区缺乏统一执法和裁判标准，可能影响企业和人员跨区域经商和生活的获得感、幸福感和安全感，也不利于实现"诉源治理"，因为这种情况下矛盾纠纷的源头不在社会主体之间，而是发生在主要治理者的内部。再比如，都市圈和城市群作为复合性经济区，空间尺度大，涉及行政主体多，不可能彻底颠覆各区域早已存在的"行政经济区"，一般只能拿出部分有共同利益诉求的经济发展功能，交由专门设立的协调机构行使。① 区域治理哪些事权配置给区域协调或管理机构，哪些保留在行政区，或仅分离经济事务权限，不同的分离模式和运作水平直接影响治理资源配置及其治理效果。

除此之外，根据制度供给抑制和非均衡治理的理论假说，区域间法治、经济和社会都存在一定程度的不平衡问题。成渝地区的双核独大现象导致这一问题更为突出，加上文化和观念冲突，倘若不重视川渝各级政府区域合作、法治和文化领域的供给侧结构性改革以及政府部门职权的优化和工作机制创新，成渝地区一体化的现代社会治理就很难真正实现。

当前，各级政法委所牵头推进的市域社会治理现代化工作内容相对有限，该工作总体上还只是处于理论探讨和开局起步阶段，具体的治理体系和实践经验还有待探索、成型和验证。从国际经验来看，政治不仅是社会治理体系的构成部分，而且是核心的和主导的部分②，我国市域社会治理的区域命题也必然涉及国际区域协调体制、区域法治、经济社会发展和文化建设等一切可治理性因素。国内一些城市和区域的治理实践也表明，市域社会治理的内容并非一成不变的，可以从多个角度和层面为形成市域社会治理现代化新模式提供新的经验。基于此，成渝地区双城治理的内容不限于传统社会治理，还应当拓展至政府协同、区域事权设计与协调、社会管理权限的划分与运行、区域与城市法治、基层自治和区域共同体建设等综合内容。

二、成渝地区双城治理的制度创新需求

各国区域发展的历史和实践表明，没有任何一个国家或地区在一体化初期阶段即实现了所有区域同步发展，都会产生所谓区域发展不

---

① 盛毅，杜雪峰：《论经济区和行政区适度分离的管理模式》，载《开放导报》2020年第5期。

② 张康之：《论社会治理模式的转变——从制度到行动》，载《探索》2019年第3期。

平衡的问题，这就产生了区域和社会治理的两类特殊需求：一是差异化治理需求，即根据地区发展的差异施策①；二是一体化治理需求，即通过治理制度的设计，分步骤实现区域治理的逐步均衡。正如前文指出，成渝地区双城经济圈建设负有重大国家使命，其区域经济发展和双城治理的成败，对国家经济社会发展转型有着重要影响和现实意义；其治理的目标是推动我国国土空间发展和治理均衡，使得其他地区能够顺利跨越"治理拐点"，整体上逐步实现治理体系和治理能力的现代化。结合现有的区域治理实践和成渝地区的发展定位，我们认为，成渝地区双城治理需要创新构建一种全要素、多层次、一体化的双城治理结构。

（一）双城治理以共同做大做强双极核为要义

在地理空间和经济社会发展史上，成渝两地一直是四川盆地上的"双子星"，在地区发展中起到了重要的引领作用。自重庆成为直辖市以来，重庆市主城和成都市纷纷进入发展的快车道。以成都市为例，成都市在四川省的发展首位度近年来越来越高。数据显示，2020年成都市GDP为1.77万亿元，排名第二的绵阳市仅为0.3万亿元。近十年，成都市的新增人口数量达到惊人的582万人，其行政辖区内管理的人口在2020年已达到2093.8万人，同样，重庆市主城也是相近的2112.36万人，双双接近北京市的2189.9万人和上海市的2487.09万人。②

对于成都市在四川省的"一城独大"，各方面的认识并不一致。在四川省各级部门、市州一些领导干部眼里，首位度过高的现象并不利于地区均衡发展，尤其是中心城市主城区的经济社会发展水平和其他地区，还有民族地区和革命老区过度不均衡，可能会对区域整体的治理带来不利影响。在这样的背景下，四川省委在2012年年底提出了"多点多极"的发展战略，试图在提升成都市的同时，实现其他区域的次级突破，破解"一城独大"的问题。如果不考量国家层面的整体布局，"多点多极"发展战略具有明显的现实针对性，对于优化四川省的区域经济健康发展

---

① 丁贝贝：《非均衡理论在宁夏经济发展实践中的应用分析》，载《宁夏社会科学》2005年第5期。
② 楼市纪：《中国人口10强城市出炉：1座城市首次突破2千万，2座城市首次晋级》，https://baijiahao.baidu.com/s?id=17018312075395050065&wfr=spider&for=pc，最后访问时间：2021年6月7日。

具有重要的现实意义。而一旦融入国家战略部署，成渝地区及其中心城市的发展定位势必被赋予新的时代使命。事实上，经过多年的努力，成都市在四川省的首位度并没有降低。例如，2014年，成都在四川省的GDP占比为35.4%，到了2021年，成都的GDP占比不降反升，达到36.78%。

另一方面，成渝两地虽然人文相近，文化底蕴相似、地方方言相似、风俗习惯相似，但是历史上两地一直存在所谓的"成渝之争"。两地的竞争随着重庆市的直辖，特别是在进入21世纪后的城市排位竞争中更显实业。[①]

由此可见，成渝地区双城经济圈建设背景下的区域经济发展和区域治理，都超出了一城一域的范畴。这一国家战略不只是为了成渝地区自身协调发展，建设成渝地区双城经济圈的主要发展任务是为了解决中国区域发展上的结构性矛盾，具有引领中西部追赶全国以及促进世界经济重心转移的全局意义和战略影响。[②] 国家对成渝地区的最新定位，实质上是要求川渝两地政府要从国家区域高质量发展的角度来推动区域一体化治理。具体而言，成渝一体化发展要发挥重庆市主城和成都市的增长极和治理牵引功能，在治理过程中，治理主体的治理活动及其相关治理规则主要围绕中心区域展开，有关治理要素和治理资源必然持续向极核城市倾斜。在此意义上，双城独大不再是资源配置的空间扭曲，而是契合于区域发展和国家整体利益的战略大局。

双城治理的要义不仅是要突出双核，而且强调共同的经济蛋糕做大和治理资源的共治共享，形成两城互补的新格局。这就要求川渝两地要在诸多共同利益和公共事务方面，建立合作统筹的治理机制，积极打破行政壁垒，形成一体化发展的文化认同，避免利益冲突乃至恶性竞争。同时，在治理资源的配置方面要发挥各自优势，不必重复建设，要互通有无、相互支持，实现治理共建共治共享。例如，成都市的服务业更为发达，重庆的法学学术资源更为丰富，重庆可以支持成都更多承担西部公共法律服务和法律服务产业聚集的职能。又比如，重庆是制造业重镇，四川省的相关市、县可作为重庆相关产业的人口腹地，这就需要加强跨区域的社会治理体制创新。

---

① 熊茂松：《成渝之争的历史解读》，载《贵阳文史》2008年第1期。
② 林毅夫，付才辉：《成渝地区双城经济圈建设的新结构经济学分析建议报告》，载《成都日报》2020年6月17日。

总之，双城治理的首要任务并非直接实现区域的治理均衡，而是承认甚至积极运用非均衡治理手段，突出区域治理的双核集中以及治理资源共享的特征。

（二）双城治理以多层次圈层一体化治理为创新思路

双城治理作为典型的非均衡治理结构，尽管要求沿循一体化发展理念，但这不等于成渝地区与长三角一体化发展战略雷同，追求建立全域的一体化治理结构。成渝地区双城经济圈目前并非城市群发展模式，除了重庆主城和成都两个中心之外，存在广袤的欠发达地区，区域内不仅次级城市发展滞后，中部区县的市场化程度、经济发展和治理水平与中心更是存在着巨大的制度"代差"。由于存在制度文化差异、空间距离的远近以及基础服务差距，强行将中间区域纳入所谓的"一体治理"，只会引起区域间彼此高昂的协调和交易成本①，并不见得能够实现治理成本最小化和效益最大化。

鉴于成渝地区的圈层化和非均衡的治理特征，双城治理不追求建立全域统一的科层制一体化结构，国家也没有在成渝地区建立新的统一行政层级。另一方面，川渝协同也不属于以政府多边谈判、协作为主要特征的"新区域主义模式"②，更不是只针对地区稳定、治安问题等局部治理议题的政府间松散型横向一体化战略联盟。③ 双城治理具有更为丰富的制度内涵，是在川渝一盘棋和一体化治理理念指导下，一种按圈层和层级建立的多层次圈层治理结构。

成渝地区整体上可以区分为外部圈层和内部圈层。外部圈层的治理结构主要是对国家区域协调发展做出的制度回应，它以重庆市主城区和成都市为双极核，双核城市之间既有竞争也有合作，其不是省市政府的简单横向联合，而是需要统一谋划、整体部署、相互协作、共同实施，这就要求有一个更高层面的工作机构和机制加强顶层设计和统筹协调。④这一机构的具体职责是，对上贯彻国家重大战略的统筹协调，横向对接

---

① 王明，郑念：《城市群内部协同的圈层分化问题研究——基于"环长株潭城市群"的分析》，载《中国科技论坛》2019年第8期。
② 崔晶：《都市圈地方政府协同治理：一个文献综述》，载《重庆社会科学》2014年第4期。
③ 蒋辉：《政府间松散型横向一体化战略联盟：跨域治理的新模式》，载《中南民族大学学报（人文社会科学版）》2012年第1期。
④ 周跃辉，公丕宏，王瀚锋：《打造新时代区域发展战略的第五个支撑带》，载《成都日报》2020年6月24日。

其他区域的治理协调关系,对下指导和监督区域内治理圈层和各种合作平台的协同或一体治理。

　　双城治理的内部圈层又分为中心圈层、同城化圈层和毗邻圈层。中心圈层为重庆市主城和成都市行政区划,这一区域依托于传统行政区,为典型的科层制一体化治理,有着强有力的党政协调能力。在此治理结构中,由于承接国家和省级重要产业的发展任务,核心圈层内同样存在局部的经济区与行政区相对或完全分离的治理空间。

　　根据国家区域发展的重大战略部署,中心城市不仅自身具有拓展发展空间的需求,同时也肩负以点带面促进大都市圈一体发展的使命,因此在中心城市圈层周边,经济区和行政区适度分离的制度需求最为显著,亟待构建同城化特征的半科层制一体化治理区域。不过,对于成渝地区的两大都市圈的毗邻区域而言,其与中心城市的经济社会发展联系相对较少,很难直接加入双核都市圈的一体化治理过程。对此,较为现实的路径是以区域创新平台为抓手、以产业园区为载体,通过单独或同时与中心城市都市圈内的经济区和行政区订立区域间项目合作协议、达成区域间合作共事的方式,保证区域治理的有效性。①

　　由此可见,成渝双城治理并不是两座中心城市的协同治理,而是在整体区域内构建的多层次、多圈层的半一体化治理结构,在圈层内部以及不同圈层之间,根据不同的治理需求,应当分置各种纵向一体化、半一体化结构或协同交错的治理单元。

（三）双城治理需要发挥不同层级政府的制度供给职能

　　政府是治理制度的主要供给者,这是中国社会治理的主要制度特征。而区域竞争与科层制结合,则是中国特色市场经济发展的重要创举。②制度供给的这一规律在社会治理领域也具有适用性。此处的"政府"采用广义概念,不只包括各级政府及其工作部门,还泛指具有规则制定权限的党政机构、立法机构和司法机构,以及在行政区和经济区适度分离机制下拥有部分社会事务管理权的区域协调和管理机构。

　　在区域创新理论中,一个常见假定是,政府的干预或创新过程的过

---

① 郝寿义:《区域经济学原理》,上海人民出版社2007年版,第312—313页。
② 〔英〕罗纳德·哈里·斯斯,王宁:《变革中国:市场经济的中国之路》,徐尧、李哲民译,中信出版社2013年版,第197—198页。

度行政化，是构成创新制度"代差"的主要原因。① 但是，这种假定与实际治理经验比对，很难得到有效的验证。在处于追赶阶段的欠发达地区，政府的治理意愿和创新能力很大程度上决定了治理效果。许多情况下，离开政府一心一意的支持，社会上不可能存在有效且执行良好的制度安排。② 成渝地区尽管以打造国家区域发展样板作为目标，但其市场化和社会化需求驱动力总体上低于东部先行经济区，加上大部分圈层与核心圈层之间存在较大的制度鸿沟，单纯采用市场化和财政转移支付的方式，都不能自动弥补制度供给抑制带来的治理绩效损失。在此约束条件下，若要快速消除治理能力与制度供给方面的差距，政府作为治理创新主要制度供给方的角色不仅不能弱化，还应当进一步加强。

根据我国宪法设定的行政区划级别，各项治理工作的制度供给的不同角色由中央、省级、市级和区（县）级和镇街政府五个层级来具体担任。成渝地区双城经济圈建设离不开国家层面的顶层设计和统筹协调，有必要通过针对性和倾斜性的国家法律政策支持，来鼓励区域协调发展和地方治理创新。区域发展与治理过程中，跨省级行政区的治理协同是相当重要的一环。重庆市主城和成都市的经济体量规模相近，城镇化程度、产业基础、创新能力、发展水平都比较相似，虽然两地在许多领域具备合作基础，但在更多领域依然还是竞争关系，治理上容易出现各种显性或隐形壁垒。这不但要求川渝两地在省级层面有一定的工作对接、区域协调和联动监督机制，还要求充分利用地方立法权对机构设置和事权设计进行协同立法和治理赋权，实现公共服务、社会治理和法治建设等方面的共建共治共享，让双城治理的理念和举措在成渝地区落实落地。

与市域社会治理所具有的关键地位类似，副省级城市和地级市在制度供给方面可以做出重大贡献。这不仅因为市域往往是区域经济协调和治理活动最为活跃的一个层级，同时也是对基层治理拥有较为集中的政策制定和监督考核的权限。《中华人民共和国立法法》对设区的市立法权限做出了"城乡建设与管理、生态文明建设、历史文化保护"等宽泛界定，其中对城乡人员、组织的服务和管理等行政管理事项也包括在内。③

---

① 岳公正，李遵白，熊德斌：《欠发达地区区域创新体系改革与民营化战略》，载《贵州社会科学》2013年第8期。

② 林毅夫：《关于制度变迁的经济学理论：诱致性变迁与强制性变迁》，载陈昕主编：《财产权利与制度变迁——产权学派与新制度学派译文集》，上海三联书店、上海人民出版社1994年版，第403页。

③ 易有禄：《设区市立法权的权限解析》，载《政法论丛》2016年第2期。

因此，地级市和副省级城市在本行政区的社会治理、共建产业园区的事权设计等方面，具有一定的治理资源配置权，是跨区域治理最为关键的层级之一。

最后，区县和镇街的基层治理制度供给能力同样不容忽视。广义上，区县级以及以下的治理层级被统称为基层治理。① 在治理制度供给方面，区县在治理规则制定方面无太多权限，但对基层的监督考核和治理激励最为直接，是贯彻执行省市政策的基本治理单元。此外，区县还是行政执法权的主要承接者。例如，行政综合执法机构的设置、行业主管部门的权限划分以及与社会管理操作实务最为相关的执法活动，就是由区县及其部门具体执行和处理的。镇街一级是治理资源主要的分配者和使用者，对于社区、社会组织承接政府职能转移的效能具有举足轻重的影响力。镇街一级虽然属于治理末端，不直接提供治理制度安排，但掌握了社会"多元共治"自发供给的重要阀门。以重庆市南岸区的"三事分流"基层社会治理创新为例，这一治理模式最初正是由镇街引导和保障居民自治形成的。② 与此相反，一些基层党委、政府以"多元共治"为由逃避承担领导责任、主导责任，则可能影响基层社会治理实效。③

（四）双城治理要实现全要素流转和动态均衡

从经验上观察，区域一体化发展在不同阶段可能会有空间溢出的经济社会效果，譬如产业聚集导致地区间和城乡间差距进一步扩大，收入差距的扩大可能对经济增长产生负面影响。④ 基于成渝治理拐点的理论假说，成渝地区经济整体快速发展不当然表现出以下趋势：治理体系和治理能力水平与现代化治理绩效之间的匹配度不断缩小。从这个角度讲，治理供给侧曲线不是表现为"爬坡"形态，而是明显存在一个边际产出几近为零的"内卷阶段"。

"内卷化"的经验性描述⑤，本质就是指治理边际报酬递减而形成的治理现代化进程相对停滞的状态。成渝地区之所以可能会出现治理内卷，与

---

① 马卫红，喻君瑶：《何谓基层？——对当前城市基层治理基本概念的拓展》，载《治理研究》2020年第6期。
② 详见本书"实践论"部分的内容。
③ 张继良：《治理之道：有序推进基层社会治理创新》，载《人民日报》2017年8月7日，第7版。
④ 万广华，陆铭，陈钊：《全球化与地区间收入差距：来自中国的证据》，载《中国社会科学》2005年第3期。
⑤ 详见本章第二小节的有关内容。

治理供给侧的抑制和非均衡治理结构有关。正是因为看到了中西部地区多少都呈现这种治理特性，中央才从战略上加快推进国土空间的发展和治理均衡，这一新的战略部署有利于推动中西部地区跨越内卷化的治理拐点。

具体而言，极核城市和先行地区的优先发展，势必会带来系列的衍生问题。一是中心区域的虹吸效应带来周边地区社会要素的空心化。中心区域相比于周边区域而言，在资源丰富程度、人才待遇、居民生活水平等方面处于明显高位，从而使得周边地区在本就缺乏要素资源的情况下，资源损失问题更加严重。① 二是从虹吸效应到梯度带动效应所导致的治理压力溢出问题。随着中心城市用地、用工、水电、交通等各类要素成本逐渐增加，产业链中一些相对低端的行业和人员会自发向城市边缘转移，或出现非同城居住现象，从而使得周边区域或周边城市形成对中心区域一些非核心功能的二次承接，在经济社会发展、人才培养、产业建设等方面发生"资源迁移"。② 与此相伴的一个现象是，治理问题的输出将进一步挤压都市圈周边区域的治理资源，进一步加剧社会治理内卷。如果没有相应的治理纾解，都市圈周边和中部区域的治理内卷可能趋向永久化。

在下一节的分析中，精准治理悖论也让我们认识到，社会治理的精细化、复杂化并不当然意味着治理创新的程度和现代化水平。单纯依靠地方政府的制度供给和经济投入并不能让双城周边圈层乃至中间圈层从外延式"治理创新"过渡到内涵式"治理创新"，从而顺利跨越治理拐点。这就要求双城治理进行全要素治理设计，使中心区域聚集的社会要素可以实现全域的共享和流动，在优化极核城市治理水平的同时兼顾对其他地区的"社会保护"。

第二节　关于成渝地区双城治理的五个命题

随着第一个百年奋斗目标的实现，中国踏入全面建设社会主义现代化国家的历史进程。探求市域社会的发展趋势，掌握市域社会治理中存

---

① 王家庭：《我国区域塌陷的主要表现—形成机制与治理模式研究》，载《学习与实践》2020年第12期。

② 容志：《从失序到有序：大城市城乡结合地区社会治理困境的成因与对策分析》，载《上海行政学院学报》2016年第1期。

在的难点和重点,对加快推进我国国家治理体系和治理能力现代化,完善市域治理体系,提升市域社会治理能力,具有基础性意义。① 推动区域协调发展、新型城镇化和国土空间结构优化,这一系列新话语、新概念的提出,又意味着我国市域和区域的治理空间关系出现重大调整。当前学界和实务部门对市域社会治理和区域治理的话题讨论很多,这些讨论基本都涉及一些共识并集中在一定的命题下,如前文所提出的治理体系完善、优化治理格局、更高水平平安建设和强化精准治理等方面。那么,当市域治理转换到成渝地区治理,双城治理具有哪些需要关注的命题? 这些经验性描述能否一定程度上验证制度供给抑制、不均衡治理和治理拐点三大理论假说? 治理问题背后的症结在哪里? 我们认为,要理解成渝双城治理的区域性和城市性的双重特殊性,应当特别关注以下几个悖论式命题:一是依法治理视域中的"法治悖论";二是资源下沉困境中的"悬浮悖论";三是社会治理创新面临的"内卷悖论";四是精细化治理失焦的"精准悖论";五是平安建设细节里的"安全悖论"。

一、依法治理视域中的"法治悖论"

自党的十八届四中全会以来,全面依法治国的基本理念、基本思维和基本方法开始嵌入国家治理的各个环节中去。按照党的十九届四中全会系统集成理念提出的治理体系,不论是政府治理、社会治理还是基层治理,依法治理都是核心理念,由此形成了以依法治理为核心,同时以依德治理为辅的治理模式。② 但在一些地方治理实践中,依法治理并非一以贯之的最核心理念,德治、自治、统治阶级意志的实际排序可能更为优先。在有些情况下,强调矛盾纠纷化解的非法治解决方式确有必要,因为法律并非万能,政府、道德和文化能起到重要的治理作用。但很多情况是,法治以"后勤保障"的配角身份出现,并未贯穿治理的全过程。有时,"法治化"被部分基层治理主体极力拔高和推崇,实际操作中表现出的又是具有某种"去法治化"倾向。这一悖论在东部先行地区发展历程中也有所体现,在当前中西部的一些地区中可能更为常见。

---

① 陈忠,吴伟:《市域社会的治理逻辑:发展趋势与伦理选择》,http://www.china.com.cn/opinion/theory/2020-04/20/content_75952505.htm,最后访问时间:2020年04月20日。

② 侯俊军,张莉:《标准化治理:推进社会治理能力现代化的制度供给研究》,载《湖南大学学报(社会科学版)》2020年第6期。

（一）立法滞后导致的治理创新法治困境

社会治理需要创新手段和方式，按照依法治理、系统治理、源头治理和综合治理的要求，任何一项创新工作都要提出配套的保障和实施机制。从逻辑上而言，法治保障并非配角和"后勤组"。以依法行政中的"法无授权不可为"的法治思维，立法应当是其中的治理源头。但从成渝地区的治理实践来看，法律制度供给抑制特别是立法滞后，这一问题长期困扰着地方社会治理。

1. 经济区与行政区分离的机构困境

由于区域治理在空间上超越了单一行政区的范围，治理内容也横跨政府、经济、文化、社会、环境等多各领域，区域治理创新本质上与以行政区为依托的法律制度体系存在冲突。不论是从《中华人民共和国立法法》规定的立法模式，还是从现有立法理念来看，对于法律法规等立法制定，都跳不开层级严明的行政区划立法分界的逻辑思维，这也就导致现行立法在对于区域性法律制度的设计和构建上，从未形成可供参照的基本模板。① 长三角、京津冀、珠三角等城市群曾经是国家区域经济先行者，长期试水跨区域社会治理创新工作，但经过多年的探索，至今都未形成可以适用于多个省级行政区的区域性法律，成渝地区也不例外。

按照中央的战略部署和政策鼓励，在成渝地区探索经济区与行政区适度分离，是国家区域经济协调法治与区域治理的重要体制创新。然而，区域性法律制度供给的缺位，直接造成区域治理权限缺少法定化的制度安排，这一事关治理权合法性以及治理资源配置效能的重要制度设计，长期处于依法治理的法治悖论状态，各级政府治理过程中的依法行政，实践中经常演变成依照文件表层意志行事，这无疑会减损政府和法律的权威性。

在《成都国家自主创新示范区条例》出台以前，成都高新区行使市级社会管理权限依据仅为成都市政府的一纸授权，缺乏法定的职权安排。在当地的一起土地征收纠纷中，被强制拆迁的居民即以高新区管委会并非《中华人民共和国土地管理法》规定的县级以上人民政府，不应当对行政区域内的行政事务实施管理为由提起行政诉讼，引起依法行政、司法裁判与社会舆论的巨大张力。类似的经济区与行政区相分离的机构合

---

① 贺海仁：《我国区域协同立法的实践样态及其法理思考》，载《法律适用》2020年第21期。

法性困境在四川省并非个例，如四川天府新区和成都东部新区的管理机构都存在法定赋权"先上车后补票"的情况。

2. 社会治理创新单兵突破的法治困境

除了治理事权设计和机构合法性问题，社会治理场域中的许多事务并不是仅围绕单一事务展开的，这些治理问题可能会涵盖政府和社会公共事务的方方面面。从立法的局限性和滞后性来看，地方立法确实难以做到面面俱到，对所有社会治理涉及的重大问题都采用立法方式全面覆盖这些场域，而且也并不是所有的社会治理问题都适合以立法手段解决。但是，对于一些突出社会现象以及极易引起社会关注的舆论事件，在制度化的需求上依然是极高的。① 例如，为解决基层自治的组织难题，四川省包括成都市在力推基层治理的党建引领。四川省委十一届六次全会在"创新和完善城市基层治理制度"的系列部署中，着重提出党建与法治相互嵌入的"四推动"，即推动社区党组织书记通过法定程序担任居民委员会主任、"两委"班子成员交叉任职，推动小区党组织书记或成员通过法定程序担任业主委员会主任或成员，推动符合条件的社区"两委"成员通过法定程序兼任业主委员会成员，推动街道办事处工作、物业管理、生活垃圾分类等地方立法，建立党建与法治协同联动的社区治理架构。②

事实上，党建与小区治理相互嵌入解决的不仅是基层治理中的居民动员和组织问题，也能够对小区业委会的失范和监督起到重要的规范作用，并防止闹访、政策套利的边缘群体对基层治理的干扰。问题在于，不论是党内法规还是省委政府文件，尽管具有统揽全局的权威性和指导性，但不能直接提升依法治理能力，也难以在社会治理中被普遍采用。公司法领域中如何依法加强党对国有企业的领导，可以为此提供镜鉴。加强公司党建工作的有效方式是，对于一些重大事项的决策，要求在提交董事会或股东会审议前，先提交党委会审议。③ 现行《中华人民共和国公司法》为党的领导提供嵌入式法治保障做出了条文设计，明确了党

---

① 侯俊军，张莉：《标准化治理：推进社会治理能力现代化的制度供给研究》，载《湖南大学学报（社会科学版）》2020年第6期。

② 郑泰安，钟凯：《创新和完善城市基层治理应处理好五大关系》，载《四川日报》2020年1月9日。

③ 2010年6月5日中共中央办公厅、国务院办公厅印发的《关于进一步推进国有企业贯彻落实"三重一大"决策制度的意见》。

组织在公司中的地位和功能。①

此外，社会信用体系建设和失信惩戒，也是一个涉及系统治理、源头治理和依法治理的社会共治事项。对所有社会主体以及重点领域的社会主体进行智能化、法治化的预防性治理和柔性执法，对失信人进行联合信用惩戒，本身就是社会治理创新之一。②但是，信用惩戒涉及增加行政相对人义务和负担，有些还涉及行政相对人的重要合法权益，故而对信用惩戒的法律依据、部门职权划分、实施范围、失信行为惩罚、信用恢复、救济方式、跨区域的联合惩戒机制等一系列问题需要重点进行法律制度设计，否则社会信用体系的建设也不可能经得起合法性和实效性检验。

3. 川渝协同立法的滞后性

不是所有地方治理事项都需要国家立法，地方立法可以在社会治理创新方面提供法律保障方案。例如，针对社会信用体系的建设与信用监管治理，国家尚未出台统一立法，目前用于指导社会信用建设方面的规范性文件大多以政策为主，这并不妨碍沿海地区社会治理创新的先行城市制定专项地方性法规来回应治理需求，如上海市、南京市出台的《社会信用条例》。③

从区域一体化治理目标出发，各地区的治理工作不是各行其是，而是要求牢固树立一盘棋和同频共振的治理理念，在某些重要治理事项中保持一定的立法协同。重庆市在社会信用监管和治理方面的立法工作也走在了前面，《重庆市社会信用条例》2021年5月27日正式出台。四川省在相关领域则滞后一步，仅在2020年12月由四川省发改委联合中国人民银行成都分行联合印发《四川省社会信用管理暂行办法》。2019年修订的《重庆市物业管理条例》第26条第3款规定，"鼓励和支持业主中符合条件的中国共产党党员、公职人员通过法定程序成为业主委员会成员，依法履行职责"；《四川省物业管理条例（2021修订）》第34条规定，"社区（村）党组织引导业主中的党员积极参选业主委员会成员，通过法定程度担任业主委员会成员"，均为党建嵌入基层治理提供了地方立

---

① 《中华人民共和国公司法（2018年修正）》第十九条规定："在公司中，根据中国共产党章程的规定，设立中国共产党的组织，开展党的活动。公司应当为党组织的活动提供必要条件。"

② 梅帅：《社会治理视域下失信惩戒机制：治理意义、要素构造与完善方向》，载《征信》2020年第38期。

③ 刘雁鹏：《全面推进社会治理法治化的对策思路》，载《中国领导科学》2020年第2期。

法依据。《四川省纠纷多元化解条例》2019年11月获得通过，重庆市则尚未制定类似的地方立法。

分析两地相关治理立法的非同步性，主要原因在于缺乏协同立法的统筹设计和制度安排。另一原因是，地方立法通常以部门推进为主，容易出现各自为政的情况，两地人大在制定立法规划或年度立法计划时，主要考量本级政府职能部门的意见，很少考虑区域协同需要和两地部门的共同关切，以人大为主导协同推进地方立法的资源和制度优势没有充分显现。2021年3月，川渝两地首个协同立法项目"优化营商环境条例"分别由两地人大常委会通过，这为成渝地区协同立法迈出了重要一步。未来，川渝两地还需要在协同立法的顶层设计和制度规范方面进一步迈进。

（二）矛盾纠纷化解的法治困境

实践中，有一种观点认为，矛盾纠纷多元化解就是非法治的解决方法。与法治化思维和正式的法律制度相比，政府之间的合作协议或备忘文件、道德信仰、风俗习惯、管理规约和共同体意识等非正式治理方法，虽然具有重要补充性规范和引导功能，但这并不意味着这些多元治理方法与法治是截然分离的界面。在实践中，缺乏法治思维的矛盾纠纷多元化解，容易出现治理异化以及让治理政策成为"空中楼阁"。在跨区域人员流动频繁的条件下，"熟人治理"很难在缺少制度化、法治化的治理环境中持续发挥作用，容易使社会治理创新缺少必要的群众基础。[1] 如何把握法治与非法治手段的辩证统一，是社会治理法治化需要重点考虑的问题。

1. 矛盾纠纷化解中的"法治妥协"

通过经验观察可以发现，在法治化程度相对较低的地区，正式法律制度的作用经常会让位于非正式制度，甚至向非制度化的某些"潜规则"妥协。内在的悖论在于，这其实不是治理主体有多重视非正式制度，只是缺乏依法治理的法治思维或对法治本身信心不足的表现。

其中涉及的一个基本问题是，如何把握社情民意与法治的关系。有一种常见思维，将当事人的信访视为"影响大局"的不稳定因素，并将当事人是否服讼息讼视为法治实施效果的衡量标准，在"搞定就是稳定，

---

[1] 周凌一：《纵向干预何以推动地方协作治理——以长三角区域环境协作治理为例》，载《公共行政评论》2020年第4期。

摆平就是水平"的维稳思维支配下,中西部地区部分基层法院选择将一部分精力动用在如何维护形势稳定上而非依法裁判上。在个案中,审理法官其实并不能真正明辨个案裁判与国家大政方针与社情民意的关系。①这就产生一个糟糕的闭环:一方面,定纷止争的法治价值不能得到充分的彰显;另一方面,真正的大局观和社情民意又被"维稳"思维所屏蔽。如何打破这一闭环,显然不能简单要求基层法官建立"法治思维",因为闭环中的不同"思维"不能直接相互和解。解决之道,应当注重为社情民意和融入大局观念的司法审判提供制度化的保障和渠道。

"法治妥协"的另一个表现形式是简单将纠纷推给司法裁判,粗暴引导当事人走"司法程序"。②表面上看,这是对法治价值极为推崇的做法,但其实是对治理主体责任的"逃避"。司法是社会公平正义的最后一道防线,它不是包治百病的灵丹妙药。这一做法忽视另外两个问题:第一,如果当事人走了司法程序,问题和纠纷仍然得不到解决怎么办?第二,按照"源头治理"的思路,如果当事人不接受部门调解和人民调解,有没有更多的便捷"菜单"供当事人选择,如选择依法行政复议和接受社会化的专业调解?可见,矛盾纠纷多元化解本质不是"去法治化",而是需要更高水平的"法治化"。

2. 社会组织参与社会治理的法治瓶颈

首先,各地都越来越重视社会组织参与多元共治的作用。在重庆、成都等地的社会治理过程中,活跃着大量社会组织的身影。成都市在2018年还专门借鉴北京等地的创新做法,组织评审认证了一批承接政府职能转移的公司化"社会组织"。③一些专业性的社会机构如律师事务所,也积极参与社会稳定风险评估的相关工作。从理论上讲,社会组织数量越多,所承接的工作越多,政府职能从管理型转变为服务型的程度就越高,社会自主自治的空间便会随之增大。④

但是,成渝地区的社会组织数量的增加,是否达到了东部沿海地区

---

① 龙研:《基层法院如何立足本职工作为大局服务》,http://ytlkfy.sdcourt.gov.cn/ytlkfy/401634/401600/885195/index.html,最后访问时间:2021年5月20日。

② 在调研座谈中,如何引导当事人走"司法程序",往往成为一些基层干部表达意见的重点。在这些干部眼里,依法治理就是上法院起诉、打官司,找政府"说事"本质上就是信访,而不是法治思维。

③ 刘佳:《首批认定12家!成都首届社会企业评审认定名单出炉》,四川在线:https://baijiahao.baidu.com/s?id=16208173698765662218&wfr=spider&for=pc,最后登陆时间:2021年5月12日。

④ 陈光:《区域治理多元规范及其结构优化研究》,科学出版社2018年版,第108页。

的治理参与度和治理水平，恐怕还要画上一个很大的问号。其中一个重要的检验指标，就是社会组织参与社会治理的法治化水平。政府职能转移涉及依法行政和基层自治的法律界定，哪些职能可以转移、哪些不能转移，缺乏事权转移清单的清晰界定，在基层治理操作中就不易把握。

其次，社会组织承接政府职能转移的一个重要方式是政府购买服务。针对相关领域政府购买服务的需求评估、项目立项和预算保障等各环节，如何精准化加强县域、市域以及跨区域统筹保障，以及政府购买社会组织服务的实施主体和实施方式由区级财政统一集中购买，还是交由镇街、社区自主决定，这一系列问题都需要根据不同地区的治理需要进行制度设计。

最后，对社会组织的引导和监督也需要创新机制。通过搭建公开透明的社会要素交易与监管平台，解决哪些社会组织可以进入特定领域承接政府职能、哪些应当责令退出或列入失信名单等问题，使得更多专业人员、志愿者、社工等人员要素实现跨区域依法有序流动。

二、资源下沉困境中的"悬浮悖论"

当前，有关方面已经意识到了基层治理权责不匹配的问题。[①] 对此，各地探索的解决方案是资源向基层下沉，包括人员编制和财政投入不断向基层倾斜，同时将更多社会管理权限下放到基层，并通过一定程序向基层赋权。北京市实施的"街乡吹哨、部门报到"就是其中的典型代表。有关改革方案要求提升街乡党委统筹协调能力，区职能部门执法力量下沉基层，在街乡建立实体化综合执法中心，全面推行"街巷长制"，推进社会治理实现重心下移。[②] 四川省委十一届六次全会也提出"推进街道管理体制改革"，制定和建立街道"两责"清单，探索建立街道评议县（市、区）职能部门的工作机制等。这些改革举措在一定程度上扭转了"人权财权在上、无限事权在下"的治理资源配置的扭曲，具有现实意义。但是，资源下沉不等于治理绩效同步提升，从我们了解到的情况来看，包括成渝地区在内的中西部不少地方的基层治理要素，在一定程度上仍处于悬浮状态。

---

① 傅荣校：《基层被"甩锅"，压力山大！》，工商行政管理半月沙龙微信公众号发布。
② 芦晓春，邓保群：《北京市实施"街乡吹哨、部门报到"改革纪实》，中国共产党新闻网：http://dangjian.people.com.cn/n1/2018/1210/c117092-30453649.html，最后访问时间：2021年4月30日。

（一）基层自治的悬浮化困境

由于基层社会治理的自身性质，自治应是治理的核心要素，基层自治的权力向度是自下而上的群众自我管理、自我组织。事实上，我国传统政府与居委会存在某种自上而下的特殊关系，社区并不是真正意义上的"社会"。即使是真正的社会组织或业委会等自治组织，也会因为种种原因靠近政府机构，从而染上"行政色彩"。① 基层组织与政府的相互依赖，一方面确实有利于塑造社会自治组织与政府的伙伴关系，一定程度上有利于基层共建共治共享；另一方面，倘若基层组织缺乏自下而上的权力来源和权力约束，基层组织的生存之道就会只往上看，由此悬浮于基层之上。在具体工作中，这种"悬浮"就可以体现为，基层政府和基层组织的工作中心不在于与群众发生普遍性的联系，基层工作的好坏主要依赖于基层干部的工作能力以及少数能带来资源或者能帮助"摆平问题"的能人或"混混"。② 不能广泛依靠和组织群众，就会进一步使得社会组织的参与领域和服务范围受到限制，导致基层治理与实际需求产生较大偏离。③

基层自治的悬浮化的一个附带后果是，基层居民基本不再关心自身的公共事务，也没有能力和动力积极参与基层治理。表面上看，政府包办自治事务似乎是心系群众、为人民服务，但代价便是基层政府难以准确掌握有关社会信息，有效识别社会矛盾风险点，甚至有时还会引起社会风险的积累。在新的基层赋权过程中，大量资源下沉基层这一做法并不能直接解决悬浮悖论，基层干部更习惯于用购买服务或满足不合理诉求来解决问题，导致基层组织经常被少数边缘群体所绑架，无法开展正常的组织工作。④

以小区物业管理中的矛盾纠纷为例，物业公司和业主的矛盾一般不是整体性的，主要发生在部分业主群体与物业公司之间，具体由少数业主所主导。基层干部容易误以为，这些人就是矛盾的源头和主要治理对

---

① 曾凡军，潘懿：《基层治理碎片化与整体性治理共同体》，载《浙江学刊》2021年第3期。
② 陈柏峰：《基层社会治理模式的变迁与挑战》，载《学习与探索》2020年第9期。
③ 王文彬：《农村基层治理困局与优化路径——治理资源运转视角》，载《深圳大学学报（人文社会科学版）》2021年第3期。
④ 贺雪峰，田舒彦：《资源下乡背景下城乡基层治理的四个命题》，载《社会科学研究》2020年第6期。

象,遂以更多的资源和精力去加以应对,这样反而刺激这些"少数派"鼓动其他业主参与,甚至采取造谣、聚集示威、堵门占街或闹访等非法手段实现额外诉求。为了防止被绑架,一些基层干部还会采取另一应对策略,即鼓励或默认物业公司间接干预小区自治,从居民中选择好说话的业主进入业委会或换届筹委会,通过不同层面的"代理人"实现公共事务包办,并对正常提出建议和意见的业主采取舆论攻势、分而治之,实现所谓的小区"和谐"。但这一做法无异于饮鸩止渴。一旦部分业主与物业公司的矛盾激化,矛盾链条就会按以下路径传导,即"业主—业委会—物业公司—社区—镇街",最终演变为群众与基层政府的矛盾。

我们在调研中也数次观察到类似的情况。例如,成都市 Q 区 J 小区因部分业主与物业公司存在矛盾,遂组织外来人员以示威、堵门、语言恐吓等方式驱赶物业公司、骚扰商户和基层干部,而当地街道办为了平息事态,主动向"闹事"业主妥协,不仅劝退了原物业公司,还代为引入新的物业公司接管小区物业服务。但是,新的物业公司也并非这部分业主所中意的服务企业,新物业公司的服务工作难以开展,遂又主动提出退场。反复更换物业公司,使得该小区长期处于失序状态。

成都市 J 区 L 小区是某知名房地产开发企业在成都开发的首个楼盘,曾被当地树立为物业服务"标杆小区",后因物业公司长期占用业主共有产权及收益、维修基金使用不规范等问题,业委会被部分业主怀疑受到了物业公司的不当操控,引发业委会集体辞职。当地街道和社区又以居民自治"不好出面干预"为由,在相关不规范行为和矛盾纠纷中选择置身事外,使得小区内许多关心小区公共事务的热心业主陷于相互猜忌的状态,居民组织一盘散沙,从而导致公共车位的管理、业主公共收益的使用等公共事务处理举步维艰。①

小区自治所面临的这些困境,其实几乎所有的部门和基层干部在私下场合都表示知晓,但又都表示似乎没有更好的解决办法。这几乎表明了,当前基层治理并没有完全解决小区院落的自治问题,物业小区的治理仍然是悬浮的。也可以这样说,虽然资源下沉到了街道和社区,但治理重心并没有真正下沉到底。

除了常住居民的自治困境,重庆市和成都市作为超大城市,与北上广深等一线城市一样,面临着"新移民"的涌入和庞大产业人口给当地

---

① 这两个案例均为课题组成员长期追踪的小区自治个案。课题组成员亲自参与了部分场次的现场协调会。

社会治理造成的冲击。如何将年轻人组织起来实现自我管理，帮助其融入当地社会环境，是所有超大城市都必须面对的课题。区域内各社区打造的党群或社区服务中心，提供的服务多围绕社区老年人或儿童群体展开，针对年轻人的社区服务相对较少。特别是产业园区、楼宇办公区等新移民和年轻人聚集的区域，在难以按照传统居民区来划分网格和设置基层组织的前提下，容易形成资源下沉的空白和盲点。缺乏成熟社区、物业小区的自我管理组织渠道，这些年轻人更容易被社会原子化，从而形成个体悬浮状态。例如，在成都市高新区大源片区的年轻白领中所流行的"天府N街氛围组"身份标签[①]，就是展现这一种状态的亚文化现象。

（二）社会专业人员的隐蔽悬空

如果说基层治理机构和普通居民的个体悬浮是基层治理一个广为人知的现实缩影，相关专业人员的悬浮则具有一定隐蔽性。在日常工作中，这一现象不为人所关注，但专业机构的"高高在上"，导致其难以在基层治理中扮演重要角色和贡献应有力量。按照沿海地区的经验，随着经济社会发展和社会分工的日益精细，基层治理也会逐步走向专业化。从事法律服务、心理咨询、社会稳定风险评估等事务的专业性社会力量，必然有机会参与治理过程，并逐步推动社会治理水平提升。在许多大城市，相当部分的社会组织都由律师等专业人士开办，这实际上也反映了这一趋势。

但是，这一过程并非一蹴而就的，且存在资源的结构性错配。热衷参与基层法律服务和公共法律服务的律师，其专业化程度未必达到社会治理所要求的水平。例如，司法所、社区配置的法律顾问和法律援助律师，多数是由缺少案源、经验和资历尚浅的年轻律师担任，参与社会组织的律师和其他专业人员，往往也不以本专业作为服务主业。[②] 这就形成了一种悖论式的治理资源配置：资深的专业人员并无太多动力参与社会治理，真正参与治理的人员不见得具有社会治理所需的经验和能力。

---

① "天府N街"指成都市高新区天府一街至五街区域。该区域为成都市各类公司主要集中办公区，也是年轻城市移民群体的主要上班集中区。"天府N街氛围组"源于年轻人刻意营造的城市人才济济的氛围感与其现实处境形成反差的一种自嘲。这一自嘲的内容是：每天前往天府N街高楼大厦上班，但月薪只有三千，高薪、梦想与他们无关，只为地铁的拥挤做出贡献。

② 以上律师参与法律援助和设立社会组织的情况，根据成都市多地基层干部、社会组织负责人的深度访谈记录整理而成。

这些具有丰富争议解决经验的专业性社会力量，其主要业务与基层无关，大多也不愿参与基层治理，认为在基层无法实现其个人职业价值。有学者把这种社会工作的悬浮总结为——强制性制度变迁背景下的"专业性悬空"和"职业性排斥"。①

治理分工的悬空现象在区域治理过程中同样存在。中心城市对专业人才的"虹吸效应"，使得周边城市缺少专业人才供给。从 DT 财经发布的数据来看，虽然成渝地区对于逃离北上广深的年轻群体有着巨大的吸引力，但是核心吸引力城市还是成都、重庆两市②，周边地区的城市则相对缺少吸引力。因此，越是具有专业能力的治理人才，越难在欠发达地区的治理事务中发挥作用。这种专业分工"倒金字塔型"的治理资源分布状况，某种意义是对非均衡治理假说的验证。

事实上，专业性社会力量的悬浮或悬空状态绝非是固化的。在一定条件下专业性社会力量也会主动参与基层治理并与之发生社会"化学反应"。在成都市发生的一起商品房购房业主维权活动中，代表业主一方的专业性社会力量即表现出高效参与社会治理的巨大潜力。③ 成都中洲锦城湖岸是位于成都市大源 CBD 的一个"网红"楼盘，集体维权是因为开发商广告宣传与房屋交付标准存在巨大差异。这一案例的独特性在于，它总体上维持在对话协商的轨道上。经过业主代表与开发商和政府机构参与的数轮谈判，各方达成的共识以会议纪要形式记载，各方代表签字确认，矛盾纠纷得到化解。总结其背后的治理逻辑，无非是业主自我组织、企业社会责任和有为政府的激励相容。其中，发挥关键作用的有两大因素：一是业主自发形成的专业"谈判团队"；二是派出所等基层政府机构的积极斡旋和介入。

该小区购房居民多为城市移民，以高学历的中青年居多，具备对社会公共事务的广泛参与能力。合理分工是业主自我组织的关键。业主代表分布于律师、税务、造价、工程设计、媒体、IT 等不同行业，他们共同推选出相对固定的谈判团队。业主代表不仅自发筹建了维权微信公众号"锦城湖之家"，搜集各类证据材料、法律法规和楼盘背景图片，以图

---

① 葛道顺：《社会工作转向：结构需求与国家策略》，载《社会发展研究》2015 年第 4 期。
② DT 财经：《数据告诉你，2020 年逃离北上广的中国年轻人，都去了哪些城市》，https：//baijiahao.baidu.com/s?id=16975472238740476868&wfr=spider&for=pc，最后访问时间：2021 年 5 月 20 日。
③ 下文关于本案例的介绍和分析，详见钟凯：《成都业主维权的"锦城湖经验"：一次社会治理创新的另类表达》，建纬律法百科微信公众号发布。

文并茂的方式向社会舆论求助，吸引更多"沉默"业主的关注和参与，同时还组织业主依法有序向政府部门投诉，征集签名、递交业主诉求意见书。政府的积极角色也十分重要。属地派出所L警官是与业主代表打交道最多的基层工作人员，他多次约谈个别试图越界维权的业主，同时积极联络各部门、搭建对话平台。

应当指出，中洲锦城湖岸业主的自发组织行动毕竟只是一种偶然性、临时性的集体行动，不是一种长效性和制度化的安排；专业维权本质是业主的自益性活动，不是真正意义的社会治理。在这一案例中，"社会力量"的治理职能基本被派出所和业主代表所分揽。基层民警为业主公共事务奔走呼告，另一角度看，可能算一种"警力浪费"。所谓的"锦城湖经验"未必能够被其他小区所复制和借鉴。毋宁讲，这只是"社会"自身对治理创新需求做出的另类表达，而它恰好向我们示范了社会治理的一般逻辑。[①]

三、社会治理创新面临的"内卷悖论"

内卷一词，最初源于拉丁文（volv），又被译为"过密化"，表示"卷曲"或"转动"的意思。[②] 在格尔茨的《农业内卷化》中，内卷化被用来形容农业发展中呈现出的社会或文化发展到某个阶段就无法完成自我突破，只能在内部不断精细、复杂的现象。[③] 在我国，内卷被赋予了"竞争、消耗、发展停滞"等含义，意指大量资源浪费以及无意义工作的产生，使得社会始终无法突破自身发展的"天花板"，进化为更高级的社会发展形态。[④] 内卷化概念运用在社会治理领域，主要用以描述行政条块分割、权责失衡、管理重心下移等状况，导致区域治理出现"改而不变"的隐性内卷现象[⑤]；有时也指治理资源错配、居民剥夺感和不满情

---

① 这一案例产生的社会关注和正面社会效果，引起了成都市委办公厅的注意。为此，该厅相关处室负责人专门邀请小区业主代表进行面对面的深度访谈和调研。课题组成员之一亦受邀参加访谈。
② 王琛：《"内卷化"及其文化心理机制分析》，载《深圳大学学报（人文社会科学版）》2013年第5期。
③ See GEERTZ C：" Agricultural Involution：The Process of Ecological Change in Indonesia". 1963. Berkeley, CA：University of California Press. 转引自李发根：《创新还是延续："内卷化"理论的中国本土溯源》，载《史学理论研究》2017年第3期。
④ 纪志耿：《社区治理"内卷化"的特征及突破》，载《人民论坛》2021年第12期。
⑤ 匡贞胜，虞阳：《中国行政区划改革的内卷化风险及其生成机制》，载《人文地理》2020年第2期。

绪的蔓延等现象①；或者指代基层治理工作流于形式，缺少理解群众治理需求，由此产生的"行政有效、治理无效"现象②；还包括对社会组织仅单纯关注数量增长，忽视了治理目标和组织质量，无法发挥有效的治理作用。③

内卷和创新在本质上是不同的范畴。为什么在社会治理创新变得如此热门的今天，却依然面临"内卷"的问题，这需要从基层治理创新背后的行为逻辑去总结和分析。这是因为，许多情况下，社会治理创新的热情不等于治理实效，一些做法甚至不满足关于"创新"的定义，而只是一种表面工作。在另一些情形中，社会治理可能的确有所创新，即使如此，也多是外延式的供给增长，未从根本上实现拐点的跨越和体制的突破。

（一）治理"创新"中的形式主义

所谓治理创新，可以定义为一种突破原有资源组合和治理结构的变化。它不仅仅指代数字的变化、资源的投入和细节的改变，更应当是治理内涵的重新界定。而且，创新不是一种轻易能够实现的口号，它反映了价值理念的革新和治理结构的转型，会导致治理内容的重大突破，因此不会是一种常态化的现实。尽管基层政府对治理创新具有巨大的热情，但不意味创新无处不在。

调研组走访所到之处，几乎每一基层政府和组织，其呈现给外部的治理元素都高度同质化，诸如社区治理综合体、人民调解室、矛盾纠纷多元化解宣传册和公共法律服务电子化平台等，有关设施载体和具体形式或许各有千秋，但无实质区别。这表明，基层治理过程正在悄无声息地进行一场创新锦标赛，而且赛道过于拥挤，已经有了"内卷"的苗头。基层政府想要在竞赛中获胜就要制造工作的亮点，把创新作为吸引上级注意的手段。④ 调研中我们还发现，与相对保守的中间区域不同，中心城市的一些周边欠发达地区，他们的治理创新的竞争氛围反而比中心区

---

① 秦振兴：《资源下乡、农村社会心态秩序失衡与基层治理内卷化》，载《社会科学战线》2021年第3期。
② 鹤一鸣：《警惕和防止基层工作"内卷化"》，载《广西日报》2020年8月11日。
③ 周嘉豪：《我国社会组织发展的障碍及转型之路——一个内卷化理论的视角》，载《南方论刊》2020年第3期。
④ 李晓燕：《多层治理视角下的基层治理创新锦标赛》，载《华南理工大学学报（社科版）》2020年第5期。

域更强，其总结的"创新"模式不仅有多元化、可视化的呈现形式，且语言表达通常朗朗上口，易于外界所理解和传播。

地区竞争带来的最大负面激励，就是容易产生创新形式主义。创新形式主义不但造成资源浪费，而且让基层花过多的精力用于编写创新工作总结材料、对外宣传、迎接检查和各种考察接待。形式主义的创新"性价比"也往往偏低。基层的许多做法，明显带有"解决短期问题"的功利倾向，工作开展与治理绩效之间的归因简单以"事实"来解释"事实"，缺乏对治理规律的深刻把握，真正需要持续深入的工作未必受到重视。最终，这些经验总结往往"以点代面"，始终围绕具体领域和单项内容展开，并不能上升为全域的治理模板。①

创新形式主义还可能出现地区经验移植的生搬硬套。较为有代表性的一个例子，是一些地方对成都"地摊经济"模式的借鉴和推广。"地摊经济"的利好政策是成都市为应对新冠肺炎疫情冲击，率先对城市管理采取的包容性政策，允许居民在不影响正常通行的情况下占有人行道进行地摊销售活动，促进了夜间经济并取得社会治理的良好效果。但是，"地摊经济"是成都市根据经济社会条件量身定做的，在缺乏相应基层治理能力的地区，盲目借鉴最终可能导致不利影响。②

创新形式主义，实质意义上就是治理内卷的具体表现。尽管如此，我们应当辩证看待基层治理出现的这一问题，该问题的存在可能具有长期性。治理现代化的提出，本身暗含了"转型社会"的命题。转型社会，在传统与现代因素泥沙俱下的背景下，是一种有现代之名而不完全有其实的社会。③ 这就意味着，在跨越治理拐点以前，一定范围内的创新形式主义是难以避免的。提出这一问题的意义不在于期望短期即扭转内卷导致的形式主义，对中西部欠发达地区而言尤其如此。其现实意义更多在于帮助决策者审视各种"创新"的成色，避免对下级提交的治理"答卷"做出误判，进而能够准确研判本地区现代化进程所处的基本阶段。

（二）认真对待外延式创新

所谓外延式创新，是指在原有治理结构和治理模式下，改变局部的

---

① 舒丽瑰：《个案式典型与治理悬浮常态化》，载《中共福建省委党校学报》2019年第3期。
② 乔瑞华：《"地摊"VS城市基层治理》，载《行政与法》2020年第11期。
③ 金耀基：《从传统到现代》，广州文化出版社1989年版，第66—67页。

适用条件以适应于实际的治理需要。由于没有从内在元素层面改变治理的基本理念、方式和内容，它不是具有变革性的制度创新。不过，由于能够为基层解决部分实际问题，又具有增量改革的效应。

成都市出台的城市有机更新政策，就属于外延式创新的例子。课题组在深圳调研时了解到，深圳的城市更新政策实践了一种全新的政社企合作模式。它的多重创新属性包括：一，它是吸引社会资本进入的城市建设项目的创新方式；二，它突破传统国有和集体土地征收管理模式的供地创新机制；三，它具有社会治理创新色彩，有利于形成政社企合作机制，减少征地拆迁和国有土地上房屋征收的矛盾。[1] 成都市城市有机更新政策亦借鉴深圳等地，但受到市场化和社会化不足等因素限制，成都市城市有机更新主要为解决老旧城区改造和历史文化保护等的资金问题，实施主体基本为国有平台公司，鲜有社会资本介入的机会。相比深圳，成都的做法无论从土地管理、国土空间规划，还是社会治理来看，制度创新空间都较为有限。[2] 不过，根据《成都市城市有机更新实施办法》的规定，城市有机更新项目要尊重公众意愿，发挥群众主体作用，强调将群众更新愿望强烈的片区优先纳入更新范围。因此，城市有机更新在社会治理方面也有一定的创新。

成都高新区西园街道天全社区建立的"天全芯说法"，则是外延式创新的另一案例。西园街道管辖区域是典型的产业园区，京东方、富士康等产业人口皆聚集于此。为解决在产业园区工作的年轻人缺少社区组织服务的难题，天全社区在有关单位的员工宿舍集中区域设置了社区工作站，打造了"天全芯说法"这一集合法律咨询、法律援助、纠纷调解、心理辅导等服务的社区法治空间。社区以"工作站"名义有针对性地向下精准延伸，契合了产业园难以对应网格化管理的特点，同样具有基层社会治理的创新意义。应当看到，这一创新仍然是外延式的。它没有改变社区的传统组织模式，年轻员工更多是被工作站的工作人员组织起来，缺乏自我组织的制度安排和能动性，基层自治没有突破性进展。

从前文分析可见，外延式创新不同于创新形式主义，是具有一定创新意义的增量式创新。它介于治理内卷和治理创新发展之间，具有向内

---

[1] 有关深圳城市更新的介绍，主要根据对参与起草城市更新政策的上海建纬（深圳）律师事务所执业律师的深度访谈记录整理而成。

[2] 成都市城市有机更新的政策起草过程和主要做法，主要根据对成都市住建局相关政策起草人的深度访谈记录整理而成。

涵式创新的突破空间。外延式创新尽管没有实现内卷拐点的根本突破，但仍然是值得鼓励的，因为如果没有这种增量改革，治理拐点可能永远不会到来。

四、精细化治理失焦的"精准悖论"

党的十八届五中全会明确提出，加强和创新社会治理，推进社会治理精细化。精细化治理不仅与我国治理诉求多元化、层次化、差异化发展的趋势相吻合，也符合社会治理转型和政府职能转变内在统一的治理需要。① 如何进行精细化治理，在地方实践主要有三种路径：一是政府各项工作的平台化和清单化管理考核，实现对部门职责的精准分工；二是基层的网格化管理，将城市基层划分为多层次的若干个网格，在网格基础上精准落实主体责任，进行信息搜集和任务传达；三是引入科技化、智能化治理，利用互联网、大数据和人工职能等新科技提高治理效能。三种路径可以统称为技术治理模式，它们本质上都是黄仁宇所说的运用数字或量化信息的方式来进行管理决策的"数目字管理"②，也是斯科特所讲的"可以理性设计社会秩序的意识形态"。③ 那么，技术治理是否代表精细化治理呢？从某种意义上可以这么理解。但如果把精细化和现代化的其他目标综合起来看，技术治理实践并非越精细就越能精准与现代化治理能力需求相匹配，有可能出现需求与供给的错配。

（一）部门壁垒引起的精准悖论

循章办事、分工明确和严格考核构成了部门行政技术治理的三大支柱。不论在东部地区还是中西部地区，各地政府及其部门针对重要的工作部署，大多建立了责任清单、部门分工和相应的考核指标。在市域社会治理工作推进中，不仅有自上而下的指标评价体系、治理分工和工作考核④，而且各地各部门积极配套类型和功能各异的数据化、智能化技术实施平台。例如，整合建立针对群众投诉的"市长热线（12345）"平

---

① 人民网：《加强和创新社会治理》，http://opinion.people.com.cn/n1/2021/0122/c1003-32007981.html，最后访问时间：2021年5月17日。
② 何自云：《"数目字管理"的局限》，载《中国金融》2010年第15期。
③ 张现洪：《技术治理与治理技术的悖论与迷思》，载《浙江学刊》2019年第1期。
④ 2019年12月，中央政法委出台《全国市域社会治理现代化试点工作指引》。该指引由统一完成的"规定动作"和具有地方特色的"自选动作"两部分组成，并附有负面清单，由此形成可量化、可操作、可考评的指标体系。该指引具体包含16项重点任务和86项基本要求，以及14项负面清单，并实行扣分制，初步建立了全国性的市域社会治理科层制技术治理体系。

台，整合了公安、市场监管和民政不同主体信用信息的"信用中国"平台，以及纪检监督、智慧食安等各种兼有内部治理和社会公众参与的专项平台。以上做法本质上就是技术治理或者治理能力的技术化。在各城市治理实践中，这些治理举措一般都能取得一定治理实效。

但技术治理同样会带来许多新的问题。其一，部门之间静态的责任清单有时不能准确反映部门职责分工。譬如，对于职责边界存在模糊或需要跨部门处理的事项，事先设计的指标清单是滞后的。一些新型的社会关系或新法律、改革举措出台引起职责分工变动，经常导致技术治理捉襟见肘，此时人民群众对部门履职尽责的预期远远超出技术治理的能力范围。杭州、成都等地近期出现的网络包租公司"卷款跑路"，便充分地诠释了这一点。网络包租公司常以科技公司的名义光环，利用"新一线"城市对促进新经济的政策偏好抢占房源、开拓市场。这种"互联网+"的住宅租赁市场租赁骨子里是一种具有金融属性的消费模式，互联网包租公司表面上的经营方式是"互联网+租赁"，实际上是一种资金池运作。包租公司大量吸纳租客长租金用于其他投资，按月给房东支付高"租金"（利息）。对于这一略为隐蔽的金融交易结构，到底应当由谁来监管，既有的治理清单似乎无法给出答案。结果往往就是，从市场监管、住建到金融监管部门，在真正"暴雷"之前都只是把网络包租公司视为普通的"房屋中介"。又比如，随着行政综合执法和行政审批相对集中的改革的深入推进，基层各部门的行政审批、行政检查、行政强制和行政执法等职责都进行了部门重新划分，形成"行业主管部门负责日常监管、综合执法部门进行后端执法"的协作监管模式，同时一线执法和日常监管所需的行政审批信息又由行政审批局掌握。这种"三分离"的有效运作高度依赖部门协作，尽管市、区级政府大都配套发文重新界定职责清单并提出部门协作要求，但实践中难免出现部门难以及时配合而带来大量社会矛盾的情况。成都市S区群众举报某商住楼餐饮油烟不符合环评，就是由于部门对商住楼的认定和环评标准的职责分工问题导致一线执法不及时。这就是政府治理失焦、失序而倒灌社会治理领域的一个例子。[①]

其二，责任清单上没有涉及的事项，通常也没办法解决。以"市长热线"为例，当群众的诉求在制定的职责清单之外，这一治理模式也会呈现出短板。此时平台派单功能多将这类诉求归口到属地社区进行统一

---

① 该案例系在成都市S区调研座谈会上，直接由该区某综合行政执法中队的执法人员提供。

回复，而诉求无法得到解决当然不是一种意外。最后结果可能是群众反复投诉，社区再反复"解答"，不但问题没有被解决，反而引起新的矛盾，陷入政府、社会、居民"多输"的恶性循环。技术治理的笨拙一面，在此显露无余。

其三，智能化和数据化治理也容易被部门壁垒阻断。四川省许多地区（尤其是成都市）都已经实现部门数据的归集，且都能提供不同部门之间实现数据相互采集的平台端口。但由于部门壁垒的存在，这些理论上可以跨部门流动的数据，通常不会实现自动精准推送，遑论在数据流动、大数据分析和精准画像基础上的智能化、社会化运用。当然，在调研中我们也看到，有的地方在单个领域探索了大数据智能化运用。例如，位于成德眉资同城化区域的德阳市绵竹县所开发的智慧食安系统，就可以通过现场视频针对食品经营主体自动抓取经技术化分类的违规行为，如未戴手套、未戴口罩、消控人员离岗、消防通道占用、地面积水、有老鼠、堆放杂物、有流浪狗、未洗手消毒、未集中晨检、占道经营等；再结合社会投诉、网格员巡查、双随机检查等数据采集，进而对包括学校餐饮、社会餐饮在内的所有食品安全、消防安全的隐患进行大数据画像、信息推送和数字化评价。[①] 但是，这一大数据平台目前也只是局部领域的智能化运用，尚未在全政府和社会全方位共治层面加以推广应用。

其四，地方和部门本位主义对技术治理效果的制约。技术治理成效大小，有时还取决于部门自身的利益考量和地方主要领导的意愿。例如，市域社会治理所建立的社区综合治理中心是否全部涵盖分散在各部门的重点治理工作内容，将诸如消费环境治理、校园食品安全、电动自行车消防安全、违法违规群租等纳入网格化管理，并为此提供相应人员和财政上的支持，取决于地方部门工作开展情况、地方财力和主要领导的政治意愿。以领导意志和部门利益来决定技术治理的范围，明显与社会治理目标是相悖的。而且，各部门争相将科技支撑作为工作亮点，一窝蜂地上马"智慧××"工程，不同治理部门或者负责同一治理事项的不同级别部门，纷纷开发建设各种App端口和信息化技术平台，需要少则数十万元、多则上千万元的财政投入，这不仅是严重的资金浪费，且会给使用不同平台的社会主体带来较大不便。

---

① 该食品安全智慧监管平台的具体运作，由课题组实地走访当地市场监督管理局时现场考察了解。

(二) 网格行政化导致的精准悖论

网格化管理的本质就是行政化技术治理，体现了"纵向到底、横向到边"的自上而下的行政科层制特征。具体而言，网格化就是以村、社区为单位，综合考虑房屋楼栋构成差异、人口密度以及常住人口和流动人口混居等因素，按照一定的人口划分一个网格的标准，网格中配备网格员，承担自上而下安排的各种任务。[①] 在操作中，网格虽然是由社区这一基层组织而非基层政府来指导运作的，但实际上，网格的建立和划分、网格员的招聘、财政支持、事权安排和工作考核，基本都是按行政化的方式开展。

网格行政化的精准管理模式，会不同程度受到行政壁垒的刚性约束。部门之间的壁垒，尚且可以通过自上而下打破条块分割、压实部门在网格中的责任，从而在一定程度上得以破解。但是，当治理区域的人员和要素存在明显的跨区域流动趋势时，就无法以相对静态的网格化行政手段来精准锁定治理需求。首先，网格化管理运作实际借鉴的是行政科层制管理，相当于基层政府通过社区进一步向下延伸，这本身就与社会多元共治和基层自治存在一定矛盾，容易忽视服务社区居民、鼓励居民自治这一核心目标。其次，循章办事是技术官僚的特性。[②] 僵化的科层网格难以灵活应对超大城市中人员复杂、流动频繁、思想多元、组织多样和风险突出等治理难题。最后，社会矛盾风险并非止于一时一地，可能存在跨时空的传导机制。

以农民工子女入学为例，我们实地调研了解到，当大城市中的农民工在居住地遇到子女入学问题，即便通过网格信息搜集反馈至属地社区，最多也只能得到由社区、街道或教育部门给予的一定政策咨询和协调服务，如果仍解决不了入学难题，他们就只好将子女送回户籍所在地入学。[③] 以成渝地区人口未来聚集趋势预测，如果只靠属地管理和进展相对缓慢的教育均等化，整个区域可能会快速新增一大批留守或独居"农三代"。父母陪伴空缺带来的社会问题是任何外部治理手段都难以化解的，如果不能从跨区域治理的角度统筹协调公共服务，尽可能减少因教

[①] 陈柏峰：《基层社会治理模式的变迁与挑战》，载《学习与探索》2020年第9期。

[②] 桂华：《疫情考验乡村治理能力》，凤凰网：https://pit.ifeng.com/c/7tmrO2AXXqC，最后访问时间：2021年5月3日。

[③] 关于部分流动人口子女入学问题的介绍，主要根据课题组走访成都高新区西园街道陶大嘴法治建设点时对基层干部的深度访谈记录整理而成。

育资源紧张产生的父母子女分隔两地现象，就可能给未来的"社会撕裂"埋下巨大隐患。

最后，也是最为关键的一点，在经济区和行政区适度分离和区域经济一体化的经济社会发展背景下，多个区域重叠的网格管理事项、区域功能定位、事权划分等，统统都不能严格按照属地行政区划来进行网格对应。例如，在厂区集中、居民楼较少的产业园区，只有产业人口而几乎没有常住居民，网格化管理一般很难照顾到这种新兴区域自身的特点。此外，在城乡接合部以及行政区划的交界，也存在整合不同区域的网格力量，根据区域自身的特点来进行精细化治理的实际挑战。例如，在经济发达地区、人口结构呈现流动性、年轻化的区域，与欠发达地区、建立在熟人社会基础上的传统社区，以及人口构成较为复杂的城乡接合部、行政区划毗邻区域，它们分别对网格行政化管理的适应度存在不同反应。这些不同区域治理元素，显然对网格化管理的精准性提出更高的要求，甚至在某些情况下需要改变或弱化行政化的网格管理模式。

（三）技术治理价值异化导致的精准悖论

技术治理作为推进社会治理现代化的一种全新治理范式，本身蕴含了相对完整的运行机制和实践逻辑。① 当前，还没有任何一个充分理由支持对这一治理模式的摒弃。但我们应当清醒地认识到，技术治理并非万能，有时还会带来公共治理领域的"反治理"。② 如果说部门壁垒和行政过度干预等原因造成的治理"失准"，算一种外部因素导致的异化，技术治理价值偏离而产生的失焦，就是一种内在的价值异化。技术治理是治理现代化的手段和路径，而非治理目标和内在价值追求。如果颠倒二者关系，技术治理可能陷入价值悖论，即到底是"技术治理"还是"治理技术"。③ 缺少了治理目标和价值理念的支撑，技术治理不仅会失去方向，且必然丧失"精准性"。

1. 技术治理取代公共行政伦理的危害

技术治理取代公共行政伦理，这是治理目标与技术手段背离的一层表现。在各级以目标考核压实基层责任的过程中，人权和财权在上、无

---

① 黄晓春，嵇欣：《技术治理的极限及其超越》，载《社会科学》2016年第11期。
② 刘永谋：《技术治理、反治理与再治理：以智能治理为例》，载《云南社会科学》2019年第2期。
③ 张现洪：《技术治理与治理技术的悖论与迷思》，载《浙江学刊》2019年第1期。

限事权在下的治理责任转移，很可能形成技术化治理权力对传统行政科层化治理的取代。① 分析权责不匹配的公共治理根源，从表面上看，似乎是"科层制"上下级地位的非对等性所导致的。② 但权责一致原则一直是公共行政的基本伦理，向基层"甩锅"与此原则并不相符。科层制不会必然导致权责不统一，问题只能从技术治理身上去寻找。上级透过技术治理更易于压实下级责任的同时，也有了以更便捷的手段穿透科层制伦理的约束，将自身的治理责任下移的动机。手段异化目标的后果是全方位的，不但造成基层不堪重负，社会治理的价值也会因此被侵蚀。

职业打假人是一个典型例子。行政机关对职业打假人的非议由来已久，除了对职业打假人自身的道德非难外，职业打假人利用行政投诉实现获赔目的，大量占用基层行政资源也是引来行政机关反感的重要因素。惩罚性赔偿制度的主旨和初衷，主要是借私人利益奖惩机制来填补公共监管的不足，本意在于构建一种社会法之观念③，这与社会治理的价值取向一脉相承。实践中有关部门以"牟利性"和"职业性"而否定惩罚性赔偿，等于间接否定了该制度自身的正当性。当然，这不是说对职业打假的范围和条件不需要做出任何限制④，而是说许多职业打假人原本应该是行政机关的伙伴和帮手，至少不必与行政机关发生如此激烈的冲突。

将职业打假人与行政机关置于对立的主要因素有三点：一是基于部门立法和立法技术等因素，有关法律法规存在诸多不足和原则性规定，现实中不少法律条款存在难以执行的障碍，而制定良好的法律政策并为此设定执行标准，这原本应该是上级部门的治理责任，却不当地转移给了执行层面；二是地方政府制定的一些不合理政策，通过目标考核严格要求基层部门执行，在干扰法律实施同时，还普遍造成选择性执法，给职业打假人留下了广泛的活动空间；三是政务投诉平台存在一些不合理

---

① 渠敬东，周飞舟，应星：《从总体支配到技术治理——基于中国 30 年改革经验的社会学分析》，载《中国社会科学》2009 年第 6 期。
② 傅荣校：《警惕基层治理"节点"上的权责失衡——关于上级"甩锅"现象的思考》，载《人民论坛》2018 年第 1 期。
③ 赵红梅：《私法与社会法语境中的惩罚性赔偿责任——主要以消费者保护法为素材》，载《中国政法大学民商经济法学院 2009 秋季论坛论文集》，2009 年 11 月 1 日。
④ 通过公司化运作并相对固定以分配利润为目的的职业打假团体，本质上属于经营性活动。对这类行为要加以限制和监管，自不待言。但实践中，有关部门对职业打假人的认识倾向于作有利于自身的扩大性解释，将一些具有专业知识并业余参与打假的个人，也作为限制性或不予保护的对象。

的管理要求，使得基层执法人员疲于应对、无暇顾及，导致回复不及时、答复不规范等空子，很容易被职业投诉人抓住。① 可见，"职业打假人过多占用行政资源"在行政治理层面其实是一个"伪命题"，打击职业打假人不能起到正本清源的作用。真正的问题在于技术治理侵蚀了公共行政伦理界限，也摧毁了职业打假人参与社会治理的政社合作逻辑。

2. 法治和人本价值受到技术治理的不当干扰

从治理现代化的基本要求来看，技术治理的真正目的是加强对社会治理的法治价值和人本价值的支撑作用，如以人民为中心、将权力关进制度的笼子、促进公平正义和机会平等，技术治理越是得到广泛运用，前述价值应当越得到彰显。但是，在技术治理实践中，技术变量对这些价值的作用并不总是正向的，也存在不少反向干扰的事例。

以人为本和治理法治化要求公权运行"法无授权不可为"，充分尊重居民的合法权益，并合理界定政府对社会的权力关系，以及社会个体之间的权利义务关系。自上而下的治理模式一旦与技术治理相结合，就会对权力关系和义务关系的平衡产生较大影响。技术治理需要自上而下地设计与贯彻，因而更易于体现上级意志。因此，凡是领导重视和关注的事项就更容易推进和解决，而那些治理焦点可能会一直被忽视。选择性治理会带来两方面的问题：

一是导致平等价值的缺失。既然面对老百姓不能一碗水端平，自然有获益者也有相对受损者。这为基层群众认知自身权利义务关系带来负面导向，即只讲权益、不谈责任，且实现权益的关键在于吸引领导的关注，而非权利的正当行使与义务的积极履行。此外，技术治理还可能带来区域发展的不协调，难以兼顾市场和社会主体的平等诉求。以新冠肺炎疫情期间企业复工复产为例，在以县域为单位分区分级差别化管控的技术指导下，不同区域各自制定了五花八门的量化规则。成都主城区均为散发病例区，武侯区疫情防控要求企业备齐 1 个月使用量的口罩，锦江区则要求准备 14 天的，这种差异显然并无必要。② 由此可见，技术治理有时并不能实现平等治理。从法治的角度讲，这是一种不合理的表现。

二是行政压力向社会层面传导和延伸。之所以在基层综合治理工作

---

① 职业打假人在基层执法中面临的争议，在多个座谈会、研讨会中都反复被基层执法部门提到。有关对职业打假人成为矛盾焦点的原因分析，主要根据课题组成员以消费者名义使用投诉平台的实际经历，以及对监管部门的相关负责人深度访谈记录综合整理而成。

② 郑泰安，钟凯，郑文睿：《基层依法治疫存在的问题及对策建议》，载《巴蜀史志》2020 年第 2 期。

中，基层干部有时敢于采取非常规手段解决问题，与技术化的、不近人情的行政压力传导机制有极大关系。行政上的一刀切和严格考核，会倒逼基层干部进入公民隐私领域，挤压社会主体的自主空间。① 不仅如此，治理规则的理性设计即使有其科学合理的一面，也不意味技术治理必须是冰冷无情的。

以学区划片行政争议为例，争议各方通常对何为"就近入学"产生理解分歧，有时还会质疑教育行政部门学区划片决策程序。这类案件的最终处理需要考量学校布局、适龄儿童数量和分布、地理状况等综合因素，具有较强的技术性。南京市一起相关案件中，法院的判决即兼顾了公共利益和个人利益、技术理性和公平情理之间的关系。该案审理法官以"就近入学不等于最近入学""决策程序无明显不当"为由判决驳回原告诉讼请求，但同时针对社会关切和决策程序中的轻微瑕疵进行了说理式的论证，并向教育行政部门提出"应尽可能在今后的施教区划分工作中进一步完善程序，提升合理性"的司法建议。② 无独有偶，2020 年发生在成都 G 区的一起类似行政争议中，属地教育行政部门同样以类似理由处理学区划片，在面对质疑时又以"闭合路网"这一专业用语来阐释学区划分的合理性。但是，对于有关行政决策程序的公开性则未做出直接回应，而法院最终以"案件不属于行政案件受理范围"为由裁定驳回起诉。③ 从社会反响来看，南京方面的处理结果的社会可接受程度明显更高一筹。④ 这就揭示出社会治理方面的重要价值基石，离开人本价值和法治价值的辅助与校正，技术治理不能完全精准切脉治理痛点并充分回应社会关切。

五、平安建设细节里的"安全悖论"

新中国成立以来，党和国家高度重视平安建设，在不同历史时期对平安建设工作做出过重点部署。党的十八大以来，习近平总书记多次就"平安中国建设"和"增强人民群众安全感"做出过重要批示，并且把平

---

① 陈柏峰：《基层社会治理模式的变迁与挑战》，载《学习与探索》2020 年第 9 期。

② 赵兴武，曹梦瑶：《就近入学≠直线距离最近：南京学区划案二审维持原判 教育局行政行为合法》，载《人民法院报》2016 年 3 月 22 日第 3 版。

③ 本案的情况介绍和争议焦点，除参考媒体的报道，主要基于对部分当事家长的深度访谈记录提炼而来。

④ 南京这一案件被评选为南京市 2016 年十大典型案例。

安中国建设与人民群众的要求结合起来。① 党的十九届五中全会进一步明确提出"统筹发展和安全,建设更高水平的平安中国"。联合国在20世纪90年代曾提出"人类安全"(Human Security)这一宽泛的平安概念,涵盖经济安全、粮食安全、环境安全、人身安全、共同体安全和政治安全等七大安全问题。② 我国提出的平安建设,同样突出"大平安"的理念,包括政治安全、政权安全、制度安全、意识形态安全、经济安全、社会安全、生态安全、人民生命安全和人权安全等。③ 这些安全问题大多数都与社会治理密切相关。按照"大平安"的思想,当前各地的平安建设工作和内容能否涵盖各种安全问题特别是非传统安全问题,并有效提升人民群众的安全感,需要作为一个重点来加以审视。

(一)平安建设中的非传统安全漏洞

平安建设是一个历久弥新的命题,安定和有序自古以来就是老百姓所期盼的一种生活状态。按照马斯洛的说法,成年人都普遍倾向于安全、有序、可预见、合法和有组织的世界——对这句话做进一步理解,安全需求必然要求行为方式的规则化,只有这样才能给予社会生活有序性和稳定性。④ 除了战争状态,一个国家在和平时期能够提供的最重要的公共品之一便是安全。但不同历史时期中,关于社会安定和有序的价值追求与治理需求,可能不尽相同。

在小农经济时代,小国寡民和安定自守就是平安。在战火纷飞的年代,和平是最重要的安全。在工业化时代,低犯罪率可能是城市居民最为看重的一点。而进入互联网和全球化时代,人们对平安的体认自然会随之转变。从各国经济社会发展的经验来看,在当代,越是人口高度聚集、人群结构复杂的大城市,其安全形势反而越为严峻。除此之外,全球化背景下恐怖主义、民粹主义等可治理性危机的跨国传导、地缘政治对我国执政安全的影响以及全球气候变化等叠加因素,同样对我国社会的安全形势构成重大挑战。在新的安全形势下,各类传统与新型犯罪、

---

① 习近平:《把人民群众对平安中国建设的要求作为努力方向》,《人民日报》2013年6月1日。
② 余潇枫:《"平安中国":价值转换与体系建构——基于非传统安全视角的分析》,载《中共浙江省委党校学报》2012年第4期。
③ 张文显:《建设更高水平的平安中国》,载《法制与社会发展》2020年第6期。
④ 〔美〕E. 博登海默:《法理学:法哲学及其方法》,邓正来等译,华夏出版社1987年版,第217页。

消防安全以及各种工业事故仍然以蛰伏的状态存在，并有可能在一定条件下集中凸显。从全局来看，我国政治稳定，城市犯罪率连年下降，国家和地方对平安建设与综合治理进行了大量资源投入，对于传统的安全问题，总体上可防可控。对能够预见的重大安全隐患保持警惕和关注固然是必要的，但与这些"灰犀牛"相比，食品安全、疫情大流行、不平等的焦虑感以及社会安全感较低等非传统安全因素，往往同样会酝酿一系列"黑天鹅"事件。

2018年8月发生在成都市双流区的七中实验学校食堂事件，就是一个非传统的重大公共安全事件。尽管官方事后调查结果认定该校食堂不存在突出的食品安全问题，但诸如学校与老师的矛盾、学生家长与学校的矛盾、行政监管部门对相关纠纷的处理等一系列治理防线纷纷失守，每个环节的"小问题"最终汇聚成了影响社会稳定的"大风险"。2021年5月发生在成都成华区的49中中学生坠亡事件也表明，以"封、防、堵"为核心的传统安全防控和治理手段，已远不足以建设更高水平的平安社会，反而可能带来"次生舆情危机"乃至国家安全风险。这两个案例都有一些值得重视的共同点。一是它们都发生在社会高度关注和高度敏感的领域，七中实验学校食堂事件社会关注的是校园食品安全问题，49中中学生坠亡事件则涉及校园体罚、欺凌等敏感词，广义上都是校园安全的范畴。二是它们都属于非传统安全风险，就单一事件的性质来看，源于社会生活中较为常见的问题，如家校矛盾、学生心理健康，并非传统意义上的重大安全风险。三是它们都不是发生在社会治理资源匮乏以及经济欠发达地区，而是在社会治理创新积极性较高、治理经验和治理成效都相对不错的国家中心城市。四是它们都是由当前社会治理体系中的微漏洞、小短板而被诱发的，如基层行政机构的应对"失语"、解决不及时致使当事人和社会产生负面心态，最终导致事件升级。①

以上案例带给我们的警醒是，平安建设是一个涉及社会治理全方位内容的系统性、综合性工作。近年来，不少城市在探索推动市域社会治理现代化的工作中，大致上都将平安建设作为重要抓手。平安建设已然成为各地工作的重中之重，从工作内容来看，各地的平安建设甚至可以看作推进市域社会治理现代化的另一种表述。在众多工作汇报材料中，几乎每个地区、每一层级政府都能提交一份充斥着各类统计数据的靓丽

---

① 以上两个案例介绍及其背后原因分析，部分参考了媒体报道，部分基于对相关干部的深度访谈以及课题组对事件的自身理解综合提炼而成。

成绩单。然而，我们需要清醒认识到，成绩单的背后可能隐藏着不易觉察的安全漏洞，针对传统安全问题的大量资源投入，并不能当然堵防所有安全隐患，尤其是非传统安全漏洞。

平安建设的"安全悖论"这一命题，所体现出的治理现代化转型的一般规律是，人民群众对于美好生活的期盼将不断助推安全需求从内涵到外延的边界变化。某些新变化可能使已建立的安全防控体系与现实治理需求之间存在难以严丝合缝的安全"死角"，这是经过包括成渝地区在内的许多中西部地区已经发生的非传统安全事件所反复验证的。从理论上讲，在治理现代化转型过程中，一个典型陷阱即表现为社会发展失衡、失调和失序，且这种失调还可能表现在心理层面，如对食品安全的担忧、对公权滥用及社会不平等的焦虑等等。[1] 非传统风险多发和收入分配差距拉大，实践中也会对民众的社会均衡发展预期产生影响，进一步引发消极、悲观、焦虑等社会情绪。[2] 这提示有关部门，建设更高水平的平安中国，需要主动适应社会矛盾的最新演变，把平安建设设置在一个更宽广的治理领域来看待，将厉行法治尤其是保障人民财产权、人身权、人格权和信息权放在更重要的位置[3]，把政府、市场和社会（包括社会文化和社会心理）当作一个整体来治理。

（二）平安建设中的区域联动短板

我们在调研中，不止一次听到主管政法工作的基层干部发表这样的看法：市域社会治理和平安建设，归根结底就是"保一方平安"。这固然有一定道理，但如果把平安建设放置在区域一体化发展与治理的层面来审视，"保一方平安"的本意就不单单是指保"一城一域"之平安。

2020年11月10日召开的平安中国建设工作会议指出，平安建设要突出地域性，根据东中西部发展实际探索具有鲜明地方特色的社会治理模式，充分发挥市域在制度建设、资源统筹和辐射带动等方面的独特优

---

[1] 刘祖云：《社会治理创新的路径遵循——基于内地与香港比较视角的探讨》，载《武汉大学学报（哲学社会科学版）》2018年第6期。

[2] 社会均衡发展预期不足在上海等东部沿海超大城市也有所显现。据上海市调查数据显示，在教育方面，"幼升小"过程中超过80%的家长因择校而感到焦虑。参见吴苏贵、钱洁：《在新一轮改革开放中创造高品质生活——2019年上海社会民生工作新思路》，载《科学发展》2019年第3期。

[3] 张文显：《建设更高水平的平安中国，如何发力？》，载《瞭望周刊》2020年第51期。

势，推动城乡融合发展、实现互动共治。① 这意味着，平安建设既要考虑一城一域的地方实际，还要考虑区域联治的新时代因素。

就成渝地区而言，其人口特别是年轻人口仍在快速聚集过程中。根据媒体发布的 2020 年度全国城市青年人口吸引力指数，成都、重庆分列城市榜单的第 8 和第 10 位。② 其中，成都还在 2021 年成为常住人口突破 2000 万的超大城市之一。③ 基于地区特有的资源禀赋，成渝地区没有像北上广深等超大城市一样存在巨大的人口容量压力，城市人口暂未达到人员饱和，目前主要还是以人口集聚和人才吸纳为主要流动方向。④ 可见，在不远的将来，成渝地区将进一步迎来人口规模和要素聚集的巨变，给当地社会治理和平安建设提出新的课题和要求。

首先，面对传统安全和非传统安全交织的安全风险，需进一步强化综合治理、源头治理的理念。各级政府都要清晰界定不同治理机构的职责，如政法部门、组织部门、民政部门、行业监管部门以及社治、综治、依法治市等综合主管部门之间的责任划分，这对于实现综合治理和系统治理至关重要。这方面，成都市做出过一些探索，但部门协作的工作机制还有待理顺⑤，以更好地发挥对其他区域改革的示范和样板作用。同时，还要进一步重视互联网舆情风险，优化舆情应对理念、方式和手段。在互联网环境下，哪怕与本地区无关的互联网舆论要求，都有可能被用作评价本地政府及其治理活动，每条负面信息都可能对政府公信力和公共形象产生巨大影响，对许多非传统重大安全事件都存在着放大效应。再加上成都和重庆都是新时代的"网红"城市，人民群众在体认的获得感、幸福感和安全感过程中，都会不自觉将两座城市与东部地区进行比较，这种社会心理预期与成渝地区的治理能力存在巨大的张力，也对平安建设工作提出了更高的要求。

---

① 详见南方都市报道：《平安中国建设以市域社会治理现代化为抓手，把问题解决在当地》，搜狐网：https：//www.sohu.com/a/431373645_161795，最后访问时间：2021 年 3 月 2 日。

② 智研咨询：《2020 年中国城市人口吸引力排名分析》，https：//www.chyxx.com/industry/202103/936999.html，最后访问时间：2021 年 5 月 20 日。

③ 新浪网：《聚焦｜成都人口突破 2000 万意味着什么？专家这样解读》，http：//k.sina.com.cn/article_1496814565_593793e5020011epn.html，最后访问时间：2021 年 5 月 28 日。

④ 成都市政府信息公开网：《天府新区成都直管区"天府英才计划"实施办法》，http：//gk.chengdu.gov.cn/govInfoPub/detail.action?id=94863&tn=6，最后访问时间：2021 年 5 月 20 日。

⑤ 具体分析详见"实践论"部分内容。

其次，区域之间的平安协同建设深度不够，存在上热下冷现象。目前，成渝两地的各主要部门已按照"一盘棋""一体化"思维加快签订各种合作协议、备忘录，积极探索部门联动机制。在成渝毗邻区域的市、区、县也在部分领域推动对接和协作机制。例如，广安市岳池县与重庆合川区交界的裕民、罗渡等乡镇建立边界协作机制，开展边界联合治安巡逻、矛盾纠纷调处和案件协查、信息交换。①但区域合作显然还处于较为初级的阶段，广度和深度都远远不够。随着成渝两地要素频繁流动、社会联系日趋紧密，要在食品安全、社会信用体系建设、消费者权益保护、人才引进服务、流动人口信息管理、矛盾纠纷跨区域调解、区域协同立法等各个领域，促进区域治理和安全防控工作的全面融合、整体联动。目前只是依靠川渝两地党委政府和部分省级部门带头合作，难以真正把握和满足基层的协同治理需求，且容易出现上热下冷的现象，不能把平安协同建设真正落到实处。为此，将顶层设计与地方探索有效结合，确定和鼓励几个先行先试区域进行自下而上的创新探索，再由省级给予制度保障和经验推广，实现从"保一城平安"到"保区域平安"的转型，或许是一个较为可行的思路。

最后，平安建设区域协同还需要以问题为导向，进行一定的体制机制创新。基于成渝地区的非均衡一体化发展，既要考虑区域一体的常态化平安建设，又要兼顾各区域的联防联控有不同的治理需求。尤其在探索经济区与行政区适度分离改革中，要根据不同的"两区"分离模式，把经济管理权限和社会管理权限进行合理分配、统筹安排，避免经济和产业发展与社会发展和平安建设两张皮、不同步。此外，已有的经验和案例表明，成渝地区的平安建设还会受到"治理拐点"的约束，各地在加大平安建设投入、优化传统治理手段的基础上，还需要寻找适合成渝地区纾解非传统安全风险的治理方案，防止在现代化转型初级阶段难以有效应对传统和非传统风险叠加，进而诱发社会系统性风险。

---

① 详见孙彪峰：《岳池政法机关服务保障成渝地区双城经济圈建设的实践与探索》，微视川发布：https://baijiahao.baidu.com/s? id=16883041251367154958&wfr=spider&for=pc，最后访问时间：2021年5月30日。

第三部分 实践论

研究采样与分析启示

第五章　社会治理现代化的市域采样分析

推进国家治理体系和治理能力现代化亦需经过时间的检验，是一个理论和实践互动并波浪前进的历史过程。任何制度创新与体系之构建，皆需建立在已有制度和观念的基础上。市域社会治理及其区域治理拓展相关顶层设计也必须考虑两个前提条件：一是地方区域特色，以及相关创新和举措具有普遍性规律，因而属于可复制推广；二是经过一定理论分析和实践比较后，能够辨明治理体系中的不足和短板，建在其上的制度设计可以补强而非削弱国家和地方治理能力。故而，在对特定区域治理模式进行整体性和体系化构建以前，有必要全面审视成渝地区的治理实践，同时比较其他城市治理和区域治理的基本模式和做法，以确定研究对象的哪些做法能够提炼和推广，哪些举措需要优化或值得借鉴，哪些短板仍未得到补足。

实践论将立足典型城市，选取具有代表性的市域样本。样本分为三个层次，逐次为成渝地区的中心市域、具有代表性的其他市域以及国内主要城市群、都市圈。我们按照一定的研究方法和思路，特别选取研究区域的重点对象进行案例跟踪、实地走访和资料比较，探索重点市域内部的自生互动机制。我们还将以一整节的篇幅采样若干具有创新借鉴意义的市域对象，逐一归纳和对比相关市域的治理特色、治理共性及其反映的一般治理逻辑。对于城市群和都市圈的区域治理机制，我们留待下一章进行实证考察。基于这样的思路设计，本章主要是对成渝地区的中心市域社会治理实践进行考察，首当以成都市和重庆市主城为采样对象，对国内其他市域的采样以东部沿海发达地区为主，兼顾具有比较意义的特别行政区。

第一节 "双城治理"市域采样的基本问题

随着社会治理问题研究的国际化、规范化以及国内研究的多学科跟进,实证研究越来越受到学术共同体的重视,即使是单纯的规范学科,在诠释和构建社会治理规范及其价值导向的过程中,也离不开案例的实证分析和原始资料的挖掘研究。此外,尽管双城治理是一个地区性的研究命题,但同时具有重要的国家战略意义,需要有一定地区比较乃至国际比较的视野,因此实证上的比较研究也是本书需要运用的研究方法。对象采样及其分析本质上是实证研究的基本手段,也是进一步理解和研究双城治理的实践基础。实证研究也存在各种不同的方法,需要结合具体研究思路和研究对象的特点进行选用和取舍。下文尝试对本章以及实践论部分的后续章节所采用的实证研究手段相关基本问题做出必要说明。

一、实证采样方法及其对象

实证研究是市域社会治理研究理论化、系统化并帮助研究者全面把握治理规律的一个基本研究方法。对市域社会治理现有实践经验按照一定的理论假说和理论命题加以归纳和总结,有助于比较分析现存治理模式的基本规律及其存在的不足。因此,实证研究方法的运用十分关键。另一方面,研究对象的确定也会直接影响实证研究的思路,前者的采样及确定过程,本身就是实证研究的组成部分。例如,成渝地区的市域社会治理兼具了行政区划意义上和区域意义上的市域治理,无论超大城市命题还是区域命题,显然都要放在一个超越行政区划的整体视角来研究,这对于采用哪一种实证研究方法具有决定性意义。

(一)市域采样所采用的实证方法

实证研究作为一种主流研究范式,最初产生于自然科学研究。实证研究推崇的是科学结论必须基于客观性和普遍性,知识和观点必须建立在可以观察和实验的经验事实上,通过程序化、可观察、可验证的数据和实验来揭示一般结论,使社会现象的研究达到精细化和准确化的水平。① 但并非所有的实证方法都需要量化统计和基于实验数据得出结论，而且并非所有数据及其数量关系都能够揭示有关因素的相互作用。无论从数据抽样可行性、抽样误差，还是数据意义解读准确性方面来看，以统计和量化分析为标志的实证研究本身就具有一定局限性。因此，除了传统实证研究方法，当代社会科学研究同时承认验证条件更为宽松、非数量统计的实证方法。从广义上讲，实证研究方法可泛指所有经验型研究方法，即重视研究中的第一手资料，推崇具体问题具体分析，将研究结论视为经验的积累。②

在广义的实证研究方法中，国际上较为流行的一种研究手段为质性研究法（Qualitative Research），又称为质的研究或定性研究。根据学者的定义，质性研究是以研究者本人作为研究工具，在自然情境下采用多种资料收集方法，对社会现象进行整体性探究，主要使用归纳法分析资料和形成理论，通过与研究对象互动对其行为和意义构建获得解释性理解的一种活动。③ 可见，质性研究更侧重于对经验事实进行亲历性记录和观察，通过研究者与研究对象的互动及其对社会现象的体验、理解和解释，而非简单的数量关系，来揭示事物之间的因果性或相关性。质性研究的手段具体包括案例研究、参与式观察、深度访谈、追踪研究等。与定量研究相比，质性研究更有利于消除主体抽样误差和主客体沟通误差。④

当然，质性研究也存在自己的局限性，如采样、观察和解释过程可能会受到研究者主观价值和偏见的不良影响。本研究所采取的实证方法主要为质性研究，这一点在导论部分已有介绍，不再赘述。之所以本研究更加倚重质性研究方法，主要是基于以下考虑：

其一，根据国际上主流的研究范式，质性研究和定量研究都是实证研究的基本方法，在不同范围内和不同程度上可以紧密服务于理论模型，通过经验分析、判断各变量间的因果关系。而且，两者各有优劣，对实证分析可以起到相互补充的作用，也可以实施单独或合并运用。在检验

---

① 王世谊，孟婷：《社会学理论和方法与全面从严治党问题研究》，载《学习论坛》2016年第2期。
② 赵苍丽，余达淮：《经济伦理学的研究框架综述和研究方法评析》，载《扬州大学学报（人文社会科学版）》2015年第5期。
③ 陈向明：《社会科学中的定性研究方法》，载《中国社会科学》1996年第6期。
④ 蔡宁伟，张丽华：《质性研究方法辨析与应用探讨——以经济管理研究为例》，载《兰州商学院学报》2014年第6期。

本研究提出的理论假说方面,已在本体论中具体运用质性研究方法,自然也可用于对市域社会治理实践比较的进一步分析和研究。

其二,社会治理研究具有鲜明的价值导向,不同于一般的社会现象。社会治理问题背后反映了研究主体和研究客体意识形态的多元化、利益冲突的复杂性,故研究活动及其过程容易夹杂不同的价值观念与社会思潮,采用质性研究有助于准确把握本研究的价值导向和政治方向。

其三,本书研究对象具有一定特殊性。市域社会治理现代化在我国是一项开创性的工作,治理现代化转型及其效果需要结合较长时期的经济社会发展进行综合评价,相关的治理演变和经济社会条件具有多元复杂性、多元性和长期性。而且,包括成渝地区在内的各地的治理实践有许多做法都是探索性的。这些因素都决定了不适合进行短期的数据采集和观测,以数量统计的方式进行因果关系验证,只能更多采用叙述性的研究方法。

其四,这与本研究的研究内容和研究思路也有一定关系。本体论部分所提出的部分命题即建立在对技术治理和数据主义的反思基础上,对技术和数据的理解只有事先赋予一定的价值观念和目标理念,才能对有关治理工作的社会效果做出准确的判断。在这方面,推崇亲历和体验的质性研究更加契合本研究的主要研究思路。例如,通过实地调研和参与性观察,方能敏锐捕捉和发现技术治理与基层精准治理之间的微妙关系和特殊张力。

(二)市域采样对象的确定

根据质性研究方法的基本特征,本章对市域所进行的采样并非定量研究中的抽样,后者要遵循随机性和整体性等原则,研究抽样过程不能预设特定对象和范围。下文所进行的采样则截然相反,主要基于研究路线的设计并体现了一定的价值导向,即有关样本和案例的选取都是精心选定的。

首先,双城治理的研究对象为成渝地区有关治理主体,区域虽然涵盖整个成渝地区,而且区域内的中心为超大城市,而非一般意义上的"地市"。但是,基于成渝地区非均衡和圈层化的理论假说和研究设计,本研究最为核心的对象区域当属重庆都市圈和成都都市圈。因此,针对有关市域社会治理的样本采集,主要围绕两地的主城、所辖区市县以及有典型意义的经济区和产业园区。

其次,实践论部分所涉及的实证研究,并非单纯对理论假说的验证。

实证研究的最终目标，是服务于制度设计和实践优化。为此，我们主要围绕经验性命题来审视已有做法，比较优劣，进而避免短板，有效地进行治理体系的构建。国内相关市域的实践比较中，采样标准结合了区域分布和治理模式等因素。在市域社会治理现代化的先行区，主要选取了杭州、深圳、珠海、厦门和青岛等城市；境外主要选取了香港作为样本比较。

最后还要说明的是，本章的市域采样所涉及的研究内容限于通常意义的市域社会治理，不包括京津冀、长三角、粤港澳大湾区和成渝地区等区域协调治理比较。关于国内主要城市群和成渝地区的治理比较，要转到下一章。

二、实证采样过程及实证资料处理思路

本章的实证研究所采用的质性研究手段，主要包括案例追踪研究、个案参与、深度访谈、实地走访、一手资料整理和文献对比等方式。其中，对成渝地区的重庆、成都以及东部沿海的深圳、珠海等的采样运用了多种素材和案例采集方式；针对厦门、杭州、青岛和香港等城市，主要通过文献研究对比，并结合工作流转和互联网收集一手资料完成信息采集。

（一）实证采样过程

课题组自 2017 年起即开始本研究的前期研究工作，陆续承担了物业管理矛盾纠纷化解、超大城市治理、市域社会治理等各项研究课题，并持续关注和追踪有关案例，开展了大量的实地走访调研工作。本项研究自 2019 年初正式启动，并开始全面系统搜集市域社会治理相关研究文献和工作报告，通过省市两级政法委、司法行政部门以工作流转、座谈等方式，搜集了北京、上海、杭州、厦门、深圳、青岛等地相当数量的市域社会治理工作资料和信息。

自研究项目启动以来，课题组共搜集相关研究文献、工作汇报和其他相关材料三百余万字，实地调研市、区（县）三十余地，走访基层社会治理示范点约三十个，深度访谈六十余人次，参与座谈会约四十次，获取访谈、座谈记录约二十万字。同时，通过参与和追踪个案八件，全过程参与两件，以其他方式了解和搜集二十余件相关案例的信息。

为完成项目研究，课题组在立项前后均曾深入基层进行大范围、集体性的田野调查。其中，田野调查的重点区域为成都市全域。本章实证

研究通过实地走访所采集的样本材料，涉及的区市县包括锦江区、青羊区、金牛区、武侯区、双流区、温江区、龙泉驿区、郫都区、邛崃市以及成都高新技术产业开发区、成都东部新区、四川天府新区成都直管区等；基层走访的重要站点和点位包括高新区西园街道陶大嘴法治建设点、天全社区法治工作站、环球中心法治工作站、温江区光华社区、青羊区清源社区和天府新区宏益家园小区等。

为深入了解重庆市开展市域社会治理的具体情况，调研组分赴重庆市司法局、中共南岸区委政法委和沙坪坝区委政法委开展座谈和调研，并选取了一些基层站点进行样本搜集，实地走访了南岸区法律援助中心、铜元街道综治中心、南坪街道三调合一中心和沙坪坝区"和顺茶馆""特钢能人服务社"等基层治理示范点。

此外，课题组还深入成渝地区双城经济圈的其他部分市州和区县进行专项调研，主要包括赴广安市调研川渝两地无理由退货商圈联盟和平安商圈建设，赴遂宁市和成都东部新区调研经济区和行政区适度分离改革，赴绵阳市安州区和德阳市绵竹县调研校园食品安全治理，等等。

为推进比较研究的开展，课题组实地走访的其他省市和调研主题包括：赴深圳市福田区调研鼓励和引导社会组织依法有序参与社会治理，赴广州市南海新区和珠海市横琴新区调研国家级新区社会治理，赴上海市黄浦区调研基层社会治理，等等。

通过上述实证采样，我们大体上掌握了国内部分市域特别是成渝地区的社会治理的一系列重要举措、做法和创新逻辑，为进一步总结经验、横向对比和发现短板提供了坚实的基础。

（二）采样后实证资料的处理思路

采集了大量的实践素材后如何处理，取决于调研方法和研究方案的选择和设计，其反过来也会影响实证研究的质量。实践论的主要研究任务有三点：一是"摸清家底"，为成渝地区治理体系构建做基础工作；二是回应理论假说，并进一步佐证命题，以回答有关治理实践是否能够破解治理悖论命题，以及尚不能解决有关问题的原因是什么这两个问题；三是进行地区比较，为双城治理的创新突破提供地区经验与镜鉴。

基于以上研究目的和方案设计，在拿到有关资料以前，已经就既有理论命题做出一个初步的总结和认知，甚至已提出和形成了初步的概念、理论假说和理论命题。如果理论框架雏形已经建立，拿到这些实证材料后的第一步，就是分析这些材料存在哪些相关理论意义，可能涉及双城治理的哪些治理命题，即需要带着"理论观测工具"听汇报、读材料、看问题。

欲完成实证材料理论挖掘与提升，就不能拘泥于实证资料自身呈现的话语体系和概念，而需要在理论假设和命题的指引下，将这些以汇报材料、宣传册和访谈记录为表现载体的"经验事实"进行分拆、重组和提炼，形成能够与前述理论框架对话和验证的概念。换言之，对实证材料的处理不是依据调研获取的"事实"来解释另一种"事实"（治理实践），而是要穿透这些"事实"的表象，经历"理论假说（命题）——事实验证——理论构建——指导实践"的反复循环过程。这是实证研究区别于普通工作调研的重要标志。由此，实证研究还承担着理论构建的一个重要任务——对理论框架进行验证和修正，具体而言，就是要通过反复的资料对比和文献对照，系统修正前期提出的理论假说和经验性命题，重新赋予有关材料内容新的理论意义，或者发展新的理论概念。这是完成经验事实向理论跳跃最为艰巨也最为重要的一步。[①]

在动态完善理论框架后，下一步就是继续围绕新做出的理论命题判断，有针对性地补充资料和追踪案例并深度挖掘其理论意义，将地区治理实践和做法按照一定的理论要求不断进行归纳分析，突出这些做法的主要亮点，明确一些创新做法已经和将要实现的治理命题破解以及复制推广可行性。然后，还要特别注重不同市域社会治理经验和模式的比较，既要总结和提炼不同市域的共同做法、规律性举措，同时也要比较不同做法的特色及其基本原因。

实证采样后期处理的最后一步，即始终围绕治理悖论发现治理实践做法的短板和不足，分析有关悖论难以破解的主要症结。在这里，实践类型的对比依然是重要的，通过比较分析揭示为何有的地区治理富有成效，及其解决问题的能力的基本约束条件。由此才能回答：这些经验和做法，成渝地区（特别是非中心区域）能否借鉴；倘若不能，其原因是什么。只有通过不断的实证检验、比较和归纳，才能继续深化已提出的双城治理理论框架，并为进一步研究破解之道，提供坚实的实践基石。

[①] 陈瑞华：《论法学研究方法：法学研究的第三条道路》，北京大学出版社2009年版，第22页。

第二节 市域社会治理现代化的成都探索

成都市行政区划整体属于成渝地区双城经济圈双中心区域之一，也是国家中心城市和四川省区域经济首位度最高的主干城市。成都市不但已发展成为我国西部地区人口聚集度最高、人才吸引力最强、经济社会发展最快的地区之一，而且近年来在西部大开发、成渝地区双城经济圈建设等国家战略中承担重要使命。为解决超大城市治理中的种种问题，全面落实党的十九届四中全会关于"加快推进市域社会治理现代化"和中共四川省委关于"创新和完善城市基层治理制度"的相关决策部署，主动担当和引领市域社会治理实践创新，成都市在城市和基层治理中进行了一系列的重要探索。从国家治理体系和治理能力现代化这一宏大视角来看，尽管这些探索并非都属于制度变迁意义上的内涵式创新，大部分做法所能破解的治理难点痛点堵点仍然是局部而非全域性的，且系统性有限。但应当看到，市域社会治理现代化的成都实践具有鲜明的地方特色，吸收了大量先行地区的有益经验，为市域社会治理现代化的下一步工作，特别是以区域治理为视角构建双城治理体系打下了坚实基础。有些内容，如党建引领体系、社会企业参与社会治理、智能化社会治理和法治城市建设中的经验做法，可以深度挖掘和优化并形成新的制度供给，通过区域溢出效应带动成渝地区其他圈层区域跨越治理拐点。

一、构建党建引领体系嵌入基层社会治理

党建引领社会治理，是各地市域社会治理现代化的重要内容，从中央到地方都将其作为地方治理实践最为核心的"规定动作"。而且，在基层社会治理创新中，出现了不少基层自治党建引领的新做法、新实践，成都市也不会例外。成都基层治理党建引领的治理逻辑是：在市域社会治理中充分发挥党组织核心枢纽的重要作用，切实将党的领导与社会主义制度优势转化为市域社会治理优势，有效克服政府内部碎片化和社会协同不足的难题，积极推动社会协同，凝聚治理合力，提升市域社会治

理工作实效。① 而且，成都市的做法不只是单一维度、自上而下的垂直式治理，同时还形成了多维度、体系化和嵌入式引领体系。

（一）构建四级党群社群治理体系

基层治理"条块分割、力量分散"和市域社会治理"九龙治水、各自为政"，是各地区治理实践普遍存在的难点、痛点和堵点。成都的做法是探索并初步建立了市、区、街道、社区四级城市党建嵌入社会治理的引领结构体系。具体而言，成都市在市级层面成立了成都市城乡社区发展治理工作领导小组，组织、指导、协调全市社会治理工作，在区级层面建立党建领导小组与治理委员会，在街道和社区再设立基层党群服务中心，为社区群众提供便利化服务。

为了进一步推动党建引领对基层治理的嵌入，解决基层治理的资源下沉问题，成都市 2019 年出台了《成都市深化街道职能转变加快推动党建引领基层治理的措施》。按照这一文件的要求，成都市各区县都成立了由党委书记任组长的党建领导小组与社会发展治理领导小区，剥离了街道招商引资的职能，强化了街道统筹管理权限，特别是加强街道党工委党建工作职能，并将治理资源进一步下沉和细化到社区。

党建引领体系建设不但实现了党委领导市域社会治理和自上而下治理全覆盖，同时也强调发挥党委和党支部的组织优势，协调各方力量协同参与社会治理。完善的四级城市党建引领体系，有利于将组织优势和治理资源更好地下沉基层，使得街道以下的社区、网格、小区院落均遵循党建引领基层自治的主旋律，即遵循"以服务抓党建、抓好党建促服务"的治理思路，深入推进基层治理与党群治理的有机融合，将基层自治与党建引领相嵌入，实现党群与社群的上下联动和同频共振，促进党建引领市域社会治理的精准发力。

不仅如此，成都市的党建引领体系并非将党组织"一建了事"，其组织功能着眼于全市区域化党建工作格局，建立了党组织的区域组织架构，构建有利于整合基层党建资源的区域化党组织体系。在这一组织架构下，一些区县探索建立了多个街道"大党工委"、社区"大党委"区域化党建平台，通过组织跨区域协调不同辖区的单位、调动各方积极性，积极推

---

① 新华网：《党建引领"共建共治共享"——超大城市社会治理体系和治理能力现代化的"成都探索"》，http://www.xinhuanet.com/2019-11/26/c_1125275599.htm，最后访问时间：2020 年 6 月 20 日。

动资源共享，全面增强和延伸基层党组织的动员能力和资源调度能力。

例如，成都市温江区光华社区的党建引领社会治理就采取了这样的思路。在社区党工委的领导下，该社区积极将辖区内分散在不同政府职能部门、"两新"组织和有关单位的党组织纳入进来，并吸收一定的居民代表，共建区域党建平台。这一党建平台发挥了常态化的集党组织生活、党群服务、基层治理与多元共治等多项职责于一体的功能。党建平台的党员干部不仅要定期走访和收集共建单位、居民代表的意见建议，向其通报辖区内的共建项目建设情况，还要打造各种党建和基层治理共享空间，引入专业人才，拓展社区服务范围，涵盖党群服务、法律服务和政务服务。依托区域党建平台，该社区建立了2个党群服务中心，打造了3个小区邻里空间，形成党建和基层治理的资源共享阵地。这不但为社区在册党员和辖区内的基层党组织提供新的党建平台和组织生活渠道，同时又加强了党群联系，打通治理资源在区域内、部门之间以及部门与居民之间的流动与配置。①

（二）探索网格化党建微治理

党建引领与网格化管理相互融合，是成都党建引领社会治理体系中的另一大特色。各区县积极探索社区治理新模式，除通过区域化党建平台实现治理功能拓展，同时构建网格化党建平台，实施党建微治理。所谓网格化党建平台，是指以区域化党建为基础，在"大党委""大党工委"的区域化党建平台之上进一步划分出区块，把党组织建在网格上，把支部建在小区上。②

在网格化管理中实施党建微治理，本质上就是把党建引领的组织资源进一步下沉基层，通过上级横向协同与网格微观层面的定点定责，细化、落实、明确治理主体的治理责任，确保市域社会治理中的难点和堵点能够得到有效纾解，上级交办的治理任务能够落地，同时为社情民意的吸收和社会力量的加入提供更多治理接入插口。

在不同的基层实践中，党建微治理也有不同的实施机制。在地理位

---

① 成都市温江区光华社区党建引领基层治理的介绍资料，部分通过座谈会和实地走访取得，其他有关介绍也可参见央广网：《成都温江：打造党建引领社区发展治理"光华样板"》，http://www.cnr.cn/rdzx/20181117/t20181117_524418169.shtml，最后访问时间：2020年6月20日。

② 中共成都市委组织部：《提升党领导基层治理的水平 建设体现新发展理念的城市》，载《中国领导科学》2019年第4期。

置相对远离成都主城的青白江区，党建微治理主要以全覆盖的"小红格"来具体实施。"小红格"建立在社区辖区内，是对社区的进一步区域细化，在社区与小红格内都分别建立党支部和党小组，由社区党支部对小红格党组织、对人员定岗定责，统筹安排基层治理工作。这样，基层党组织就顺利嵌入了微治理单元中。"小红格"党建微平台还有更为实体化的微治理阵地和微服务内容，"微治理阵地"主要承载联通群众的功能，具体形式有"党员之家""党员志愿者工作室""人大民声驿站"等，"微服务"则是让社区服务更加精细地划分到微治理单元。通过"小红格"这一微党建平台和微治理阵地的延伸，逐步建立了以小红格党组织为领导、自治组织自行决策、网格内的其他组织广泛参与的网格"微端"治理机制。①

在主城区，党建微治理除了引领微治理单元的自治和服务外，通常还会考虑区域协同、社区服务专业化和市场化等要素。这显然与主城区较为成熟的商业氛围、密集的人口分布以及拥有更多社会要素等因素有关。例如，成都市成华区实践的微治理模式即强调所谓的"一核引领"和"五化微治"，其中"一核"即以社区党委为核心，"五化"具体包括"专业化"社区、"枢纽化"群团、"功能化"社团、"协同化"企业、"单元化"自治。② 由此看出，该区所建立的社区党建工作机制更加专业化、市场化和社会化，而且自治空间已细化到小区和院落单元。

（三）党建引领嵌入基层自治机制

党建引领的微治理包含了基层自治的内容，这解决了基层自治的组织动力问题，但党建引领如何从内容上和机制上嵌入基层自治，则需要从思路和制度上具体设计。2020年，成都市发布《关于深化和完善城镇居民小区治理的意见》，明确采取小区分类治理的思路。

党建引领基层自治，最为典型的领域就是院落自治。党建如何嵌入院落自治，实践中有不同侧重和表现，而且不同小区院落也有不同的自

---

① 关于"小红格"微治理机制，详见成都市青白江区调研资料，部分内容介绍可参见中宏网：《四川省成都市青白江区：党建引领社区治理 持续优化社区居民生活圈》，https：//www. zhonghongwang. com/show-195-120365-1. html，最后访问时间：2020年6月20日。

② 有关"五化微治"的具体做法已在成华区人民政府官网公布。详见成华区人民政府官网：http：//www. chenghua. gov. cn/chqrmzfw/c144344/2019-02/27/content_a4f8c4ac786a4b93b201c95f03546a1b. shtml，最后访问时间：2021年3月21日。

治需求，如老旧院落、"拆迁安置"院落、以熟人社会为特征的邻里院落、入住率高的商品房小区、入住率较低的商品房小区以及保障型院落等。但是，党建引领自治的共通原理在于，通过党建让党组织先于自治组织成立，党组织和党员前期介入公共事务治理，中期通过组织领导和发动群众成立自治组织，实现党组织嵌入院落自治组织中，后期通过实现对自治组织的监督，逐步完成对院落自我管理的治理主体再造。有学者称其为"寓管理于社会创制"[①]，这一总结可谓对这种基层自治模式做出了大体准确的判断。

党建引领基层自治是党建引领体系以及党建微治理的有机组成部分，整体上均由社区党委组织领导，并且通过网格、社区（工作站）和街道等基层党建组织体系推进党建引领基层自治。在基层组织的成立、运行和监督过程中，党组织是领导核心和组织中坚，社区治理组织是社区主导建立的基层居民治理组织，业委会则是小区法定自治组织。没有业委会的院楼，由党组织领导成立临时自治组织，同时鼓励党支部和网格党小组在小区业委会、监事会中任职。通过党组织的组织领导，实现党建平台、党组织、社区治理组织、院落临时自治组织、小区法定自治组织（如业委会）和居民等不同关系的相互嵌入。

党建引领除了有力支撑小区院落的自治以外，对老年人等特殊群体的自组织建设也有较强的引领作用。通过党建工作者和志愿者的带动和发动，成立活动形式多样的"俱乐部"组织，这样既能增加老年人的归属感，丰富他们的生活，又能加强特别群体的自我管理能力。

在"本体论"部分，我们曾谈到两个小区业主与业委会、物业公司产生矛盾纠纷的典型案例，它们的共同之处都是小区党建工作未及时跟进，且缺乏一个有号召力和组织力的党支部或自治组织指导业委会。这从一个侧面也可以说明，党建引领对基层自治的作用是正向的。

二、推进社会治理精准化创新

如前文所指出，社会治理的精细化不必然等同于精准化，关键是治理手段与治理需求实现精准匹配。能否实现治理手段与治理需求的精准匹配，已成为城市治理能力强弱的主要标志之一。成都为进一步提升社会治理能力，以党建引领为抓手，借助科技、清单和项目管理等技术治

---

① 吴晓林，谢伊云：《国家主导下的社会创制：城市基层治理型的"凭借机制"——以成都市武侯区社区治理改革为例》，载《中国行政管理》2020年第5期。

理手段，积极创新市域社会治理机制与形式，拓宽社会治理尤其是基层治理的生活场景和应用场景，努力实现社会治理创新的精细化和精准化。总的来看，这些新的治理形式和治理手段，较大程度提升了市域社会治理的精准性。

（一）清单制和项目制管理力促治理精准化

基层社会治理的一大痛点是，社会治理资源虽然大量下沉，但苦于无法与社会治理需求精准匹配，常常出现治理资源、治理组织和治理主体悬浮空转的现象，进而导致治理资源投入的边际报酬降低。为解决资源下沉基层的悬浮化困境，成都市不少区县和基层政府都积极采用清单化治理手段，推动治理资源、治理需求和公共服务的精准匹配。

成都市高新区合作街道晨风社区党总支探索建立的区域化治理"三张清单"工作法，就是清单制管理的典型。这种管理方式通过"资源清单""需求清单""项目清单"的精准定位，来实现对资源、需求、项目的整合。[①] 具体而言：一是将辖区内各基层党组织与企事业单位相关治理资源进行整合，形成"资源清单"，让治理资源供给透明化和制度化；二是将辖区内党员、群众、企事业单位的需求加以梳理、甄别与整合，形成"需求清单"，进而精准定位基层治理需求；三是对"资源清单"与"需求清单"进行优化，将与之相对应的服务项目整合起来，形成"项目清单"。

项目制管理则主要运用在社会组织参与社会治理以及公共服务政府采购领域。为解决社会治理资源配置不均衡的治理问题，成都市大力推进向社会组织购买服务，将多项政府服务从街道、社区综治中心剥离，而交由社会组织承接办理，以进一步实现社会治理资源的转移和下沉。这样做一方面可以把基层政府和社区从繁杂的事务性工作中解放出来，另一方面通过引入市场化和社会化机制，引导基层根据自身治理需要，精准匹配治理服务。在政府采购领域运用项目制购买社会组织服务，开展这项工作较早的是成都市武侯区人民政府，早在 2014 年即出台《关于深化社区治理机制改革的实施意见》，对向社会组织采购服务实行项目管理。[②]

[①] 川报观察：《引导社会治理 创新多元共建 成都高新区合作街道"三项清单"创新党建引领社区发展治理》，https：//cbgc. scol. com. cn/world/111222，最后访问时间：2021 年 4 月 20 日。

[②] 吴晓林，谢伊云：《国家主导下的社会创制：城市基层治理型的"凭借机制"——以成都市武侯区社区治理改革为例》，载《中国行政管理》2020 年第 5 期。

清单制和项目制管理的目的，是将有关资源和需求进行程序化和技术化管理，再以项目为抓手，把资源精准下沉。可见，清单制和项目制本质上都是基层治理的精准化创新。当然，精准化创新通常也是与其他治理手段结合使用的。例如，为了动态管理需求清单和资源清单，一些地方建立了具有开放性、可动态调整的数据库；为了更好地整合资源，则需要强化党组织的引领、协调、统筹。

（二）拓展多元化的基层治理场景

市域社会治理的一项重要内容就是社会协同共治，社会协同共治要求居民群众、社会组织、市场和政府的通力合作，其中一个重要环节，就是如何充分调动基层群众的自治参与，引导居民群众广泛加入社会公共事务的治理过程中。如何具体引导居民群众参与社会治理，不能光靠政府拍脑袋，需要激发居民的参与热情，尊重居民意愿和市场规律，以老百姓喜闻乐见的方式引导推进。这就催生出基层治理的场景化问题。成都市在解决基层群众自治参与不足的问题上，多措并举，拓展了不同形式的基层治理场景。总体来看，主要包括生活化场景和市场化场景两大类型。

生活化场景就是利用居民群众所熟悉的社区生活轨迹和配套现状，把握居民的日常生活动向，通过将治理过程与居民日常生活场景化打造相结合的方式，实现基层治理与群众参与的无缝衔接。以成都高新区西园街道为例，其辖区内部分区域无常住居民，居住设施以青年公寓为主，常住人员多是华为、京东方、富士康等企业的员工。为适应产业园区以年轻人为主、居民流动性强、集中居住等特殊生活场景，成都市高新区西园街道针对公寓较为集中的区域设置了天全社区（工作站），并以楼层为单位设置管理网络。针对年轻就业人员的生活、学习和心理需求，工作站搭建了"天全芯说法"居民学法普法法治建设点，通过社区指导、居民自发参与的活动组织形式达到法治理念传播的目的，同时打造多种形式、贴近年轻人生活的学习场景，包含PPT讲课、案例分析、居民分享，设立了居民法治阅读室、法治观影室等设备设施；在提高法治文化普及度的同时，还开展各种青春研习室，举办书法比赛、棋艺比赛、合唱等文娱活动。这些生活化、场景化治理方式，因地制宜、因人施策，较大程度提高了年轻产业居民的获得感、幸福感和安全感。[①]

[①] 详见成都高新区天全社区调研资料和座谈记录整理。

打造类似生活化治理场景的例子，还包括清江社区的"陶大嘴"法治建设点。这一法治建设点基于社区毗邻高校且社区居民以返迁人员为主的特点，邀请了高校老师、学生和社区居民来担当调解员和法治讲解员，在社区综合体设置和提供各种文体、托育和心理咨询等社区服务，设立了微型读书室和咖啡厅，为社区居民提供社区公共服务的同时，将法治文化和基层治理元素融入当地居民生活。[1]

基层治理场景除了倡导贴近生活外，还涉及这些公共服务的造血功能，以确保治理模式的可持续性和长效性。将治理场景生活化与市场化有机结合，是基层治理拓宽应用场景的又一典型模式。成都市青羊区清源社区"思源堂"在利用市场机制为居民提供精准社会服务方面，做出了新的探索。该社区利用当地人气颇高的"茶馆"元素，打造了清源社区综合服务体。在"思源堂"茶馆内，居民既可以进行日常休闲娱乐，亦可以享受"政务便民服务圈"和"全龄友好服务圈"带来的社群服务便利。这一场景更为突出的特色在于社会治理与公共服务的有效衔接上，探索实现社群服务的市场化和商业化运作。在引入市场资源后，"思源堂"有了自身的造血功能，居民可以在社区内体验各种社会化和商业化的服务，如茶艺和演艺体验项目；同时还延伸整合了社会服务资源，为居民提供教育培训、家政服务、婴儿护理等社区服务。这种兼具社区商业和社会化服务的社区项目，实现社会公共服务治理逻辑与市场逻辑的深度结合，不仅服务和便利了居民群众，亦为社区带来了可观的收益。[2]

三、推动社会治理智能化升级

社会治理的智能化是市域社会治理现代化的重要内容和主要工作抓手。成都在社会治理智能化方面的起步较早，不仅借鉴杭州等地的智能城市治理经验，在市级层面探索建立"城市大脑"，成立了成都市网络理政中心，将各类数据进行整理并尝试智能化运用，还在基层党建、社会组织监督管理方面进行了深度应用，取得了较好的治理效果。

---

[1] 详见成都高新区清江社区调研资料和座谈记录整理。
[2] 部分内容根据成都市成华区调研资料整理，部分做法也可参见善达网：《将"坑"变成"饼"，成都社区治理做对了什么？》，https://mbd.baidu.com/newspage/data/landingsuper?context=％7B％22nid％22％3A％22news_9089406324408014502％22％7D&n_type=-1&p_from=-1，最后访问时间：2021年6月5日。

（一）城市智慧大脑推动城市治理智能化

电子政务作为智慧化城市建设和智能化社会治理建设的智慧运用之一，是衡量城市治理智慧化发展的重要标尺，对于提升城市治理能力和治理水平具有重要作用。2019年以来，成都市成立了网络理政中心信息系统，依靠全天候全时段的网络政务服务和社会治理监测，实现了城市政务服务和城市治理服务的智能化运行，进一步优化了"放管服"改革和城市社会治理需要。[1]

网络理政中心集合了原八个市级部门的职能职责，推进政务服务"一网通办"，实现电子政务全天候在线办理。居民通过网端或在线入口，即可以实现对涵盖市场监管、社会管理、公共服务、社会诉求等多个领域在内的政务服务进行在线查询、申报和反馈。同时，在数据共享和利用方面，网络理政中心还进一步打破了部门之间信息沟通交换的壁垒，信息数据全面接入部门业务，实现信息数据在各部门之间的快速流转，解决部门沟通障碍，并且通过利用大数据分析的研判技术，可以实现对社会治理需求的提前监测预警，及时发布社会风险警示信息和社会治理预案。[2]

在城市治理方面，网络理政中心信息系统整合了全市接近266个信息系统和将近10万余个道路信息监测和物联网感知设备，构建集"在线监测、应急指挥、舆情分析"为一体的城市治理智能运行体系，实现对城市重大项目、舆情事件、应急事件的治理监测。以信息化平台实现网络问政和社会治理，是网络理政中心另一重要亮点。该中心整合了接近84条市级非紧急救助热线和市长热线，搭建集网络理政、网络问政功能为一体的诉求反馈受理平台，居民社会治理需求可以通过一个平台归集办理，实现从受理到结果共享的全流程线上管理和社会诉求的"一键回应"，初步构建起城市治理智能指挥和管理体系。[3]

类似的城市大脑在一些具有财政基础的区域也有建立。例如，成都

---

[1] 成都日报：《成都市委副书记、市长罗强主持召开研究城市大脑智慧应用场景建设工作会》，http://www.ddxyjj.com/hyhd_xiangxi.asp?i=10016，最后访问时间：2021年6月6日。

[2] 以上内容根据四川省消防救援总队组织的基层消防社会治理座谈会上的资料整理。

[3] 潇湘晨报：《成都市网络理政中心信息系统已全面覆盖6大领域》，https://baijiahao.baidu.com/s?id=1671059903235323520&wfr=spider&for=pc，最后访问时间：2021年6月6日。

市高新区建成了"智慧治理中心",依靠大数据分析、云计算、人工智能等新兴科技技术,实现高新技术与社会治理的深度融合。[①] 高新区通过智慧治理中心,整合汇聚了政务大数据,打破了各部门之间的信息壁垒,实现了部门间政务信息共享,居民在进行政务办理时,实现了"少跑腿"的办理便利。高新区智慧治理中心的更大特色在于它初步实现了治理的智能化,而不仅仅是数据的归集和共享。智慧治理中心借助大数据分析,可以理清不同时段内城市居民的治理需求频数,从而在社会治理中对居民需求进行提前预判和精准预案,确保治理需求在出现前有预案,在出现后有方案,提升城市居民的满足感、获得感;[②] 针对居民生活服务需要,还可以通过对居民信用画像的大数据分析来描绘,在居民进行社会公共资源和服务预约时,也可以对不同信用画像的居民进行差异化的资源推送,同时针对不同的人群提供不同的预约便利或限制,进而避免社会治理资源的占用或浪费。[③]

(二)"互联网+"助力基层治理智能升级

在基层党建工作中融入"互联网+"思维,是成都市基层党建工作的一个重要内容。成都市及各区县都被要求建立党建数据库、信息平台和终端交互系统等,开通e支部、在线互动、网上接访等窗口,为基层党员群众提供在线学习、信息咨询、网络问政等服务,以及为基层党组织提供决策咨询、党员动态管理、应急处理等,把对社区党员的管理、对居民群众的服务延伸到网络空间,实现了党建服务、社会治理智慧化、精细化、标准化。

以枢纽型社会组织党建平台为例,近年来成都市积极探索与城市发展相适应的市域社会治理体系建设,形成了以党建为引领、居民自治、社会组织参与的社区发展治理模式。成都市运用"互联网+大数据""互联网+云计算"等技术与党建工作结合,打造"蓉城先锋·党员e家"

[①] 成都商报:《"城市大脑"来了 成都智慧治理中心亮相》,http://news.cqnews.net/html/2019-02/24/content_50301252.htm,最后访问时间:2021年6月6日。

[②] 新华网:《创新"深"下去 社区"活"起来——西部超大城市成都的社区治理探索》,http://www.xinhuanet.com/2020-06/17/c_1126126489.htm,最后访问时间:2020年6月19日。

[③] 成都高新:《探访成都高新区智慧治理中心 城市数字大脑既要会思考还要能指挥》,https://www.sohu.com/a/424084052_356458,最后访问时间:2021年6月6日。

智慧党群服务平台。①

"蓉城先锋·党员 e 家"是成都市智慧党建平台进行党员教育管理的重要手段。这一智慧党建平台利用网站、手机 App、微信小程序实现同步宣传、教育、管理、服务。智慧党建也被积极应用到了党群治理,采取平台监管、随机督察的方式,了解各街道、各单位的使用情况,定期通报。这项工作还被纳入党建目标考核和党建述职的重要内容。

智慧党建还在社区社会治理中发挥了重要作用。簧门街社区在服务社区群众方面,就充分依托智慧党建平台,推行服务"一点通""一线通""一键通""一卡通",为居民提供的便民消费服务基本实现了"线上商务互动面对面、线下商品服务门对门"。②

(三) 推进社会组织监管智能化

信息化和智能化已经渗透到城市治理和各部门工作的方方面面,这其中也包括民政部门对社会组织的智能化监管。为进一步推进政务数据、行业数据以及社会数据等的汇聚融合、有效利用,实现社会组织自治管理及有效监管,成都市在 2018 年 10 月启动了成都市社会组织和社工管理服务平台建设,先后建立起"成都社工在线学习平台""成都市民间组织管理系统"以及"社会组织信息网"等多个互联网服务平台,有力推动了社会工作的有序开展。③

具体而言,通过这些平台系统,社会组织可以实现信息集约化自我管理。凡是成都市域范围内依法登记的社会组织,在平台注册完善相关信息后,可登录其管理后台,实现对项目、人员以及门户网站等内容的信息化管理,充分有效利用平台信息资源。社会组织门户网站不但可独立展示各社会组织的基本信息、经典案例以及新闻动态等相关内容,通过平台公开透明的信息展示,还能对社会组织起到一定社会监督作用,有利于规范社会组织行为。

数字化平台还可以帮助社会组织实现服务和需求的高效对接。目前,成都市各级单位社会服务项目的采购信息公开仍然较为分散,通过建立

---

① 谢培丽:《成都市以基层党建引领社区治理创新的实践与启示》,载《成都行政学院学报》2018 年第 6 期。
② 刘锋,郭祎:《城市社区管理体制创新的探索及完善——以成都市武侯区簧门街社区为例》,载《桂海论丛》2012 年第 1 期。
③ 四川在线:《成都市社会组织和社工管理服务平台全新改版上线》https://sichuan.scol.com.cn/amsc/202003/57515305.html,最后访问时间:2020 年 6 月 19 日。

市级的社会组织和社工管理服务平台，可以集中发布社会服务项目采购信息，方便社会组织查阅了解服务需求的同时，也便于采购单位通过平台选择社会组织提供服务。

四、依法治市加强社会治理法治保障

近年来，成都市为了加快建设世界城市，塑造具有国际竞争力的法治环境，在法治建设方面着力颇多，摸索成型一批创新性强、效果明显的制度化安排和工作机制，如设立法治协调机构、加强立法与执法保障、探索建立区域化法治体系、加强安防体系建设、提升司法公正等。值得肯定的是，成都市在 2019 年将市依法治市领导小组这一临时机构落实，通过中央备案和省委省政府批复，改名为市委全面依法治市委员会，作为市委正式议事协调机构。以全面推进依法治市为契机，成都市有力强化了社会治理的法治保障工作。

（一）强化社会治理立法与执法保障

地方立法是成都市依法治市的重要工作抓手。成都市充分利用城市立法权限，针对城市管理和社会治理的薄弱环节，先后共计出台了 72 部覆盖城市经济社会生活的地方法规，并且在进一步加快建设适应成都市治理需要的地方法律规范体系。值得一提的是，在 2020 年 10 月，成都市围绕超大城市治理的治理需求，以社区发展治理为主要突破口，出台了《成都市社区发展治理促进条例》。该条例是全国首部关于社区发展治理的地方性法规，对成都市全面提升社会发展治理水平，打造更为高效、良性的社会治理机制，现实意义重大。

不仅如此，在区域协同立法上，成都市也在进行尝试和探索。例如，基于成德眉资同城化发展需要，成都市主导推动成德眉资城市圈区域协同立法，2020 年 11 月，成德眉资四市共同研究制定《成德眉资四市人大法制工作机构联系办法》，针对社会普遍反映的成都市大气污染问题，四市协同沟通共同推进《成都市大气污染防治条例》的制定研究，为进一步推动城市区域化法治建设，提供了合作示范经验。

在行政执法方面，成都市在"放管服"改革中持续优化营商环境，同时尊重社会治理的基本逻辑，在政务服务中主动加入"好差评"服务评价制度，实现居民、企业对政务服务实施监督反馈；另一方面，针对轻微社会治理违法行为，推行柔性执法和容错免罚机制。2019 年，成都推出不罚、减轻处罚、从轻处罚"三张清单"，通过设置观察期、过渡期

的方式激励群众知错就改和严守信用，促进社会治理法治、德治的深度融合，打破刚性执法的严肃面貌，营造轻松和谐的社会治理氛围。①

（二）探索建立区域法治体系与法治点位

成都高新区承担着建设国家高质量发展示范区和世界一流高科技园区的使命，同时也是经济区与行政区分离改革的先行者。该产业园区在依法取得一系列社会管理权限后，开始积极创新探索区域法治体系，拓展基层法治点位，逐步形成了"区级法治中心—街道法治中心—社区法治工作站—社会法治建设点"四维基层依法治理体系。按照这一法治体系的初步设想和早期实践，其目的是将"管理与治理""需求导向与服务供给""社区法治工作站与社区法律之家"相融合，力推法治触角由社区进一步延伸到园区、楼宇、企业单位、居民院落等"神经末梢"，促进法治政府与法治社会的一体化建设，实现基层法治的升级，使法治建设与法律服务有效覆盖到每一个社会细胞，发挥法治在基层治理体系和治理能力现代化建设中的积极作用。

在体系分工方面，区级法治中心主要负责整合区域政法系统及相关行政部门资源，引导法律服务机构、法律服务媒体及法律服务企业等各类社会资源的集聚，打造推进全面依法治区工作的实体化平台。街道法治中心负责辖区内法治工作站建设统筹工作，协调和匹配站点设置和基层治理资源。社区法治工作站是基层法治创新的重要载体，也是项目制运营的主要实施主体。社会法治建设点则是铺设在基层"神经末梢"的法治触角和点位。目前成都高新区已实现"一街道一法治中心"，建成7个社区法治工作站、14个社会法治建设点，形成了"横向融合联动，纵向深入末梢，服务全域覆盖，治理有效提升"的基层全面依法治理机制。②

前文提及的"天全芯说法"普法平台，就是由天全社区法治工作站建设的品牌法治点位。另一个较具代表性的点位是桂溪街道环球中心楼宇法治建设点，该法治建设点引入社区法律服务资源服务楼宇企业。此外，中和街道也建立了"法润中和1+20"公共法律服务网络体系，让社区法治工作站集法律服务工作室、人民调解室、法律援助联系点、社区

---

① 成都长安网：《成都加快推进全面依法治市进程》，http：//www. chengdupeace. gov. cn/fzjs/20210106/2369004. html，最后访问时间：2021年6月6日。

② 以上内容由成都高新区应急管理局组织的基层社会治理座谈会上提供的资料整理。

矫正工作站等职能于一体。①

（三）构筑社会治理安防体系

按照党的十九届四中全会要求，成都市积极响应党中央的号召，在立体化治安防控体系建设方面进行巨大投入，为营造良好的社会治理环境和平安建设氛围做出积极努力，并且取得了一定的成效。

一是构建全局性社会治理安防体系。从主体上看，成都市各机关单位、社会组织相互联系齐抓共管，形成了涵盖教育、管理、服务多种措施手段在内的"打防管控"安防治理体系。从空间场域上看，成都市落实"驻区制""站巡制""高峰警务"机制的系统深化，确保全天候防控体系的有效运行，实现各类系统、多方防控的有机衔接。②

二是系统性打造社会治理安防体系。成都社会治理安防体系并不仅仅是防控力量、情报信息、物防设施等要素的简单堆积，而是通过树立情报主导警务理念，强化全警情报责任，构建高效科学合理的社会治理安防有机统一体。例如，针对繁华商圈，设置应急警务"一室两队"机制，全面提升严打严控力量，同时积极推动各类组织与志愿者参与社会面安全防范，以"天网"与街面巡逻"地网"的有效衔接，强化防控布局的针对性和实效性。③

三是复合化构建社会治理安防网络。从整体结构来看，成都市探索综合防控体系，探索建立打防管控一体化模式，健全市县两级网络安全监管机构，统一管理现实社会与网络虚拟社会；同时构建警务合作机制，建立主体覆盖全面的社会治理合作格局，提高了维护成都安全和稳定的核心能力。

四是构建技术化社会治理安防手段。在成都市政法委的统筹部署下，物防技防、监控系统建设得到有效提升，为建设"平安成都"提供了充分的物质技术保障，同时强化科技建设，推进"天网"工程和"电子眼"

---

① 有关区域法治体系的打造情况，主要来自实地走访调研取得的资料，其他点位的情况介绍，详见四川广播电视台：《打造基层依法治理体系"样板间"成都高新区法治中心投运》，https：//baijiahao.baidu.com/s? id=1687016998307904253&wfr=spider&for=pc，最后访问时间：2021年6月5日。

② 南方都市报：《建"新型社区警务机制"，成都如何探路"家门口的派出所"改革？》，https：//www.sohu.com/a/328057917_161795，最后访问时间：2021年6月5日。

③ 潇湘晨报：《成都金牛公安推进"一室两队"警务运行机制改革 全面提升警务效能》，https：//baijiahao.baidu.com/s? id=1669646237516976431&wfr=spider&for=pc，最后访问时间：2021年6月5日。

更新,新增视频监控点位,升级高清监控摄像头,在监控上避免存在漏洞,建立重点区域监管平台,基本形成多效合一的监控体系,有机衔接"空中巡逻"与街面路面实兵巡防。①

(四)提升社会治理司法公正

社会治理离不开司法公正裁判和法治价值指引,社会治理纠纷和矛盾的解决同样需要畅通的司法救济作为"兜底"。成都法院近年来受案数量位居15个副省级城市法院前列,受案数量从2014年的15.7万件上升至2021年的60.2万件。②成都法院作为全国审判权运行机制改革试点法院之一,在司法工作上充分发挥了法治保障作用,积极探索审判运行机制改革,搭建全方位的诉讼服务体系,助力成都社会治理建设。

一是广泛建立诉讼服务中心,确保社会诉求反馈渠道畅通。成都市在中级人民法院和22个基层人民法院均建立了诉讼服务中心,全市58个派出人民法庭均已建成诉讼服务点,各级法院将诉讼服务中心设置在法院立案信访窗口前端,在人民法庭的显著位置设立诉讼服务点,同时将诉讼服务站设立在居民集中居住区域,确保社会纠纷反馈渠道通畅。③

二是加强诉讼服务的制度保障。为了更好地促进社会综合治理,成都市制定了《诉讼服务中心管理办法》《人民法庭工作指导意见》《开展"四公开""走进法庭听审判"活动工作实施意见》《全市法院一体推进诉讼服务中心指导意见》等多项制度文件,确保司法工作程序正义,社会诉求治理有序。

三是创新诉讼服务方式。成都市以窗口服务为核心,实行窗口式、一站式服务,同时开通诉讼服务中心的在线服务,先后开通40项网上服务功能,开展院长"四公开"平台的专线服务,有效促进诉讼服务工作的落实反馈;同时改革法庭设置布局,打破乡镇街道行政管辖区域的法庭固定建制,实行人民法庭就近服务,拉开人民法院层级,发挥法庭的法律服务网点和法律"便民门诊"的作用,就近处理纠纷。

---

① 人民网:《成都市成华区:建立三个平台推进智慧治理 打造城市治理体系和能力现代化典范城区》,https://www.sohu.com/a/354708867_114731,最后访问时间:2021年6月5日。

② 四川省成都市中级人民法院课题组、郭彦:《内外共治:成都法院推进"诉源治理"的新路径》,载《法律适用》2019年第19期。

③ 四川省人民政府网:《成都市构建起"立体化司法服务体系"》,https://ww.sc.gov.cn/10462/10464/10465/10595/2015/11/24/10360102.shtml,最后访问时间:2020年6月2日。

四是推动多元矛盾纠纷解决。其推进路径主要表现为：依托党委政府，形成多元治理大格局，重心下沉基层，将纠纷化解在基层、源头治理于诉前；同时加大信息化应用创新，将纠纷化解于线上；最后形成衍生案件治理架构体系，将纠纷化解于诉中。以崇州法院为例，该院借助大数据、人工智能等多种高新技术将多种原本分散的职能，通过数据的传输、共享统合在一起，提高了诉前纠纷解决的效率与质量。此外，该院还设立了家庭纠纷调解室、乡贤调解室等机构，且辅之以心理咨询等配套服务，将多种纠纷解决模式统合为一体，实现了一站式多元纠纷解决，提升了法治便捷化。[①]

（五）创新社会组织参与治理的运作机制

引导社会组织依法有序参与社会治理，是评价基层治理水平的重要方面。为此，成都市组建成立城乡社区发展治理委员会，由该委员会牵头制定全市城乡社区发展治理的中长期目标和阶段性任务，负责制定城乡社区发展治理政策体系并将其推动落实；对于社区各项社会治理工作，进行专门的组织指导和工作协调；在社会治理资源配置和人员管理上，承担资源统筹和人财物投入保障工作。

2018年4月，成都市人民政府办公厅印发《关于培育社会企业促进社区发展治理的意见》（以下简称《意见》），鼓励和引导社会组织参与社会治理。在《意见》中，成都市还明确提出要建立社会企业监管服务体系，包括社会企业信用公示平台以及社会企业评审认定、信息公开披露、退出制度等，对社会企业孵化扶持、信用监管进行了系统强化。[②] 具体而言，包括以下要点：

一是建立社会组织孵化扶持管理制度。成都市推动各区县在社区建设微型的社会组织孵化基地，并对社会组织孵化基地进行评级认定和先进评选，从财政支持上对社区发展治理专项激励资金给予相应扶持；同时探索建立了市级、区（市）县级社会组织项目库，促进建立和完善社会组织项目库管理运行机制，在项目库建设基础上，建立完善项目入库

[①] 成都法院推动诉源治理的有关情况介绍，主要根据课题组前往成都市中院、崇州法院等法院调研取得从一手资料、座谈记录整理而成。

[②] 成都市人民政府：《成都市人民政府办公厅关于培育社会企业促进社区发展治理的意见》，http://gk.chengdu.gov.cn/govInfoPub/detail.action?id=98295&tn=6，最后访问时间：2020年6月19日。

标准、绩效评估、动态调整等制度，规范社会组织的孵化和成长。[①]

二是加强对社会企业的评审认定工作。《意见》将社会企业定义为："经企业登记机关登记注册的有限公司或股份有限公司，以协助解决社会问题、改善社会治理、服务于弱势和特殊群体或社区利益为宗旨和首要目标，以创新商业模式、市场化运作为主要手段，所得盈利按照其社会目标再投入自身业务、所在社区或公益事业，且社会目标持续稳定的特定企业类型。"社会企业的认定主要采取市场监督管理局、社会企业孵化基地的枢纽机构、行业协会推荐模式，具体由政府与第三方评审委员会合作的方式评定。引导和规范社会企业评审认定，引入专家评审委员会进行专业性、权威性认证，其本意是结合市场化和社会化机制，创新社会组织的组织形式，加大满足社区发展治理需要的社会化服务机构供给数量。

三是推进社会组织和社会企业信用信息系统构建以及公示。在成渝地区双城经济圈建设过程中，众多项目需要成渝两地加强合作。当前，成都市正积极通过企业信用信息公示渠道展示社会企业特殊身份，增强公示效应。具体而言，成都市通过"成都信用网"企业信用信息公示功能，在企业基础信息板块添加蓝色的"社会企业"标识，清晰直观地呈现社会企业身份，实现了社会企业的网上对外公示。[②]

第三节 市域社会治理现代化的重庆实践

重庆市是中西部唯一的直辖市，也是国家中心城市，在全国享有较高的知名度，其主城是成渝地区双城经济圈双中心之一。重庆市近年来经济社会发展较快，处于人口快速聚集的历史发展时期。与成都市有所不同的是，重庆是集大城市、大农村、大库区、大山区于一体的超大城市，具有大城市带大农村的特殊市情。重庆城市特点决定了其在市域社会治理中面临一些特殊难点，如地区间经济社会发展水平差异过大，相对较低的人均发展水平容易使治理能力深层次地停留在内卷阶段，更多

---

① 成都新闻：《成都：五大板块助力全流程社会企业培育》，http：//www. chengdubbs. cn/article－8144－1. html，最后访问时间：2020 年 6 月 19 日。

② 四川日报：《"成都信用"全面升级》，https：//epaper. scdaily. cn/shtml/scrb/20140215/54734. shtml，最后访问时间：2021 年 6 月 5 日。

依靠行政主导社会治理，且较难支撑智能化、专业化所需的财政投入。正是基于这样的特殊性，尽管能够看到重庆在市域社会治理方面做了很多工作，但对于市域社会治理现代化重庆实践的审视，我们重点关注的是其自身较为鲜明地域特色的方面，如"一核多元"社会共治格局、有特色的技术治理路线和本土化的基层自治等。

一、打造社会治理"一核多元"共治格局

重庆市经过多年摸索，因地制宜，探索并推行出了以党的领导为核心，治理资源自上而下与基层自治相结合，延伸到各个基层网格的治理模式。具体而言，就是以生活化、场景化为治理思路，形成以党建引领、多元协商、社会融合的"一核多元，共治共享"的治理格局。"一核多元"，指以党组织引领社区各组织共同参与治理，形成"多元治理共同体"。2019年12月26日，重庆市委在重庆市域社会治理现代化工作会议中明确指出，应"努力建设人人有责、人人尽责、人人享有的社会治理共同体"。

（一）强化党组织的治理主导作用

2018年，中共重庆市委、重庆市人民政府正式出台《关于加强和完善城乡社区治理的实施意见》。该意见明确指出，加强和完善城乡社区治理的第一个原则是坚持党的领导，充分发挥基层党组织的领导核心作用是健全完善城乡社区治理体系的任务。在近年各区县的治理实践中，重庆市各级政府均高度重视党组织的主导作用，这一点与成都市党建引领治理模式有异曲同工之妙。

"三事分流"工作法是重庆市南岸区探索的一项社区治理方法论。下文介绍有关做法时将指出，"三事分流"工作法的基层实践是党委领导下实现社会协同共治的经典案例。它之所以能够发挥实效并长期运转，关键在于发挥党组织的战斗堡垒作用，为党建引领以及基层党员的模范带头作用提供了广阔的参与渠道。[1] 在这一实例中，基层政府特别注重党组织体系建设，为此制定了小区党支部规范标准，明确"精细分类、精准指导"的工作思路，按照"利于管理、便于活动、发挥作用"的原则，在物管小区、自治小区、公租房小区和社会治理网格推广"小区党建"，

---

[1] 详见重庆南岸区调研资料《南坪街道：减负增能，回归社区职能本位》，载《重庆市南岸区三事分流工作法理论概述与操作指南》，中共重庆市南岸区委，2018年10月，第17页。

建立 332 个小区党支部，推动基层党建向居民小区、院落等微观单位延伸扩展，"镇街党委—社区党委—小区党支部—楼栋（院坝）党小组"的城市基层组织体系初步成型。在基层党组织的领导下，南岸区将党组织建在网格里、小区里，加强基层党组织的凝聚力和号召力，并实行党员分片区联系居民群众，引领群众参与社区物业自治与自我服务，推动资源要素流动整合。

重庆市璧山区同样积极探索在基层治理中锻造党的领导力的实践模式，促进党建下沉到各基层组织。具体做法是，以建立小区党支部为核心，引导业委会、业主监事会、各类社会组织和全体业主共同参与小区治理，填补在多数小区没有党建的空白。璧山区还充分发挥"市—区—街道—社区"社会治理体制，解决社区服务和小区需求信息传达沟通和反馈的链条缺失问题，杜绝居委会自治职能与小区居民现实需求之间的脱节现象，使得多数小区摆脱社会治理的无序状态；同时精准解决小区业主与物业服务之间的供需矛盾，使得基层党建创新能够更好地适应城市社会群体结构和社会组织结构变化。①

（二）"三事分流"工作法展现的几种共治场景

我们在重庆市基层走访过程中感受到，关于党领导下的社会共治模式，若论分工最细致、体系最成熟的做法，非重庆市南岸区探索的"三事分流"工作法莫属。所谓"三事分流"，其实是对基层群众诉求的一种类型化治理机制，即把有关诉求按照"大事、小事、私事"形成分类分责处理，实现党领导下的政府治理和社会调节、居民自治良性互动。为了将"三事"精准分流，各街道办对不同事项进行了清单化管理，属于公共服务和自治事项的，纳入社区公共服务指导目录；"大事"部分由事权清单梳理，区县党委政府牵头办理；涉及社区居民利益的"小事"主要通过广泛的社区协商处理。重庆市南岸区 2014 年出台《南岸区健全村（居）民议事机制推动三事分流的实施办法（试行）》，正式开启了"三事分流"机制全面试点。其主要特点是，对治理需求进行精准分类，进而定向推动给不同处理主体，明确政府、社会、居民在社会治理中扮演的角色和权责的边界，形成互补共生的治理关系，实现政府治理与社会调解、居民自治的互动共治。正如我们在调研访谈中，有基层干部所提出

---

① 重庆日报：《重庆璧山：党建引领解锁城市基层治理困局》，http://dangjian.people.com.cn/n1/2020/0630/c117092-31764732.html，最后访问时间：2021 年 6 月 6 日。

的看法："党的领导是社会治理的起点，但并非终点，更多的还是要依靠群众的协同参与。"在这种分类工作法的指引下，基层治理呈现了一批不同的社会共治场景。

1. 党委政府主导的居民自治模式

重庆市南岸区裕华街社区推动环境综合整治过程中，由社区党委成立综合整治及自治小组，通过组织协调、资源整合、项目嵌入和自治物业等方式，取得较为良好的社会治理效果。裕华街道辖区三分之二区域属于拆迁范围，老旧散小区占比85%，其设施老化、规划滞后、管道堵塞和居民矛盾等问题突出，被社区分流界定为"大事"。社区党委多次组织开展院坝会、协调会商讨小区整治方案，上报上级党委和主管部门纳入当地环境综合整治项目。在项目实施过程中，由党委组织引领、充分尊重居民自治意愿、积极引入项目和外部资源，并发动党支部、业委会自发筹资，让整治项目顺利完成，得到了居民广泛参与和普遍认同。

有评论指出，这是典型的通过党委政府主导、社会组织协同、居民参与来实现老旧散小区善治的一个案例。这类小区的治理难点是居民文化层次低、社会陋习严重、改造投入大、矛盾纠纷多等，而优势在于小区的居民居住时间长，原先有彼此的工作或生活交集，属于半熟人社会，具有人际黏性，有自发组织的动力和便利。治理改造最终平稳实现，除了党委领导、政府负责，早期引入的重庆即善社工服务中心也功不可没。该社会组织协助小区建立了四支自治队伍，定期开展活动，重建了对政府的信任。而更为重要的，居民有组织化的参与、意见被倾听和尊重，换来了居民参与改造中主动让出部分车位利益、放弃违章面积，以社会共治达成了和解，破解了治理难题。[①]

2. 政社企分工协作共治模式

为了办成大事、支持公共服务和居民"小事"，重庆市南岸区也在政府职能转移事项办理中探索推行了项目化、社会化和专业化运作模式，筹集各种资金投入社区公益项目中。其中，最为典型的做法就是建立社区基金，以解决社区治理的经费问题。在传统的公共服务供给模式中，几乎全部由政府完全输血支持，但往往缺乏可持续性，难以带动更多的治理主体参与。而社区基金的运作通过发动社会力量循环造血，既解决

---

① 案例详见重庆市南岸区调研资料，有关评论参见陶传进对《长生桥镇：推进"131"自治模式，加强老旧散小区社会治理》一文的点评，载《重庆市南岸区三事分流工作法理论概述与操作指南》，中共重庆市南岸区委：2018年10月，第100—102页。

了经费问题,同时还发动更多主体、更多要素共同参与社区治理,形成政社企分工协作的共治模式。

社区基金分为大基金和小基金。大基金的具体做法是以政府资助为引导,社会捐赠为主体,居民出资为补充。如"重庆民泰社区公益事业发展基金会"就是一种大基金,基金会通过实行项目化、社会化、专业化运作,成立三年多来,直接投入1700多万元,整合社会资源2000多万元,创建了"社区公益节""四点半课堂""节气行"等品牌活动。在该基金会的支持带动下,各社区相继建立了社区公益站和社区公益资金等小基金。社区基金的使用权、决策权主要交给居民,居民从被动参与到主动参与,从个别参与到全员参与,培育社区社会组织,资助社区开展自治活动和公益项目,实现了社区治理的造血功能。[①]

3. 机制化保障基层民主协商

在"三事分流"实施过程中,各级政府非常注重将商谈对话机制广泛引入基层群众自治实践中,社区通过多领域、多层次、多渠道开展基层协商活动,形成了一套相对完善的居民议事机制和流程步骤。这些做法包括引导开展"三级议事""社区组织议事""一事一议"等形式的社区协商,以及针对议题按照"六步议事法"进行民主协商。"六步议事法"不但有严格步骤,清晰条理,还颇具程序正义色彩。其具体流程为:一,给议题"定性",即事先梳理议题的性质(事务类、服务类、活动类或是秩序类和规范类);二,方案选择,有协议、自治公约和寻求社区基金支持等;三,若需要求助基金,则开始运作筹集资金;四,具体实施项目或者活动;五,成立自治小组,密切跟踪项目或活动进展;六,进行项目验收,根据验收结果对社区社会组织给予激励。

大佛寺社区通过社区协商解决腾滨公园的垃圾治理问题,就是其中的成功案例之一。该公园原属于当地一块面积约1000平方米的荒废绿地,毗邻着农转非小区南国丽苑,部分居民便利用这块荒废地种植了各类蔬菜,搭起了棚屋,造成灌溉小区环境污染,其他居民意见极大。社区收到居民的投诉意见后,通过"三事分流"界定了此事的主体责任,定性为相关部门主管的"大事";接着启动了协商程序,由社区党委召集

[①] 社区基金的具体运作详建重庆市南岸区调研资料:《三事分流的内涵、指导原则和工作机制》,载《重庆市南岸区三事分流工作法理论概述与操作指南》,中共重庆市南岸区委;2018年10月,第19—20页。

楼栋长、居民代表、居民组长、支部书记、社区两委委员,召开三级议事工作会,将收集的意见建议进行梳理分类,通过街道向相关部门反映沟通,争取专项资金进行项目改造,居民参与跟进项目实施。以协商共治共享的方式解决南国丽苑的问题。

这一案例展现了社会共治的一个基本逻辑:首先,社区居民要有积极参与公共生活事务的组织机制;其次,政府具有呼应社区居民意愿需求的灵敏工作机制。[①]而基层民主协商机制,在这两方面都提供了很好的示范样本。

二、重庆特色的技术治理模式

从对重庆各区县的走访情况来看,受限于城市特点和财政收入等因素,在智慧城市建设方面,我们能够明显感受到重庆相对滞后于成都。但这不意味着重庆市并没有采用任何技术治理手段。在社会治理体系建设和智能化治理方面,重庆市还是有不少可圈可点的地方。

(一)平安建设的体系建设

社会治理是一个庞大的治理体系,涉及政府、市场、社会和居民等方方面面。平安建设是社会治理体系中的重要方面,其本身也是大平安的概念,遵循综合治理和源头治理的原则。因此建设平安城市,提高社会治理体系的现代化、精准化,必然需要运用一定的技术治理手段。故而,社会治理体系中的平安建设,无疑是一个相当复杂而带有技术专业性的工作。在这方面,重庆市进行了一些系统化和精细化的有益探索。

其中一个例子是,重庆将综治中心、网格化管理和智能化管理平台整合起来,形成了"平战结合"的指挥管理体系。重庆市作为革命老区,相比于中国很多地区,在战时准备上的敏感度要明显更高。另一方面,重庆市作为扫黑除恶工作的重点城市之一,依法对违法犯罪和黑恶势力进行打击惩治的需求也相对更为突出。故而,尽管"平战结合"理念并非重庆市独创,且在全国的多个领域提倡并推广,但是在重庆市,"平战结合"的管理功能和指挥原则更受重视。为解决情报信息不畅、应急处置能力不强的问题,重庆全力推进"综治中心+网格化+智能化"管理

---

① 有关案例介绍来源于重庆市南岸区调研资料,有关意见分析参见马庆钰对《九龙花园:能人带头居民自治,建设宜居九龙花园》一文的点评,载《重庆市南岸区三事分流工作法理论概述与操作指南》,中共重庆市南岸区委:2018年10月,第72—73页。

服务平台建设,并结合镇街综治中心等载体,探索出一套"平时植根基层、战时召之能战"的应急指挥管理体系。

在区县,对平战指挥系统的实践运用更为精细化、具体化。例如,南岸区制定了《推进镇街综治中心标准化建设工作方案》,搭建了15个镇街综治中心与网格化服务管理中心"双中心"并开展实体化运行。在平时服务期间,对镇街治理、网格化管理分时进行动态调整,以满足平时的治理需要。在重大公共事件的应急调度上,同样通过网格化智慧治理系统,实现平时服务功能向具备穿透式管理、可视化协同、数字化评价的实战功能的转变。

不局限于依法打击和惩处犯罪等传统的平安建设领域,重庆市还坚持围绕中心、服务大局,加强为民营企业发展及其权益保护、民生领域保障政策提供政策精准设计和有力保障。例如重庆市委政法委牵头出台了服务民营经济发展"15条举措",市法院推出了民营经济司法保护"16条",发布了民营经济司法保护白皮书,市检察院推出了服务保障民营经济"18条+15条",市公安局推出了服务民营经济"30条+10条"、服务学校"29条"、服务旅游发展"23条"等举措,市司法局推出了民营经济法律服务"10条+15条"。除直接加强对民营经济和民营企业的人身权、财产权保护力度,重庆市还在营商环境法治化方面做出了一些创新探索。例如,在全国首发法治化营商环境司法评估指数体系,从营商环境和法治建设的不同角度,增加民营企业和企业家的安全感、获得感。①

(二)推进社会治理智能化建设

尽管没有像杭州、南京和成都等财力相对雄厚的城市那样,建设大而全、更为现代化的城市大脑,全面推进智慧城市建设,但重庆市仍然在某些重点领域,进行了一些有地域特色的社会治理智能化建设。

重庆市司法局、重庆广播电视集团共同开发打造了重庆首款主打人民调解的"互联网+"社会公共服务产品——巴渝和事佬。该 App 集合了人民调解员、执业律师、法律专家等近8万名专业人士,有调解需求的市民可以根据自身情况选择在该 App 内进行在线人民调解或线下调解。"巴渝和事佬"所积累的"互联网+矛盾纠纷化解"的成功经验,为

---

① 以上关于重庆市平安建设的介绍,系根据实地调研一手资料和政府官网部分报道整理而成。

推动矛盾纠纷化解新机制提供了"重庆智慧"。

合川区为提升社会治理的智能化水平，构建了"政法大数据云"，搭建了"社会信息资源共享交换、网格化服务管理、公共安全视频监控、矛盾纠纷调解、平安建设民意调查"等五大平台，横向联通44个部门的67个业务系统，纵向贯通区、镇街、村（社区）、网格，对外联系200余家企事业单位和社会组织，为各级干部、网格员、群众安装App手机终端2万余个，形成了上下、左右、内外联通的共享联动网络。①

两江新区翠云街道为破解社会治理条线多、职能交叉、管理混乱、效率不高等难题，按照中央"9+X"综治系统标准规范要求，将"互联网+"技术引入社会治理中，打造了翠云街道社会治理（综合执法）信息系统。② 通过大数据、云计算、智能感知技术等综合运用，整合现有综治、信访、司法、群工、数字城管、公安视频等系统，实现一体化信息职能共享。

在智慧司法方面，重庆市的智慧法院建设深入推进，"检察云"平台基本建成，"10+X"智慧警务着力服务实战，"渝警飞度"等64个移动警务应用陆续推出，司法行政系统信息共享更加全面。在社会治理方面，"雪亮工程"治安防控体系建设快速推进，实现重点区域、重点部位全覆盖，全市公交车视频监控系统、中小学幼儿园一键式紧急报警及视频监控系统与属地公安机关联网实现全覆盖。③

三、突出本土化的基层治理元素

确保基层社会治理的可持续性，不是唯独重庆市要面对和解决的问题。在许多地区，大量基层治理模式或创新一旦失去供血，或者领导重视程度下降，就可能出现治理效能的快速衰减甚至"社会性消亡"。这不仅浪费了社会资源，又难以形成基层治理的长效性。正如学者分析的那样，在政府力量和市场主体的双层夹击下，基层治理实践正在变成一个处境尴尬的夹心层治理共同体，如何实现政府入场和市场在场的基层治

---

① 华龙网：《"六保"里的重庆行动⑥｜为社会治理配上"最强大脑"这些妙招让基层运转活起来》，http://cq.cqnews.net/html/2020-06/02/content_50951442.html，最后访问时间：2020年6月24日。

② 人民网：《两江新区打造社会治理信息系统》，http://cq.people.com.cn/n2/2018/1207/c367651-32382413.html，最后访问时间：2020年6月25日。

③ 重庆长安网：《2020年市域社会治理工作这样做——重庆市域社会治理现代化工作会议精神解读》，http://www.tlxzfw.gov.cn/index.php?m=content&c=index&a=show&catid=58&id=2044，最后访问时间：2020年6月28日。

理实践的可持续治理,是包括重庆在内的各个城市的治理者要面对的问题之一。[①] 当前,生活化和场景化治理成为各个城市争相采用的治理思路,这一思路本质上就是在尊重人民群众自治需求的基础上,把自治手段与治理目标更精准地匹配。我们在调研中也听到重庆市的一些基层干部明确谈道:"基层工作方式习惯了自上而下的全覆盖,搞大包大揽,往往忽视了人民群众的真实需求和群众参与的过程。"推进基层治理的本土化,已成为重庆不少区县和基层推动场景化治理的明确方向。

(一)本土化治理的社区共同体模式

社区共同体模式主要建基于当地的熟人社会,或因城市征地拆迁等原因引发的区域原住民和新居民重组聚合形成的半熟人社会。社区共同体模式背后体现的是中国传统社会中的治理经验,即在行政动员之外,积极发挥传统文化的作用。这些做法的具体特征包括:开展社区礼仪教育,重拾传统尊敬互爱的邻里文化,形成以礼相待、以和为贵的社区氛围;重视家庭礼仪,弘扬家风家规家训,培养个体自立精神;宣传和规范国礼,弘扬社会主义核心价值观,培育社会公益观念,形成崇尚正气的社会美好风尚。

一般而言,培育社区共同体意识特别需要"润物细无声"的潜移默化,但有时也要借助基础设施、活动场所、资源平台等有形载体的硬件支撑。重庆市沙坪坝区回龙坝镇利用重庆独特地域文化在聚龙城安置小区打造的"和顺茶馆",正是一个体现社区共同体模式的基层治理综合体。与成都"思源堂"社区综合体类似,"和顺茶馆"同样充分利用并突出川渝两地群众所熟悉的茶馆元素,借助党建引领与多元共治相结合的方式,推动本土化的治理场景建设,整合公共服务、矛盾纠纷化解、法治文化等治理资源,培育居民当家做主的主人翁意识。

与成都的市场化和项目制运营不同,"和顺茶馆"的运作主要采取"政府扶持+居民自我管理"的模式,茶馆场地的装修维护、社会组织引入、党建活动和公共服务等治理资源整合主要由政府负责,茶馆提供的部分生活服务则由居民自主经营管理,通过开发文创产品、收取茶位费、提供场地租赁服务等方式进行自体发展。特别值得肯定的是,该茶馆兼具了基层公共服务的延伸职能,不仅提供职能部门提供的社保、税务等

[①] 王斌:《场景化治理:市域社会治理的创新与发展——重庆市沙坪坝区的实践样本》,载《重庆行政》2021年第2期。

信息化公共服务以及法律咨询、矛盾纠纷调解、心理咨询等公共法律服务，还有法官、检察官定期开展普法宣传，在茶馆内设立民事审判派出法庭，等等。①

重庆市沙坪坝区石井坡街道在打造的"特钢能人坊"，则属于社区共同体模式的另一种表现形式。"能人坊"虽然冠以"能人"之名，但其治理机理并非依靠个别能人和贤人，而是采用一种社会互助的激励机制。具体做法是，通过社区引导和组织，鼓励有能力、有时间的社区群众为其他需要帮助的社区群众提供爱心服务，通过实施能人积分制度，激励社区群众多做好事多行善事，积累积分换取商品、服务或进行生活消费。在调研中，当地政法委和社区干部告诉我们，打造"能人坊"并不是简单地解决邻里互助问题，而是立足于居民的实际生活需求建立组织化机制，通过制度化的互助形式培养共同体意识，增强居民自我管理和自我决策的自治能力。在采用能人积分制以后，该小区很多难以解决的公共事务，都可以借助互助平台进行协商处理。②

（二）本土化治理的贤（能）人治理模式

贤人治理也是中国传统社会治理中的重要经验。前文述及中国古代的"官民合治"，主要就是指乡里制度和宗法血缘制度，以族权、绅权为代表的民间力量与政权力量相结合的方式来进行基层治理。里甲、保甲都是中央政权向乡土基层延伸的典型方式。但是，里甲、保甲遵循"以民治民"的管治方针，在政府强制推行的、以地缘为特征的基层行政区划内，乡里士绅直接由中央赋权担任征派赋税徭役、掌管教化治安等职务，代替政权组织对基层事务进行集权管理，从而减轻国家在资源供给和社会管理上的压力，并在一定程度上赋予了乡里组织自主管理的权限。③"保甲制"毕竟是一种具有封建色彩和"连坐"特征的管理模式，是在缺乏技术治理和信息渠道匮乏的情况下，古代皇权对乡村采取的一种自上而下介入基层管理的特殊手段，其迥异于当代以人为本、注重协

---

① 以上情况介绍和分析比较，主要根据课题组实地走访考察体验以及与负责打造"和顺茶馆"的街道干部进行的深度访谈记录整理而成。

② 有关"特钢能人坊"的案例介绍，部分基于实地走访的深度访谈记录，部分亦可参见中国长安网：《"社区能人坊"破译社会治理密码！看重庆这个街道交出的"平安答卷"》，https://baijiahao.baidu.com/s?id=1700715760591769590&wfr=spider&for=pc，最后访问时间：2020年6月25日。

③ 张维迎，邓峰：《信息、激励与连带责任——对中国古代连坐、保甲制度的法和经济学解释》，载《中国社会科学》2003年第3期。

商民主的基层治理逻辑。尽管如此,在当代中国城乡转型过程中,在一定的区域经济社会文化条件下,贤人治理仍然是值得关注的本土化治理模式。

重庆市永川区临江镇所构建的"自治、法治、德治"三治合一乡贤评理堂,就是这样一个例子。在党建引领下,当地政府组织了 161 位德高望重的乡贤组成乡村评理员,发挥乡贤群体矛盾纠纷调解的作用,发掘德治、自治在基层治理中的重要功能,积极应对乡村地区因城市化而日渐多发且多元的矛盾纠纷形式。乡贤评理堂的成功经验在于,在乡村治理与政府治理的临界点进行了平衡选择,妥善处理和把握党的领导和基层自治、单一评判和多元职能、法治和德治、传统治理与创新治理的关系。①

重庆市南岸区古楼湾社区九龙花园是修建于 20 世纪 90 年代的拆迁安置小区,具备所有老旧小区所呈现的"脏、乱、差"等因素,居民矛盾纠纷较大,投诉较多,社会矛盾风险突出。在前文提及的党建和"三事分流"工作法的指引下,该社区所采用的破解方法是"能人带头居民自治",具体来讲,就是通过民主推选出以张开贵为代表的各类能人,作为成立各种自治组织和志愿服务队的带头人,同时引导和发动居民制定各种自治规约,以形成居民自我管理、自我服务的小区自治长效机制,成功解决小区面临的各种治理难题。

从九龙花园的治理实践可以看出,贤(能)人治理在基层有它合理存在的一面,不能一刀切地将其视为良好治理的异化因素。相反,在一些自我组织能力欠缺的基层地区(这是许多中西部地区的真实写照),贤(能)人治理可能是一个切实有效的路径。在这些地方,有组织化的基层自治需要一定范围的共同体意识,而共同体塑造的关键往往是要有大部分成员都认同的带头人。在社区内挖掘出的贤(能)人承担组织"热启动"的角色,从而引导激发社区成员的共同体精神,已被证明可以取得良好治理效果。例如,在九龙花园的这一案例中,小区改造项目相继完成,包括休闲长廊、晾衣架、大门建设,清理乱牵挂网线、修缮外墙,安装路灯 32 盏,彻底结束小区 18 年来没有路灯的历史,使小区环境和

---

① 重庆日报:《永川 161 个乡贤评理堂打通乡村基层治理脉络》,2020 年 6 月 25 日。

面貌焕然一新。①

第四节　社会治理现代化的其他市域采样

不同城市拥有自己的人文历史、地理环境、人口结构和社会文化等差异性禀赋。从单一市域社会治理现代化推进情况来看，许多地区的做法都具有共性，也具有特殊性，具有普及性内容，又有独特的地域特色。在成渝地区以外的市域实证采样中，可供选择的样本很多，具有代表性的也有不少。这些样本都能很好地呈现市域社会治理中的经验探索。例如，北京市在基层治理主体创新上有许多全国闻名的名片，如"西城大妈""朝阳群众""海淀网友""丰台劝导队""网警志愿者"，还有"街道吹哨、部门报道"等基层治理体制机制创新探索；浙江省宁波市强化社会组织培育，加强公共安全管理和灾害防治，在社会保障、社会福利和社会救助等方面立法成果丰硕；上海市从社会设施、社会服务、社会动员、社会治安、社会生态五个维度构建体系；等等。

正如前文指出，实证研究主要服务于研究设计和研究目的。如果说成渝地区主要城市的治理实践，是中西部地区社会治理的一个现实缩影，那么主要的采样对象更需对标东部先行地区。通过文献资料比较和实地走访调研，我们重点对东部沿海地区几个具有代表性的市域（含副省级和地市级）进行样本采集，深度剖析这些现代化先行地区样本的治理经验，在进行一定的归纳、总结后，深入挖掘先行地区走向现代化的共性规律，从而比照中西部地区短板，找到优化成渝地区协同治理的创新路径。

一、社会治理智能化体系化的杭州样板

大力推进社会治理智能化，积极构建治理体系，推动社会治理的系统化，这是每个地区都在积极开展的主要工作。而在这两方面都同时做得较为成熟的城市中，杭州是典型代表。杭州市作为世界知名互联网科技公司阿里巴巴集团的总部注册所在地、长三角一体化发展的重要区域城市，在智能化技术供给方面属于"近水楼台"。互联网经济发达，社会

---

① 案例来源于重庆市南岸区调研资料《九龙花园：能人带头居民自治，建设宜居九龙花园》，载《重庆市南岸区三事分流工作法理论概述与操作指南》，中共重庆市南岸区委，2018年10月，第119—120页。

治理基础好,让杭州已为自己定下市域社会治理现代化标杆城市的创建任务。近年来,杭州市与相关市场主体开展深度技术合作,为市域社会治理插上智慧翅膀,实现智慧治理领跑全国,自然水到渠成。除此之外,杭州市自 2012 年就开始探索社会治理体系化建设,历经多年构建了体系完整、层次分明的"六和塔"社会治理体系,令人印象深刻。

(一)"城市大脑"赋能智慧治理

以算法为主导和算法泛化的智能时代已呼啸而来。① 在社会治理中积极借力人工智能技术进行精准化治理,全面实现城市治理的智能化,对城市治理者而言,已成为深具现实意义和可行方向的重要现代化目标。在广义社会治理领域,政府是主导性的社会治理主体,政府的治理改革与创新同样是智能化的重要应用场合。在建设智慧城市方面,杭州无疑是有优势的。借助数字经济的头部企业阿里巴巴,以及具有战略眼光的早期布局,杭州较早引入了大数据分析和人工智能技术的应用,率先开启了服务型政府的科技化、智能化转型的治理之道,从城市治理数据采集到算法开发再到大数据分析,已形成了一整套较为完整的智能化治理机制,并诞生了全国首个城市大脑和首个互联网法院。② 习近平总书记在考察杭州城市大脑运营指挥中心时曾指出:"让城市更聪明一些、更智慧一些,是推动城市治理体系和治理能力现代化的必由之路,前景广阔。"这不仅充分体现了智能技术赋能智慧治理的重要意义③,而且也是对杭州推动城市智能化治理成绩的肯定。

据了解,杭州市推进城市智能化治理始于 2012 年。该市在当时就着手尝试打造智能化交通检测系统,以解决城市交通治理问题。2016 年,杭州市在此基础上启动"城市大脑"建设。2017 年,杭州率先在全国成立了"数据资源管理局",集中城市治理数据的监管、利用。杭州市政府具体委托了阿里巴巴集团开始开发"城市大脑"智能管理平台,在随后几年内,又相继出台《杭州市城市数据大脑规划》《城市大脑建设管理规范》,进一步明确"城市大脑"建设的规划图。经过几年的建设发展,杭

---

① 张文显:《构建智能社会的法律秩序》,载《东方法学》2020 年第 5 期。
② 人民网:《杭州智慧治理领跑全国》,http://legal.people.com.cn/n1/2018/0222/c42510-29828474.html,最后访问时间:2020 年 9 月 3 日。
③ 新华社:《习近平在浙江考察时强调 统筹推进疫情防控和经济社会发展工作 奋力实现今年经济社会发展目标任务》,http://jhsjk.people.cn/article/31657786,最后访问时间:2021 年 6 月 7 日。

州市"城市大脑"依靠数据采集系统、数据交换中心、开放算法平台、超大规模计算平台和数据应用平台等五大数据系统，已经实现了城市治理数据的归集、分类、快速分析和利用组装。城市大脑平台在接收到外部反馈数据后，经过内部算法建模的快速处理分析，可以实时将结果反馈给相关的城市基础设施，配置相应的基础设施资源，实现治理需求和资源供给的快速对接和同步，赋能城市治理。截至2020年4月，杭州市"城市大脑"已经实现了于11个重点领域共计48个应用场景中的智能化治理，包括"无杆停车场""就医最多付一次""全面电子化支付"等应用场景，为居民生活和社会治理提供了极大便利。①

除此之外，在城市治理的许多具体领域，智慧赋能社会治理同样成果显著。在文化传媒领域，"媒体大脑""AI合成主播""智能化编辑部"都是诞生于杭州市的高新技术产物。杭州电视台联动杭州市政府等多个部门，利用有关技术创建了杭州市"民意直通车"协调小组，通过新闻报道、媒体咨询精准推介、推出"时评、快评、短评、微评"等智能化在线评论平台，打造了一个精准对接社情民意的治理传媒平台。在2019年，通过"民意直通车"收集民意5200余条，政府部门解决5100余条，民意反馈办结率高达98%。②

在智能安防领域，杭州市推出电信网络诈骗防范"钱盾反诈机器人"，为社会安全治理提供治理护盾；在智能政府领域，推出政务服务智能机器人，实现政府服务的无人化快速化供给；在司法审判领域，打造"智慧法庭"，实现庭审在线化和书记员无人化等；在网络空间治理方面，杭州市还和360公司合作，推出"360安全大脑"，维护互联网治理安全。③

与全国其他城市不同，杭州的智慧赋能社会治理是全方位的，不限于单一的领域。更重要的是，它的"城市大脑"是活的，可以在不同场景中部分代替人工治理活动，能够在更大范围内实现多部门的大数据画像和精准信息推送，超越了部分城市仅有大数据归集而智能化实际运用的外延式创新陷阱。

---

① 张蔚文，金晗，冷嘉欣：《智慧城市建设如何助力社会治理现代化？——新冠疫情考验下的杭州"城市大脑"》，载《浙江大学学报（人文社会科学版）》2020年第4期。
② 翁晓华：《论媒体在新型社会治理中的功能与作用——以杭州电视台媒体实践为样本》，载《当代电视》2020年第11期。
③ 本清松，彭小兵：《人工智能应用嵌入政府治理：实践、机制与风险架构——以杭州城市大脑为例》，载《甘肃行政学院学报》2020年第3期。

(二)"六和塔"社会治理体系

早在2002年,杭州市针对社会治理面临的突出问题,积极开展"平安杭州"的建设工作,在社会治理领域开展了"矛盾多元调解""多元复合治理"等治理创新工作。随着杭州城市化进程的加快、城市能级的不断提升,杭州市也面临着城市治理压力越来越重、传统的治理理念和矛盾纠纷解决方式无法适应日趋多元的利益诉求和治理需求等问题。而且,按照传统的部门职能设置,政府部门组织结构和工作体系并不符合多元共治格局的实际要求,社会治理主要还是依靠政府部门的推动。不仅如此,政府利用技术化手段来化解社会矛盾纠纷的能力在当时也显得有些不足。

针对社会治理领域存在的种种问题,杭州市全面梳理和总结实践经验和现实优势,加强了市域治理方面的统筹协调,着力提升社会矛盾和风险防控能力,同时进一步提升数据化、智能化技术的利用水平。2018年,中央政法委正式提出"市域社会治理现代化"的目标,杭州市深刻观察并及时总结G20峰会维稳安保工作经验,提炼矛盾纠纷调节社会治理创新经验,借用杭州市"六和塔"文化地标之名,顺势提出"六和塔"体系化社会治理模式。市委市政府随即出台《关于推进市域社会治理现代化的意见》等"1+5"系列文件,明确了市域社会治理"六和塔"工作体系建设标准;首次提出"三级三层六和六能"组织架构和"党建领和、社会协和、专业维和、智慧促和、法治守和、文化育和"治理体系。随后,杭州"六和工程"在全域范围内开展。

"六和塔"模式在构建之初,主要由"三层六面"组成:党建引领位于"塔尖"一层,社会治理活动的展开以党建引领先行,充分体现党的核心统一领导作用和在基层治理中的战斗堡垒作用;"塔身"一层由"四化支撑"组成,具体为"社会化、法治化、智能化、专业化",社会治理主要依靠"四化"来实现治理主体整合、治理队伍建设、技术手段支撑和法治的保障,形成稳定有效的四化协同治理机制;"塔基"一层则由"三治融合"组成,即由"法治、德治、自治"融合构建,基层治理除了需要依靠法治规范,还需要德治和自治的共同协力。在塔体"三层"构造的基础上,进一步展开社会治理"六面",包括以"党建引领、群防群治、纠纷化解、科技支撑、平安宣传、法治保障"为基础构成的六大治理体系以及以"党建领和、社会协和、多元调和、智慧促和、法治守和、文化育和"六大治理能力两个组成部分,如图5-1所示:

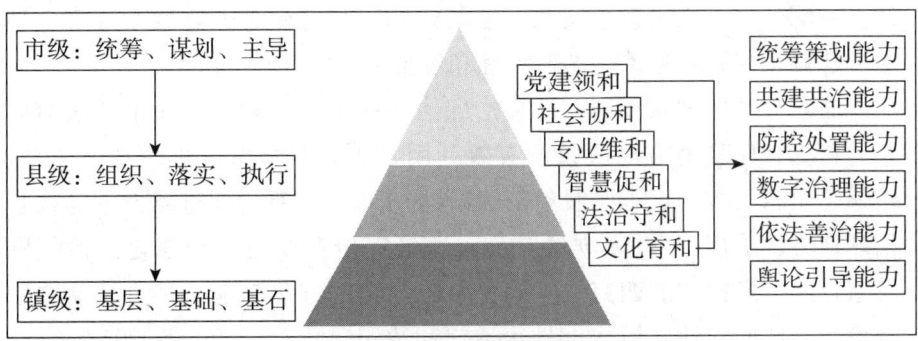

图 5-1　"六和塔"社会治理体系和治理架构示意图①

党建领和是"六和塔"社会治理体系的牵引。它要求强化党对政法工作的绝对领导地位，强化党建统领的顶层设计和系统谋划功能；通过创新"网格化+党建"和"社会组织+党建"的治理模式，实现城市社会治理问题的精细化解决；通过整合政法、信访、人社等政府部门，实现矛盾纠纷的"一站式受理、一条龙服务、一揽子解决"；通过对加强基层党组织的组织培训，提升基层党组织的服务水平和服务能力，创新"六和塔"评价指数，激励基层党组织为群众服务。②

所谓社会协和，就是通过"六和塔"社会治理体系，积极提升社会协同共治能力的构建，充分发挥社会组织、社会团体的桥梁纽带作用，构建以村社、网格为基本治理单元的群团自治组织和基层社会治理网络。同时，针对社会治理新主体、新需求、新样态，发挥社会团体、公益性组织的协调凝聚作用。例如，基层打造的"萧山红岭"等特色治理品牌，就是社会协同共治的例子，确保了民意沟通和反馈渠道畅通。③

专业维和的要求是，积极推动专业治理力量的组建，全面提升政法队伍、专业化社会组织在社会治安案件、重大社会事件中的处理能力和专业化水平，充分发挥律师、调解员等专业人员的职能。例如，成立基层调解组织、"信访超市"等，强化治理专业化能力，解决资源匹配问题。

智能促和，则是通过数字信息化技术的更新升级，实现治理事务在

---

①　有关示意图参见姜方炳：《"六和塔"工作体系：市域社会治理的杭州探索及启示》，载《社会治理》2020年第5期。

②　黄鹏进：《"六和指数"：基层社会治理评估体系的杭州探索》，载《学习时报》2020年11月9日，第8版。

③　江成器，付文科，李良：《"六和塔"工作体系：市域社会治理现代化的杭州样本》，载《学习时报》2020年11月9日，第8版。

线办、网上办,推进智慧司法、智慧安防、智慧政务、智慧小区管理平台的建设,提升基层治理的便利性和可得性。①

法治守和是"六和塔"社会治理体系的中心。它以构建市域法治体系为目标,注重地方立法权的有效利用,建立健全市域法律规范体系。杭州已出台《杭州市志愿服务条例》《杭州市文明行为促进条例》等社会治理地方性法规。②除了立法方面,法治宣传上要进一步强化法治氛围营造,充分发挥"五四宪法"等史料陈列馆的宣传功能,推进社会法治教育。互联网司法新模式也是法治守和浓墨重彩的一笔。自2017年起,杭州互联网法院、"在线矛盾纠纷多元化解平台"、杭州互联网公证处、杭州互联网仲裁院相继揭牌和上线运行,实现了法治运行的"互联网+"和社会治理的智能法治化保障。③

文化育和主要是指文化治理,注重乡贤文化、家风文化的构建,打造"最美现象"和谐文化品牌,营造和谐友爱、亲善理性的社会环境,积极构建社会信用评价体系,推动社会信用治理。④

综上可见,在社会治理的智能化和体系化建设方面,杭州探索出一条特色鲜明的城市治理之道,不仅使其成为全国城市智慧治理、系统治理的先行者,其有关经验也成为重要案例。全国其他城市,如成都市,积极创建并取得初步成效的"城市大脑"、城市智慧中心,正是受到了杭州的启发。

二、党政主导下新共治格局的深圳模式

经过40多年的高速发展,深圳已成为我国科技创新中心和具有全球影响力的国际化大都市。同时,深圳也面临一些艰巨的治理任务。例如,土地制约导致发展空间不足,高人口密度对治理精细度提出更高要求,高流动性、开放性社会结构对社会治理动态平衡提出特殊要求,深圳创新发展对区域协调政策提出更高要求,等等。⑤从课题组实地调研和有

---

① 张蔚文、麻玉琦:《大城市治理现代化的杭州样本》,载《浙江经济》2021年第3期。
② 张仲灿:《推进市域社会治理现代化的探索与研究——以杭州市为例》,载《公安学刊(浙江警察学院学报)》2020年第2期。
③ 有关介绍参见《平安六和 善治杭州 杭州市全域构建市域社会治理现代化"六和塔"工作体系》,《杭州》杂志微信公众号发布。
④ 姜方炳:《"六和塔"工作体系:市域社会治理的杭州探索及启示》,载《社会治理》2020年第5期。
⑤ 李璐,张惠强:《深圳率先实现社会治理现代化的难点与对策》,载《中国发展观察》2019年第11期。

关资料分析的情况来看，深圳市域社会治理现代化工作与东部沿海许多城市存有共性。例如，重视党建和法治建设，以党建引领、政府主导推动市域社会治理工作，坚持社会治理的法治道路。凭借其作为全国科创中心的科技领先地位，深圳智慧治理值得研究。高度发达的市场经济和相对成熟的社会组织，为深圳利用市场化机制推动社会要素的高效配置提供了经济社会基础。在党政主导下，一个充满科技元素，体现社会多元的新共治格局，是对深圳市域社会治理模式的形象概括。

（一）法治化与智能化双轮驱动

如果说党的领导是深圳社会治理统揽全局、协调各方的"主心骨"，法治化和智能化就是驱动社会治理现代化列车的双轮。在厉行法治方面，深圳特别重视地方立法的创新性。数据显示，深圳自1992年被授予特区立法权以来，截至2020年6月，共制定法规235项，其中，先行先试类105项。该类法规中有41项早于国家法律或行政法规出台，64项是国家尚无法律、行政法规规定的，填补了当时的立法空白。① 在社会治理领域，虽然受制于地方立法权限，但深圳仍然制定了一些有现实针对性的专项立法。据不完全整理，这些主要立法包括：

一是平安建设立法。为进一步明确机构职责，将基层经验成果制度化，深圳专门制定《深圳经济特区平安建设条例》，系统规范平安建设工作责任主体，赋予和厘清基层综治中心法定职责。

二是社会共治立法。出台《深圳经济特区个人破产条例》，补全个人社会信用体系短板，提升社会共治水平。此外，深圳市政府正在推动制定《深圳市物业服务企业参与基层社会治理办法》，推动物业服务企业参与基层社会治理立法，压实物业服务企业参与社会治理的"看门人"法定责任和受托责任。

三是技术治理立法。出台《深圳经济特区数据条例》，不仅率先对数据进行确权并完成权能建构，同时也在加强对个人信息和隐私保护的前提下，鼓励数据依法有序流动，为大数据参与社会治理提供了法治保障。

四是多元矛盾纠纷化解立法。出台《深圳国际仲裁院条例》，提升深圳仲裁国际公信力和竞争力，为市场主体选择多种纠纷解决方式提供立法依据。此外，继续完善深圳互联网法院有效运行所需的设备、技术、

---

① 朱耿，朱占峰：《深圳建设中国特色社会主义先行示范区的探索与启示》，载《宁波经济（三江论坛）》，2020年第11期。

信息和服务等方面的配套性措施①,深化纠纷化解平台建设。

智能化治理也是深圳市域社会治理的另一大特色。深圳市委政法委推出了"块数据+"试点。以此为基础,宝安区率先打造了区级"块数据"中心,以及全区"实体化"和"一体化"的社会治理智慧管控平台,开发建设全区统一的智慧管控系统,纵向贯通区、街道、社区,横向联通部门,促成社会治理条块高效结合。同时,基于智慧网格基础和区统一地址库,形成人口、法人、楼栋房屋、城市部件、共治力量和民生服务资源等大数据库,与空间地理位置关联,落图落格、落楼落房,构成宝安"块数据"智能底板。②依托全市"块数据"智能底板,有效整合区域治理数据资源,在"精细化""智能化"方面对全区统一的智慧管控系统进行全面提升,不断拓展开发服务社会治理各项工作的"块数据+"应用,推进了全区各项社会治理工作流程的优化和再造,充分发挥了"科技支撑"在社会治理的重要作用。

此外,深圳各法院和仲裁机构也纷纷将智能化和互联网技术应用到诉讼活动中。例如,深圳仲裁委员会则启动"云上仲裁",提供电子证据固化、在线公证保全和网络裁判服务;深圳中院研发"E网送达平台";福田法院建立类案全流程在线办理平台和微信"刷脸"预约立案、查询、送达业务,增设在线司法确认服务;南山法院推出了"案件流转智能管理系统"微信小程序,将立案、保全、审理、送达、归档全过程的卷宗交接信息化;盐田法院的"电子卷宗随案同步生成系统"可以自动抓取案件信息,可自动生成部分裁判文书。③

(二)构建"市场+社会"新共治格局④

深圳市市域社会治理最为闪亮的名片,当属其构建的党政主导下的"共治+自治"新共治格局。之所以强调格局之"新",在于其突出体现包括政府、企业、社会组织、居民等不同主体的多组共治关系,而不只

---

① 马燕坤,王喆:《深圳创建社会主义现代化强国城市范例的理论阐释、实践要求和推进路径》,载《宏观经济管理》2020 年第 3 期。
② 宝安日报:《"1+3+3+1"为深圳市域社会治理现代化建设提供"宝安样本"》,https://www.dutenews.com/baoan/p/646271.html,2021 年 3 月 20 日。
③ 吕嘉淇,陈雪珍:《先行示范区视域下深圳国际商事纠纷多元解决机制探析》,载《特区实践与理论》2020 年第 5 期。
④ 以下内容由课题组实地调研获取的一手资料、座谈记录、媒体报道和部分参考文献综合整理而成。

是单一对合主体的合作。也有学者将之总结为"一核多元治理结构与模式"。① 以党委领导为核心、多元主体密切配合、互动参与、共建共享的治理特点，在多个基层案例中均有体现。

深圳市的龙华区通过对出租屋分类分级管理的方法强化了房东的主体责任感，使得出租屋管理效果大为提升。这一做法充分体现了群众自治与政府管理的有机结合，以出租房屋管理这一个工作有效带动起基层社会治安、消防、市容环境等多方面的提质改进，实现了社会治理的最大收益。

龙岗区通过建立"区—街道—社区"三级创新体系，对社会组织实行了诸多具体扶持发展措施。社会组织的专业性、针对性较强，而且与市民生活联系紧密，有着政府不可比拟的优势。龙岗区巧妙借助社会组织填补政府公共服务的缺失之处，有效地提升了公共服务水平，有效调动了广大市民参与社会治理的热情和积极性，激发了多元社会治理主体的活力。龙岗区的政社企在解决民营企业融资难题方面的探索，也有一个引人关注的创新案例。为了解决数据"卡"在政府部门无法发挥最大效能，以及金融机构获取企业信用信息不对称的难题，龙岗区政府通过与社会组织（华夏信用中心）、华夏银行建立三方互信关系，由政府向华夏信用中心提供企业信用数据，再由银行总体授信给该机构，该机构通过组织自治的方式将信用额度分配给企业会员，有效建立了政社企三方合作机制，充分实现了"共治+自治"的新治理格局。

罗湖区通过对物业责任的明确强调，成功推动了政府引导与居民自治的融合，发挥出物业服务公司"覆盖范围广、服务人口多、与小区居民距离近"的优势，鼓励物业服务公司积极参与到社会治理中。这就从形式上打通了政府联系群众的最后一公里，有效地提升了物业服务质量和水平，业主对物业的认同感增加，最终实现物业、居民、政府和社会共赢局面，以对最小单位居民住宅小区的创新治理，汇聚出整个城市的良好的治理秩序。

福田区2014年打造成立的社会组织总部基地，则浓缩了深圳规范社会组织发展的"福田模式"。深圳市是国内社会组织发展较早的地区之一。在多年的发展实践中，深圳市以项目制为抓手，大力发展孵化型和枢纽型社会组织。2017年深圳市委、市政府联合印发《关于鼓励和规范

---

① 郑建君：《公共参与：社区治理与社会自治的制度化——基于深圳市南山区"一核多元"社区治理实践的分析》，载《学习与探索》2015年第3期。

社会组织积极有序参与社会治理的意见》，为社会组织发展提供了制度保障和规范依据。深圳社会组织总部基地（福田）是通过政府采购的方式，委托恩派、企创等社会组织运营管理的第三方社会组织孵化平台。总部基地融合政府、社会组织、基金会、企业、金融机构、媒体等多方资源，负责吸引社会组织进驻，为社会组织发展提供场地、辅导和项目推荐。通过推进"政社""企社""融社"和"社社"联合互动，有效实现政府职能主动转移，增强了社会组织活力，畅通了社情民意反馈，创新项目应需而生。

2017年4月，福田区进一步启动了社会要素平台建设，依托总部基地平台，通过"公益＋市场""线上＋线下""交易＋研发""政府＋社会""传统＋现代"的方式，全面搭建核心要素实体支持体系，合理打造共建共治的社会治理格局。可以看到，福田模式下的社会组织与政府之间更多是一种合作型关系。总体而言，社会组织自我管理能力较强，对政府的依赖程度并不高。正向激励和市场化机制的引入，激活了社会组织参与社会治理的积极性，且专业性、规范性方面也比单纯的政府支配模式更为优化。在医患矛盾化解领域，基本采用了"随传随到、立即响应"模式；在金融纠纷调处领域，则采取"背靠背"模式，突出了灵活快捷性。值得注意的是，深圳模式的党政监管角色依然鲜明，不仅积极推动党建写入社会组织章程，还实行登记管理机关和业务主管单位双重行政监管。同时，深圳市还采取了第三方监管模式，即建立社会组织信息公开机制，引入"互联网＋综合监管"的第三方评估机制。

当然，在调研中，部分社会组织也提到了对福田模式的一些困惑。最主要的问题在于社会组织逐步发生了分化：高度依赖于政府采购的社会组织面临可持续发展的困境；依赖于市场经营主体支持的社会组织，则容易滑往营利轨道，偏离公益目标；有些社会组织不易获得相关部门的支持，如在诉调衔接问题上，提供专业调解服务的社会组织未必能获得法院认可。

三、迈向一体化治理的厦门探索

厦门是位于福建东南角的全国著名海岛，是有名的"海上花园"。厦门作为经济特区，仍然存在中国许多城市发展过程中难以回避的挑战，如区域发展不协调、公共服务资源分配不均。从行政区划图中不难看出，厦门自身的地理位置让这一特点更加明显——岛内和岛外对比鲜明。经济水平发展差距反映在社会治理方面，就是治理资源的碎片化配置，治理合力不足又可能反过来制约经济协调发展，进一步拉大区域发展水平的差距，不从治理上加以破解就会形成恶性循环。为此，厦门规划了岛内外一体化的发展道路，核心战略即是治理的一体化。① 总的来看，厦门市域社会治理探索的主要经验或特点，在于它把碎片化的社会治理整合成了一体化，实现了资源的共享和有效配置。

（一）对标一体化配置治理资源

围绕厦门市域治理的特殊问题，以及对应匹配的一体化治理思路，厦门多措并举，针对所有治理事项试图通过某些有形载体和技术赋能，将资源动态分配到不同人群和区域。其中，较有特色的是"三个平台建设"，即志愿者资源共享平台、网格化管理信息平台和"i厦门"一站式惠民服务平台。

为了进一步促进公共服务资源均衡化，厦门加大了对发展欠发达地区的公共服务供给力度。一方面，对这些地区生活基础设施进行"清单式"改造，着力促进城乡一体发展，农村居民能得到与城市同等或相近的服务。另一方面，厦门还积极破解流动人口公共服务难题，制定与其本人和子女相关的优惠政策，提升他们对厦门的归属感和幸福感。其中，较为新颖的做法是力促志愿者服务全域共享。为了弥补政府提供公共服务的不足，厦门大力鼓励发展志愿者组织队伍，并为此协助建立平台机制。志愿者组织以资源库为媒介，成立共享平台，录入每个志愿者的专业类别，为社会提供按需服务而不再受制于地理位置。②

为了更好地实现治理资源与治理需求的精准配置，厦门与国内其他城市一样，都重点推进社区网格化建设。厦门的做法是，每个辖区依情况设置数量不一的网格，建立三个逐级分工的网格团队，实现对每个网格治理需求的精准化配置，通过网格员与社区居民的密切接触，发现社区居民的具体治理需求，促进治理资源逐层向下转移，确保治理资源能精确、实际地转移到居民手中。③ 其中较具特色的一点，是统一建立网格化信息平台。厦门市集美区所建立的网格化信息平台有以下特点：完善组织机制，责任落实到人；网格根据当地特点进行人性化划分，并具

---

① 黄新华，石术：《从碎片化到一体化的厦门社会治理》，载《社会治理》2019年第6期。
② 李伟华：《探索厦门特色市域社会治理现代化道路》，载《人民法院报》2019年12月5日，第3版。
③ 伊玫瑰，邵晓玲：《多元共治社区治理创新模式探究——以厦门市海沧区为例》，载《莆田学院学报》2020年第1期。

有文艺气息，如微风、栀子、紫罗兰、向阳、丁香、微笑等网格；全区所有网格统一指挥，以信息化互联互通、信息共享、业务协同。这一信息化、网格化社会治理模式，因创新性而被称为"集美模式"。①

"i 厦门"一站式惠民服务平台是厦门近年来重点打造的一款社会治理全域一体化的信息平台。这一平台集合了大多数部门数百项社会治理服务事项，实现各类服务事项的线上办理，让数据在不同区域之间顺畅流动，让资源得以均衡配置，使得市场主体和居民获取公共服务和办理事务像"网购"一样方便。

（二）注重民生保障和社会矛盾化解

围绕民生保障领域和关系老百姓切身利益的事项，厦门借力"大数据"和科技赋能，在扫黑除恶、网约车安全等方面，全面提升平安建设效能。厦门市扫黑办利用"大数据+扫黑除恶"模式，开发了全市共享的涉及"黑恶"的数据库，节省人力资源，这也能从另一个方面表现出科技渐渐成为厦门市现代警务的主要力量。作为全国著名旅游城市，对社会关注度较高的"网约车"安全问题，厦门也做出过新的探索，即率先建立起可以实现全面接收网约车数据的监管平台，与公安机关协作高效准确地审查相关人员资格，率先出台网约车管理地方标准等，解决了民众的安全出行问题，促进了旅游业的发展。②

与重庆、成都等地的场景化治理类似，为了精准把握人民群众的治理需求，厦门充分利用四处分布的社区书院，进行了具有地域特色的场景化治理。在厦门，书院不仅仅是传授知识、学习文化的地方，还被赋予了培养社会自治能力的新含义。社区的居民们会在书院里讨论各类信息、事件，大到党和政府制定的新政策，小到与物业公司、邻居的矛盾争议。书院的存在很好地将居民的积极性调动起来，使他们自发为家乡的明天做更多的努力。此外，厦门还常常以举行文创会、业主协会等方式，拉近居民之间的距离，激发并保持社区活力。③

矛盾纠纷解决，也是厦门市域社会治理关注的重点。各个基层组织

---

① 厦门日报：《网格化社会治理"集美模式"获评全国创新优秀案例》，https://news.xmsme.cn/2016/11/15/616_71775.shtml，最后访问时间：2020 年 3 月 5 日。
② 厦门本地宝：《厦门市网约车管理细则全文》，http://xm.bendibao.com/news/202118/64048.shtm，最后访问时间：2021 年 6 月 8 日。
③ 唐宁：《社区教育服务协同供给的路径选择——以厦门社区书院探索实践为例》，载《社会治理》2019 年第 6 期。

纷纷高举党建这面旗帜，以党委、党支部为核心，党员、群众、社会组织为动力，在小区成立党支部，组建小区调解员队伍，建立从市区到小区的四级矛盾纠纷解决平台，力争将矛盾纠纷消化在小区。当遇到重大矛盾和争议难题时，厦门为居民提供了由市司法局搭建的法律服务综合平台作为争议解决的载体和渠道。为了使特定的矛盾纠纷化解更有实效性，市司法局还与市中院共同建设了"行政争议多元调解中心"。司法是最后的防线，厦门法院以司法大数据为手段，构建诉前纠纷解决平台，优化诉讼流程和服务，受到群众和上级机构的好评。除此之外，厦门还成立了全国首个金融司法协同平台，进一步防范化解金融风险，营造良好的金融法治环境。①

四、城市治理的青岛"示范"

自 2018 年上合组织青岛峰会成功举办以来，青岛按习近平总书记的指示要求总结治理经验，即对好的做法和作风进行推广，宣传"办好一个会、搞活一座城"的有益经验，将各项工作都推上新台阶。实践证明，青岛城市治理的示范经验对武汉的世界军运会、三亚的亚沙会等国际性会议的举办和安防也产生了一定影响。从其他举办类似国际会议的城市对青岛"示范城"模式的借鉴可见，这一治理经验具有可复制性和推广性，且对该城市的治理与发展也是至关重要的。②

（一）基层社会的"嵌入式"式治理

为解决治理主导权和治理主体的合作问题，青岛市以街道体制改革为主要抓手，逐步建立各方力量的嵌入式治理模式。首先是党组织力量对社会主体的政治嵌入。在基层治理实践中，街道通过区域化党建的方式实现对各治理主体的政治结构嵌入，确保街道党工委在街道这一基本管理单元中的领导核心地位。同时，按照"社会治理重心下移"的要求，青岛市改革重组了街道相关职能，即撤销街道的主要经济职能，强化其公共服务和公共管理的社会职能，组织动员社会主体，拓展服务资源，

---

① 江海苹，徐景明：《厦门创新市域社会治理 建设最具安全感城市》，载《厦门日报》2020 年 5 月 13 日。

② 青岛日报：《青岛打造市域社会治理现代化"示范城"》2019 年 9 月 4 日，第 1 版，http://www.dailyqd.com/epaper/html/2019－09/04/content_259887.htm，最后访问时间：2021 年 6 月 8 日。

为社会嵌入治理过程提供制度条件，保持与驻街范围社会资源的有效互动。① 例如，大量公益性质的社会组织被协调参与社会治理，培育"我为人人、人人为我"的共同体意识，为上合组织青岛峰会等活动提供了鲜活能量。再者，虽然青岛治理模式偏重于政府主导，但同时也嵌入了市场资源。政府作为采购方，为青岛市民的部分商业保险买单，其中"治安家庭综合险"的覆盖率已达 100%。

青岛的"嵌入式"治理模式体现了市域社会治理中党委、政府和社会的结构性定位的一般经验，即强调党在治理体系中担任总揽全局、协调各方的领导核心作用，党组织通过党管干部等形式嵌入行政体系中，对行政力量进行整合②，以及社会主体借助党组织的凝聚力参与到公共治理网络中。③ 北京的"街道吹哨、部门报道"改革和南京的淮海路街道改革，都体现了这样的逻辑。这样做的好处是，在避免党和政府对各类组织直接干预的前提下，塑造和强化党的权威，保证街道和社区层级的各类组织都不能脱离街道党委的领导，同时通过党和政府的组织力量向下延伸和嵌入实现社会动员的治理方式。④ 多地的实践证明，嵌入式治理是中国特色基层共治的重要突破口和基本保障。

（二）技术治理的青岛特色

技术治理模式在青岛市域社会治理实践中有着一定的本土化特色。首先，在网格化管理方面，全市 6607 个社区（村）被划分为 3.8 万个综合治理的基础网格，同时配备 5.3 万名网格员，试图将职能部门的功能做成一张网覆盖全市。其次，青岛的 146 个综治中心的资源横纵向联通，基础信息被录入 1600 万余条。再次，青岛建立了区、镇街、社区三级联动的体制，设置网格组团治理、公众诉求集成处置、社区治理标准 3 个技术治理体系。最后，为了保障网格管理的实效性，青岛出台的《关于加强和完善城乡社区治理的实施意见》要求在基层设置监督委员会这一新型治理机构，并扩大辅警和警务助理人数，缓解警力压力，提高办事

---

① 王佃利，孙妍：《基层社会治理共同体与城市街道的"嵌入式"改革——以青岛市街道办改革为例》，载《公共管理与政策评论》，2020 年第 5 期，第 47—50 页。
② 张勇杰：《多层次整合：基层社会治理中组织的行动逻辑探析——以北京市党建引领"街乡吹哨、部门报到"改革为例》，载《社会主义研究》2019 年第 6 期。
③ 刘玉东：《国家治理体制改革中党委、政府与社会的结构性定位——基于南京市淮海路街道改革的经验研究》，载《中共天津市委党校学报》2019 年第 1 期。
④ 李媛媛，王泽：《"一社一居"抑或"一社多居"：撤销街道办改革的模式选择——基于安徽铜陵和贵州贵阳街居制改革试点的比较》，载《学习与探索》，2018 年第 5 期。

效率,加强平安建设的社会力量。

强化社会信用监管是体现青岛市技术治理模式的另一特色领域。这一监管模式的技术手段包括信用清单制、市级公共信用信息共享平台和政务诚信监测系统。具体来说,这一模式包括以下要点:一是编制完成公共信用信息"三清单"(数据清单、行为清单和应用清单),制定了信用联合奖惩"两清单"(行为清单和措施清单);二是建设市级公共信用信息共享平台,归集所有相关社会信用信息,并与国家、省级平台共享;三是建设政务诚信监测系统,所有市直部门全部签订政务服务信用承诺,在文明单位评选,以及公务员考核、评先评优、选拔任用等应用场景全面实施信用核查。[①]

五、突出地缘特色的珠海优势

珠海是我国最早的经济特区之一,是珠江西岸的中心城市。珠海还是全国知名的花园城市、海滨城市,其常住人口较少,流动人口较多,人均GDP在广东省排名靠前。从珠海市的地理区位和城市特点来看,它是一个典型的具有本土特色又有一定社会开放性的中小型城市。且由于珠海地理位置上毗邻澳门特别行政区,港珠澳大桥联通澳门、香港两座境外城市,与境外交流较为频繁,珠海市域社会治理亦有着一些其他城市不具备的特色。为了突出这类城市的优势,下文仅就其市域社会治理的一些具有地缘特色的做法,做简要介绍。

(一)横琴新区"物业城市"创新

近年来,珠海市在基层治理创新方面下足了"绣花针"功夫。例如,出台了《关于构建基层社会治理新格局的实施意见》和《珠海经济特区出租屋管理条例》,在小区物业治理机制方面做了许多探索。其中,较有新意的是横琴新区打造的"物业城市"模式。

横琴新区的"物业城市"模式发端于2018年,核心目标在于破解城市管理、社会治理中存在的困难。经历了两年的发展之后,为进一步总结成果、优化制度实践,珠海"物业城市"战略研究中心正式成立,并且发布了第一份《物业城市白皮书(2020)》。"物业城市"的理念和实践成就得到更多人的关注和认同,相关研究正在不断深入,全国已经有多

---

① 王辉,迟皓冰,张睿:《信用治理视角下社会信用体系建设路径研究——以青岛市为例》,载《中国经贸导刊》,2020年第12期。

个城市学习借鉴了"物业城市"的经验。

"物业城市"模式的要旨是：利用互联网等现代科技手段结合"线下＋线上"治理方式，将物业服务公司的"看门人"职责进一步细化和优化。政府、服务提供者、市民都处在平台之中，实现了无差别无距离的互联。大横琴城资公司作为公共服务运营主体，以先进的管理理念、优越的组织方式，很好地发挥出专业力量，逐步承担原本政府的某些责任，成为社会治理工作的中坚力量。

这一模式的最大特征是，由专门具有丰富经验的物业服务公司代替执法人员进行一线服务。这一治理创新机制可以有效地提高服务质量，以此来帮助调解纠纷、化解矛盾。运用市场化经营手段，辅以先进信息技术支持，用盈利去改进服务质量，优化资源配置，将收入完全投入社会公共服务中以此实现良性循环，让社会治理的水平不断提高。[①]

（二）本土与境外治理元素交相辉映

本土化治理在珠海这样的中小城市具有广阔的生存空间。珠海高新区"唐仁议事"品牌调解室就是一个本土化治理的典型例子。该调解室依托传统乡土生活结出的乡缘、地缘，为邻里矛盾纠纷解决搭建了一个平台。通过品牌调解室对国家法律、事实道理、邻里情谊的充分运用阐释，"唐仁议事"取得了巨大成功，真正成为百姓心目中的合格中间人。邻里纠纷得到缓解，日常生活更加和睦，调解工作深入人心。[②]

从某一方面来看，"唐仁议事"品牌调解室是传统大调解工作的一个延伸，但不代表这就是大调解的另一种工作方式。"唐仁议事"重在"议"，包含了社区自治和社会共治的因素，因此，在传统调解工作之外，还专门成立了类似"贤（能）人"治理模式中的议事团，在调解过程中植入协商和评议，实现对跨部门矛盾和重大疑难纠纷的第三方治理的功能。除此之外，议事团还会定期进行案例总结、争议复盘和举办评理讲座，将争议处理背后的"情理法"进一步凝聚为社区共识。

珠海是粤港澳大湾区的重要副中心城市，又有经济特区身份加持，决定了其在治理模式、手段方法和体制机制探索方面，经常表现出外向

---

① 《住宅与房地产》编辑部：《珠海横琴"物业城市"之实践》，载《住宅与房地产》2020年第1期。

② 珠海高新区：《探索议事调解新模式！高新区"唐仁议事"品牌调解工作室成立！》，http：//static.nfapp.southcn.com/content/202005/21/c3558545.html，最后访问时间：2021年6月8日。

型色彩。2019年11月,珠海市率先在全国创新发布"平安+"市域社会治理指数。该指数围绕治安秩序、交通安全、城市管理、市民诉求等内容进行指标分解,并充分考虑人口、经济发展、资源投入等多种影响权重的因素,设计了涉及16个职能部门的28个指标;采取正向和负向结合以及标准差容错浮动的赋值方法,对各区县、街道进行指数计算和排名;同时,还结合社会满意度调查、纵向的历史赋值和横向中位数进行多维度的综合评价。① 这一套具有多维度、包容性以及可动态调整的指标评估体系,显然是借鉴了中国香港的法治评估指数等技术治理经验②,不同于自上而下的目标考核。

（三）社区协商自治的珠海经验

香洲区推动的社区协商机制是对协商民主在基层治理和打造社会多元共治格局的最新地区探索。社区协商的核心要义可总结为"居民的事居民议、居民的事居民定"。为此,香洲区逐步摸索了一套社区协商议事流程和程序。具体而言,由社区牵头成立议事会,在业主居民中选出议事代表,负责提出议案;议案提交到定期举行的议事会上进行广泛协商和讨论,由议案提出人对议案进行陈述,议事代表进行提问,最后由代表进行表决。为了增加协商议事的权威性、专业性和公正性,社区还通过政府购买服务的方式聘请第三方协商专家团队进驻议事会,参与议事规则的设计以及代表的推选、培训和监督。

社区协商议事机制与"唐仁议事"共通的地方在于,它们都包含了"议"字,且都引入了第三方治理;区别在于,"唐仁议事"侧重发挥乡贤和能人在凝聚社区共识的作用,社区协商议事机制则在自治方面突出了居民的平等协商和民主参与。相比而言,香洲区的社区协商机制的包容性和可推广性更强。

从2016年至今,几年时间内,香洲区这套社会协商自治机制已经扩大到了35个社区,积累了大量社区自治的经验。在许多地方性考核以及国家社会治理工作评比中,香洲区的模式都得到了高度认可及支持。③

---

① 有关珠海市"平安+"市域社会治理指数的介绍,具体详见《数据扩容、科技赋能、流程再造 珠海"平安+"市域社会治理指数系统实现华丽转身》,广东政法微信公众号发布。
② 详见下文香港城市治理的经验介绍。
③ 中共珠海市委党校2018年春季处级班第四课题组（曾本伟、孙莹）:《加强社会组织培育发展——打造珠海共建共治共享社会治理新格局》,载《中共珠海市委党校珠海市行政学院学报》,2018年第6期。

随着香洲区实践样本的进一步扩大,以及各个社区实施过程中未出现明显的异化,这就需要当地党委政府联合各方力量对其中的规律和经验进行深度挖掘,对遇到的普遍性问题、特殊性问题做提炼分析,支持基层创新走向专业化、进入深水区,进一步完善协商程序、扩大协商范围和协商主体,并适时将其制度化、法定化,并予以推广。各街道也要配合社区自治工作,做好财力支持,积极将试点社区经验做法做进一步的推广,确立榜样模范代表社区。珠海的社区协商议事的基层经验启示是,各地要根据自身情况探索具有自身特色的社区自治模式,绝对不能拘泥于现状。要将社会治理创新的理念实践于开展社区自治工作的全过程。①

六、社会多元共治的香港样本

香港的城市治理在中国当代国家治理体系中占据着一个相当重要的地位。这不仅是因为香港自身是亚洲金融中心、亚洲最发达的地区经济体以及拥有引以为傲的法治体系,还因为以前香港长期处于英国的殖民统治下,在回归祖国怀抱后,其治理模式面临着如何融入"一国两制"的伟大实践,如何在中央全面管治权前提下实施港人高度自治,或者如马丁·雅克所指出的如何保持"一国"和"两制"之间的平衡②等问题,这已成为香港特区政府和香港社会需要提交的时代"答卷"。

(一)多中心治理在香港的经验与困境

香港作为曾经的"亚洲四小龙",其经济的快速发展一定程度上掩盖了自身的治理问题。香港在1997年回归后,中国香港特区政府根据《中华人民共和国香港特别行政区基本法》和新的社会治理关系,在原有的治理模式上进行了局部改进,逐步形成了今天我们所看到的社会多元治理模式。审视该模式的治理特征,社会多元治理模式显然比港英政府主导下的半殖民模式更具开放性和民主性,除了依旧遵循以特区政府的行政权为主导外,其吸纳的社会基层和共治合作主体扩大到了私营机构和中产精英人士。以此为基础的社会治理在治理手段、治理主体和治理保障上都更加多元,较大程度地扩张了城市治理覆盖范围和深度。

在回归后较长一段时间里,香港特区政府深知香港社会的治理局限,

---

① 孙莹:《市域社会治理现代化视野下的珠海实践》,载《探求》2020年第6期。
② 〔英〕马丁·雅克:《香港发展困境》,观察者网发布 https://www.guancha.cn/MaDing—YaKe/2018_08_07_467127.shtml,最后登陆时间:2020年9月3日。

故一直倡导跨界别合作来升级社会治理。一般而言，合作主体主要包括：①香港特区政府（负责社会治安、教育、医疗服务等）；②第三部门（非政府、非商业的社会组织）；③私营部门（与公共部门主动或被动地建立合作关系）；④精英人士（极少数的知识精英和经济精英）。他们主要有四种关系：一是①与②的具有公益性质的合作关系，这是最常见的合作关系，如共同举办讲座、会议等；二是①与③的具有商业性质的合作关系，如香港迪士尼的投资开发等；三是①与②、③之间的具有公私性质的三方合作关系，如设置法定咨询机构等；四是①与②、③、④之间的典型跨界别合作关系，如"香港社企民间高峰会"等。四种关系有一个共同特点，即均是由政府参与并主导、其他主体协同以及公众参与。

这其中特别值得一提的是第三部门中的社会工作者。香港既受到中国传统文化熏陶，儒家文化被深深镌刻在他们的血肉中，长期的殖民治理又使得西方的一些治理观念渐渐浸透他们的思想。在这样的社会背景下，香港基层社会的义工文化大放异彩，大量经依法登记的义工成为维护香港社会稳定和基层治理的最坚实基础。此外，香港的慈善义演、慈善拍卖等慈善活动数量多，所得数额亦是可观，是社会治理和公共服务的重要资金来源。这些社会组织、义工、社工和社会各方一起构成了香港第三部门的主体，也呈现了香港社会的闪光点。

在治理保障方面，香港式的"多元共治"强调了要监督每一个主体的权责公平，特别是对政府部门。立法、司法和行政三权分立是监督香港政府部门的主要途径。此外，香港媒体对政府部门和重大事件的监督也起到了举足轻重的作用。对其他主体的监管，主要从其提供服务的效果、是否有违约行为、是否合乎标准入手，如成立合约管理组，定期审核服务统计及资料、定期服务检讨、突击检查、调查投诉、开展服务使用者意见调查。①

但也要看到，香港多元共治模式也是存在很大弊端的：一是香港社会治理承袭了前殖民政府的多中心治理模式，特区政府施政的诸多方面都要受到香港社会大资本、利益团体和精英阶层的制约，容易形成治理僵局；二是这种"多中心主义"本质上是精英主义，与社会基层的距离较远，向基层民众尤其是年轻人倾斜以及着眼社会长远发展的有益政策不易顺利出台或推行；三是部分市民对殖民文化和西式价值观的认同增

---

① 黎沛文：《香港"多元共治"社会治理模式对粤港澳大湾区建设的启示》，载《港澳研究》2019年第2期。

加了香港社会治理难度，特别是在可治理性危机全球化背景下，民粹主义、街头政治以及对法治传统的攻击等"亮丽风景线"[①]，在一定条件下极易由外部因素突破香港社会的法治屏障。

（二）香港法治指数评估与治理法治化实践

香港另一广为人知的治理经验就是法治化。一般认为，香港是高度法治化的地区。根据世界正义工程（World Justice Project）每年颁布的全球法治指数报告[②]，香港地区的法治指数高居全球前 20 名，是全球法治程度最高的地区之一。香港本土化的法治指标体系则是 2005 年在香港社会服务联会（HKCSS）的倡导及赞助下开展和实施的。设计者一方面根据西方公认的关于法治精神的理解，搜集了一系列与法治有关且可量化的法律数据（包括罪案率等在内 18 个"硬"数据）。在数据获取方式上，香港法治指数采用专家打分（包括随机拣选的政府官员、执法官员、法官、立法会议员、法律专业人士，以及作为参考的传统外来专家）为主、民众调查（电话随机访问 18 岁或以上之说粤语的香港市民）为辅的方法。

在法治评估方案设计下，法治指数评估既通过法律精英层反映法律运转的现状，又通过香港民众反映对法治环境的主观感受（观感数据），两者的结合用以检视香港法治运作的整体效果。而且，由于融入技术治理、社会评价和专业意见，法治评估实践本身就体现了社会多元共治的基本逻辑。

[①] 在香港因"修例风波"而引起的社会动荡中，部分西方政客和媒体将个别香港暴徒的违法行为美化为"一道靓丽风景线"。但这样的场景，其实经常在西方社会危机爆发时出现。

[②] See World Justice Project. Annual Report 2016. 世界正义项目官网：https：//worldjusticeproject. org/our－work/publications/annual－reports/annual－report－2016.

第六章　我国主要城市群及区域治理采样

我国城市化高速发展肇端于改革开放，同时也开启了人类历史上最为波澜壮阔的城市化进程和最大规模的人口迁徙。① 2011年年底，中国大陆城镇人口达6.9亿人，占中国大陆地区总人口比例51.3%，而2021年5月11日国家统计局公布的第七次全国人口普查主要数据显示，中国居住城镇人口为9.02亿人，占比达到63.89%。② 生产力不断发展、生产要素的地区间流动以及优化组合，城市人口、土地指标、产业等要素快速向大城市集中，极大提升了这些城市的发展能级，推动各大城市承载功能的不断扩容。加上基础设施日渐完善和部分产业外溢、城市合作分工，城市间彼此辐射带动效应不断递增，相邻城市辐射的区域不断接近并逐步融合，以区域化组织为纽带，城市之间的功能联系彼此影响、相互嵌套，多个城市不断演变成城市间高度同城化和高度一体化大都市联合体，演变成城市群这种新的区域经济发展单元。③

在全面深化改革的新时代背景下，京津冀协同发展、长三角一体化发展、粤港澳大湾区建设、成渝地区双城经济圈建设先后成为国家战略，并从改革开放早期以大都市圈化为指向的城市化进程，过渡到城市群和都市圈相结合的高质量发展新阶段。根据《中华人民共和国国民经济和社会发展第十四个五年规划和2035年远景目标纲要》，我国区域发展中仍然以京津冀、长三角、粤港澳大湾区作为引领高质量发展的第一梯队，中西部有条件的地区负有发挥中心城市引领，建设现代化都市圈的重要任务；同时提出推动城市群一体化发展，共布局了京津冀、长三角、珠

---

① 〔英〕汤姆·米勒：《中国十亿人的城镇化：人类历史上最大规模迁徙背后的故事》，载《对外传播》2013年第5期。
② 国家统计局：《第七次全国人口普查主要数据情况》，http://www.stats.gov.cn/ztjc/zdtjgz/zgrkpc/dqcrkpc/ggl/202105/t20210519_1817693.html，最后访问时间：2021年6月9日。
③ 李娣：《我国城市群治理创新研究》，载《城市治理》2017年第7期。

三角、长江中游、山东半岛、关中平原、北部湾、山西中部、黔中等 19 个国家级城市群,构筑形成"两横三纵"的城镇化战略格局。①

城市群和都市圈不但是当代中国区域协调发展和新型城镇化的载体,同时也不断突破行政区经济和行政区行政的制度边界,提出了区域治理的时代命题,即如何重新配置区域内的社会治理资源和优化权限划分,探索经济区和行政区适度分离又相辅相成的新型治理模式,进一步优化政府、市场与社会的关系,在全局上实现高质量发展与国家治理体系的现代化。客观而言,区域经济的发展模式带有梯度、层次和非均衡特征,区域经济社会的协调发展面临行政壁垒、部门壁垒、文化差异等制度环境的约束。近年来,代表我国城市化和区域一体化发展第一梯队的京津冀、长三角、粤港澳大湾区等城市群在区域治理创新方面做出了有益的探索,形成了一批制度经验。在中央提出推进成渝地区双城经济圈建设国家战略后,川渝两地积极创新工作机制,区域内中心和区域内城市都已启动国家发展战略部署的对接工作。尽管受到地理、经济、文化和法律制度等多方面的制约,但针对这些城市群和都市圈区域治理的实践样本考察,将有助于未来在更高水平层面推进国家治理和市域社会治理现代化,并为构建成渝地区双城治理体系提供重要的制度参考与经验总结。

第一节 京津冀区域治理模式与协同机制

京津冀经济区地处华北平原和环渤海区域,聚集着作为首都的直辖市北京、直辖市天津和河北省若干个城市,在我国区域版图中是极为重要的政治、经济、科技和人才聚集中心。京津冀地区也是我国较早确立国家战略意图,并有着相对较长协同发展历史的经济区。历史上看,京津冀地区的经济社会联系一直较为紧密,无论区域经济合作还是区域协同治理都具有一定的历史文化和经济基础。在不同的历史时期,京津冀区域协同发展有着不同的侧重点,如新中国成立初的资源合作、改革开放后的经济协作以及近年来的推进非首都功能疏解,等等。但不论哪一种区域经济发展模式,京津冀区域治理体系与机制的建立与完善都不仅

---

① 中华人民共和国中央人民政府:《中华人民共和国国民经济和社会发展第十四个五年规划和 2035 年远景目标纲要》,http://www.gov.cn/xinwen/2021-03/13/content_5592681.htm,最后访问时间:2021 年 6 月 9 日。

仅局限在经济发展层面,它同时是各种要素资源在国土空间的布局优化,构成国家治理体系的有机组成部分。而且,由于区域内各个城市的紧密关联和治理分工,京津冀协同发展必然也会推动该地区成为市域社会治理和基层治理跨区域延伸和一体化治理的理想试验场。

一、京津冀协同发展的历史变迁

2014年京津冀协同发展上升为国家战略后,理论界的相关研究成果就十分丰富,主要集中在三个方面:京津冀协同发展历程研究、协同发展模式和体制机制研究、协同发展的重点领域研究。① 但实际上,京津冀的区域协作可以追溯至新中国成立之初。在当时计划经济管理体制下,京津冀区域合作以均衡发展战略模式为主,一切管理由国家统一安排。② 如果把计划经济体制下的区域合作视为京津冀协同发展的萌芽,则区域协同的真正起步为改革开放后。总结学者的分析讨论,结合不同时期的战略目标,京津冀区域协同发展战略可以被细分为萌芽、起步探索、全面启动和全面深入推进四个阶段。

(一)萌芽阶段(1958—1978)

1958年和1978年在中央主导下,京津冀地区曾两次设立经济协作区。1958年设立的经济协作区包含东北、华北、华东、华中、华南、西南、西北七大经济协作区,其中京津冀地区位于华北经济协作区。这一划分在"文化大革命"时期被撤销。在20世纪70年代末,在工业经济自成体系的计划安排下,京津冀产业同构和地方争夺、地方保护等现象较为突出,主要的重工业项目被安排在北京。全国人大在1970年以大军区为依托将全国划分为十大经济协作区。华北经济协作区包括京津冀等省、直辖市,区域合作主要围绕自然资源展开,但受限于重工业聚集于北京的区域经济基础,天津、河北均处于被动状态,很大程度限制了两地区的发展。③

从整体上看,这一阶段的区域协作主要体现国家自上而下的管理安

---

① 刘秀杰,万成伟,叶裕民:《京津冀协同发展的制度困境与对策建议——以通州与北三县协同发展为例》,载《城市发展研究》2019年第11期。

② 崔丹,吴昊,吴殿廷:《京津冀协同治理的回顾与前瞻》,载《地理科学进展》2019年第1期。

③ 马海龙:《京津冀区域治理协调机制与模式》,东南大学出版社2014年版,第43—44页。

排，与其说是协作，不如说是根据计划的相互配合，目的是保障国家的计划实施，地区间并无基于自身发展需求的横向协作，亦无市场化和社会化参与治理的过程。因此，大部分研究未将此阶段的协作视为京津冀区域协同的发端。

(二) 起步探索阶段（1979—1999）

京津冀地区最早涉及国土规划时，其提法是"京津唐"规划。但正如前文指出，在计划经济条件下，三地发展基本局限在自身行政区划内，几乎没有横向协作。京津冀三方关系协作开端于改革开放，三地借助改革开放的动力，经济迅速增长，协作意识有了明显提升。1979 年，国务院提出"扬长避短、发挥优势、保护竞争、促进联合"十六字方针，全国各经济区开始逐渐摒弃传统行政区发展思维，积极寻求地方合作。1980 年国务院发布《关于推动经济联合的暂行规定》，企业获得自主经营权，市场主体可以在国家计划外自主选择合作伙伴。

1982 年由华北五省、自治区、市（京津冀蒙晋）组建了国内第一个区域经济合作组织——华北地区经济技术协作会，标志着地区间经济横向联合开始起步。随后，国务院分别于 1984 年和 1986 年颁布《进一步扩大国营工业企业自主权的暂行规定》《关于进一步推动横向经济联合若干问题的规定》，赋予企业参加和组织经济联合体的自主权，制定企业、地区、行业横向经济联合的原则和方法，扩大了国内经济区横向经济联合的交流面。[①]

1986 年与 1988 年，京津冀地区先后成立了环渤海湾地区经济联合市长联席会、专员联席会、行业协作组织，以中央政府主导、地方政府参与的方式，建立起区域间企业区域经济合作。在该阶段，在中央政府的大力推动以及地方政府积极参与下，京津冀的经济合作进一步加强。河北省在此背景下大力开发省际经济联合，以签订经济联合项目，引进技术、人才、资金的形式逐渐拓宽河北与其他省份的横向经济联合面，其中绝大多数资金的引进支持来自京津。[②] 至此，环渤海区域合作开始被提及，超越行政区划界限的经济活动逐步开始活跃。

20 世纪 90 年代，《建议组织编制京津冀区域建设发展规划》报告正式获国务院批准，确定由原国家计委牵头会同部门和地区编制。当时的

---

① 马海龙：《历史、现状与未来：谈京津冀区域合作》，载《经济师》2009 年第 5 期。
② 许树立：《试论京津冀地区横向经济联合的发展》，载《河北学刊》1986 年第 4 期。

国民经济和社会发展"九五"规划正式提出了环渤海综合经济圈的概念，京津冀地区被纳入其中。

在这一阶段，京津冀区域发展已经有了一体规划和经济圈的发展思路。但是，受限于区域规划、政策协调等组织困境，加之政府机构改革对经济协作部门产生的冲击，跨区域的合作组织效能不高，甚至逐渐销声匿迹。这样的制度环境显然不利于企业、政府等区域主体的合作，企业之间、地方政府之间无序竞争、重复建设的现象频发。[1]特别需要指出的是，由于社会化程度不高，早期的区域协作并没有包含社会治理的因素，也谈不上政府、企业和社会关系的处理。

（三）全面启动阶段（2000—2012）

2000年以来，经济全球化以及我国加入WTO掀起了新一轮区域经济合作浪潮，京津冀区域经济合作加速开启，随之而来的区域治理方兴未艾。在这一阶段，有几个重要节点需要关注。一是2004年由国家发改委召集京津冀相关部门召开的京津冀区域经济发展战略研讨会，确立所谓的"廊坊共识"。二是同年由环渤海湾七省区市政府达成"北京共识"，正式建立环渤海合作机制和相关区域协调制度。三是2006年国家发改委提出以京津为核心的京津冀都市圈。四是2011年国家经济社会发展"十二五"规划正式提出"首都经济圈"，确立了北京市在该地区的核心地位。

这一时期的区域发展已从单纯的经济协作，扩展到了社会、文化、法律、交通、生态环境等诸多方面，区域治理的协同动能开始形成。在三地政府的主导下，京津冀地区行政主体多次签署地区协作协议，如《京津冀物流合作协议》《区域教育合作发展框架协议》等，合作内容涉及新区开发建设，产业转移对接，联合建设现代化综合交通运输体系，加强水资源和生态保护合作、金融合作、科技和人才合作、农业合作、旅游合作、劳务合作、口岸通关合作、检务合作、人才培养合作、区域金融合作等多个方面。[2]

2008年5月，"京津冀检务合作签约仪式暨检察文化论坛"的召开，

---

[1] 胡焕庸：《中国八大区的人口增长、经济发展和经济圈规划》，载《地理研究》1985年第4期。

[2] 吕志奎：《发展区域公共管理推进京津冀区域一体化》，载《中国科技投资》2010年第10期。

标志着京津冀间合作交流扩展到司法层面。据了解,北京、天津与河北相邻区 8 个县在办案协作、工作经验交流、检察改革经验交流、工作信息共享、检察文化共建 5 个层面开展区域检务合作。①

(四)全面深入推进阶段(2013 年至今)

党的十八大,京津冀区域协同发展被纳入国家战略考虑,京津冀地区的发展协调与治理正式进入全面深入推进阶段。2013 年,习近平总书记多次就该问题进行专题调研,并提出京津冀要协同发展。在此背景下,北京、天津、河北三地间高层协调会议、协议频次迅速提高。

2014 年 2 月,习近平总书记在京津冀三地协同发展座谈会中首次将京津冀协同发展上升为重大国家战略。② 2015 年 4 月,中共中央审议通过的《京津冀协同发展规划纲要》,明确了京津冀协同发展的指导思想、基本原则、发展目标、功能定位、空间布局、重点领域和重大措施。③

特别需要指出的是,2017 年是京津冀区域协同发展战略进入实质性推进阶段重要的一年。2017 年 4 月 1 日,中共中央、国务院决定设立雄安新区。雄安新区是京津冀协同发展的关键一步,其目标定位是北京非首都功能疏解的集中承载地,也是破除京津冀三地政府"孤岛效应"、突破行政区划刚性约束的一次重大突破。④ 至此,京津冀协同发展经历了从确立至全面推进的新历史时期。

二、京津冀协同治理框架与主要内容

京津冀地区从简单区域协作、到经济圈的区域经济优化再上升到全面性的区域协同发展国家战略,其治理组织框架和治理涉及的内容也经历了一系列的历史变迁,在将来随着区域发展的进一步深化,还可能有进一步的变化。截至目前,中央和三地政府都为此做出了大量的努力和工作,初步形成了具有区域特色的协同治理组织架构,并在区域交通、

---

① 陈振兴:《协同发展背景下京津冀区域检务协作机制构建》,载《天津法学》2016 年第 4 期。

② 新华社:《习近平总书记调研京津冀协同发展并主持召开座谈会纪实》,https://baijiahao. baidu. com/s? id = 16231124156185217658&wfr = spider&for = pc,最后访问时间:2021 年 6 月 9 日。

③ 毛汉英:《京津冀协同发展的机制创新与区域政策研究》,载《地理科学进展》2017 年第 1 期。

④ 赵新峰、王浦劬:《京津冀协同发展背景下雄安新区治理理念的变革与重塑》,载《行政论坛》2018 年第 2 期。

公共服务尤其是生态环境协同治理等方面，取得了一定的成效。

（一）京津冀协同治理框架

京津冀协同治理高度依赖行政主导的政策与协调，社会化、市场化参与治理的程度不高。①故其协调治理的基本框架来看，主要以中央政府强力推进、地方政府松散协调机制为主，大致可分为发展规划与决策协调、地方行政合作、地方协同立法和法服务保障四个维度。

为贯彻落实中央关于《京津冀协同发展规划纲要》的战略部署，国务院牵头京津冀三地政府自上而下成立了国家和部委协调组织机构，如国务院京津冀协同发展领导小组、京津冀协同发展专家咨询委员会以及交通运输部推进京津冀交通一体化领导小组等。根据国家发改委2016年印发的《关于贯彻落实区域发展战略促进区域协调发展的指导意见》，由国家发改委负责加强对全国区域协调发展的战略规划和政策统筹。

在地方行政合作层面，京津冀协同发展战略的贯彻落实也主要以行政力量为主导，京津冀三地政府分别成立了各自地区的推进京津冀协同发展工作领导小组，并形成了诸如京津冀国土部分定期联席会议制度、京津冀政协主席联席会议制度、京津冀环境执法与环境应急联动工作机制联席会议制度、京津冀应急联动联席会议制度等，成为不同领域的区域协同决策中不可或缺的协调机制。此外，作为区域核心城市的北京市，各级政府及其交通、环保、发改、国土、住建等部门通过参与编制区域规划或与其他地区签署合作协议等方式，推动政府部门层面主导相关区域治理事务，尝试消除地区间的行政壁垒。但总的来看，京津冀目前常常针对所推进的具体活动与事件而建立合作关系，表现为相对松散的议事模式，整体和系统的协作制度尚未制定。②

三地协同立法也是京津冀协同发展战略的重要治理载体。2016年，北京市、天津市、河北省三地人大常委会联合发布《关于加强京津冀人大协同立法的若干意见》，作为推动京津冀区域法治建设的先手棋，随后又出台了《京津冀人大立法项目协同办法》。京津冀人大协同立法主要是通过三地立法机构平等协商，在其职能范围内对京津冀三地协同发展中

---

① 刘秀杰，万成伟，叶裕民：《京津冀协同发展的制度困境与对策建议——以通州与北三县协同发展为例》，载《城市发展研究》2019年第11期。
② 苏黎馨，冯长青：《京津冀区域协同治理与国外大都市区比较研究》，载《地理科学进展》2019年第1期。

的社会公共利益相关事务做出协调性的安排。① 协同立法具有区域协同发展、区域法治和区域社会治理的多重意义。

最高人民法院 2016 年印发《关于为京津冀协同发展提供司法服务和保障的意见》中也明确提出,由最高人民法院负责召集京津冀三地法院建立联席会议机制,并下设日常工作机构,沟通、协商、会商和协调解决协同发展中的重大事项、司法政策和疑难法律适用问题。这为京津冀协同制定一体化的司法应对方案,使司法深度参与下的跨区域社会综治产生实质性勾连,进而形成条块融合、纵横交错的跨区域协同治理模式②,提供了司法协同机制和组织渠道。

(二)京津冀协同治理的主要内容

根据学界的总结和实践的做法,京津冀协同发展与治理并非齐头并进,实际上存在重点领域和优先事项。根据《京津冀蓝皮书:京津冀发展报告(2020)》的分析,京津冀区域协同治理的主要成效体现在区域交通、区域公共服务以及区域生态环境治理方面。另根据《关于加强京津冀人大协同立法的若干意见》,地方协同立法以区域基础设施一体化和大气、水污染联防联控作为优先领域。可见,京津冀协同治理所涉及的主要领域和事项,主要集中在交通、公共服务和生态环境三大内容。

1. 区域交通治理一体化

京津冀地区的外来人口主要集中在北京、天津两地。一方面,大量外来人口的流入加剧了京津冀地区的人口治理压力;另一方面,基于城市房价、限购政策、疏解北京非首都功能的政策导向等因素,大量外来人口选择在首都核心区以外的地方甚至在天津、河北等地生活居住,而工作在首都核心区内,外来人口"居住在燕郊,工作在朝阳"的生活常态③,也进一步增加了地区交通治理压力。区域交通一体化治理和打造不只是简单的基础设施投资建设问题,也涉及与人口布局和公共服务有关的社会治理问题。

京津冀区域交通一体化立足打造国家干线铁路、城际铁路、市郊铁路、城市铁路的四层"轨道上的京津冀",目前已实现以北京为中心 50~

---

① 焦洪昌,席志文:《京津冀人大协同立法的路径》,载《法学》2016 年第 3 期。
② 梁平:《区域协同治理的现实张力与司法应对——以京津冀为例》,载《江西社会科学》2020 年第 3 期。
③ 摩登文旅:《住在燕郊那几年,我假装生活在北京》,https://www.sohu.com/a/239975399_100193364,最后访问时间:2021 年 6 月 9 日。

70公里半径范围内的1小时交通圈。① 2014年，京津冀三地交通运输部门联合成立京津冀交通一体化领导小组，积极推动京津冀三地交通运输管理部门合作。2015年，《京津冀协同发展交通一体化规划》颁布，明确提出北京、天津、石家庄中心城区与新城、卫星城之间形成"一小时通勤圈"；同年《推进京津冀交通一体化率先突破的实施方案》以及《京津冀城际铁路网规划修编方案（2015—2030年）》发布，提出加强河北省11个设区市的高速公路建设，以"京津、京保石、京唐秦"为核心轴线，加快构建以轨道交通为骨干的京津冀城际交通网络。②

交通治理一体化带来全新的政府和市场的微妙调整。根据报道，在"十四五"开局之年，京津冀区域交通规划的京雄高速、G109新线高速等轨道交通重点项目便以政府与社会资本合作的方式推进。③ 相信区域交通一体化程度的进一步加深，必然会为三地的区域协同治理提供新的硬件载体。

2. 应急管理与公共服务一体化

在疾病预防控制、医疗、养老、食品安全等领域的公共应急管理和公共服务，是京津冀协同治理的重点领域。根据京津冀三地疾病预防控制中心签订的《京津冀协同发展疾病预防控制工作合作框架协议》，京津冀疾病防控一体化协调发展领导小组成立，提出对京津冀包括大气污染对人群健康威胁等重大公共卫生问题实行联防联控。紧接着，京津冀卫生行政部门共同签署《京津冀突发事件卫生应急合作协议》，明确了跨域重大突发公共卫生事件或传染病疫情的协调处置机制。2015年5月，《京津冀协同发展规划纲要》发布后，三地医疗卫生部门又签订重新布局京津冀医疗资源等多项合作协议。④ 此外，三地政府卫生行政部门还不断完善依赖服务联动协作机制，三地互认医院医疗机构出具的医学影像

---

① 央广网：《京津冀拟交通一体化》，https：//baike. baidu. com/reference/15892808/880eRYupzIeY－9lzc0y5DyG29UEPoCEBCD6zsK5cqHe48lLo－u6－，最后访问时间：2021年6月9日。wtGMB4dyHSb6rGD4nm0RpBPovkKPUEOCFYgi9QdpYH＿EGG＿kj7rb＿－y1W0QMp－fh9xOmmeXD，最后访问时间：2021年6月9日。

② 金融界：《河北出台京津冀交通一体化率先突破方案》，https：//www. sohu. com/a/29133117＿114984，最后访问时间：2021年6月9日。

③ 新华网：《京津冀加快跑进一小时交通圈》，http：//www. xinhuanet. com/local/2021－04/19/c＿1127345043. htm，最后访问时间：2021年6月9日。

④ 冀丰渊：《京津冀协同发展规划纲要》，载《对接京津——解题京津冀一体化与推动区域经济协同发展》，载《廊坊市应用经济学会：廊坊市应用经济学会》2016年10月版。

资料实现共享。①

为建立区域联动的食品安全防控体系,京津冀三地也成立了食品安全协作领导小组,在涉及食品安全的多个领域开展检测、执法、稽查、信息资源共享。除此之外,京津冀还开展了公安警务联防联控、法律援助协同发展、消费维权一体化等内容,在公共服务区域协作方面取得了突破性进展。

近年来,京津冀各级政府已经为养老服务提供了一些政策支持。尤其在2015年和2016年,三地主管部门联合签订了《共同推动京津冀民政事业协同发展合作框架协议(2015—2020年)》《京津冀养老工作协同发展合作协议》,又在2016年9月联合印发了《京津冀养老服务协同发展试点方案》。三地民政部门通过签订这些合作框架协议,在社会保障、养老保险、救助补贴等社会管理事项中,一定程度实现了政策协调、机构布局优化、支撑政府购买养老服务,并逐步破除涉及养老服务的区域户籍障碍。②

3. 区域生态环境协同治理

生态环境治理是区域治理的重要内容,同样也是基层综合治理的重要事项。京津冀地区频发雾霾、沙暴等重度污染和极端天气,不但对居民生活造成影响,对京津冀地区整体环境生态的影响也在加深,加强生态环境协同治理刻不容缓。③ 由于污染不存在行政区划的边界,在《中华人民共和国立法法》关于设区的市的立法权限规定中,包括了生态环境保护这一立法事项,环境治理必然成为区域协同治理的重头戏。

2015年,京津冀三地正式成立了京津冀大气污染防治协作小组。2016年,《京津冀大气污染防治强化措施(2016—2017)》《京津冀协同发展生态环境保护规划》的出台,重点部署了"电代煤""气代煤"工程,治理排查散乱污企业,要求到2020年京津冀能源结构明显改善。④ 此后,河北省制定了《河北省建设京津冀生态环境支撑区"十四五"规

---

① 柳天恩,田学斌:《京津冀协同发展进展成效与展望》,载《中国流通经济》2019年第11期。

② 韩兆柱,邢蕊:《基于整体性治理的京津冀养老服务协同发展路径研究》,载《中共天津市委党校学报》2019年第1期。

③ 王家庭,曹清峰:《京津冀区域生态协同治理由政府行为与市场机制引申》,载《改革》2014年第5期。

④ 生态环境部污染源监控中心:《关于印发〈京津冀大气污染防治强化措施(2016—2017年)〉的通知》,http://www.envsc.cn/details/index/6130,最后访问时间:2021年6月9日。

划》，三地联合制定并发布《京津冀能源协同发展行动计划（2017—2020年）》等生态环境协同规划和实施文件，共同保障京津冀区域生态环境协同治理目标落实。

特别值得肯定的是，依托京津冀协同立法平台和机制，三地在"机动车和非道路移动机械排气污染防治条例"协同立法项目上探索形成了交通一体化与环境协同治理的最新成果。三方在起草各自条例时对法规名称、结构体例、主要制度和关键条款的相互协议，分别通过但统一规定生效日期，虽是分别立法，却又产生了共同立法的效果。[①] 这一协同立法条例的制定，在我国区域治理与法治建设中无疑是一个开创性的范例。

三、京津冀区域协同治理逻辑及动力机制分析

京津冀是国内较早出现的区域经济协作地区，京津冀协同发展又较早正式上升为国家区域发展战略，具有鲜明的区域特点和明确的目标导向，如协同发展主要是为疏解北京市的非首都功能。尽管"疏解"本身是中性词，但这反映出京津冀区域协同可能并非以单个地区的利益作为核心考量因素，而是考虑到区域整体乃至全国战略空间布局。故而，在京津冀区域协同治理逻辑和内在驱动因素上，必然有不同于其他区域发展战略的关键点，并呈现出差异化的区域治理实践样态。

（一）自上而下的政府主导推动

从京津冀区域治理机制及其特征来看，在区域协同的整个发展过程中，京津冀区域治理的驱动因素经历了从中央政府主导向地方政府主导转变，再从地方政府主导向各级政府主导、市场和社会参与的转变过程。[②] 即使长远来看，随着区域协同的深化发展以及国家市场经济体制的逐步完善，最终能够加大市场和社会因素在区域治理中的权重，但中短期来看，有两大特殊的因素共同制约了京津冀地区改变其区域治理的基本逻辑。

一是从历史和现实来看，京津冀地区在改革开放初期即表现为明显

---

① 贺海仁：《我国区域协同立法的实践样态及其法理思考》，载《法律适用》2020年第21期。
② 马海龙：《京津冀区域治理协调机制与模式》，东南大学出版社2014年版，第185–187页。

的政府单一中心机制，市场不够发达，且至今整体市场化程度依然落后于东部沿海地区，政府在资源配置中扮演着主导的作用，国有企业在京津冀地区实力明显高于民营企业。① 在整体市场化有限的条件下，打破行政经济区的边界只能更多依靠行政力量而不是市场或社会。行政力量的过度介入当然也会反过来抑制市场作用的发挥。

二是京津冀地区的政治格局。由于三地政治上不对等，北京市的行政地位明显高于其他地区，且区域协同发展亦围绕"首都"功能这一单维度目标，三地很难实现平等意义上的"协同"。京津冀城市群治理涉及纵向上中央与地方间的协调以及横向上三个地方政府间的协调。从纵向角度来看，中央与地方间的行政级别决定了中央只需发号施令，地方严格遵守和执行，形成自上而下的管理与服从关系。而京津冀治理的难点在于，在横向之间，作为首都的北京的行政地位优势，容易造成资源不均衡，且难以通过市场机制来进行矫正。正如学者指出，"在京津冀这个三地四方（包括中央）的关系中，北京身份非常模糊，作为独立行政体三地一样，但作为首部所在地北京又有超越一般省级关系的权利"②。

在前述利益格局中，北京远超其他地区的行政地位决定了其在资源掌控和话语权方面的巨大优势。事实上，同为直辖市的天津，在区域协同治理或资源对接中，仍然远不具有北京所享有的话语权与主动权。天津、河北势必在行政地位上与北京存在不对等关系，北京的强势基本阻断三方在共同利益下进行市场对话的通道。③ 这就决定了，京津冀区域协同的推动，实践中主要表现为"中央权威依赖"以及协同执行中的等级依赖。④

由此可见，尽管不能说市场因素和社会参与在京津冀区域协同治理中毫无作为，但企业和社会更多只是扮演配合跟进的角色，明显不同于东南沿海其他城市群的区域一体化发展的治理机制。换句话说，京津冀区域协同发展在可以预见的较长时期内，主要动力仍然来自中央政府和

---

① 锁利铭：《跨省域城市群环境协作治理的行为与京津冀与长三角的比较研究》，载《学海》2017年第4期。

② 新浪财经：《京津冀被指不平等：三地官员开会河北更像汇报工作》，http://finance.sina.com.cn/china/20140411/180518775074.shtml?from=wap，最后访问时间：2021年6月9日。

③ 邢华：《我国区域合作治理困境与纵向嵌入式治理机制选择》，载《政治学研究》2014年第5期。

④ 赵新峰，袁宗威：《京津冀协同发展背景下雄安新区整体性治理的制度创新研究》，载《行政论坛》2019年第3期。

省级政府的强力推动，是一种自上而下的治理方式。

（二）非首都功能区的治理任务承担

京津冀的行政主导逻辑的深层次原因之一，就在于京津冀地区协同发展与主要治理目标为疏解北京的非首都功能。而这种功能的疏解，既可以理解为对国家最高利益的"服从"，也可以理解为非首都功能以外产业、人口的承接。疏解功能及其治理任务的承担过程，自然非以市场为主导，而更看重国家利益和社会公共利益。

京津冀协同发展之所以成为一项重大国家战略，其内容涉及的不单是地区间资源竞争的疏解，也是中央视角下区域共同发展的必然选择。北京作为国家首都，其近年来人口、产业的飞速聚集和发展带来地区环境污染、人口稠密和资源压力，这既影响到北京及其周边省市的治理，亦影响到在北京的国家中央机构的运作效率。

京津冀协同发展战略实施过程中，许多协同发展措施和三地协作事项，大部分都服务于疏解非首都功能这一首要目标。例如，基于解决北京首都圈"大城市病"以提高国家竞争力的战略需求，"雾霾"治理成为京津冀协同发展的重要地缘因素。这一地缘因素促使京津冀地区更加注重环境治理的协同，无形中促进京津冀战略地位的上升。[①]

有序疏解北京的非首都功能，主要遵循政府引导与市场机制相结合、集中疏解与分散疏解相结合、严控增量与疏解存量相结合、统筹谋划与分类实施相结合的疏解原则。[②] 同时，疏解非首都功能是由"疏解"功能和"承接"功能两个相互支持的要素构成，对一些产业而言，从北京的角度看主要是"推出去"，而天津、河北的主要任务是"接进来"。[③]就此来看，京津冀协同治理是一种以北京的非首都功能疏解为中心的区域协同治理，三地需创新机制共同承担不同的治理任务。能否把握这一点，恰恰是京津冀城市群一体化成效如何的关键所在。[④]

---

① 孙久文，原倩：《京津冀协同发展战略的比较和演进重点》，载《经济社会体制比较》2014年第5期。

② 毛汉英：《京津冀协同发展的机制创新与区域政策研究》，载《地理科学进展》2017年第1期。

③ 贺海仁：《我国区域协同立法的实践样态及其法理思考》，载《法律适用》2020年第21期。

④ 李颖，宋秋雅，王玉婧：《疏解北京非首都功能，推进京津冀协同发展》，载《天津市社会科学界联合会 天津市社会科学界第十五届学术年会优秀论文集：壮丽七十年 辉煌新天津（中）》，2019年7月。

当然，从治理理念上看，要求京津冀共同服务于疏解目标，并不是要加剧地区发展的不平衡，相反，是为了促使人口和资源在更大的区域范围内合理布局。尽管以行政力量为主导，但其长远的目标亦为破除按行政区"画地为牢"的经济运行方式。未来，雄安新区可能是破局的关键。

第二节 粤港澳大湾区治理多层协调模式考察

粤港澳大湾区在我国区域治理中是一个十分特殊的存在，它上升为国家战略同样经历了一个长期的历史演变过程。粤港澳大湾区具有连接世界和对外交流的区位优势，港澳地区的规则优势、市场环境优势也可以让粤港澳大湾区发挥重要的枢纽平台作用。[①] 从国家战略意图来看，打造粤港澳大湾区世界级城市群的战略价值意义主要在于发挥好大湾区先进产业发展在国家发展中的引领功能，促进"一带一路"辐射东南亚和南亚等地。[②] 从治理的制度内涵上看，粤港澳大湾区涉及"一国两制"在区域中的实践，区域内部的制度安排包括"三种法律体系、三个关税区及三种货币"，存在跨境治理的因素，迥异于其他国家区域战略。但该区域地位又以"一国"为前提，本质区别于主权国家之间的区域合作和一体化安排，如欧盟、东盟、"一带一路"等。因此，观察和总结粤港澳大湾区治理实践，不是单纯的市域和区域社会治理范畴，也不是简单的行政主导、市场主导或多元共治，还需要结合中央全面管治权这一宪制逻辑的分析视角。

一、粤港澳大湾区及其治理的"前世今生"

粤港澳的区域合作有着悠久的历史和实践基础，但"大湾区"概念却是一个既有历史承继性又具有时代开拓性的提法。"湾区"概念早期以经济区、港口群的形式出现。历史上，珠三角地区在明清之前曾被称为湾区，在当代中国改革开放后闻名遐迩的珠江三角洲经济区亦被称为湾区。在区域合作中，"大珠三角""泛珠三角"的概念也相继被提及，其

---

① 张树剑，黄卫平：《新区域主义理论下粤港澳大湾区公共品供给的协同治理路径》，载《深圳大学学报（人文社会科学版）》2020年第1期。

② 谢宝剑，高洁儒：《粤港跨境区域协同创新系统研究》，载《港澳研究》2017年第1期。

主旨是为克服行政经济区的行政边界局限。与珠江三角洲等经济区概念不同,"粤港澳大湾区"是一个政治地理概念,试图从区域的整体性、国家性和国际化的角度来定位历史上形成的湾区。①

(一)作为大湾区前身的珠江三角洲经济区

一般认为,粤港澳大湾区的前身是珠江三角洲经济区,由广东省委第七届三次全会提出。1994年,广东省政府成立了珠江三角洲经济区规划领导小组,并完成了规划纲要的编写工作,1995年6月《珠江三角洲经济区城市群规划》则再次明确了珠三角经济区的区域战略布局。但是由于历史和区域制度安排方面的局限性,珠三角经济区的经济社会发展虽然快速实现起飞,但直至21世纪初期,其区域均衡并没有达成预定目标的"雁行图",而是形成以广佛城市群和珠江口特区群为双轴心的"哑铃阵"。②

随着香港和澳门的回归,以及国内区域经济合作与协调发展的需要,珠三角经济区有了扩容的强烈需求。此时"泛珠江三角洲"的概念正式被提出。内地与港澳地区2003年签订《关于建立更紧密经贸关系的安排》,这是粤港澳之间第一个全面实施的自由贸易协议。2004年,首届泛珠三角区域合作与发展论坛召开,与会各方共同签署了《泛珠三角区域合作框架协议》,形成了"泛珠三角"合作区域,它包括沿珠江流域的广东、福建、江西、广西、海南、湖南、四川、云南、贵州九省以及香港、澳门两个特别行政区。③

在推进珠江三角洲经济区和城市圈等区域合作中,"湾区"概念的回归发生在2005年,由《珠江三角洲城镇群协调发展纲要(2004—2020)》正式提出。按照该纲要的设想,珠江三角洲城市群将以环珠江口地区作为区域核心,建成国内新兴产业基地、专业化服务中心和环境优美的新型社区。2008年12月,国务院批复了《珠江三角洲地区改革发展规划纲要(2008—2020年)》,将珠江三角洲九市与港澳两地的紧密合作纳入了发展规划。按照该纲要的要求,广东省政府是规划实施的协调主体,

---

① 王世福:《从"珠江三角洲"到"粤港澳大湾区"》,https://www.163.com/dy/article/G9LV379U05346KFL.html,最后访问时间:2021年6月5日。
② 深圳社会科学院:《珠三角战略的扩展与城市圈的整合》,http://finance.sina.com.cn/g/20040602/1233791780.shtml,最后访问时间:2021年6月9日。
③ 谢宝剑、高洁儒:《泛珠三角区域合作的制度演化分析》,载《北京行政学院学报》2015年第3期。

承担着打破行政体制障碍,建立有关城市、部门、企业及社会广泛参与的多层次合作机制的主要职责。珠三角经济区建设涵盖了区域社会治理的内容。

此后,珠江三角洲区域经济一体化建设开始加速。2009年6月,广东省政府印发《关于加快推进珠江三角洲区域经济一体化的指导意见》,提出推动珠三角交通一体化、水资源能源一体化、信息一体化、产业发展一体化、生态环保一体化、城市规划一体化。① 同年,《环珠江口宜居湾区建设重点行动计划》,将"宜居湾区"作为粤港澳合作的重点。在有关意见和规划的指引下,珠三角区域多个地区签订合作框架协定,珠三角一体化开始进入实质性阶段,"湾区"建设也在逐步推进。②

另外,还值得注意的一点,广东省人大常委会分别在2006年和2011年制定颁布了《广东省珠江三角洲城镇群协调发展规划实施条例》《广东省实施珠江三角洲地区改革发展规划纲要保障条例》,在国内引领了区域治理中的空间规划法治化保障,进一步充实了珠江三角洲经济区区域一体化的内容。

(二)粤港澳大湾区概念的提出与升级

从珠三角一体化发展到粤港澳大湾区建议的转变,是从珠三角区域内各城市与香港和澳门合作发展过程中诞生的愿景。2015年3月,《推动共建丝绸之路经济带和21世纪海上丝绸之路的愿景与行动》第一次提出"粤港澳大湾区",要求充分发挥深圳前海、广州南沙、珠海横琴、福建平潭等开放合作区作用,深化与港澳台合作,打造粤港澳大湾区。③"大湾区"概念的提出,实现了对珠三角经济区和传统"湾区"概念的超越。

2016年3月,国民经济和社会发展"十三五规划"正式提出要推动建设粤港澳大湾区和跨省区重大合作平台。借助区域合作平台建设,粤港澳大湾区建设被正式列入国家重大规划。接着,国务院又在《关于深

---

① 广东省政府信息公开网:《关于加快推进珠江三角洲区域经济一体化的指导意见》,http://www.gd.gov.cn/gkmlpt/content/0/136/post_136457.html#7,最后访问时间:2021年6月9日。

② 南方日报:《广东出台推进珠江三角洲区域经济一体化指导意见》,http://www.gov.cn/gzdt/2009-06/13/content_1339262.htm,最后访问时间:2021年6月9日。

③ 中华人民共和国外交部:《推动共建丝绸之路经济带和21世纪海上丝绸之路的愿景与行动》,http://www.xinhuanet.com/world/2015-03/28/c_127631962.htm,最后访问时间:2021年6月9日。

化泛珠三角区域合作的指导意见》中详细列举了粤港澳大湾区建设的主要内容,提出"构建以粤港澳大湾区为龙头,以珠江—西江经济带为腹地,带动中南、西南地区发展,辐射东南亚、南亚的重要经济支撑带"①。同年11月,广东省"十三五"规划纲要进一步提出建设世界级城市群,推进粤港澳跨境基础设施对接,加强粤港澳科技创新合作②,粤港澳大湾区建设开始在地方层面加快落地。

粤港澳大湾区上升为国家战略的关键节点是2017年。当年国务院在政府工作报告中明确提出研究制定粤港澳大湾区城市群发展规划。党的十九大报告要求,"以粤港澳大湾区建设、粤港澳合作、泛珠三角区域合作等为重点,全面推进内地同香港、澳门互利合作"。2017年12月,中央经济工作会议正式提出,"实施区域协调发展战略,科学规划粤港澳大湾区建设"。这一系列高规格文件和中央会议所传达的主要精神和要求,事实上宣告了粤港澳大湾区建设国家战略构想的出台与成型。

2019年2月18日,《粤港澳大湾区发展规划纲要》(以下简称《纲要》)正式公布,标志着大湾区建设进入全面实施阶段。按照《纲要》规划,粤港澳大湾区是指原珠江三角洲经济区的广州、深圳、东莞、珠海、佛山、江门、惠州、中山、肇庆九个内地城市,与香港、澳门两个特别行政区共同组成的城市群。粤港澳大湾区建设定位于国际一流"湾区"与世界级城市群,在国家"双向"开放、"一带一路"建设的战略背景下,将是具有全球影响力的国际科技创新中心、"一带一路"建设的重要支撑、内地与港澳深度合作示范区、宜居宜业宜游的优质生活圈。③

二、粤港澳大湾区的多层次半一体化治理模式

在中国最为特殊的区域中,经济合作与区域治理采用什么样的治理模式,这个看似是区域性的命题,实际上在理论研究和地区实践中频繁触及了中央牵头协调机制、宪法实施和中央管制权落地等国家顶层设计。

---

① 中华人民共和国中央人民政府:《关于深化泛珠三角区域合作的指导意见》,http://www.gov.cn/zhengce/content/2016-03/15/content_5053647.htm,最后访问时间:2021年6月9日。

② 广东省人民政府信息公开网:《广东省人民政府关于印发〈广东省国民经济和社会发展第十三个五年规划纲要〉的通知》,http://www.gd.gov.cn/gkmlpt/content/0/146/post_146576.html#7,最后访问时间:2021年6月9日。

③ 中华人民共和国中央人民政府:《中共中央 国务院印发〈粤港澳大湾区发展规划纲要〉》,http://www.gov.cn/gongbao/content/2019/content_5370836.htm,最后访问时间:2021年6月9日。

从历史和现实来看，粤港澳大湾区是我国经济发展水平和市场化程度最高的区域之一，且区域合作有良好的基础，过往的区域治理模式和机制能否延续用于大湾区建设，是另一个需要考量的问题。虽然具备诸多优势和经济合作基础，但粤港澳大湾区毕竟是世界范围内独特的"一国跨境治理"，具有更加强烈的制度创新需求。例如，香港、澳门、广东省（珠三角）不仅存在一般意义上的行政区划壁垒，还存在法律制度和司法体系等制度性壁垒，三地的合作基本都以"行政首脑联席会议为召集方式"和以"行政协议为合作成果"，缺乏法定的跨境区域协调机构。[①] 这些因素都决定了，粤港澳大湾区的治理结构特征既不同于京津冀以首都圈为核心的协同治理结构，也区别于长三角地区单极核多中心一体化治理结构。

（一）多层次的协调治理架构

粤港澳大湾区并非横空出世，而是经历了长期的地区实践探索、国家战略酝酿和现实需求驱动的过程。这也就意味着，不论珠三角经济区时期还是大湾区建设时期，区域协调治理架构是一个不断优化的形成过程。

港澳回归后，推进区域合作已成为中央政府和粤港澳三地地方政府的共识，在政府、市场和民间多方面推动下，从1998年、2003年到2010年，粤港澳区域合作协调机制和治理框架不断建立和优化，包括双边粤港、粤澳联席会议制度和相关高层会晤，国家部委与香港、澳门分别签署"CEPA"经贸协议，以及粤港澳三地政府签署的合作框架协议，都建立有相关协调机制。[②] 而且，在珠江三角洲发展规划时期，广东省就已通过制定区域协同规划的地方立法，建立了法定化的区域空间治理组织机构，具体包括实施主体及事权划分、相关规划协调制度、促进与保障规划内容、公众参与制度、监督考核制度等内容。[③]

粤港澳大湾区上升为国家战略后，在中央的牵头统筹下，各个层级的治理协调机构开始逐步建立。首先是中央的纵向协调。为推进粤港澳

---

① 叶林，宋星洲：《粤港澳大湾区区域协同创新系统：基于规划纲要的视角》，载《行政论坛》2019年第3期。
② 钟韵，胡晓华：《粤港澳大湾区的构建与制度创新：理论基础与实施机制》，载《经济学家》2017年第12期。
③ 郑则爽：《区域协同治理制度的法定化创新——对珠江三角洲两版区域规划条例的回顾与思考》，载《现代城市研究》2019年第1期。

大湾区建设，目前已在中央层面设立粤港澳大湾区建设领导小组，由国务院分管副总理担任小组组长，三地主要负责人任小组成员。其次是三地政府间的横向协调已有机制，一如前述。再次是省级以下的纵向协调，包括省级层面设立的广东省推进粤港澳大湾区建设领导小组、香港粤港澳大湾区建设督导委员会、澳门粤港澳大湾区工作委员会，以及九市各自设立的"市推进粤港澳大湾区建设领导小组"。[1]

（二）以合作平台促进治理要素有序流动

自从粤港澳大湾区建设被纳入国家战略视野以来，从中央到地方都强调通过打造三地合作平台来促进香港、澳门和内地互利合作与融合发展，这已成为粤港澳大湾区建设和区域治理创新的一个重要思路。各种合作平台建设过程中，与社会治理直接或间接相关的专业人才、公共服务、应急管理以及信息数据等各种社会要素有序跨区域流转，实现治理资源的一体化配置。

以广州市为例，其通过各种人才资源、融资、公共服务和政务服务三地合作平台，加速推进粤港澳大湾区各种治理资源的交流。具体包括：第一，加快推进职业资格互认，2020年实现对港澳职业资格（工种）认可由22项增至32项，率先试点聘任港澳籍劳动争议仲裁员，落户首家粤港澳联营律师事务所，批准56名符合条件港澳居民以律师身份在穗执业。第二，设立总规模10亿元的专项融资担保额度，协助港澳青年青创项目获得内地银行授信和政策性扶持贷款。第三，健全穗港澳疫情联防联控工作机制，支持港澳医疗防护物资供应，做好紧急医学救援、跨境医疗转诊等突发公共卫生事件联合应急处置。第四，切实解决港澳居民在穗遇到的教育、医疗、社保、住房等问题，出台港澳居民子女在穗接受义务教育政策，推进港澳居民及其子女纳入全市社会保障范围。第五，推进搭建GoGBA（湾区经贸通）官方微信平台相关工作事项，进一步支持港人港企来穗发展，服务中小企业转型升级。[2]

由人力资源社会保障部指导，粤港澳三地人社部门共同推动建立的粤港澳大湾区劳动争议联合调解中心目前已在珠海挂牌成立，并在广州

---

[1] 方木欢：《分类对接与跨层协调：粤港澳大湾区区域治理的新模式》，载《中国行政管理》2021年第3期。

[2] 以上内容根据课题组成员赴广州实地调研取得的《广州市推进粤港澳大湾区建设进展情况及下一步工作计划》整理而成。该资料由广东省推进粤港澳大湾区建设领导小组办公室提供。

琶洲和珠海横琴分别设立了速调快裁服务站。这一合作平台的定位是由省级政府主导设立、委托社会力量运营的调解组织,是三地合作推进粤港澳大湾区建设和社会治理创新的重要成果。①

此外,珠海市还瞄准社会工作这一领域率先与澳门进行社工领域的合作,从横琴到拱北,由于两地人员的高度互通使得社工跨境合作大放异彩。澳门已有的成熟的社工组织、先进的社工有秩序地进入珠海从事慈善、公共服务,两地的认同感不断加深。通过社工领域这样的合作平台,逐步探索在多城市、多领域的深入式融合合作,已经成为大湾区跨域协同治理一条可行的道路。②

(三)以先行区作为区域治理创新突破口

粤港澳大湾区建设中的区域治理创新还有一个较为鲜明的特点,即通过高平台、高赋能的综合改革先行区引领体制创新,作为大湾区融合发展的引擎,同时把潜在的创新风险控制在有限的范围。在承担系列国家重大战略功能定位的深圳前海开发区所打造的"前海模式",就是一个例子。③

深圳前海建立了从国务院到国家部委及省、市一系列配套支持先行先试的政策体系,形成"特区中的特区""湾区中的湾区"。在"前海模式"中,党建引领仍然是核心工程,并实现了与其他地区不同的三个重大转变:从党"管自身"向"管全域"转变;党的建设由"基层实践探索"向"党建工程体系"转变;基层党建由"抓工作"向"抓规范"转变。为推动先行先试,深圳前海建立了一系列超常规运作的体制,如部际联席会议制度、前海咨询委员会等高层级、高规格的推进机制;以市场化和法治化为导向,建立法定机构区域治理体系,实现体制内强大动员能力和市场高效活力的有机结合。"前海模式"还是粤港澳深度合作的重大平台,建设了深港创新城,组织实施深港合作专项行动计划等重要的深港合作项目。④

---

① 中国劳动人事争议调解仲裁:《粤港澳大湾区劳动争议联合调解中心成功组建》,搜狐网 https://www.sohu.com/a/361228712_740186,2021年3月6日。
② 盛力:《粤澳合作中的跨域协同治理研究》,载《国家治理》2021年第4期。
③ 深圳前海承担了一系列国家重大战略的先行先试功能:深港合作区、自由贸易试验区、社会主义法治建设示范区和国家金融业对外开放试验示范窗口。
④ 以上内容根据课题组实地走访深圳前海调研时获取的PPT《前海的创新发展之路》整理而成。

在矛盾纠纷多元化解方面，深圳前海也做出了一些区域治理重大创新，如首创"港籍陪审"和"港籍调解"制度，搭建在线纠纷多元化解平台，引入第三方主体形成"1+N"共治联盟，强化多源分析和溯源治理。①

广州南沙粤港深度合作区是另一区域治理创新空间载体。根据广东省人民政府办公厅2018年8月印发的《深化中国（广东）自由贸易试验区制度创新实施意见》，广东省依托粤港澳合作平台推进南沙粤港深度合作区建设，探索"内地法律框架下借鉴引入香港标准规范"，建立港方专家参与土地开发、城市规划、工程设计、工程建设、物业运营及管理等方面工作机制，探索给予港澳居民在合作区内投资企业等方面内资企业同等待遇。②

三、粤港澳大湾区的治理结构特征分析

从上文关于粤港澳大湾区概念提出前后的时间和空间叙事线索可知，从珠三角经济区到粤港澳大湾区建设既有一脉相承的演变逻辑，又有新时代的考量因素，区域治理呈现一种区别于国内其他区域的、在世界范围都颇具独特性的结构。综合前文的介绍，粤港澳大湾区的区域治理架构有以下特点：一是粤港澳大湾区建设以国家顶层设计为主导，并非市场和社会自发演变的产物，主要服务于国家整体战略目标；二是其治理结构包含了行政主导、市场驱动和社会参与的多重色彩，在治理动力机制上属于多元驱动，因此只能算作半一体化治理；三是形成了从中央到省、特别行政区和各市的纵向协调与三地横向合作、社会协同参与的多层协调与推进机制。

（一）市场与社会因素在治理中发挥了基础作用

改革开放以来，粤港澳三地有着相当深厚的市场合作和民间交流基础。香港、澳门地区充分利用内地珠三角地区自然资源与劳动力充沛的特点，珠三角地区则倚赖港澳地区的资金、技术、贸易的"前店后厂"模式。在新的历史时期中，三地合作关系在合作范围、互补层次、经贸投资、政府

---

① 广东法院网：《广州互联网法院 打造粤港澳大湾区区域争端化解新引擎》，http://zfyq.org/show-331644.html，最后访问时间：2021年6月9日。

② 吴瑕：《广东印发深化中国（广东）自贸区制度创新实施意见 推进南沙粤港深度合作区建设》，载《信息时报》2018年8月29日，第4版。

角色等方面有了全新的变化。经过多年的快速发展，珠三角地区在经济总量、人均收入、基础设施以及教育人才方面有了长足的进步，已大大缩小了与香港、澳门的差距，具备了一体打造国际一流湾区的基础条件。

粤港澳大湾区各经济体的产业布局各有特色。香港、澳门地区在旅游、科技、金融方面的优势资源不断与珠三角地区的产业深度合作，形成了产业协同的重要基础。以香港、澳门、广州、深圳为核心的现代服务业，与珠海、东莞、佛山的核心工业产业群，加上江门、中山、惠州和肇庆次一级工业圈，有利于形成优势互补的产业发展格局。①

粤港澳大湾区在金融对外开放和海港、空港产业群方面也具有抱团发展的巨大潜力。粤港澳大湾区目前拥有港交所、深交所、广州南沙商品期货交易所、珠澳较为成熟的证券交易市场，有利于区域内的资本联动和投融资便利化②，促进金融业对外开放。从港口群的联动来看，香港、澳门、广州、深圳和珠海也具有很强的合作基础。③

由此可见，粤港澳大湾区建设绝不是搞行政"拉郎配"，而是经济社会发展的历史延续，具有市场经济自我演进的一面，有着强大的市场基础与较高的社会期盼。而且，由于粤港澳大湾区特殊的区域治理空间和多层治理架构设计，很多政策是通过协作治理而非行政命令的方式来推动，其公共治理制度供给依赖于粤港澳三地的社会资本水平。④ 所以，市场化的社会资本驱动在粤港澳大湾区治理中占据了基础性地位。

（二）法治化是粤港澳大湾区建设的逻辑起点

粤港澳大湾区的经济社会关系处理横跨多种法域，涉及"一国两制"和中央与特别行政区的关系。不仅如此，基于现实的观察，香港和澳门地区都是高法治水平的经济体，深圳也已被确立为社会主义法治建设示范区，粤港澳大湾区无疑是当代中国实至名归的法治高地。这些特殊因素都对粤港澳大湾区建设提出了法治化治理的核心要求。

---

① 刘璟：《粤港澳大湾区治理与合作模式探索》，载《开放导报》2017年第5期。
② 朱茜：《粤港澳大湾区产业前瞻之产业综述：9+2产业布局及产业发展机会》，前瞻网：https://www.qianzhan.com/analyst/detail/220/180725-d0de8f2a.html，最后访问时间：2021年6月10日。
③ 《民航局关于支持粤港澳大湾区民航协同发展的实施意见》明确提出：到2025年基本建成粤港澳大湾区世界级机场群，构建以香港、广州、深圳国际航空枢纽为核驱动，澳门、珠海等机场多点联动的区域协调发展新格局。
④ 张树剑：《粤港澳大湾区公共品供给的协同治理路径》，载《深圳特区报》2020年9月1日，第B02版。

首先，规范中央和地方的关系，回应"一国两制"的法治需求，是粤港澳大湾区治理的基本任务。这里的"中央和地方"，特指中央与香港、澳门两个特别行政区。按照《中华人民共和国宪法》《中华人民共和国香港特别行政区基本法》《中华人民共和国澳门特别行政区基本法》，宪法中的部分制度并不适用于香港和澳门地区。中央对特别行政区的全面管治权如何实现，如何协调"一国两制三法域"的特殊关系，只能通过法治化的方式来回应。[①]

其次，长期处于不同法律制度和不同管理体制的粤港澳三地，在社会观念、意识形态、文化融合等方面必然面临诸多意见分歧。粤港澳大湾区的区域特色决定了，要推动实现对拥有不同区域文化的城市群的治理，在治理逻辑上就必须解决因法律制度和治理观念的差异以及社会多元文化造成的治理障碍。中央应控制主动介入粤港澳大湾区治理事务的频率，需考虑支持港澳实行高度自治。粤港澳大湾区治理应更多采用法治的手段，甚至可以采取非正式的治理手段，如社会自治和行业自治等。

再次，大湾区治理纠纷多样性也对完善法律救济制度提出更高的要求。跨区域的居民和行业组织间的矛盾纠纷需要进行创新性的回应，不同司法体系的衔接和冲突亦需要协调。更重要的是，大量政府间的合作协议到底是什么性质的契约，是否存在法律拘束力，此类问题目前仍然困扰着实践。即便以中央作为粤港澳府际合作纠纷的协调者，其争议解决不仅要考虑程序上的制度构建，还要对违约类型、责任范围等认定标准进行协调。[②]

（三）中央主导是粤港澳大湾区治理的根本保障

在粤港澳大湾区的治理实践中，中央对三地的协调职能是至关重要的。它当然涉及同一行政级别或互不隶属的行政区的横向协调，但这远不是中央主导粤港澳大湾区建设的全部内容。粤港澳大湾区的准一体化治理结构中，来自中央的关键协调表现在以下几个方面：

其一，中央对香港和澳门的全面管治权提供了治理元规则。虽然全面管治权受到"一国两制"框架的约束，但全面管治权的存在可以为粤

[①] 谢宇：《中央推进粤港澳大湾区建设的法治路径——"中央权力行使指南"的提出》，载《法学杂志》2020年第4期。

[②] 石佑启，陈可翔：《粤港澳大湾区治理创新的法治进路》，载《中国社会科学》2019年第11期。

港澳大湾区的法治建设提供解决区际法律冲突合作的法律基础。① 全面管治权对于推进粤港澳大湾区建设最大的现实意义就在于，对粤港澳三地政府在大湾区建设中的重大事项决策和重大争议处理，中央政府可以扮演"规则制定者、规则执行监督者和合作争议裁决者"三种角色②，发挥治理元规则的作用。

其二，中央主导权能够解决区域治理多元结构的权责碎片化问题。从行政级别来看，粤港澳三地的地位相当。但由于香港、澳门按照各自基本法享有高度自治权，三地行政体制和法律制度存在较大的差异，如发展规划、行政程序差别明显，受中央宏观经济调控影响不同，由此导致区域合作很多事项难以找到对接机构。③ 中央主导权为粤港澳大湾区这种特殊的半一体化治理结构植入可问责性，进而解决多元治理结构中的权责匹配问题，有助于快速推进区域发展。

其三，中央主导权有利于破解三地政府及部门横向协调成本过高的问题。有观点提出，对于前两类问题可以借鉴新区域主义的非正式网络以及正式关系的同盟来解决。④ 这实际上是早期珠三角与港澳地区合作所采用的方法，并不适合当前粤港澳大湾区建设的实际。进入21世纪以来，欧盟等主权国家之间的区域治理也推崇这种新治理手段，通过所谓"开放式协调"来达成政策目标。⑤ 正如前文介绍，如果缺乏中央政府的主导意愿，粤港澳大湾区的合作在短期内就不可能在更高水平层面展开，区域整体利益会因协调成本过高而受到影响。

总之，在粤港澳三地政治、经济、法律、参与主体等诸多方面存在较大差异的情况下，不论是行政主导、市场主导还是多中心治理，都无法充分、有效地整合资源。因此，粤港澳大湾区治理尤其需要创新体制，建立一种综合性、多层次以及以中央为主导的半一体化治理体系，才能真正降低粤港澳三地的治理成本，在贯彻落实"一国两制"方针的前提下促进三地合作、经济融合和治理协同。

---

① 王禹：《全面管治权理论：粤港澳大湾区法治基石》，载《人民论坛·学术前沿》2018年11月。

② 潘小娟等：《地方政府合作研究》，人民出版社2016年版，第154页。

③ 张胜磊：《粤港澳大湾区城市群建设的问题及对策研究》，载《广西社会科学》2020年第8期。

④ 张树剑，黄卫平：《新区域主义理论下粤港澳大湾区公共品供给的协同治理路径》，载《深圳大学学报（人文社会科学版）》2020年第1期。

⑤〔英〕科林·斯科特：《规制、治理与法律：前沿问题研究》，安永康译，清华大学出版社2018年版，第185—186页。

第三节　长三角一体化治理的理论与实践

长江三角洲位于"一带一路"与长江经济带重要交汇地带，是国内区域经济非常重要的增长极和一体化发展先行区。它起源于上海经济区，在上海都市圈和杭州、南京等都市圈的融合发展推动下，逐步成为当今中国最有创新活力、市场经济最为发达的区域之一。长三角城市群 2021 年 GDP 达成 276054 亿元，占全国 2021 年 GDP 总量 1149237 亿元近四分之一（24%）。[①] 长三角的一体化治理具有鲜明的市场驱动因素，例如，《长三角地区一体化发展三年行动计划（2018—2020）》即突出表明"市场主导，政府引导"的工作目标，强调在统一市场的基础上形成要素自由流动，让市场发挥主导作用。长三角除了上海都市圈这一极核以外，还有杭州、南京等城市以及苏州、无锡、常州、宁波等经济强市。区域内大部分城市经济发展水平差距相对不大，民营经济活跃度高，城市间具有较强的一体化"共识"，从经济发展到法治与社会建设都有强烈的合作意愿。这些因素为中国区域一体化治理提供了一个高水平样本。

一、长江三角洲区域一体化的发展历程

长江三角洲区域一体化发展也经历了不同的历史阶段。从最初的上海经济区到上海都市圈，再到长三角城市群发展规划，到如今的长江三角洲区域一体化发展，其间称谓和内涵的变迁充分体现了国家区域经济发展的空间演变规律。长江三角洲区域一体化的发展历程，是中国区域经济由点到圈、由圈融群、由群成片演进的一个代表性案例。

（一）作为长三角前身的上海经济区

长江三角洲区域发展始于上海经济区。1982 年 12 月 22 日国务院发出通知，上海经济区规划办公室正式成立。这一经济区以上海为中心，包括苏州、无锡、常州、南通、杭州、嘉兴等 10 个市。而传统意义上的长三角 15 城，如南京、镇江、泰州、扬州、舟山都是随着上海经济区的

[①] 大刚观察：《上海建设"五大新城"，带来哪些启示？》，https://new.qq.com/omn/20210415/20210415A0EJU700.html，最后访问时间：2021 年 6 月 9 日。

崛起才逐步被囊括进来的。①

受限于改革开放初期的计划体制，上海经济区并没有因为国家的支持而表现出过快的扩张动能。20世纪80年代中央推进"放权让利"的地方分权和财政改革②，这在激励地方竞争的同时，也产生了诸如地方保护主义和"条块分割"等现象，制约着区域各城市的合作意愿。直到1990年，随着中央做出上海浦东发展和开放的重大决策，长三角一体化发展才真正成为地方发展的迫切需求。③

1992年，长江三角洲城市协作部门主任联席会议制度建立，取代了原上海经济区相关办公室，标着长三角区域经济协作政府协商机制的全面启动。1997年，联席会议升格为长江三角洲城市经济协调会。随后十年发展历程中，不但区域内政府合作加强了，民营企业也登上了区域合作的舞台，江浙两省民营企业与上海的合作逐步深入，特别是2001年中国加入WTO，越来越多的江浙民营企业向上海转移。④ 政府协商机制此时也开始由市级上升为省级，经济协调会纳入诸如台州等更多能够拓宽经济横向协同面的市域，并确立了更加完善的经济协调会办公室工作制度。⑤

（二）从城市群到区域一体化发展

2010年6月，国务院批准《长江三角洲地区区域规划》，长江三角洲地区城市群正式进入国家规划视野。按照规划的要求，长江三角洲地区发展目标是建设具有较强国际竞争力的世界级城市群，"长三角"的空间范围进一步确定为江浙沪，涉及两省一市的16个城市。

长三角城市群专项规划则见于国家发改委与住房城乡建设部2016年6月联合发布的《长江三角洲城市群发展规划》。该发展规划再次重塑了长三角的发展空间：一是继续突出上海在区域中的核心地位，同时提出

---

① 杨凤华，王国华：《长江三角洲区域市场一体化水平测度与进程分析》，载《管理评论》2012年第1期。
② 钱海婷：《我国地方政府职能改革的历史演进与制度逻辑——中央与地方关系的视角》，载《西安建筑科技大学学报（社会科学版）》2015年第2期。
③ 张学良，林永然等：《长三角区域一体化发展机制演进：经验总结与发展趋向》，载《安徽大学学报（哲学社会科学版）》2019年第1期。
④ 李鲁：《民营经济推动长三角区域一体化：发展历程与互动机制》，载《治理研究》2019年第5期。
⑤ 张学良，林永然，孟美侠：《长三角区域一体化发展机制演进：经验总结与发展趋向》，载《安徽大学学报（哲学社会科学版）》2019年第1期。

南京都市圈、杭州都市圈、合肥都市圈等五个都市圈；二是提出都市圈同城化的发展新思路，长三角正式进入"以圈融群"的阶段；三是区域空间范围进一步扩容，纳入了安徽省合肥市等城市，从两省一市扩展为"三省一市"共计 26 个城市。

上海大都市圈的构建也在同时发力。2016 年 8 月，《上海市城市总体规划（2016—2040）》出台，强调推动上海、苏州、无锡、南通、宁波、嘉兴、舟山等地区的同城化发展。

2018 年 11 月，中共中央、国务院发布《关于建立更加有效的区域协调发展新机制的意见》，提出以上海为中心引领长三角城市群发展，并带动长江经济带发展，作为"推动国家重大区域战略融合发展"的重要内容。这意味着，长江三角洲区域一体化正式上升为国家战略，并与京津冀协同发展、粤港澳大湾区建设等战略相互配合、相互融合。2019 年 5 月 13 日，中共中央政治局审议了《长江三角洲区域一体化发展规划纲要》，并于同年 12 月 1 日正式印发，长三角区域一体化发展战略进入全面实施阶段。

二、长三角一体化治理的实践特色

长江三角洲是国内市场化程度最高的区域。而一体化治理，恰恰就在于破除制约要素流动的行政壁垒。壁垒的破除离不开区域政府的合作以及相关体制机制创新。在市场与政府治理的互动中，还有市域社会治理的叠加因素，到底哪一类因素在多大程度上推动了区域一体化的发展，这既是一个重要的理论问题，也是一个实践问题。

（一）多样性的一体化公共治理机制

作为一种区域一体化的治理模式，长三角的公共治理机制中必然存在纵向一体化机制，目前这种机制是由推动长三角一体化发展领导小组所提供的。与粤港澳大湾区类似，这一自上而下的协调机构由中央政治局常委、国务院副总理任组长，定期召开领导小组会议。除了中央牵头成立的领导小组，长三角纵向一体化机制还包括国家部委牵头组织的部门协调会议，如长三角旅游合作联席会（国家旅游局）、长三角区域市场一体化工作会议（商务部）。各省市也自上而下地建立了相应的领导小组作为推动一体化的协调机构。长三角一体化治理并非单线的纵向一体化，还包括了区域内相对独立的区域一体化组织和多个横向协调机制。其颇具特点的机制主要体现在以下几个方面：

一是以长江三角洲城市经济协调会为代表的横向协调机制。长江三角洲城市经济协调会是区域内各城市自 1992 年开始探索并于 1997 年成型且运作至今的地方横向协调工作机制。该协调会的常务主席由上海方面担任，日常联络处也设在上海，执行主席由各城市轮流担任，每两年举行一次市长会议，由市长或分管市长参加。① 这说明，长三角城市经济协调会尽管是官方层面的运作，但主要是市场长期演化而产生的带有地区联盟性质的横向合作组织。2018 年，由江苏省、浙江省、安徽省和上海市抽调人员组建的长三角区域合作办公室正式在上海挂牌，成为传统区域合作机制的"整合版""升级版"，实现了区域"三级运作"的合署办公。②

二是长三角公共治理嵌入了上海大都市圈的区域治理机制。在长江三角洲经济区和区域一体化发展过程中，上海经济区或上海大都市圈一直都是引领发展的单极核，具有较强的区域话语权。《上海市城市总体规划（2017—2035 年）》明确了上海大都市圈同城化发展的目标，赋予了上海大都市圈在区域生态环境、区域交通设施、区域市政基础设施、区域文化网络的区域协调职责。为此，上海市政府牵头与各区域城市协商成立"上海大都市圈空间规划协同工作领导小组"，共同开展《上海大都市圈空间协同规划》编制工作。

三是各城市的主动对接机制。为抓住国家区域重大战略机遇，长三角特别是上海大都市圈的其他区域城市，从 2017 年开始形成主动对接上海大都市圈的动力，形成诸如"服务上海""与沪杭同城""创建全面接轨上海示范区"等相应规划及实施方案。具有代表性的对接式区域合作机制包括浙江省嘉兴市"全面接轨上海示范区"以及江苏省南通市"建设上海大都市北翼门户城市"。③

（二）探索构建区域党建一体化

长三角区域一体化战略实施过程中，与各市域和区域治理一样，党建引领是关键词之一。由于区域各城市经济社会联结的紧密性，突出了

---

① 有关介绍详见百度百科"长江三角洲城市经济协调会"词条。
② 澎湃新闻：《长三角区域合作办公室如何协同办公？三年行动计划初稿将成形》，https://baijiahao.baidu.com/s?id=1595269913775843992&wfr=spider&for=pc，最后访问时间：2021 年 5 月 12 日。
③ 唐亚林，于迎：《主动对接式区域合作长三角区域治理新模式的复合动力与机制创新》，载《理论探讨》2018 年第 1 期。

党建一体化的现实需求。在此背景下，长三角各地基层党组织积极探索，不断加强区域党组织联系，开创出系列党建一体化的创新实践，以党建引领助推长三角高质量一体化发展。其中，较为特色的举措主要包括：毗邻党建引领机制、毗邻党建引领综合体、同城党建模式、"两新"组织党建合作等。

2017年8月17日，上海市金山区与浙江省平湖市正式签订《"毗邻党建"引领区域联动发展合作框架协议》，协议在顶层设计、融合渠道、资源共享、成果转化四个层面达成了党建合作一致，联合打造21个"七彩"党建示范点，旨在建立党建联姻，打破区域壁垒，引领带动其他组织开展一体化发展。2018年8月，上海市青浦区、江苏省苏州市的昆山市及吴江区、浙江省嘉兴市嘉善县四地签订的《环淀山湖战略协同区党建共建框架协议》，开展四地党建共建，探索区域化大党建格局，深化毗邻村党建联建。[1]

为了丰富创新毗邻区联合党建的载体、形式和机制，金山枫泾、嘉善经济技术开发区（惠民街道）、嘉善姚庄、平湖新埭4个沪浙边界街镇共同打造毗邻一体化"党建综合体"，推出了区域特色鲜明的"微党课"。以"微党课"形式打破行政边界、联结网格，并推动沪浙边界的村党组织委员相互交叉任职。[2]

嘉定、温州、昆山、太仓则以基层党群共建联席会议为平台载体，成立长三角区域城市基层党建共建联席会议办公室，全面推行"同城党建模式"，促进长三角干部交流学习。[3]

长三角因为经济社会要素流动频繁，所以也是新经济组织、新社会组织最为活跃的地区之一。2018年9月，长三角"两新"组织在江苏昆山签署基层党建合作共建协议，围绕一体化发展和党建引领展开全方位多层次合作，成为党建引领打造社会协同创新共同体的范例。[4]

---

[1] 上海支部生活：《画好党建"同心圆"共促发展"一体化"——青浦昆山吴江嘉善签署党建共建框架协议》，https：//www. sohu. com/a/248665171_99929949，最后访问时间：2021年6月9日。

[2] 内容详见新华网：《长三角打造毗邻一体化"党建综合体"》，新华网客户端2019年11月23日发布。

[3] 丁晓强：《党建推动长三角一体化发展的实践与思考》，载《上海党史与党建》2020年第1期。

[4] 详见中国新闻网：《长三角城市基层党建跨省合作 助推一体化发展》，https：//baijiahao. baidu. com/s? id=1611501380892930291&wfr=spider&for=pc，最后访问时间：2021年6月8日。

（三）一体化立法协同

法治化是长三角地区进入区域一体化发展阶段的必然要求。从国际经验来看，高质量一体化发展通常以区域治理事权的法定化作为保障手段，而立法协同本身又是区域治理体系和治理能力现代化在治理实践中的重要体现。长三角区域一体化协同立法的中心任务是服务于市场经济为主导的区域经济一体化战略，推动法治经济在这一区域生成、发展和成熟。①

长三角区域一体化立法协同早在 21 世纪初就引起了理论界和官方的共同关注，最初以理论研究的方式在区域内体现。2007 年上海法学会召开的"和谐、合作、共赢——长三角法制协调中的地方立法"长三角法治论坛，就是其中的代表性研究议程。该论坛具有政学共建的色彩，不仅围绕立法协作机制、模式、程序、路径展开探讨，还为立法机关的立法合作提供了平台。会议上，苏、浙、沪三地人大常委会法工委、政府法制办、法学会九家单位负责人共同签署了《苏浙沪立法工作协作座谈会会议纪要》，为长三角立法协同工作提供了工作机制和模式。②

2018 年 6 月审议通过的《长三角地区一体化发展三年行动计划（2018—2020 年）》，提出"加强协同立法工作""立足地方人大职能，发挥地方立法对长三角一体化发展推动作用"等工作要求。同年 11 月，上海、江苏、浙江、安徽三省一市的人大常委会分别表决通过《关于支持和保障长三角地区更高质量一体化发展的决定》，提出完善长三角地区合作与发展联席会议等推进机制。③ 在协同立法方面，该工作联席会议制度所确立的协同开展立法对接工作机制，虽然并未超出一般协同立法的程序要求，但标志着长三角区域协同立法已拓展为全方位、多层次、多方向的一体化协同。④

从一体化协同立法的实践来看，长三角地区的立法协同采取先易后难的思路，前期主要关注大气污染、社会信用立法等方面。其中，"大气

---

① 贺海仁：《我国区域协同立法的实践样态及其法理思考》，载《法律适用》2020 年第 21 期。
② 江苏人大：《法治江苏建设中的地方立法创新举措》，http://www.jsrd.gov.cn/rmyql/2008/200803/3/200901/t20090108_38458.html，最后访问时间：2021 年 6 月 8 日。
③ 中华人民共和国中央人民政府网：《长三角省市协同立法：支持更高质量一体化发展》，http://www.gov.cn/xinwen/2018-12/01/content_5345124.htm，最后访问时间：2021 年 6 月 8 日。
④ 汪彬彬：《长三角区域立法协同研究》，载《人大研究》2021 年第 3 期。

污染防治条例"成为长三角协同立法的首次实践。2014年上海市人大常委会审议通过《上海市大气污染防治条例》，随后《江苏省大气污染防治条例》《浙江省大气污染防治条例》陆续通过审议，成为长三角大气污染防治区域立法协作系列成果。①

近年来，长三角一体化协同立法有了新的发展思路。2020年，上海市人大、上海人大工作研究会召开"长三角一体化协同立法研究"研讨会，立足于"不破行政隶属、打破行政边界"的理念，具体讨论解决立法项目筛选、立法标准不统一、差异化执法等问题，提出通过立法为不同领域建立"长三角区域标准"以及"探索立法协同向执法协同延伸"的协同思路。②

（四）一体化中的基层社会治理现代化

区域一体化发展不仅包含经济一体化的内容，也突显"社会一体化"的特征。一体化社会治理的连接点在基层，重点也在基层。长三角一体化发挥三省一市地域特色、区域合作机制优势和科技赋能，推动实现治理结构从碎片化到有限协同再到一体化。

根据《长三角地区一体化发展三年行动计划（2018—2020年）》，长三角区域公共服务一体化建设的重点领域包括区域社会服务保障、人力资源、劳动保障法治、养老服务、体育产业、旅游、食品安全等几项。为了使公共服务能够从顶层下沉到基层，各城市着眼于一盘棋整体谋划，通过区域统筹、资源整合、优势互补、平台共享、项目共建，着力解决长三角区域发展中基层社会治理的不平衡问题。③

通过科技赋能和基层机制创新，近几年，长三角探索了一系列先行先试治理举措，如浙江"最多跑一次"、江苏"不见面审批"、上海"一网通办"等政务服务改革，为全国各地的市域社会治理现代化不断输出制度经验。浙江省嘉兴市嘉善县在矛盾纠纷多元化解机制方面探索"最多跑一地"改革，是"最多跑一次"改革向社会治理领域的延伸，也是

---

① 毛新民：《上海立法协同引领长三角一体化的实践与经验》，载《地方立法研究》2019年第2期。
② 光明网：《"长三角一体化协同立法研究"研讨会：应探索建立"长三角区域标准"》，https://www.sohu.com/a/418907997_162758，最后访问时间：2021年1月8日。
③ 曹文泽：《大力提升长三角一体化基层社会治理能力》，载《经济日报》2020年11月11日。

社会治理从"维稳"到"维权"的一次重要转变。①

要一体化推进基层社会治理现代化,区域合作机制是重要抓手。在长三角区域合作办公室、皖浙毗邻县(市、区)建设平安边界联席会议等区域合作载体基础上,黄山、杭州、湖州、衢州、宣城成立市域社会治理现代化五市联盟,共建社会治理现代化联盟这一崭新载体,旨在打造长三角市域社会治理现代化先行区和长三角平安建设示范区,强化毗邻市区县社会治理一体化联动。②

三、长三角一体化治理的基本逻辑与特征分析

回顾长三角城市群的发展历程和最新治理实践,我们从中不难体会区域一体化治理背后的基本逻辑以及长三角区域特色和优势。长三角一体化治理的优势在于市场逻辑强大、区域合作的制度供给层次丰富,且自下而上与自上而下、纵向与横向全方位、多层次结合。尽管仍然面临行政壁垒、社会参与度不足等困扰我国社会治理的老大难问题,但长三角的经济社会一体化治理经验,已成为我国其他区域治理的借鉴模板,在市域社会治理现代化方面发挥着先行示范作用。

(一)多样性互嵌式一体化治理结构

长三角区域一体化治理结构及其机制一直具有较为突出的区域特色。长三角公共治理机制特征之一是呈现出纵向一体化。除了国家层面的协调外,长三角的一体化机制是以长三角主要地区为领导层,以长三角地区合作与发展联席会议为协调层,以联席会议办公室、重点合作专题组、城市经济合作组为执行层的"三级运作"机制。③

纵向协调不是一体化治理结构的全部内容,政府间的各类横向合作、区域联盟和准政府组织也是长三角治理结构中不可或缺的组成部分。还需要看到的是,长三角区域的治理机制并非清晰的纵横架构,还嵌入了纵横混合性治理结构。由于上海大都市圈在区域内的主导地位,以上海

---

① 许承忠在"长三角一体化示范区市域社会治理现代化研究基地揭牌仪式暨研讨会"上的发言,http://www.shupl.edu.cn/dwbgsfhyzbgs/2021/0528/c1958a89450/page.htm,最后访问时间:2021年5月20日。
② 安青网:《黄杭湖衢宣五市"抱团"成立市域社会治理现代化联盟》,http://www.ahyouth.com/news/20201127/1500568.shtml,最后访问实践:2021年6月9日。
③ 于迎、唐亚林:《长三角区域公共服务一体化的实践探索与创新模式建构》,载《改革》2018年第12期。

为中心的治理架构具有一定的纵向一体化属性。但同时，该区域协调机制兼具了横向合作色彩，周边各城市具有主动对接中心的共识和意愿。①

不仅如此，长三角区域治理的纵向一体化与横向联合并非完全是政府的独角戏，其治理协调具有一定的开放性，或者说是一种半结构化的治理。②应当看到，长三角区域治理的基本导向是市场化，故而政府区域合作与市场合作也是相互支撑与嵌入的，具体表现为园区平台建设、科技平台共建、公共服务共享等。尽管大部分政府协调机制中仍缺乏企业和社会组织参与的制度设计，但较为成熟的长三角城市经济协调会是个例外。后者本质上是政府为市场主体提供服务的协调机制，在跨地区、部门协商中逐渐将企业、民间组织纳入区域协同治理体系，呈现出政府主导、市场运作、社会参与的多元区域治理体系。③

由以上分析可见，长三角区域一体化治理经过长期的探索、演化，逐步形成了多样性、互嵌式的一体化治理结构。长三角一体化治理结构中的组织和机制有时具有更替性，但大部分互不冲突，而是在不同环节发挥治理作用，为长三角一体化治理提供了丰富而多样的制度供给渠道。

（二）一体化协同中的市场和社会因素

长三角地区不仅是我国经济发展的"基本盘"，而且是我国经济社会发展一体化程度最高的地区。与粤港澳大湾区不同，长三角区域内实施的是同一套法律制度和司法体系，区域间联系紧密、民营经济活跃度高，且对民营企业以及上海市作为区域中心的社会认同度较高，因此具有良好的经济社会一体化基础。

上海市在区域中的经济社会文化向心力，自改革开放初期就有所体现且延续至今。例如，20世纪80年代，随着大陆市场的不断开放，江浙一带的乡镇企业更愿意搭载"上海"的品牌价值，以"上海经济区"的名义来扩大产品销路。④反观市场化程度更高的粤港澳大湾区，广州

---

① 唐亚林：《区域治理的逻辑：长江三角洲政府合作的理论与实践》，复旦大学出版社2019年版，第3—4页。
② 所谓半结构化协同治理意指区域治理由区域契约转向针对特定职能而形成的一体化区域治理机构。参见汪波：《当前中国区域一体化治理的调查与思考》，载《中国经济时报》2019年7月2日。
③ 张学良，李培鑫，李丽霞：《政府合作、市场整合与城市群经济绩效——基于长三角城市经济协调会的实证检验》，载《经济学》2017年第4期。
④ 陈建军：《长江三角洲区域经济一体化的三次浪潮》，载《中国经济史研究》2005年第3期。

和深圳都属于地区龙头，相互之间仍有较强的竞争性，更不用说香港和澳门地区因长期的历史隔阂、制度和意识形态差异而引起的合作惰性。因此，总的来看，不论政府、企业或社会主体，都能成为区域一体化的获益群体，其区域合作意愿远高于国内其他区域空间，由此共同成为长三角区域一体化的内在驱动力。

也正是有了这样的市场和社会基础，长三角的区域一体化发展战略更多是自下而上的推动和演进，其区域治理的有效性无需以高度纵向一体化的治理结构为前提。新区域主义中的多元横向联盟、社会与市场协同观念，能够在这样的一体化治理结构中发挥一定的作用，具有前文所说的开放性一体化治理特征。

当然，这并不是说长三角区域一体化发展完全是由市场和社会驱动的，或者说无需政府干预而自发完成。基于不同时期的发展需求，以及政府在各时期对区域一体化协同认识差异，长三角区域治理也经历了从分割式治理模式到经济协作式治理模式再到经济社会一体化协同治理模式的转型，其区域治理空间随着不同的战略需求而不断扩充，从而为长三角区域治理提供了新的战略空间和治理资源。① 在这方面来看，长三角区域 一体化发展及治理仍离不开国家战略布局和顶层设计，以及区域中政府间的合作意识和机制创新。

（三）破除区域一体化治理的行政壁垒

综合历史与现实，长三角区域一体化命题的提出与高质量发展的国家战略布局明显相关。以行政区经济为特征的地方政府竞争，曾经对我国经济社会快速发展起到重要作用，但在地方向政府放权让利、塑造出分散竞争主体的转轨经济体制中，行政区经济对于如何进一步提升我国经济市场化程度并且避免地方保护主义，具有明显的历史局限性。转轨经济体制特征的"行政区经济"固有顽疾，在长三角经济区长期发展实践中也一直隐隐发作。② 历史上，长三角上海、江苏、浙江之间不仅出现了同质化竞争，在长期磨合形成的看似合作有序、竞相靠拢的政府共识和合作机制中，也无法排除政府在主导推动中的"私心"，留下了大量

---

① 唐亚林，于迎：《主动对接式区域合作：长三角区域治理新模式的复合动力与创新机制》，载《理论探讨》2018 年第 1 期。
② 刘志彪：《长三角区域市场一体化与治理机制创新》，载《学术月刊》2019 年第 10 期。

地方保护主义空间。①

"行政区经济"的最大弊端在于行政分割产生的市场和社会参与的碎片化，经济和社会需求由于行政条块分割而无法满足，导致资源配置效率降低。越是依赖政府合作来打破行政壁垒，政府对市场参与分割的可能性越高，最终无法实现更大空间范围内的资源流动和高质量发展。"上海经济区"的无疾而终，一定程度展现出一体化治理困境。改革开放初期为推进"上海经济区"而成立的上海经济区规划办公室，就是为了探索解决经济分割确立的跨省市行政合作机制。但受限于行政壁垒，加之该办公室事权的不足②，上海经济区规划办公室未能如愿完成对行政分割的破除，于1988年被撤销。③ 这说明，仅依靠行政手段来打破行政壁垒，不能真正起到推动区域一体化发展的效果。

长三角区域一体化发展战略并没有沿循"上海经济区"的老路，而是充分发挥以市场经济为主导的一体化发展优势，即借助区域协调机制建立区域市场一体化，逐步把处于分割状态的"行政区经济"聚合为开放型区域经济，运用一体化充分挖掘市场经济动能，使要素能够在更广的范围内实现自由流动和组合。④

对于如何不依靠行政主导来打破行政壁垒，长三角一体化发展的重要经验是在政府、市场和社会之间确定合理的分工关系，通过治理体系和治理能力现代化为区域一体化提供保障。从理论上讲，社会治理壁垒的实质是各行政主体不同的职责边界和一体化的共同目标发生了冲突。⑤ 这就需要善于运用政府、市场和社会等不同层面方法，包括政府治理组织与机制创新、市场项目与平台建设、社会协同创新以及技术手段突破等。

除了全方位、多层次的整体性治理思路，在某些重要领域和关键区域先行先试、先易后难，也是破除行政壁垒困局的可行思路。如前文提

---

① 张伟丽，李建新：《中国行政区经济协调发展的空间格局及演化分析》，载《经济地理》2013年第6期。

② 杨建华：《长三角一体化发展的困境及对策》，载《南通大学学报（社会科学版）》2007年第2期。

③ 许庆明，杨琦：《区域经济一体化与地方政府的利益机制——以长三角为例的研究》，载《嘉兴学院学报》2005年第1期。

④ 孙久文，张翱：《论区域协调发展视角下行政区经济的演变》，载《区域经济评论》2020年第6期。

⑤ 高淑桂，周依尔：《打破行政壁垒，实现长三角社会治理一体化》，载《社会科学报》第1636期，第3版。

及的,上海市青浦区、苏州市吴江区、嘉兴市嘉善县所共建的一体化示范区,在市域社会治理现代化等重点领域探索一体化制度安排,黄山、杭州、湖州、衢州、宣城共同打造长三角市域社会治理现代化先行区等,都属于一体化治理方面的先行先试。

第四节 成渝地区双城治理实践及结构雏形

成渝地区位于"一带一路"和长江经济带的联结点,在全国"两横三纵"城市化战略格局中也处于重要的交汇地带,区域优势明显,是西部经济基础最好、经济实力最强的地区之一。① 近年来,成渝地区的区域定位不断升级,在西部大开发、长江经济带、新型城镇化和构建新发展格局等国家战略布局中承载了重要任务。进入 21 世纪的第二个十年,成渝地区双城经济圈建设上升为"习近平总书记亲自谋划、亲自部署、亲自推动的重大国家战略"。② 关于成渝地区双城经济圈提出的时代背景、发展定位以及治理框等内容,在"本体论"部分第四章有详细介绍,此处不再赘述。按照中央的战略部署,川渝两地建立党政联席会议协同响应,深入推进成渝地区双城经济圈建设,积极探索经济区与行政区适度分离改革,形成了成德眉资同城化、重庆都市新区同城化以及成都东部新区等区域一体化治理框架雏形,初步打造四川天府中央法务区等区域治理创新平台。这些举措和做法为成渝地区双城治理做出先行探索,一定程度上是在推动完善多层次圈层一体化的双城治理框架。

一、搭建双城治理框架雏形

20 世纪 90 年代,成都和重庆属四川省行政区内的两大城市。1997 年,重庆成为直辖市,政治地位提升明显,与四川省共同形成了既有竞争又有合作的区域经济发展格局,被并称为西部"双子星"。在 21 世纪初,川渝两地也进行了合作探索:2004 年四川和重庆两地政府共同签署《关于加强川渝经济社会领域合作,共谋长江上游经济区发展的框架协议》,并于同年达成《"1+6"成渝经济区合作协议》;2006 年,重庆市、四川省政府签订

---

① 国务院 2016 年批复同意的《成渝城市群发展规划》。
② 《最高人民法院关于为成渝地区双城经济圈建设提供司法服务和保障的意见》的有关内容。

《关于推进川渝合作共建成渝经济区的协议》，加强区域分工合作。成渝地区双城经济圈在 2020 年初的中央经济工作会议宣告成为国家战略，同年 3 月川渝两地政府积极协同响应，建立了党政联席会议机制，在此基础上协调和引导两地省级部门开展第一阶段的区域一体化治理。

（一）川渝党政联席会议机制初步建立

2020 年 3 月 17 日，推动成渝地区双城经济圈建设四川重庆党政联席会议举行第一次会议。会议明确川渝两地进行实质性合作的主要方向，包括基础设施互联互通、川渝毗邻地区合作、开放平台建设和公共服务共建共享四大领域。[①]

2020 年 12 月 14 日，推动成渝地区双城经济圈建设重庆四川党政联席会议第二次会议以视频会议方式召开。会议除研究贯彻落实中央《成渝地区双城经济圈建设规划纲要》外，两地党政负责人还在讲话中指出，要贯彻"一体化"理念，发挥"双核引领""区域联动"作用，同时优化统筹协调机制、项目推进机制、多方参与机制，突出考核"指挥棒"作用。[②]

2021 年 5 月 27 日，两省市在永川区举行推动成渝地区双城经济圈建设重庆四川党政联席会议第三次会议，共同研究"十四五"开局起步之年进一步推动双城经济圈建设重点工作。会议上，两地党政负责人在讲话中强调，以更大力度推进重庆西扩和成都东进，积极探索经济区和行政区适度分离改革，共建成渝综合性科学中心和西部科学城。会议还通报了两地共同编制重点规划推进情况，政务服务"川渝通办"和川渝自由贸易试验区协同开放示范区总体方案情况。[③]

根据有关会议透露的信息，川渝党政联席会议形成了第一阶段成渝地区发展和治理的制度雏形。首先，川渝两地形成了党政联席会议这种常态化的协同工作机制，是川渝两地政府推进一体化发展的重要工作抓手。其次，两地工作推动的合作理念和方式是"一体化推进"，主要在重

[①] 人民网：《推动成渝地区双城经济圈建设 四川重庆党政联席会议举行第一次会议》，https://baijiahao.baidu.com/s?id=1661468523891631317&wfr=spider&for=pc，最后访问时间：2021 年 6 月 12 日。
[②] 四川发布：《推动成渝地区双城经济圈建设 重庆四川党政联席会议第二次会议召开》，2021 年 3 月 2 日。
[③] 重庆日报：《推动成渝地区双城经济圈建设 重庆四川党政联席会议举行第三次会议》，2021 年 5 月 18 日。

点项目、重点领域和重点区域先行先试，并建立自上而下的考核机制。再者，两地在强调协调"一家亲""一盘棋""一体化"的同时，也试图向中央争取支持与协调，但暂未建立中央纵向协调机制和实质运行机构，因此表现为联结程度较低的"弱一体化"。

建基于川渝两地一体化治理的阶段性成果，在川渝党政联席会议的推动和指引下，成渝地区双城经济圈建设开始加速推进，在两地协同和向上争取支持方面，大致包含了行政合作、法治协作、区域共建联通平台等多个主题。

（二）区域部门行政合作

根据川渝党政联席会议第一次会议的精神，2020年7月22日，四川省人民政府办公厅与重庆市人民政府办公厅签署《关于协同推进成渝地区双城经济圈"放管服"改革合作协议》。根据协议，两地在建立长效工作机制、推动政务服务标准化、加强数据共享利用、推行线下异地办理、推进线上"一网通办"、加强跨区域协同监管等6个方面进行合作。①

2020年7月27日，川渝两地政府办公厅联合印发《川渝毗邻地区合作共建区域发展功能平台推进方案》。该方案提出："在不改变行政隶属和行政边界的前提下，探索经济区与行政区适度分离，鼓励在建立一体化发展机制等方面先行先试。"②

2021年1月4日，川渝两地政府办公厅又共同印发《成渝地区双城经济圈便捷生活行动方案》，具体针对户口、交通、医疗、社会保障，以及教育和住房六大项十六小项展开便捷化服务。③

此外，成渝地区多个政府部门联合开展行政协作，签署主体涵盖省级部门乃至成渝地区内多个地方部门，内容涉及养老服务、社会组织、数据统计、医疗卫生、人力资源、气象、体育、住房等多个方面。本书选取部分具有代表性的重要内容梳理如表6-1所示：

---

① 四川省人民政府网：《协同推进成渝地区双城经济圈 川渝今日签署"放管服"改革合作协议》，2021年6月9日最后访问。
② 四川省人民政府：《重庆市人民政府办公厅 四川省人民政府办公厅关于印发川渝毗邻地区合作共建区域发展功能平台推进方案的通知》渝办发〔2020〕97号。
③ 四川省人民政府网：《〈成渝地区双城经济圈便捷生活行动方案〉印发六大行动让川渝群众共享便捷生活》，网址2021年6月10日最后访问。

表6-1 成渝地区多个政府部门开展行政协作的重要内容

协作主体	协议名称	协作重点内容
四川省民政厅、重庆市民政局	《川渝民政合作框架协议》	提出了养老服务、救助工作、儿童关爱服务、社会组织、区划边界、社区治理、殡葬服务、精神卫生事业、慈善和社工9个方面合作内容，基本涵盖了民政主要业务，建立了工作协同、统筹协调、信息共享、政策衔接、利益调处、能力提升6大机制
四川省统计局、重庆市统计局	《成渝地区双城经济圈统计战略合作协议》	着力打造与构建成渝地区双城经济圈统计工作联合发展模式、综合统计监测体系，并形成两地统计数据与成果共享
四川省卫生健康委、重庆市卫生健康委	《推动成渝地区双城经济圈建设川渝卫生健康一体化发展合作协议》	确立落实领导互访机制、协同推进健康中国行动、健全"互联网＋医疗健康"服务体系、开展医改经验交流互鉴、推动医疗服务区域合作、加强基层卫生交流合作、健全卫生应急和传染病防控联动机制、加强人才培养和科研合作、建立食品安全标准与风险监测协作机制等11个方面的合作内容
重庆市卫生健康委、四川省中医药管理局	《川渝中医药一体化发展合作协议》	川渝两地中医药主管部门将建立联席会议机制，并重点从共建川渝地区国家中医药综合改革示范区、打造川渝结合部中医医疗集群、实施中医药人才培养工程方面展开合作
四川省人力资源和社会保障厅、重庆市人力资源和社会保障局	《共同推动成渝地区双城经济圈建设川渝人力资源和社会保障合作协议》	以共建共享、互联互通、务实包容、协同发展为工作原则，重点在破除影响人力资源合理流动和高效集聚体制机制障碍、构建川渝一体区域就业和创新创业市场、深化人才交流合作机制、推进社会保障公平可持续发展等方面开展合作
四川省气象局、重庆市气象局	《四川省气象局重庆市气象局共同推动成渝地区双城经济圈建设合作协议》	聚焦现代产业气象保障、气象科技协同创新、区域气象事业治理、公共气象服务供给四个重点领域，共同建设交通气象服务体系、旅游气象服务体系、现代气象为农服务体系、科技创新联盟、智慧气象体系、气象灾害防御体系、公共气象服务体系、生态环境气象保障体系，以及共同优化事业发展体制机制和区域事业发展布局10项合作内容
重庆市体育局、四川省体育局、成都体育学院	《成渝地区双城经济圈体育产业协作协议》	成立"成渝地区体育产业协作领导小组"、"成渝地区体育产业协作秘书处"，打造区域体育产业协作的高水平样板，进一步提升成渝地区体育产业高质量发展和一体化发展水平，使成渝地区成为具有全国影响力的重要体育经济中心、体育科技创新中心、体育改革新高地、高品质健康生活宜居地，打造带动全国体育产业高质量发展的重要增长极和新的动力源

续表6-1

协作主体	协议名称	协作重点内容
四川省住房和城乡建设厅、重庆住房和城乡建设局	"1+3"合作协议（《加快推动成渝地区双城经济圈建设住建领域协同发展合作框架协议》《住房保障工作合作备忘录》《川渝住房城乡建设博览会备忘录》《川渝建设职教联盟合作协议》）	围绕提升城市综合承载能力、推进小城镇高质量发展、推动区域环境污染协同治理、促进住房公积金区域共建共享、完善城镇住房保障体系、加强房地产市场调控政策协同、推动建筑业市场一体化发展、构建人才合作多元模式等8个方面展开合作。创立川渝建设职业教育联盟，打造具有区域性的产学研用联合体
四川省市场监管局、重庆市市场监督管理局	《重庆市市场监督管理局 四川省市场监督管理局深化川渝市场监管一体化合作 推动成渝地区双城经济圈建设工作方案》	加快成渝地区市场监管一体化，提升监管服务效能，共同营造国际一流营商环境，打造知识产权保护高地，打破地区封锁，破除市场垄断，建设统一开放、规范有序的市场体系，明确从市场准入共优营商环境、重点监管共守安全底线、高质量发展共创竞争优势、执法办案共建公平竞争环境、监管维权共护市场秩序、知识产权合作共促创新发展、项目合作共推民营经济、人才交流共筑基础保障8个方面展开合作
重庆两江新区市场监督管理局、四川天府新区市场监督管理局	《深化国家级新区市场监管一体化合作推动成渝地区双城经济圈建设框架协议》	在培育国际营商环境、筑牢市场安全监管、共创发展竞争优势、建设公平市场环境、守护平等市场秩序、共育双创发展新高地、共筑人才基础保障7大方面形成14个合作项目
成都市政府、自贡市政府	《推动成渝地区双城经济圈建设深化协同发展合作协议》	加快形成成都自贡1小时通勤圈，共同推进特色优势产业协作。重点围绕装备制造、先进材料、电子信息、氢能产业、能源化工、航空与燃机、食品饮料等优势特色产业，推动两地行业部门建立资源、信息共享机制。支持成都高新区、自贡高新区共建成渝科创走廊
巴中市政府、重庆市发改委	《战略合作框架协议》	在深化两地交通、产业、生态、公共服务等重点领域达成合作共识。共同推进铁路、公路等跨区域交通项目建设，努力把巴中建设成为重庆产业承接示范基地、全国知名绿色有机农产品供应基地，双方将推动生态环境联防联治，加强秦巴山区和三峡库区生态保护建设，打造绿色生态走廊

续表6-1

协作主体	协议名称	协作重点内容
四川广安市岳池县应急管理局、重庆市合川区应急管理局	《融入成渝地区双城经济圈战略合作协议》	通过定期召开联席会议、举办应急管理论坛等方式,加强区域合作,充分发挥双方优势,共同推进两地在应急通讯联络、事故灾害会商研判、事故灾害协同处置、应急救援资源共享、应急救援队伍联演联训、应急学习交流6方面的机制(制度)建立,做到信息共享、资源整合、处置协同
四川自贡市人大、重庆市荣昌区人大	《推进成渝地区双城经济圈建设一体化发展合作协议》	进一步加强两地人大工作交流合作,更好推进自贡、荣昌融入成渝地区双城经济圈,共同推动建设川南渝西融合发展试验区,实现一体化发展
四川广安市消委会、重庆市渝北区等消委会	《消费维权合作协议书》	建立线下无理由异地退货机制,消费者可实现"本省消费、外省退货",保障消费者后悔权,维护消费者的合法权益
重庆梁平区政府与四川达州市政府	《共同推动成渝地区双城经济圈建设合作协议》	在基础设施、现代产业、生态保护、公共服务等方面深化合作、协同发展,建立党政联席会议制度、协调会商机制、联席会议办公室、行业领域合作对接机制,确保项目顺利实施
四川达州市政府、重庆市云阳县政府	《共同推动成渝地区双城经济圈建设合作框架协议》	充分挖掘利用区位、资源、产业、生态、公共服务等方面优势,优化资源要素配置,推动区域发展良性互动,基本形成规划体系更加协同、基础设施互联互通、创新能力协同提升、产业协作配套、生态环境质量持续改善、公共服务体系更加健全、机制体制更加高效的一体化发展新格局
重庆合川区肖家镇凉泉村,武胜乐善镇水洞湾村、石碾村、青龙村和岳池裕民镇祖家院村、广兴场村等川渝6个边界村	《成渝地区双城经济圈协作协议》	首个村级成渝地区双城经济圈协作协议。在经济、社会治理、交通、美丽乡村等多方面进行全方位交流合作

根据学者进行的时间跨度更长、样本范围更大的全面统计,在2011年5月至2020年6月,成渝地区共计签署了351份政策文本和府际协议。其中,较为集中的时间区间为2020年以后,仅在2020年1月至6月就达到了155份。统计还显示,成渝地区成都都市圈的相关协议连线

相比重庆都市圈更为密集，相较于市一级的合作积极性，区县一级的合作积极性较低。① 这一研究在一定程度上印证了当前成渝地区双城治理中，存在着"上热下冷"的现象，这反映出行政驱动逻辑在区域治理中的一些弊端。

(二) 区域司法协同

成渝地区的司法活动除了纳入川渝党政联席会议协同以外，还有着较为直接的顶层协调机制。《最高人民法院关于为成渝地区双城经济圈建设提供司法服务和保障的意见》提出，支持重庆市高级人民法院、四川省高级人民法院建立健全联席会议机制，建立健全跨域立案、审判、执行等司法协调联动机制和人才交叉培养协作机制，要求两地在诉讼服务、长江流域生态环境保护、执行联动、智慧法院建设、人才交流等方面积极深化司法协作。②

需要特别指出的是，最高人民法院作为成渝地区司法协同的主要推动者之一，对川渝两地司法资源共享先行先试给予了很多支持，四川天府中央法务区就是一个例子。四川天府中央法务区是全国首个省级层面推动建设的现代法务集聚区，该法务区建设对标世界级城市打造高能级、国际化法律服务产业群，并在机制上探索打破诉讼服务资源的空间界限和地域限制。③ 最高人民法院院长周强在四川天府中央法务区调研时对四川天府中央法务区给予了充分肯定，并支持常设重庆的最高人民法院第五巡回法庭在天府中央法务区设立审判点。④ 此外，在重庆两江新区和四川天府新区三次联席会议上提出，探索在两地范围内实现法律援助异地申办、经济困难标准和法律援助事项互认，共同打造天府中央法务区。⑤

在高层级的协调和指引下，重庆市高院和四川省高院签署了《成渝

---

① 单学鹏，罗哲：《成渝地区双城经济圈协同治理的结构特征与演进逻辑——基于制度性集体行动的社会网络分析》，载《重庆大学学报（社会科学版）》2021年第2期。

② 《最高人民法院发布关于为成渝地区双城经济圈建设提供司法服务和保障的意见》有关内容。

③ 柯娟，张贝佳：《天府中央法务区正式挂牌 未来"三步走"产业发展目标明确》，载《红星新闻》2021年2月5日。

④ 最高人民法院大力支持天府中央法务区建设的相关信息，系课题组前往天府新区参加调研座谈时，由相关工作人员提供。

⑤ 上游新闻：《建设成渝地区双城经济圈，两江新区、天府新区今年要推进"9个联动"》，2021年4月29日。

地区双城经济圈跨域诉讼服务合作协议》《四川、重庆法院执行工作联动协作协议》等合作协议。根据协议,两地诉讼服务合作内容涉及:共同建立调解人员人才库,开展相互委托委派调解、司法确认等工作;共同推进成渝两地矛盾纠纷在线多元解纷;共同推进智能化、网络化、数字化诉讼服务,拓展人工智能、大数据、区块链等新兴技术司法应用场景。①协作执行的工作内容包括:建立执行信息化协作平台、强化异地执行统一协调指挥和协助、完善跨区域执行联动机制协调配合,实现执行措施和手段的跨区域覆盖、失信被执行人联合惩戒、跨区域委托执行和协助执行。②

四川省高院、重庆市高院、四川省知识产权局、重庆市知识产权局还共同签署了《关于建立成渝地区双城经济圈知识产权保护合作机制备忘录》,共同建立知识产权保护会商研讨机制、知识产权保护协作机制、知识产权多元保护机制、知识产权保护资源共建共享机制、区域人才培养交流合作机制、组织保障机制六项合作机制。③

另根据重庆市司法局与四川省司法厅 2020 年 5 月 15 日签署的《深化战略合作、协同打造"四个共同体"助推成渝地区双城经济圈建设框架协议》,川渝两地初步搭建了区域法治共同体、法律服务共同体、监管安全共同体、法治人才共同体的法治共同体体系。④

(三) 区域立法协同

与京津冀、长三角等地的区域治理逻辑类似,成渝地区双城联动的一个重要内容即地方立法协同。在借鉴有关地区协同立法经验的基础上,成渝地区主动加强区域内的立法协同工作,在协同立法体制机制方面做出积极探索,并形成了阶段性协同立法成果。

2020 年 6 月 20 日和 2020 年 7 月 23 日,川渝两地人大常委会相继就《关于成渝地区双城经济圈建设协同立法工作方案》达成一致意见,签署《关于协同助力成渝地区双城经济圈建设的合作协议》。根据有关协议,

---

① 央广网:《〈成渝地区双城经济圈跨域诉讼服务合作协议〉正式签署》,https://baijiahao.baidu.com/s?id=1677884590224281948&wfr=spider&for=pc,最后访问时间:2021 年 6 月 12 日。

② 中国法院网:《四川重庆高院签约建立执行联动协作机制》,https://www.chinacourt.org/article/detail/2020/07/id/5335524.shtml,2021 年 6 月 10 日最后访问。

③ 四川省人民政府网:《川渝携手建立成渝地区双城经济圈知识产权保护合作机制》,2021 年 6 月 12 日最后访问。

④ 重庆日报:《川渝司法行政协同打造"四个共同体"》,2020 年 5 月 18 日。

协同立法重点领域包括重点规划和基础设施建设、生态环境和自然资源保护、市场经济秩序和营商环境、公共服务和社会建设、文化建设和旅游发展等。两地立法机关将建立工作机制，通过常态化的沟通衔接，在法规立项论证对接、项目推进协调同步、重大问题联合攻关、法规清理协调联动、立法课题研究合作、立法信息、专家和平台共享等方面建立制度机制。①

目前，川渝两地人大已就嘉陵江流域生态环境保护和铁路安全管理进行了协同立法调研，有关条例草案已列入双方2021年立法计划。2021年3月和4月，"优化营商环境条例"分别由于四川省人大常委会和重庆市人大常委会通过颁布，成为川渝协同立法项目首个获得通过的地方立法。经过工作和机制上的协同与衔接，两省市条例有三十多个条款对相类事项做出了规定。

二、经济区与行政区适度分离的成渝探索

根据中央的要求和期望，成渝地区双城经济圈一体化发展的重要创新点就是探索经济区与行政区的制度分离，打破行政区划对经济和社会要素流动的制约，实现跨区域治理的成本共担、利益共享。经济区与行政区分离的体制困境和创新探索，是一个全国范围的普遍性问题，各地为跨行政区而建立的各种领导小组、联席会议、管委会等，本质上都属于这一范畴。

从运行机制来看，其大体上分为行政经济区模式、所有权与管理权分离模式和市场化托管模式。行政经济区模式一般是在法定行政区范围，通过扩大某级政府或部门的权限来实现特殊的经济社会管理目的，经济特区即属这一例子。② 所有权与管理权分离是指，属地政府在辖区内保留税收、土地所有权等基本管理事项，将全部经济管理权限或部分社会管理权限交予合建方政府的一种模式。③ 市场托管模式属于政府与企业的共建行为，一般由政府保留全部社会管理权限，将部分招商和政府职

---

① 中国长安网：《川渝人大签订合作协议 着力打造协同立法新样板》，https://baijiahao.baidu.com/s?id=1673154723850550578&wfr=spider&for=pc，最后访问时间：2021年4月9日。

② 盛毅，杜雪峰：《基于经济区与行政区适度分离视角的成渝地区双城经济圈建设路径》，载《西华大学学报（哲学社会科学版）》2021年第2期。

③ 孙久文，苏玺鉴：《探索城市新区管理权所有权分离发展模式》，载《四川日报》2020年5月25日，第7版。

能转移事项交由市场主体管理。

从经济区与行政区的权限划分来看，具体可分为高度分离、中度分离、中低度分离和低度分离模式。成都高新区管委会，经立法授权后几乎演变为经济行政区，就是一个高度分离模式的例子。享有经济管理权限而无社会管理权限的，可视为中度分离模式，如川渝高竹新区。① 其他无法定管理权限，有一定纵向行政协调或仅有横向行政协调的相对松散的经济区，为中低度分离或低度分离模式。下面以成都、重庆两个都市圈的同城化和成都东部新区建设为例，来简要总结成渝地区的有关探索举措。

（一）成渝两大都市圈的同城化探索

从国内外城市群建设的实践经验来看，成熟城市群要经历"由点到圈""由圈到群"的演进过程，成渝地区的一体化发展的实践路径就是率先推进两大都市圈建设，再带动其他区域的融合。②

1. 成德眉资同城化都市圈

成德眉资原为成都平原经济区的主要区域，区域中的其他城市均与成都市这一"中心"接壤，具有"近水楼台先得月"的地理便利。目前，成德眉资同城化已经被列为中共四川省委实施"一干多支"发展战略的牵引性工程和推进成渝地区双城经济圈建设的"先手棋"。

成德眉资同城化采取了"以大带小"的思路，即由成都市牵头成立区域议事机构（领导小组），由省委常委、成都市委书记任该机构的负责人，代表省委省政府统筹四市同城化各项工作，并奠定区域治理的基础组织架构。同城化区域议事机构是四川省推进成德眉资同城化发展领导小组，领导小组办公室为日常综合协调机构，办公室主任由成都市委常委、常务副市长兼任，办公室下设综合组、保障组、设施互通组、创新产业组和公服生态组五个工作组，在区域内共同行使一部分社会事务管理职权。按照定位，该机构不仅常态化运作，而且是实体化运行。③

---

① 有关川渝高竹新区的市级经济权限，参见四川在线：《赋权添能 川渝高竹新区将行使市级经济管理权限》，https://sichuan.scol.com.cn/ggxw/202105/58162317.html，最后访问时间：2021年6月10日。

② 盛毅，杜雪峰：《基于经济区与行政区适度分离视角的成渝地区双城经济圈建设路径》，载《西华大学学报（哲学社会科学版）》2021年第2期。

③ 蔡如鹏，王哲，汤雁：《探索经济区与行政区适度分离的四川实践 大成都寻路同城化》，载《中国新闻周刊》2021年1月29日。

2020年2月25日，四川省推进成德眉资同城化发展领导小组召开了第一次会议，对同城化发展起步期工作进行了研究部署，主要集中于交通网络同城化、产业生态圈协同、公共服务共享、功能平台相互开放和生态环境联防联治。① 根据各市签订的主要合作协议以及探索实践，交通同城网络是一体化治理的先导条件，四地正探索借鉴广东发展经验，共同投资建设跨界地铁线路，围绕打造轨道都市圈来推动实现同城化。② 在产业协同方面，各方达成较大共识的一点是，要充分发挥成都主干作用和德眉资三市特色优势，加强政府引导、尊重市场化规律，共同推进产业全面融合错位协同发展。③ 在市场统一方面，四城统一建设企业准入门槛以及监管规范，通过共同发布地方名优产品推荐目录④，构建统一人力资源市场与就业合作机制⑤，共建共享金融服务体系，逐步建立同城化发展模式，推动金融协调发展与风险协同防控。⑥

　　特别需要指出的是，同城化不仅仅是产业协同和市场的统一，还包含社会协同治理创新。2020年7月，中共四川省委办公厅和四川省人民政府办公厅联合印发了《关于推动成德眉资同城化发展的指导意见》，明确要求提升成都都市圈精细化治理水平，就突发事件、应急处置与救援、食品药品安全监管、安全生产保障、交界地带城市管理、治安维稳、行政执法、户籍管理等多个方面提出建立联动、共享或协作机制，以及建立毗邻地区重大工程项目选址协商机制。⑦

---

　　① 成都市人民政府网：《四川省推进成德眉资同城化发展领导小组第一次会议举行》，http://www.chengdu.gov.cn/chengdu/c135622/2020-02/26/content_1dfeecab93144bce97d40a17cb41efb6.shtml，最后访问时间：2020年6月22日。
　　② 中共成都市委政策研究室课题组：《借鉴广东经验　加快推进成德眉资同城化建设》，载《先锋》，2019年第4期，第48-49页。
　　③ 庞俊梅：《关于推动渝巴合作成为成渝地区双城经济圈建设非毗邻地区合作示范的思考和建议》，载《重庆经济》2020年第4期，第15-16页。
　　④ 宋妍妍：《实施首批265项重点任务　成德眉资四城一体越走越近》，载《成都日报》，2020年2月27日。
　　⑤ 四川新闻网：《开展同城化人力资源合作　成都将向德眉资提供6万个就业岗位》，https://baijiahao.baidu.com/s?id=1659869792964040614&wfr=spider&for=pc，最后访问时间：2020年6月26日。
　　⑥ 新华网：《实施首批265项重点任务　成德眉资四城一体越走越近》，http://www.sc.xinhuanet.com/content/2020-02/26/c_1125629222.htm，最后访问时间：2020年6月26日。
　　⑦ 中共四川省委办公厅和四川省人民政府办公厅《关于推动成德眉资同城化发展的指导意见》第五条第（十六）项内容。

2. 重庆主城都市区

重庆市在推动成渝地区双城经济圈建设中，采用了打造主城都市区的方式来构建重庆都市圈。主城都市区，由中心城区的9个区加上主城新区12个区组成。其中，主城新区又把发展条件较好、与中心城区接壤的璧山、江津、长寿、南川列入发展先行区，参与产业转移分工和重大功能布局，作为中心城区的有机组成推动同城化发展。[①] 虽然重庆都市区同城化发展先行区本身就在行政区经济的范畴内，可以由上一级行政区协调区域关系，但这种都市圈构建模式必然带来行政中心与经济中心的高度一致性及边界经济的衰竭性[②]，因而也面临跨行政区的经济社会要素优化重组，亟需建立跨行政区的社会治理体系。

成渝地区的同城化发展是做大做强两大极核都市圈，推动市场和社会要素进一步向中心区域聚集的必然要求。从成渝地区实践路径来看，成德眉资四城在经济区与行政区适度分离改革方面，协调难度更大、探索成果更新，一旦有所突破其经验可复制性更强。但也要看到，目前成都都市圈治理架构还有待进一步充实和健全。比如，区域议事机构的实体化、法治化程度不够，经济区与行政区的分离度还达不到双城都市圈一体化治理结构的要求，社会要素的流动也还谈不上充分、全面和畅通。

（二）成都东部新区"两区"分离新探索

成都东部新区的设立得益于成都市的东进战略。按照东进战略部署，成都市的城市空间需要东向重庆，跨越龙泉山山脉，从而构建"一山连两翼"的全新发展格局，并与重庆共同支撑起"双城"极核。基于此，成都东部新区被视为成渝相向发展的新极核。但是，东部新区在空间范围直接分离于简阳市所辖行政区，又与成都高新区共建的产业功能存在空间重合与事权划分，因此必然突出经济区与行政区分离下的治理体制机制创新。

东部新区是继宜宾三江新区后成立的第二个省级新区，其在成立之初即承载若干重要战略功能，包括构建成渝地区双城经济圈的新发展极核。2020年4月28日，四川省人民政府针对成都市政府提交的《关于设

[①] 陈翔，王梓涵：《重庆推进主城都市区高质量发展21个区有了新目标》，载《重庆晨报》2020年5月11日。

[②] 唐亚林：《区域治理的逻辑：长江三角洲政府合作的理论与实践》，复旦大学出版社2019年版，第218页。

立成都东部新区的请示》做出批复，同意以空间范围包括简阳市所辖的13个镇（街道）所属行政区域规划设立成都东部新区。批复强调，新区建设要坚持体制机制创新，按照"一个平台、一个主体、一套班子"的体制架构，按规定组建新区管理机构。随后，四川省发展与改革委员会印发《成都东部新区总体方案》，总体方案要求"按规定组建新区管理机构，赋予相应的经济社会管理权限"。可见，东部新区拟采用的改革路径倾向于高度分离模式。

不过，在机构设置和事权划分过程中，东部新区遇到了成都高新区当年面临权限转移和授权合法性的问题。东部新区管委会组建成立后，简阳市、成都高新区相关行政机关已退出东部新区治理。东部新区管委会作为省委省政府的派出机关，不是独立的行政主体，也不属于依法授权的行政机构，在满足相关授权的法定条件和履行法定程序之前，这势必会造成东部新区经济和社会管理在职权真空期陷于"三不管"境地。主要治理主体的职权缺位导致新区建设诸多工作无法展开，不仅延缓了新区建设进度，还容易引发新区特定市域范围的重大社会风险。

东部新区吸取了当年成都高新区的教训，在借鉴上海城市管理综合执法体制改革经验的基础上另辟蹊径，通过省政府集中赋权和执法重心下沉两大思路解决事权"空置"的困境。具体路径设计如下[①]：

首先，从行政职权的类别来看，除按照法律法规必须由县级以上政府行使的权力（如行政征收）和法律明文规定由特定机关行使（如限制人身自由的处罚权）的以外，大部分行政职权由相关领域的行政主管部门来行使。而上述行政主管部门，通常由县级以上政府设立并通过"三定方案"来明确行政职权范围。

其次，从行政执法和行政强制等职权主体资格来看，东部新区管委会作为省委省政府的派出机关，目前还不是适格行政主体；而根据成都市"三定方案"，为推进东进工作而设立的东部新城办是成都市政府工作部门，可行使行政主管部门的行政职权；按照四川省政府的批复，东部新城办与东部新区管委会是"一套人马、两块牌子"。

再次，根据《中华人民共和国行政处罚法》和《中华人民共和国行政强制法》的有关规定，国务院或者经国务院授权的省、自治区、直辖市人民政府可以决定一个行政机关相对集中行使有关行政机关的处罚权

[①] 课题组成员全程参与了成都东部新区相对集中行使行政职权工作方案的设计、起草和讨论。

和行政强制权。

基于以上考量,东部新区选择以下三个步骤来解决事权划分问题:第一,先报请以省政府决定的形式授权相关单位集中行政职权,优先解决部分管理职权集中的问题;第二,积极推动"东部新区条例"地方立法,彻底解决社会管理职权划分合法性问题;第三,对集中后的行政职权进行动态调整,包括将部分职权"交回去"和"沉下去",即根据实际情况把执法权限下沉到基层。

目前,东部新区的事权划分工作正在紧锣密鼓地进行第一步。社会管理职权集中行使表面上只是行政执法领域的工作内容,但借鉴上海大都市治理经验,行政职权从分散到相对集中的背后,实际上在结构、信息、社会等三个纬度上顺应了整体性治理的内在要求。[①] 从整体治理的视角来看,东部新区集中相应的社会管理职权,有利于调配各方力量,保障东部新区建设的快速推进;而职权下沉,则有利于行政力量在基层与社会力量整合,在整体区域范围内优化和配置治理力量。

[①] 陶振:《大都市管理综合执法的体制变迁与治理逻辑——以上海为例》,载《上海行政学院学报》2017年第1期。

第七章　地方治理比较的启示与展望

在"实践论"前两章，深度剖析了成渝地区中心城市和东部沿海部分城市的治理经验、市域社会治理现代化推进情况，以及国内主要城市群、都市圈的区域治理实践与治理逻辑。上述地方治理实践，具有共性，也具有特殊性，运用了普及性方法，又展现了独特的地域特色。市域社会治理、区域治理及相关的双城治理，是一个新的时代命题，只有通过实践研究基础上的比较分析，才可能把住研究路径，归纳总结适合成渝地区治理特征的共性挑战，并从差异性问题中找到转化或优化的经验借鉴。基于此，本章内容主要讨论下面几个问题：其一，有关市域或区域社会治理所达成的共识或相同做法有哪些？其二，它们表现哪些不同的治理模式，背后的基本逻辑是什么？其三，围绕本书的研究对象，对照"本体论"涉及的几个命题，成渝地区治理现代化实践解决了哪些基本问题？其四，对比其他区域治理实践，构建成渝地区双城治理体系面临什么挑战？其五，基于前述比较分析，成渝地区创新治理路径突破有哪些可能的方向？

第一节　地方治理共识及主要模式比较

关于市域社会治理现代化，党的十九大报告明确提出以"共建共治共享"为基本目标导向。尽管当前理论界并未对市域社会治理现代化的要素构成形成统一认识，但从"共建共治共享"的字面含义和基本精神来看，市域社会治理现代化突出治理以"共"为首。这意味着无论功能定位是国家治理、地方治理还是基层治理，空间范围是市域或是区域，治理过程均需体现各方共同参与的主体力量，且要保证这些主体力量无论自上而下抑或自下而上，在任何方向、维度和环节都有充分参与渠道与全面机制保障。回顾我国地方治理实践，尽管各地治理创新在许多方面有着不言而喻的共性，但从治理体系构建的完整性、治理能力的现代性和社会参与的广泛性而言，多数地方治理实践并非整齐划一，呈现出了不同的模式差异与地域特色。在市域和区域不同空间范围内，治理差异性可能表现得更加多样与复杂。

一、市域社会治理现代化实践之"公因式"

一段时间以来，我国多数城市的市域社会治理现代化实践探索，经历了"摸着石头过河"的阶段，现在已经进入了拥有一定经验积累，亟待将这些经验启示进行融合归纳，按照高质量发展的要求最终升级成为城市与城市之间、区域与区域之间的协同治理模式。总览上述经验分析、实践模式的探索，可以预见的是，不但跨区域的协同治理主要建立在这些经验基础上，成渝地区治理的"双城"模式探索，同样要遵循一定的"公因式"，这些从实践经验提取所得的"公因式"，就是"实践论"带给我们的重要启示之一。

（一）党建引领

长期以来，在社会治理的基本理论表达、体系建构和路径选择上，无不受到西方话语体系的干扰，市域社会治理的理论研究很大程度上与治理实践存在不统一现象。从实践总结的情况来看，以党的领导为根本保障的中国特色社会治理体系现代化构建正向目标稳步推进，有关理念在各地市域社会治理现代化实践中亦得到基本贯彻。不论市域社会治理还是区域治理创新，党建引领都成为各地治理的核心工作内容和主要创新点。

关于以党建为核心的治理现代化具体成效，党建引领在各地社会治理中发挥的功能和作用主要可总结为三点：一是保证社会治理正确的政治方向，维护社会秩序的政治基本盘；二是协调治理资源，推动治理的体系化、集成化和实效化，在区域治理中引领实现区域协同和一体化治理；三是解决社会力量参与社会治理渠道不畅、居民自治能力不足的问题，通过党建引领支持基层自治。对党建功能的共性挖掘，或许有助于双城治理的未来破题，即以党建引领发挥制度供给不足的填补功能，进一步推动地区一体化治理。

（二）大平安建设

平安建设是市域社会治理的重要内容，但对平安建设的工作内容和理解，各地可能存在一些差异。而按照总体国家安全观和大平安建设基本思路，平安建设显然不限于社会治安、应急管理、生产安全、食品安全这些常见领域，而是包含了政治安全、经济安全、环境安全、资源安全、意识形态安全等各大领域，体现于市域社会治理的方方面面。

社会治理重心在基层的思路，往往是基于社会矛盾和风险通常出现在基层这一经验观察。从各地治理实践的重点领域来看，平安建设重心也主要聚焦基层。但随着全球不可治理性危机加剧，世界面临百年未有之大变局，全球化背景下中国逐渐走上世界舞台中心，我们面临的风险挑战更为艰巨、风险类型更为多样、风险爆发点更为隐蔽。市域层级是连接县域、省域的重要环节，同时也是国家经济发展和社会稳定的中流砥柱，其面临的政治风险、经济风险等，都比传统县域治理面临的更为巨大。

这些新的变化对平安建设提出了更高的要求，也已成为各市域社会治理部门已意识到且正在积极应对的工作。例如，浙江省自2018年所发布的平安浙江指数，即采取"大平安"的评估指标。① 因此，只有以总体国家安全观和大平安建设为视角，立足大安全观对市域社会治理的重要性认知，从市域社会治理角度探索如何防范抵御颜色革命，有效化解市域层面的政治安全风险，从而扼制经济风险、社会稳定风险和非传统安全风险，才能保证市域社会治理现代化的有序进行。

（三）整体性治理

整体性治理是指治理环节的完整性、治理客体的全面性和治理视角的综合性，具体包括：重视源头治理、综合治理和系统治理，不因单一区域、单一部门、单一事项的分割和差异而管中窥豹；强调治理领域的系统集成，社会治理并非简单治理"社会"，而是包括党建引领、政府治理、公共治理、基层治理、基础设施、公共服务、市场和社会参与等各个方面的公共事务；推崇对治理规律的整体性把握，加强治理实践和经验的有效总结，综合运用政治、法治、德治、自治和技治（技术治理）等不同手段和方法优化治理效果。

在各地的调研中，不同地区的有关负责人、基层干部对以上思维的实践性和认知度存在差别。有的地方将社会治理狭隘定义为"保一方平

---

① 平安浙江指数具体包括社会政治安全、社会治安安全、经济金融安全、生产安全、食品药品安全、生态环境安全、网络与信息安全、突发公共安全事件8个一级指标。参见李兰、王伟进：《市域社会治理现代化应如何评价》，载《国家治理》2020年第15期。

安"或维护社会稳定，与经济发展、立法和执法等相关工作完全分割，与其他公共领域的治理内容相分割。在研究中，我们对此亦有直观的感受，各部门调研信息的获取也呈现碎片性和条块分割，如政法主管部门不清楚政府治理和公共治理机制改革的最新进展，行政监管部门不了解市域社会治理与自身工作有什么直接关系。

事实上，治理创新程度较高、治理效果较好、经济社会发展水平较为均衡的地区，其治理工作的整体性通常也更强。如深圳"前海模式"和杭州"六和塔体系"，其治理体系涉及政治、经济、社会、法治的方方面面。在区域治理中，协同治理和一体化治理本身也是一种整体性治理思维。考量长三角区域一体化发展的治理经验，其本质就是治理资源在更大空间范围的优化配置，破除条块分割和职责边界，以协同公共治理机制、协同纠纷矛盾化解机制、协同风险防外溢机制、协同生态宜居城市促进机制等综合治理运行体系，展现不同空间范围的市域社会治理现代化多功能集成性、机制模块综合性、政策制度组合精密性。

（四）技术赋能

自北京开展网格化管理，我国已经实践16年有余。在这个过程中，随着互联网信息技术和人工智能的不断升级换代，各种治理新概念也层出不穷，如智慧城市、城市大脑、数字城市等。各地在探索走出符合自身城市特点和规律的治理道路过程中，科技、智能、精细、标准等词汇已成为与市域社会治理现代化高度关联的关键词，各种数据平台、考核指标和网格化责任清单如雨后春笋一般涌现。在我们看来，社会治理的智能化、精细化和标准化，本质上都可以归于技术治理范畴。在前述列入采样考察的各类型市域对象特别是超大城市，现代科学技术和数字管理模式已经是它们做好城市治理的标配及突破口。

同时，我们还充分注意到，尽管每个地区都表现出程度不一的技术治理创新偏好，但以东部沿海地区和中西部地区整体比较而言，在网格化和智能化的工具组合上，技术治理的表现形式和侧重点有很大差异。通常而言，中西部地区更依赖网格化治理，包括大批量志愿者服务站、防控体系的设置等均体现了网格化特色，管理控制也更加严密和"硬核"。东部地区的网格分级虽然也表现为层层递进，但总体来说更偏向于运用大数据平台使网格内容智能化，利用科技实现治理，也善于运用大数据和智能化手段对司法、执行情况进行总结和监督，以便于优化矛盾纠纷的解决方式。东部地区和西部地区部分条件较好的中心城市，在公共安全上也广泛利用了大数据,开发了共享数据库,提升警务能力。这主要是因为这些城市外来人员更多、流动性较大,利用大数据更好实现管理,且财政收入较有保障,有余力对科技进行投入。

此外,同样是在东部沿海地区,技术治理细节也不完全相同。杭州和深圳都是科技产业集聚的城市,在亚太科技城市"胜任性城市"中分列第一与第二,其市域治理也与科技、大数据息息相关,二者都是大数据和智能化应用的国内城市先行者。具体表现在党建方面,杭州的"党建+平台"方式更具有体系性,深圳的党建延伸重点对象为社会组织。在矛盾纠纷处理方面,深圳选择搭建一体化服务中心,相对而言更加便捷;但杭州的选择更有"人情味",发动街坊群众做第一道防线,调解中心的作用在其后,这可能和杭州的"本地人"相对更多有关。在其他方面,杭州属阿里巴巴、网易等知名电商企业的注册地,涉电子商务纠纷较多,因此成立了全球首家互联网法院;而深圳则在鼓励创新治理方式,建立了创新经验推广项目库。

(五)共建共治共享的制度设计

中央提出构建共建共治共享的社会治理新格局,具体到市域社会治理层面,就成为如何围绕党委领导、政府负责、市场引导、社会协同和公众参与进行法治化、本土化、机制化制度设计的中观命题。由于不同地区的治理资源禀赋和经济社会条件存在较大不同,因此在维持社会治理制度设计基本共性的前提下,有关具体制度运行往往呈现一定差异。

从法治化的角度看,法治是实现党的领导、人民民主与依法治国基本方略的实际途径,因此也是国家治理、政府治理和社会治理的基本遵循。[①] 故无论各地具体条件如何,市域社会治理现代化各项工作无不强调领导干部要遵循法治思维,工作推进要依法而为、依法治理。但实际操作中,法律的权威性是否得到尊重,则不一而论。基于一般经验规律观察,经济较为发达的地区由于涉及较为复杂的利益关系协调,治理主体有较高的法治需求和法治期待,因此共建共享共治的制度设计更多考虑法治的因素。基层治理多强调"依法",即"可以做什么"这种形式法治观念,市域或行政级别更高的超大城市则强调"规则",即"权利义务平衡"这种实质法治观念。这可能与各层级所处位置有关,如基层往往

---

① 王浦劬:《国家治理、政府治理和社会治理的含义及其相互关系》,载《国家行政学院学报》2014年3月。

是"被考核"对象,而市域是治理资源的配置方和制度的设计者。

本土化方面地域色彩则相对突出。场景化、项目化和生活化是许多基层治理操作的基本遵循,但实现方式和基本理念则有较大区别。在重庆的城乡接合部,基层社会治理相对专业性要求较低,而矛盾解决需求更高,事务处理也更为琐碎,基层社会治理制度设计主要从提升公众性、组织性与便利性着手。① 成都市的市场化程度较高、服务业较为发达,因而基层治理项目经常结合社区商业这一元素。市场经济更加发达的深圳,则强调社会要素的交易属性,拥有开放性、竞争性和专业性水平更高的治理项目。

市域社会治理现代化提出鼓励社会协同和公众参与治理,构建自下而上的治理机制和政策反馈优化机制,这点无疑是各地共识。无论是治理决策、市域社会风险联防还是市域社会治理指标体系建构,都与公众参与相关。但在现实中,如何从制度和机制上保证社会组织、"两新"组织、企业、社区、志愿者、专业人士、居民等社会力量能够依法有序参与治理全过程,仍然是各地市域社会治理的短板。目前主要的社会参与机制,要么限于局部领域,要么适用区域有限,或仅表现为某种程序流于形式。

二、市域社会治理基本模式总结

根据地区特色、地方领导干部重视程度和经济社会发展水平的不同,市域社会治理的表现形式各异,创新路径颇具多样性,但不代表它们背后全无规律可循。据前文不完全采样的经验观察,从治理的动力机制、治理结构特征和发展历史综合来看,市域社会治理的治理模式大体上都可以总结为行政主导、市场主导和社会共治几种类型。如果加上区域这一空间变量,模式呈现可能更为复杂,但大致上也不会脱离前述模式之原型。

(一)行政主导型市域社会治理

从语法上看,行政主导是由"行政"与"主导"两词构成的短语。其中,"行政"的含义十分明了,指的是与司法权、立法权相并立的行政权,而"主导"一词,根据《现代汉语词典》(第七版)的解释,其含义

---

① 童彬:《新时代社会主要矛盾视角下的社会治理"四化"创新》,载《重庆行政(公共法坛)》2018年第2期。

是"决定并且引导事物向某方面发展"。因此,单从字面上而言,"行政主导"就是行政权在治理结构变迁中起主要作用,在行政体制运作中引导其他治理主体向某方面活动。行政主导市域社会治理路径,主要是指在党委政府的领导下,通过行政权作用于治理资源的整体配置,进而渗透到社会层面,实现市域社会治理的预期效用。在一段历史时间内,我国多数城市的市域社会治理都主要通过行政主导推进。行政主导下的市域社会治理,具有反应快速、集中力量办大事的优点。

如果放在我国当代"功能性分权"的政治理论视野下[①],"行政主导"至少包含三个方面的内涵。第一,行政主导的前提是政治性分工。所谓"主导",包含了"主要""为主""导向"等多重含义,只有存在治理权的功能性和工作性划分,而不是治理权的完全集中,在不同的权力之间才存在"主"或"次"的问题,以及某一种治理权发挥主要作用的问题。因此,强调"主导",必须以"治理权分工"为基础。第二,行政治理权在各种治理权里起主导性的作用。一方面,行政权本身不是政治权力,而是在党的集中统一领导下,在具体权责分工清单内占据主动性的权力;另一方面,这一起"主导"作用的治理权在权力结构中具有优于其他治理权的地位,从而使得该权力对治理资源配置有更大决策权,也能够更为便利地贯彻自身意志。第三,行政主导权受到其他权力的制约。一方面,行政主导权受到执政党政治权力的统一领导,不能脱离于政治权力而独立运行;另一方面,所谓"主导",包含了"主要""引导"等含义,这并非一种"强制性"或"命令性"的表述,在治理分工体制下,行政主导不能取代其他治理权,而须在分工配合的协调机制下,实现对治理过程的主导。

行政主导社会治理的模式,其治理机制运行必然受到政府的强势干预,治理资源配置和治理事权的划分主要依赖于行政力量,社会力量发展相对容易受到压制。相对而言,受制于市场和社会发育程度,中西部地区的市域社会治理会更倾向采用行政主导的方式加快推进市域社会治理现代化。而国内城市群早期的形成,同样与政府利用规划和政策推动关系密切。在我国,行政主导性较强,政府这只"有形的手",对城市群

---

① 有关我国基于政治分工前提下的"功能性分权"理论,可参阅陈国权,皇甫鑫:《"功能性分权":构建中国特色的权力制约体制》,载《社会科学报》第1705期,第3版。

空间扩展发挥关键性的"舵手"作用。① 从对京津冀协同发展实践考察的结论来看,其区域治理明确采用了行政主导模式,主要原因就在于作为首都的北京在行政功能上扮演着重要角色,京津冀协同发展的主要目标为疏解北京的非首都功能,协调区域内各城市承载的功能布局。这种协调不能主要依靠市场机制实现,必须依靠行政主导权在资源配置中的作用。

实证研究同时也表明,并非市场化程度越高的市域或区域,就一定会排斥行政主导的治理路径。粤港澳大湾区的治理经验即是一个代表性例子。市场高度发达的粤港澳大湾区,面临着不同制度和法律体系的异质城市群治理难题,在市场经济无法协调或者市场机制发挥作用的交易成本过高的前提下,中央政府的主导权对于推动大湾区有效治理和高质量发展是至关重要的。

当然,我们也不能简单认为,行政主导型的社会治理可以无视市场规律、不重视社会参与机制的建设。恰恰相反,由于行政主导型社会治理的自身特点,更需要市场和社会因素加入,才能实现补全地方治理短板,全面推进市域社会治理现代化。此外,行政主导型市域社会治理在突破主要的治理壁垒后,其治理类型亦可能随之发生转变。本书提出的"治理拐点"理论假说,即包含了中西部地区可以根据自身不同的情况,通过行政主导的治理方式突破治理瓶颈的治理制度演变预测。

(二)市场主导型市域社会治理

市场主导型市域社会治理与行政主导型市域社会治理路径,是一个相对的治理模式。与行政主导型的治理资源配置方式截然不同,市场机制被认为是目前最有效率的资源配置机制。党的十八届三中全会进一步明确了市场在资源配置中的决定性作用。如果把治理所需的经济社会资源也用市场化的视角来评价,建立社会合作治理体系,推动治理资源的有效配置,同样离不开发挥市场主体的作用。

经过 40 余年的改革开放,市场机制的逐步强化和社会主义市场经济体制的完善,改变了以往社会资源全部由国家集中掌控的局面。市场化不只是作用于经济活动本身。企业对营商环境的诉求日益提升、地方政府绩效改善的压力,都在促进政府职能加快转变,使得更多主体参与到

---

① 盛毅,杜雪峰:《论经济区和行政区适度分离的管理模式》,载《开放导报》2020 年第 5 期。

治理活动中去，这又反过来进一步促进以市场化为导向的社会体制改革，使社会主体多元化、社会生活多样化、经济社会利益分殊化，形成了政府、市场和社会多个活动空间。因此，市场经济本身就具有为社会治理准备社会新生力量的功能，将逐步改变以往政府一元管制下的社会管理模式。

市场经济的高水平发展还促使每个社会成员努力工作，创造自己的美好生活，扩张城市中产阶层。这一社会阶层有能力也有意愿为获得平等社会权利，通过理性平和的方式表达个人诉求，参与社会公共事务，推动社会进步及各种制度的完善。

由此可见，在经济相对发达、民营经济较为活跃的地区，推进市域社会治理现代化的驱动因素中，市场因素经常会占据主导性地位。我国主要城市群的区域治理动力机制中，较为倚重市场机制的代表当属长三角地区一体化发展。长三角经济区以其地理区位优势，在我国经济发展中承担着重要地位，其市场化进程显著高于我国其他地区。因此，在长三角区域内，市场的作用与地位都显著突出，长三角区域一体化治理机制的构建与完善，完全落脚于服务市场经济主导下的区域一体化发展。

当然，市场经济发达只是市场主导型社会治理发展演变的必要条件，而非充分条件。一些市场发达的城市经济体，可能会因为国家战略和本身的经济发展模式而走向其他的治理模式。例如，长三角部分中小城市尽管自身市场化水平不低，民营经济活跃，但当地政府为了获得更大的发展空间，往往主动对接上海等区域重心城市，打破行政边界，在区域发展规划方面发挥政府"有形之手"的作用，势必一定程度影响或改变市域社会治理的自我演化机制，形成政府与市场相机治理、交替主导的模式，或稳定形成共治型社会治理模式。

（三）共治型市域社会治理

"共建共治共享"理念的提出与实践，本身即是对社会治理权的一次分工。对于何谓共治，最通俗的理解为：各大主体通过沟通、协商、调和、合作的方式而不是简单的硬碰硬的办法来共同参与公共事务治理，妥善解决矛盾纷争，进而达致一致性意见、采取一致性行动。① 以上的各大主体包括政府、市场主体、社会组织、中介机构、专家学者以及居

---

① 夏锦文：《共建共治共享的市域社会治理格局——理论构建与实践探索》，载《江苏社会科学》2018年第3期。

民个人等。实践已经证明：无论是单纯依靠政府治理抑或是依靠市场机制，任何"单打独斗式"的治理方式已经无法有效解决所有问题。因此，为有效解决目前市域社会治理中存在的固有弊端，推动各社会主体广泛参与市域社会治理是提升国家治理能力的必由之路。

共治的核心要义在于各个利益相关主体参与社会治理，形成自上而下的行政手段、自下而上的社区自治与民主协商以及市场导向的市场服务的全面融合。行政主导型的社会治理决策通常由政府单独或主导做出，可能会脱离社会现实需要。市场主导型的社会治理则过于侧重企业和大资本的关切，可能缺乏对"社会"自身的保护和弱势群体的关注，并稀释其他社会价值。共治型社会治理模式中，治理决策通常是经过多元主体的协商而做出的，这种经过协商做出的决策，能够保证各个层面主体的意见被充分吸纳到决策中来，保证决策满足各个主体的利益和关切，且保证各个主体依法有序地参与治理的全过程，各自分享一定的治理权力。因此，所谓行政主导或市场主导，更多是针对治理资源配置的主导性而言的，并非指政府或市场排斥其他治理主体参与治理。

基于以上理论与实践分析，我国市域社会治理实践中的共治型模式具有以下特征：首先，共治型治理不等于多中心治理，后者缺乏一个统揽全局和集中领导的政治权力和政治机构，因此这种多元共治实质是政治分权。而我国共治型治理则存在中国共产党这一领导核心，多元治理的本质是一种治理权的分工，而非政治分权。其次，共治型治理是一种相对更为平衡和多元的治理模式，不论政府、市场或社会主体，都不能当然地主导治理资源的分配，或凌驾其他利益相关方的治理分工。相比较而言，市场主导型治理模式由于更加尊重市场主体的意愿，政府将更多地向市场主体让渡出治理空间，这种治理模式也更容易与共治型治理模式兼容。再次，共治型治理更加依赖法治化保障，由于治理分工复杂，参与主体多元，更需要运用法治思维和法治方法来调整治理主体的行为，协调各自的利益关系，提高治理效能的可预期性和稳定性。最后，共治型治理展现的是一幅复杂而精密的社会治理分工图，因此需要各个分工环节密切配合和发挥比较优势，更为注重以专业化、精细化的治理手段来提升治理能力。换句话说，就是依靠专业的人来做专业的事，提高治理的专业化水平。

不妨对比市场化同样发达、皆有共治型治理色彩的深圳和香港，对两地社会治理特征的异同分析，有助于我们深入理解不同类型的共治型治理逻辑。众所周知，香港和内地在行政体制上最大的差别，在于香港实行"一级政府"管理，而且香港政府只有行政职能，没有统一集中的政治协调机构。在香港"弱政府，强市场"的经济社会条件下，大资本的强势一定程度压制了社会空间。为了让社会有效地开展自治，香港诉诸专业化的社会力量运转，来实现治理的平衡。香港的社会组织之所以运行规范而高效，与香港的立法活动紧密相关，如《社团条例》《保良局条例》《东华三院条例》《合作社条例》等，分别从不同方面对社会组织进行规范。而深圳的社会治理主要以党建为引领，政府发挥了重要的治理作用，同时也积极利用市场化和社会化机制，在党的领导核心作用下，形成较为平衡的共治格局。

第二节 基于地区比较对双城治理命题再审视

在"本体论"中，根据一般性的经验观察总结了成渝地区双城治理可能涉及的几个命题，包括：依法治理视域中的"法治悖论"、资源下沉困境中的"悬浮悖论"、社会治理创新面临的"内卷悖论"、精细化论理失焦的"精准悖论"和平安建设细节里的"安全悖论"。基于前述实证考察，在本节以下内容中，我们将进一步回溯审视这些命题，并试图简要回答以下两个基础性问题：其一，成都和重庆两地的社会治理现代化实践在多大程度上解决了这些命题；其二，结合国内主要城市群及区域治理的实践，成渝地区双城治理体系构建是否具有可行性。此后，基于前两个问题的分析，对双城治理创新进行前景展望。借助地区比较，为双城治理体系构建提供一些前瞻性的治理思路。

一、双中心市域社会治理现代化程度

关于成都和重庆市域社会治理的经验总结，许多实务分析习惯采用"工作总结"话语体系，更多突出亮点，很少对治理规律进行理论提炼，或遵循严格的理论指导。采样分析表明，重庆和成都两地均准确把握党建引领在推进市域社会治理现代化中的特殊地位与重要作用[1]，有不少做法，如党建引领院落自治、"三事分流"下的清单与项目管理、场景化社区综合体、城市大脑和智慧监管，确与诸多社会治理的理论逻辑契合。

---

[1] 杨磊，许晓东：《市域社会治理的问题导向、结构功能与路径选择》，载《改革》2020年第6期。

值得肯定的是，有的地区积极与理论界合作（如重庆南岸区），对有关实践经验进行理论总结、点评与提炼，形成实践操作指南，建立了理论与实务的正反馈机制。这些工作亮点，能够说明这些城市已较大程度迈向市域社会治理现代化了吗？

（一）市域社会治理现代化评价难题

回答前述问题，首先需要明确如何评价市域社会治理工作的成效及其现代化水平。应当指出，尽管各地的工作总结都带有工作总结式的"创新"话术，但许多效果呈现都是描述性的，缺乏严密设计的定量分析来验证，并不能令人信服地回答这些工作到底体现了市域社会治理的什么水平。

有些工作材料和实务总结堆砌了不少数据，而这些"数据"与治理本身有多大关系，或者说在数量关系上能否就工作与成效进行确定的归因，很少有人去探究。换句话说，没有任何可供验证的证据能够说明，在做出这些努力以后，市域社会治理现代化就达到了令人满意的水平。以社会组织的数量统计为例，有关统计数据显示，自2015年起，重庆市和四川省的社会组织登记数迅速增长，社会组织数量已形成较大规模。[①]这是否表示社会力量参与社会治理的能力和范围得到扩展了呢？这里完全有可能忽视社会组织数量增长背后的真正内涵，即它不过是政府行政触角的延伸，而非真正的政府职能转移。缺乏进一步的质性和定量研究，如社会组织的分布、资金来源、从业人员情况、参与机制等方面的信息，显然不能得出准确结论。

即便解决了数据采集的客观性和评价体系的逻辑性等问题，同样未必能对市域社会治理现代化工作的成效进行完整评价。在中央政法委《全国市域社会治理现代化试点工作指引》的基础上，成都市结合地区治理具体情况，因地制宜设置了区域特色清单，形成了逻辑完整、体系严密的评价体系。这种评价指标之所以很难完整反映治理现代化水平的真实情况，原因在于工作职能考核体系没有为各方主体参与提供必要的空间和机制。缺乏科学的评估程序和多元的评估主体参与，将被考核对象提供的各种工作数据直接引入指数计算，这种评价难免陷入"自己给自

---

① 据国家统计局网站的统计，截至2019年底，重庆市登记的社会组织数量为17553个；同期，四川省社会团体数量为20705个，基金会为179个，民办非企业单位数量为24048个。

己立法"① 的误区，与社会治理的逻辑本身存在着距离。

不论来自实践一线的数据材料有哪些亮点可供我们总结，也不论这些做法在多大程度能够印证学者提供的理论注解，急于为有关地区实践做出盖棺定论般的评价，或宣告本地区已成功跨越"治理拐点"，都可能过于轻率。

（二）对两地"亮点"的几个初步判断

基于以上评价思路，我们不必就这些"亮点"即刻做出非此即彼的明确结论，毋宁将之列为关注和研究重点，分析说明其潜在的突破性，或者对其短板和可推广性做出研判。下面从实证调查中选取几个工作实例，作一初步分析。

在社会组织参与社会治理方面，成都市的社会企业评审评定是一大特色。这一评审评定机制，是为拓宽社会组织参与治理的渠道所做出的机制创新。由于社会企业通常具备较强的自我造血功能，能够避免因自身造血功能不足而难以持续发展的问题。这一新的社会组织机制建立在以下经验假定基础上：传统社会组织的运行机制容易受到政府或提供资金支持的商业机构干预，致其社会属性弱化。社会企业的出现可能是一种组织创新，它能够为社会自治提供新的治理机制支撑。但是，我们尚不清楚该试点运行的真正效果及其推广价值。根据我们掌握的信息来分析，成都市开展社会企业评审评定实践只是探索性的，还要力争解决涉及的一些深层次问题，如防止企业运作商业色彩过强，以及参与评审评定的渠道过窄，容易受制于基层政府，从而影响社会企业自身的社会化程度。

与中西部的许多城市一样，在基层矛盾纠纷化解方面，重庆各区十分重视"枫桥经验"的吸收和借鉴。我们实地走访了当地几个基层矛盾纠纷调解中心，这些矛盾纠纷调解中心的运行模式都是类似的，即整个运作过程均是在基层政府的统筹支配下展开。例如，调解中心是当地政府部门的下设机构，直接归为司法行政部门管理，全部运行经费均来自政府投入，调解组织的社会化属性不强，呈现典型的"有社会无组织"特征等。这种矛盾纠纷化解模式本质上是行政主导型治理。当然，这不是说行政主导就是坏事，起不到任何治理效果，而是说这种治理模式如果在一个地区长期运行，事实上会让社会更加依赖政府包办一切。若无

---

① 钱弘道：《余杭法治指数的实验》，载《中国司法》2008 年第 9 期。

更多外力推动，这样的治理运行很难真正跨越"治理拐点"，进入治理能力现代化的内涵式发展阶段。正如有学者分析那样，虽然行政主导的矛盾纠纷化解机制有利于将纠纷控制在基层，节约行政成本，但也有可能导致基层政府把"矛盾不上交"看作治理目标本身，忽略"发动和依靠群众"这一"枫桥经验"最显著特点，导致社会力量、市场主体参与缺乏长效机制。①

"城市大脑"是成都市借鉴杭州、深圳等地打造智慧城市经验的创新成果。它的最大作用在于，通过网络理政中心实现了对全市各个部门信息的采集和归口，建立了大数据分析的硬件基础。而且，在数据归集的基础上，一些部门（如信用监管部门）开始尝试对大数据进行个性化、智能化的运用，针对企业进行大数据画像和风险评价，自动将分析结果推送给相关监管部门。从了解到的情况来看，"城市大脑"仍然存在一些潜在的"梗阻"。例如，数据跨层级和跨区域依然没有实现，仅以企业信用监管信息为例，成德眉资几个同城化区域的数据交换机制就还没有建立；数据目前仅限于政府内部流转，没有开放给更具专业优势的社会第三方共建共享共治，进一步深度挖掘应用场景；从大数据画像的算法设置来看，指标权重设计主要考虑业务处室的意见，没有建立企业和社会主体的参与机制。② 在智慧城市打造方面，走在最前沿的成都市，若对照杭州、深圳等东部先行地区，明显存在一些差距。

当然，情况或许正在发生变化。根据课题组从成都高新区获得的信息，该区在消费环境建设中运用政府数据进行社会共建共治方面做了一些尝试，邀请互联网平台公司参与制定四川省首套"普通消费投诉综合评价计算公式"，借助第三方平台运行这一大数据信用评价机制。③

以上针对重庆和成都几个工作亮点的实例分析表明，尽管它们在市域社会治理现代化许多方面取得了一些进展，但两地治理实践没有完全解决治理体系运行的一些深层次问题，还面临诸如党建引领如何依法嵌入治理体系、社会参与机制如何依法在更多治理领域有序拓展等老生常谈的问题。对这一系列问题的观察，无疑又进一步提示我们：双城治理

---

① 薛诚，华章琳：《新时代"枫桥经验"在青岛城市社区治理中的运用》，载《中共青岛市委党校》，载《青岛行政学院学报》2020年第5期。

② 利用"城市大脑"进行智能化信用监管的有关情况，主要由课题组根据成都市市场监管部门座谈会发言记录整理分析而成。

③ 有关试点文件和工作开展情况，由成都高新区市场监管部门在有关消费环境治理座谈会上提供。

命题具有历史长期性。

二、比较视野下双城治理体系构建的困厄与可能

成渝地区在区域一体化发展和协同治理方面,与京津冀、长三角和粤港澳等区域相比具有一些共性,也具有其他区域不具备的特点。从重庆和成都两城市的情况来看,其自身基础条件较好,都属于国家中心城市,在西部地区有较强的地区辐射和牵引发展能力,各具比较优势。近年来,两地都在加快推进产业升级与转型,不可避免地导致双方产业结构和发展模式相互角力,竞争大于合作。

行政区经济的背景下,两地进行无序竞争,十分不利于打造区域社会治理双城模式。该道理与其他经济区如出一辙:一是两地政府均有自己的利益焦点,在一定程度上是竞争对手而非合作伙伴,在政策协同和一体化社会治理方面不容易做到步调一致;二是竞争关系导致相对的资源垄断,特别是在招商政策和社会要素吸引方面会产生较大的摩擦。当前,成渝地区一体化发展与治理效果如何,因为尚处于早期的探索,不太可能找到实证性资料来证明。但从地区比较来看,未来双城治理体系的构建既具挑战性,也有无限可能。

(一)区域发展不平衡现象将长期存在

与大多数区域经济发展的情况类似,川渝两地同样存在较为突出的地区发展不均问题。重庆的地区发展不均衡集中于城乡之间。重庆作为中国西部及西南地区唯一的直辖市,行政管辖范围较大,下辖县、区数量较多,其整体发展受到地理条件的制约,形成了内部发展极不均衡的局面。有关数据显示,主城区核心地带发展水平较高,黔江、丰都、南川等地发展较为滞后。

四川地区的地方发展不均衡同样明显,其最直观表现是成都与四川其他城市的经济差异。统计数据显示,2020年成都GDP总量为17716.67亿元,远超排名第二的绵阳市的3010.08亿元,成都该年GDP总量占四川的36.45%(见表7-1)。[①]

[①] 本表格引用自胡江霞:《成渝双城经济圈互联互通发展存在的障碍分析》,载《经济界》2021年第3期。

表 7-1　成渝双城经济圈 2020 年 GDP 总量　　（单位：亿元）

成都地区	成都	德阳	绵阳	遂宁	广安	乐山	泸州	南充
	17716.67	2404.13	3010.08	1403.18	1301.57	2003.43	2157.22	2401.08
	眉山	宜宾	内江	达州	雅安	自贡	资阳	
	1423.74	2802.12	1465.88	2117.80	754.59	1458.44	807.50	
重庆地区	重庆	大足	合川	潼南	万州	黔江	涪陵	綦江
	9846.73	700.54	972.44	475.26	970.68	245.16	1225.08	714.30
	长寿	江津	永川	南川	铜梁	荣昌	丰都	
	732.56	1109.44	1012.37	360.76	661.02	709.80	335.42	

成渝地区的非均衡发展显然有一定的历史原因，但是重庆、成都作为国家重大战略的布局之地，其经济体量的优势地位是其承担双城布局双核的要素所在。需要看到的是，经济社会发展水平的差异的背后暗含着治理资源的倾斜。在成渝地区双城经济圈建设的起步阶段，更加强调做强做大两个"极核"，这意味着中短期内，区域经济社会发展的不平衡不但不会缓解，还会继续加大。由于一体化理念与圈层治理结构存在巨大鸿沟，在这样典型非均衡的特殊经济社会条件下构建双城治理体系，无疑是一大挑战。

从另一角度看，与成渝地区现阶段情况较为接近的是京津冀协同发展的早期困境，地区整体上长期陷入首都"空吸效应"的泥潭，没有形成珠三角、长三角那样的一体化发展，这与区域间权利义务"不平等合作"和"各自为政"有关。[①] 这些经验教训，为双城经济圈建设避开类似的陷阱提供了镜鉴。

（二）行政壁垒破冰非一日之功

行政经济区带来的必然后果就是地方政府之间的无序竞争，从而催生产业结构趋同与同质化竞争。所谓同质化竞争是指，两个中心城市核心发展的产业结构雷同，两者之间形成实质上的产业竞争关系。[②] 由于两地产业结构相互独立和雷同，不能为对方城市发展的产业提供相应配套产业，也不能共同支持产业向周边合理转移，带动更大区域空间的产

[①] 马海龙：《京津冀区域治理：协调机制与模式》，东南大学出版社 2014 年版，第 80—81 页。

[②] 高煦照：《城乡统筹发展与产业结构高级化》，载《合作经济与科技》2009 年第 14 期。

业升级转型。以高端制造业为例,重庆和成都都将 5G 电子信息产业、汽车产业特别是自动驾驶汽车产业、人工智能和智能装备制造业列为优先发展和支持的主导型产业,为了支持相关产业快速发展,夺取市场资源、占领市场优势地位,不惜大搞重复建设、人才争夺。这种同质化竞争显然不利于产业协同发展,使经济社会资源无法优化配置。

不仅如此,多年以来,川渝两地政府在企业扶持、优惠政策等方面也互相竞逐,争相推动本地投资企业在行业中的龙头地位。这种政策倾斜保护具有明显的几个特点:一是对企业的有序流动进行行政干预,为完成地方竞争指标而通过行政手段"强留"企业,加剧地区无序竞争,弱化政府间的合作;二是资源扶持和资金补贴具有明显的"本地偏好",地方政府为实现行政区经济目标,容易扭曲产业布局,引导企业在本地投资和贸易往来,形成经济社会活动的"边界效应";三是生产要素和社会要素以行政区划为界,做大做强极核以周边地区要素空心化为代价,中心城市的首位度无法转化为辐射影响力,与区域内其他城市之间存在位序断层,加大周边地区经济社会转型的难度。

近两年来,在川渝"一盘棋"统筹思维推动下,两地党政联席会议机制初步建立,将逐步改善行政壁垒造成的市场和要素分割。但参考京津冀、长三角等地区发展历史,行政壁垒的破除不是一蹴而就的,也绝非简单通过行政纵向一体化干预手段就能达到效果。由于长期的路径依赖,在行政隶属的现实考量下,各地行政机关主要以完成本行政区域的经济发展和社会治理为目标,这是相当自然的选择。两大中心城市经济实力和发展水平相近,如果没有强大的外部变量和多元驱动力作支撑,两地行政部门继续保持各自为营、合作意识淡薄的现状是可以预见的现象。在大的环境背景下,经济区与行政区适度分离改革的单兵突进也会受到显著制约,可能遭遇体制机制创新的"内卷悖论",从而长时期原地踏步,甚至不排除个别领域有所倒退。

(三)双城一体治理的观念制约

行政区观念的桎梏不仅影响行政部门的合作意愿,且会影响和塑造其他治理主体的观念。区域发展和区域创新是一个立体化的网络系统,行政区的垂直封闭性和运行惯性容易将该网络体系"压拉伸"为扁平化结构,进而将社会主体也吸入这场无序竞争中去。

四川省行政区划在 1997 年 6 月被调整成为四川、重庆两个部分,新的行政区域形成,旧有的行政共同体瓦解。从 1997 年至今,川渝两地的行政区身份认同发生了较大变化,这个过程依然在持续,且对重庆、成都两座中心城市的地区交流产生一些负面影响。按照行政区的定位,重庆的行政地位高于成都市。但在成都人的意识里边始终保有历史的印记,将成都、重庆两个城市并列,这一观念无疑与基于行政区的社会身份认同相抵触,容易形成民间观念冲突。

关于两地的社会认同和文化冲突,在网络空间展现得最为淋漓尽致。以方言区别而言,虽然成都人对此并不十分在意,因此也很少论及,但"口音这码事,对重庆人来说可不像成都人那样无所谓……重庆人对成都口音简直有钻牛角尖般的恶趣味"。① 在网络上,有人认为川渝本不是一家,是三国时期才合并的,且反复强调"重庆没有直辖的时候,被成都压榨",如此带有强烈个人情感的抨击对方的言论自然会引发成都一方的强烈"反击"。② 正如媒体观察的那样,2000 年《新周刊》挑起的"第四城"之争持续到现在,在各大网络论坛上争论激烈,火药味十足,而且这种趋势还在随着社会政治经济的发展不断蔓延,促使一种新的地域偏见正在产生。③

除了重庆和成都两地因行政区划而引发的观念冲突,川渝两地还会因为各自经济社会的特殊性而表现出其他方面的观念冲突。例如,重庆因自身城乡发展差距而产生的城乡观念差异;成都本地人因城市首位度而产生一定的地域优越感,间接导致成都经常被其他区域居民调侃为"成都省"。

成渝地区相互间的社会认同度不高,并非如粤港澳大湾区那般因为一个世纪以来的制度差异形成的,也不单纯由经济社会发展不平衡所导致,而更多是基于各自的区域文化特色以及相对的行政区隔阂而产生。一方面,这使得地域之间的社会观念冲突在短期内体现得较为集中;另一方面,通过经济和社会共同体打造来弥合区域观念错位,从长期看具有坚实的社会文化基础。

(四)双城治理协调机制向何处去

从区域治理的理论与实践来看,要实现跨省级区划的区域协同治理,

---

① 胡飞,林万姝:《成都向左 重庆向右》,重庆出版社 2010 年版,第 87 页。
② 李碧、李勇、黄世春:《互联网中的地域攻击现象:表现、成因与反思——以天涯社区成都重庆网民地域网帖为例》,载《东南传播》2018 年第 9 期。
③ 闫肖锋:《〈新周刊〉的城市观——人性的,太人性的》,载《青年记者》2008 年第 15 期。

各种纵向与横向的行政协调机制能够发挥重要作用。目前，京津冀、粤港澳大湾区和长三角地区都逐步建立了纵向一体化的区域协调机制。当然，这些区域尚未形成包括立法、执法、司法在内的全方位的协同机制，而已有协调机制总体上缺乏法定性，达不到"区域内形成具有实权的跨地方政府边界的行政协调机构……根据国家的授权和政策支持发挥其效力"的效果。①

另外，国内主要城市群的治理经验显示，一体化发展与治理并非以行政主导一元驱动为最佳，民营企业、社会组织等非政府主体的力量发育及其社会活跃度，能够为国家和地方治理制度供给提供重要的补充来源，甚至形成区域一体化发展的主要驱动力，加速区域治理进程。这也是为何粤港澳大湾区和长三角地区的一体化发展领先于京津冀的主要原因。

从成渝地区的公共治理机制雏形，即川渝党政联席会议的运行来看，目前它也只能算区域间的横向协调与区域内纵向协调相结合的机制，中央政府的角色定位及其协调机制尚不是特别清晰。就两地横向协调机制来看，发挥主导作用的仍然是政府，非政府主体参与一体化治理的动力机制不足。与长三角、粤港澳等地区相比，成渝地区特别是重庆都市圈范围内，国有企业在经济运行中占比更高，民企活跃度较低，政府对市场的行政干预色彩更重。

基于对前述实证资料的分析，就川渝两地政府区域协同事权划分而言，当前还主要停留在经济管理权限和产业协同，尚未在社会管理权限领域全面推进，且事权划分处于大框架构建较为粗疏的阶段，精细化落于事权协作具体实现机制、实施程序、社会参与机制方面的内容不多，甚至付之阙如。

可以说，双城治理的体系构建几乎是从一张白纸起步，两地已建立的协同治理机制顶多算是治理框架雏形，治理特色不够鲜明，全面性、完整性和体系性都不具备，有太多内容和制度细节需要丰富和充实。从另一个角度看，这也给制度顶层设计和地方治理创新留出了足够的探索空间。

三、成渝地区双城治理创新路径展望

中央在京津冀协同发展、长江经济带发展、粤港澳大湾区建设、长三角一体化发展等区域发展战略基础上，进一步提出推动成渝地区双城

---

① 杨龙，胡慧旋：《中国区域发展战略的调整及对府际关系的影响》，载《南开学报（哲学社会科学版）》2012年第2期。

经济圈建设的重大战略,这说明国家顶层设计已充分考量了成渝地区相向发展、一体治理的现实必要性和可行性。当然,具体到该区域,重庆市和成都市本身共同面临着超大城市的治理变量,成渝地区双城经济圈建设更是一项复杂的系统工程。考虑人口的规模和经济结构特殊性,双城治理的难度不亚于甚至超过其他国家战略区域。结合前文的理论框架和实证分析,展望成渝地区双城治理的制度创新路径,其有机会从以下三个方面突破。

(一) 国家顶层设计与地方治理供给创新

如前文指出,双城治理的中心任务是推动重庆市和成都市相向发展,服务于更大的区域空间内完成国土空间布局的优化。就区域治理而言,成渝地区一体化发展并不追求建立统一的科层制一体化结构,需准确把握不同圈层的发展需求和治理需求。成渝地区未来可能演化为多层次圈层化的一体治理结构特征,这特别要求发挥不同层级政府的制度供给职能。

区域竞争与科层制结合是有中国特色市场经济发展的重要创举,这一规律在社会治理领域也具有适用性。成渝地区作为以追赶先行地区作为主要目标的国家区域战略,其市场和社会的需求驱动力势必总体低于东部沿海经济区,加上中部区域与双极核城市存在较大发展差距,政府作为区域治理创新的主要制度供给方的角色不仅不能弱化,还应当进一步加强,并在中央、省市和地市政府三个层面进行适当的分工。

从中央政府的职能来看,不同城市群治理都面临对国家顶层设计及法治化的基本需求。[①] 跨域协调、规划和治理主体的法定化,需由全国人大制定专门的"区域协同发展与治理促进法"来实现,长期来看还要联动修改相关法律实现跨行政区域的地方立法、执法和司法机构设置。

中短期内,川渝两政府可以在横向行政协调、社会参与机制、经济区与行政区适度分离改革方面加大地方治理创新探索。对上,也可以积极争取在国家层面建立高规格的统筹协调机制,研究部署相关重大事项,明确重点任务和责任分工,完善川渝党政联席会议制度。[②]

---

① 冯奎:《优化中心城市和城市群治理 促进西部大开发》,载《中国发展观察》2020年第11期。

② 魏良益,李后强:《从博弈论谈成渝地区双城经济圈》,载《经济体制改革》2020年第4期。

在协同立法制度供给上,成渝地区未来的创新路径主要有:第一,加强地方党委领导与人大主导的制度统筹设计,开展协同立法布局和常态化与制度化的立法合作;第二,协同立法的思路体现"点面结合",既要发挥中心城市的中枢关键作用,又要发挥城市集群的规模效益作用;第三,遵循纵向体系化的基础上,注重立法对象的横向联动;第四,协同立法坚持试错容错的理念,遵循正当程序免责的原则;第五,立法内容既要突出重点,又要正视不同地区的特色差异。

(二) 构建成渝特色的共治型治理模式

基于前文的分析可知,成渝地区一体化发展很可能源于政府、市场和社会的多元驱动力,进而形成有成渝特色的共治型治理模式。这一治理模式首要的任务是搭建区域治理共同体。从一般意义上讲,社会治理共同体是中国经济、政治、社会和文化深刻变迁的产物,是我国从"强国家—弱社会"向"强国家—强社会"的过渡。[1] 在成渝地区培育多元主体相互信任、彼此协作的社会治理共同体,有助于推动多元驱动的社会治理共建共治共享。

成渝两地历史上积淀的非正式制度资源禀赋不容忽视,如文化底蕴相似、地方方言相似、风俗习惯相似等。

而职业化和专业化可能是未来着力重点,通过律师、仲裁员、社工和其他中介服务人员的治理共同体意识培育,不断推进川渝法治文化融合与共享,引导相关专业人员积极参与双城治理各项工作。

在治理共同体的参与机制下,社会协同可以进一步扩展至行政治理和治理现代化评估。例如,在两地政府各类协调机制中,适时建立治理共同体的参与渠道,在做出相关重大决策前充分听取两地人大代表、专家学者和社会公众的意见,促进成渝同心同向发展;建立健全双城治理现代化评估体系,采用职能评估、市场化评估和第三方专业评估相结合的评估模式,提升治理评估的科学性、中立性和公正性。

中共四川省委全面依法治省委员会第二次会议指出,"深化法治建设,为全力推动成渝地区双城经济圈建设提供坚强法治保障"[2]。因此,

---

[1] 陈艾,陈伟东,张彩云:《协作行动:建设社会治理共同体》,载《社会科学动态》2020年第12期。

[2] 赵佳,王倩楠:《为成渝地区双城经济圈建设提供有力的法治保障》,载《企业家日报》2021年3月24日,第3版。

法治不仅是成渝地区双城经济圈建设的内在要求，也是共治型治理模式的核心制度需求。法治路径的创新突破方向包括：一，提高成渝地区社会治理主体法治意识，使其了解自身的义务和责任，在基层社会治理中明确其职责边界，提升治理法治化效果；① 二，以法治规范治理权力边界，在重构政府与社会组织之间的权力关系过程中，社会组织的主体权利是社会组织获得独立性的基础，法治则是社会组织获得主体权利的基本保障；② 三，以法治保障社会治理联动监督和评价机制，建立健全社会治理的多方监督、绩效考核与多元评价体系，有利于治理主体保持主观能动性。③ 而监督和评价的实效性，有赖于法定化的刚性约束和社会广泛参与的社会约束。

（三）搭建社会全要素区域供给网络

不论是市域社会治理还是区域意义上的双城治理，并非简单对治理层级的提升，其治理重心仍然在基层。但治理资源和社会要素下沉，只是做好一般市域社会治理的常规做法。一方面，资源区域配置需要破解公共资源下沉梗阻，避免一投了之，确保基层接得住、用得好。④ 另一方面，我们还要在更大的区域范围内来审视资源下沉的路径和效果。

基于理论和经验判断，成渝地区一体化发展在不同阶段可能会有空间溢出的经济社会效果，譬如产业聚集可能导致地区间和城乡间差距进一步扩大，收入差距的扩大可能对经济增长产生负面影响。极核地区的虹吸效应难免带来周边地区的人力资本、公共服务资源和社会要素空心化，这就要求双城治理基于不同发展阶段进行全要素治理设计，在优化极核城市治理水平的同时兼顾对其他地区的"社会保护"。

当前，包括成渝地区在内的各地政府均已认识到，律师、司法鉴定、仲裁、调解等专业服务均属于智力型公共服务⑤，它们都是承载社会要

---

① 蔡操，吴江：《成渝地区双城经济圈建设下市域社会治理联动机制构建》，载《重庆行政》2020年第5期。
② 胡琦：《法治与自治：社会组织参与建构社会治理"新常态"的实现路径》，载《探索》2015年第5期。
③ 蔡操，吴江：《成渝地区双城经济圈建设下市域社会治理联动机制构建》，载《重庆行政》2020年第5期。
④ 郑泰安，钟凯：《创新和完善城市基层治理应处理好五大关系》，载《四川日报》2020年1月9日。
⑤ 江苏省司法行政系统理论研究课题组：《加快发展现代法律服务业的思路和途径初探》，载《中国司法》2012年第7期。

素的主要载体之一。为实现社会要素对区域和基层的整体覆盖，推动全要素治理，需要由一定层级的两地政府共同牵头，在尊重市场规律的前提下，进一步提升社会要素在中心城市的聚集度，推动社会要素孵化、聚集的空间载体建设（如天府中央法务区）。要发挥社会要素的规模和辐射效应，则还需要健全社会要素交易规则，完善公共服务政府采购制度，引导其他地区通过政府购买、法律援助、志愿者服务等多种形式共建共享专业化社会中介服务。

第四部分　体系论

双城治理体系结构及主要内容

第八章　双城治理体系构建的基本问题

自党中央提出国家治理体系与治理能力现代化后，市域社会治理现代化和推动高质量区域一体化发展，相继成为与我国经济社会发展密切相关的时代命题，它们的目标都是完善和发展中国特色社会主义制度。其中涉及的关键词，都与"体系"有关。首先，制度的建立意味着各项工作的制度化，而制度体系则是制度化的重要成果，是对有关制度提出的全面和系统的要求。[1] 其次，"治理体系"这一表述位于"治理能力"之前，意味着"治理体系现代化"是"治理能力现代化"的前提和基础，实现治理能力现代化，首要任务就是建立健全治理体系。[2] 因此，任何层面的治理制度要实现善治，必然走向体系化。

市域社会治理现代化的提出，是党和国家在社会治理领域全面审视和分析我国社会发展现状后提出的新观点、新要求，凸显出党和国家对于国家与社会、政府与人民之间关系构建的重视。[3] 双城治理是市域社会治理和区域治理的综合场域，既是市域社会治理的延伸，又服务于建设成渝地区双城经济圈这一重大战略布局。理解双城治理的制度内涵，剖析其制度内容，构建相应的治理体系结构，是推动成渝地区一体化发展和国家治理现代化的必然要求。只有从理论和实践上真正完成双城治理体系的构建，才能有效地回应成渝地区治理的实践需求、破解基本命题，为进一步的对策论著提供一个整体性和系统性的视角。基于此，本章对成渝双城治理体系构建的意义、目标、理念和构造等基本问题进行宏观性阐释，这是具体研究双城治理体系内容的一个前提性工作。

---

[1] 莫纪宏：《从制度、制度化到制度体系构建——制度发展的内在逻辑》，载《西北大学学报（哲学社会科学版）》2020年第3期。

[2] 陶希东：《国家治理体系应包括五大基本内容》，载《学习时报》2013年12月30日。

[3] 谢小芹：《加快推进市域社会治理现代化》，载《中国社会科学报》2021年4月13日，第8版。

第一节 构建双城治理体系的意义和目标

从当前我国社会治理的现状来看，市域层面的社会治理"现代化"尚未完成，而区域协调发展的新时代要求又为前一"现代化"目标设定了新坐标。从我国区域治理的一般性命题来看，其无非主要包括治理结构与区域发展目标匹配、治理资源配置与事权合理划分以及治理机制的相应调整等。这可能使得传统市域社会治理中的理念、空间、机制和客体都产生一定的调整或拓展。在此意义上，市域社会治理现代化的双城模式实践，依然是推进市域社会治理现代化的一个组成部分，只不过需要放置到更为宏观的国家区域战略或经济社会发展背景下去看待。从"实践论"提供的线索来看，成渝地区治理除面临一般市域社会治理的问题外，还存在一些特殊的自身命题。因此，构建双城治理体系，绝不是推进市域社会治理现代化场域的重复劳动，而是具有服务国家区域战略的重大现实意义，有着解决成渝地区一体化治理突出问题的现实考虑。进一步分析治理体系构建目标，具体分为服务于国家战略和区域协调发展的外生性目标，以及解决成渝地区自身治理问题的内生性目标。

一、构建双城治理体系的现实意义

从国内和国际双向视角来看，作为国家区域协调发展的重要组成部分，构建双城治理体系是抵御全球可治理性危机的有效手段，也是推动成渝地区一体化发展的理性选择。这要求我们在更大区域空间创新治理体制，打破行政区划界限的束缚，合理配置治理资源，探索适应我国经济社会发展现状的新型市域治理模式。因此，关于双城治理体系的重大意义，可以从新发展格局和经济社会发展规律两个方面来总结。

（一）构建双城治理体系是融入新发展格局的必然选择

推动成渝地区双城经济圈建设，是以习近平同志为核心的党中央以战略眼光和国际、国内综合视野，深思熟虑而做出的重大决策部署，与"加快形成以国内大循环为主体、国内国际双循环相互促进的新发展格局"这一发展主线高度契合。①

当前,世界正面临百年未有之大变局,世界政治经济地理中心东移,中国特色社会主义制度全面推动中华民族走向伟大复兴。同时,全球化受到地缘政治的影响,遇到了一些暂时的波折和困难,我国科技创新和出口贸易也可能受到"卡脖子""经济民族主义"等外部逆流的影响,国际国内各种经济社会因素都向我们提出了更高质量发展的要求。"双循环"新发展格局标志着我国改革开放进程进入了新的历史发展阶段,由此从国土空间和区域经济布局方面提出新时代战略需求:对外,打造内陆开放战略高地,完善平台建设外循环;对内,培育中西部增长极来优化城市产业布局。②

从成渝地区的发展情况来看,重庆和成都作为中西部地区经济社会最具活力的城市之"二",不但产业结构具有良好基础,也是西部重要的科创中心,还是国家中心城市"家族"的流量担当。同时也要看到,由于地理条件、区域经济梯度式发展和行政分割等历史原因,成渝地区面临着交通设施联通相对缓慢、核心城市重复建设和恶性竞争问题突出、环境治理历史欠账多、中部塌陷明显等跨域问题③,其社会治理现状与东部沿海地区,甚至与京津冀地区皆有一定落差。

在前述背景下,要求重庆和成都联手唱好"双城记",共同推动成渝双城经济圈建设,树立成渝地区一体化发展和系统化治理的基本理念,从经济社会不同层面破解成渝双城治理难题,是融入"双循环"新发展格局的必然选择。

(二)构建双城治理体系是经济社会发展规律的必然要求

从我国市场经济发展和区域经济布局来看,中国经济由东向西的梯度发展,是历史所趋。东部强、中西部积弱,将整体上制约中国向更高水平发展,也让我国在复杂国际国内发展形势中缺少战略回旋余地。故而,推动中西部部分地区赶超东部地区,带动中西部加速向前,是战略必然。高质量发展催生经济社会治理转型,是规律使然。

应当看到,成渝地区社会治理在治理资源配置、治理能力构建、经

---

① 新华社:《习近平主持召开中央全面深化改革委员会第十五次会议并发表重要讲话》,《习近平系列重要讲话数据库》,2020年9月1日。
② 钱璐:《打通成渝地区双城经济圈建设"双循环"》,载《人民周刊》2020年第20期。
③ 杨波,龚锐:《成渝城市群跨界问题及其协同治理的必要性》,载《中国经贸导刊》2020年第11期。

验成果转化、治理结果处理上的不平衡、不协调、不持续、不公平问题依然突出，社会组织结构、社会组织形式以及社会治理环境的变化，对地区社会治理的物质基础和治理水平提出更高的要求。① 就此而言，构建成渝双城治理体系，有利于为成渝地区一体化发展提供体制和机制保障，有利于推动中心城市率先跨越"治理拐点"并加速实现治理能力现代化，也有利于一体联动区域内不同治理主体、整合社会资源、调节社会矛盾，将社会要素和公共服务在更大空间范围做出合理配置，平衡区域间的经济社会发展水平。

总而言之，成渝地区双城经济圈建设是我国经济社会发展在新的历史时期的客观选择，双城治理体系的构建寓于国家治理体系和治理能力现代化之中，也是市域社会治理现代化的有机组成和区域延伸，体现了国家和区域经济社会发展的基本规律。

二、双城治理体系的外生性治理目标

如前分析，构建成渝地区双城治理体系是契合了国家区域协调发展战略需求和经济社会发展规律的现实选择。一方面，区域治理领域当前存在许多突出问题，这构成了治理体系构建的内生动力。另一方面，目前处于我国经济社会发展进入新的发展阶段后产生的重要战略机遇期，成渝地区从发展规划、经济、社会、基础设施、文化等各个领域享受着"战略红利"，这些宏观因素也构成了双城治理体系构建的外部变量，需要在体系构建中主动契合、积极纳入目标考虑。

（一）把握国家战略发展新规划新要求

"成渝地区"作为新增长极不是横空出世的观念，早在四川和重庆分治时，就是国家和地方众多专家学者提出关注的地理经济空间。2005年，肖金成等人在《协调空间开发秩序和调整空间结构研究》一文中提出："建议加快整合成渝地区，使重庆增长极转化整合成一条巨大的增长轴。"② 2016年《成渝城市群发展规划》明确提出："成渝城市群是国家推进新型城镇化的重要示范区。"国家发改委印发的《2019年新型城镇

---

① 马修文，胡文龙：《国家战略：打造成渝地区双城经济圈 成渝地区双城经济圈建设系列党课之一》，载《党课参考》，2020年第8期。

② 肖金成等：《协调空间开发秩序和调整空间结构研究》，载《经济学动态》2005年第2期。

化建设重点任务》中也有这样的表述:"扎实开展成渝城市群发展规划实施情况跟踪评估,研究提出支持成渝城市群高质量发展的政策举措,培育形成新的重要增长极。"

近年来,中央提出一系列针对西部大开发和成渝地区发展的战略规划和政策支持,表明成渝地区在促进国家高质量发展中的重要区域地位。例如,2017 年,国家先后批准成都和重庆建立自由贸易区,两个国家级自由贸易试验区的建立,进一步增强了成都和重庆对外开放的能力,各种政策的优惠也有利于吸引外商的投资,加深了和外商交流的深度,拓宽了交易的渠道。又如,中共中央和国务院联合发布的《关于新时代推进西部大开发形成新格局的指导意见》中提出,加快对西安、重庆和成都世界一流城市的建设,推动西部地区经济发展。2020 年 1 月中央正式提出成渝地区双城经济圈建设的国家战略,更是前所未有地强化了成都引领西部乃至全国高质量发展的使命担当。

可以说,成渝地区高质量发展肩负中央重托,重庆和成都不仅要相向发展、联手做大做强,增强地区产业、资本和人口聚集的规模效应,发挥中心城市对周边乃至整个西部的辐射能力。基于以上发展目标,成渝地区的治理体系构建方面,也要着眼国家治理体系和市域社会治理现代化的基本目标,使成渝地区积极充当探索者、先行者和实践者。例如,探索经济区与行政区适度分离的实现机制,形成一批具有全国领先、可复制推广的治理经验,建设一批具有地方治理创新意义的制度化、法治化和体系化成果,真正实现地区的整体高质量发展。

(二)聚焦各种要素打造双城治理一体化联动

构建成渝双城治理体系需要循环渐进,在过去治理经验基础上推动合作,加大对重点领域的建设;在中心城市市域社会治理实践中提炼升华,打造双城治理联动机制;在经济发展和基础设施建设方面加强平台建设,增强协同创新发展,促进川渝两地多领域合作,最终为双城治理体系构建提供全方位的政治、经济和社会文化目标支撑。

首先,提升成渝双城治理能力现代化水平,必须构建一个跨区域的行政组织,打破行政界限的障碍。搭建跨区域组织机构,能够高效制定地区一体化政策,有效整合各种生产资源,破解两地无序竞争,发挥地区发展协调利益的功能。同时,跨区域行政组织可以强化地区整体竞争优势,指导开展跨行政区域的协同立法,发挥两地行政区域各自"面"上的社会治理资源,推动"面与面"的互动,提升区域整体的社会治理能力。

其次，促进人力资源的跨区域流动，重点是引导和保障高科技人才向中心城市聚集。区域间人才流动的障碍，既包含人才流动的有形费用，比如流动产生的手续费、异地安置费、通信费、重复购买生活用品费、探亲产生的交通费以及由地域原因所造成的时间损失等；还包含流动带来的无形成本，如人才管理体制对人才的亲和力、基于对原有社会环境依赖的"沉没成本"等。人才的流动还和地区之间的资源禀赋吸引力有关。成都和重庆的人才吸引力远远大于中西部其他城市，高科技创业人才更愿意去成都或重庆这种大城市。随着越来越多人才的涌入，大城市科技、文化发展也就越好，对人才的吸引力也就越大。这些现象表明一个城市的政治影响力越强、城市化水平越高，吸引高科技人才的能力也就越强。重庆和成都两市的高校数量、教育水平也较周边城市更多、更高，更有利于人才的引进。

再次，紧跟国家交通战略规划，打造成渝一体化交通基础设施新模式。川渝两地政府已联合制定成渝一体化交通规划发展，重点以公路协同铁路为基础，加大对民航的投入促进其发展，打造多层次立体完备的一体化交通运输体系。同时，争取国家支持，继续做强"成都—重庆"国际性的交通枢纽地位。在交通信息化建设上，加快建立川渝两地交通运输部门互通信息共享机制，建设一个共享平台供两地的交通运输信息交流，破除信息不对称，实现成渝两地跨区域、跨部门、跨行业交通运输信息资源共享的成渝交通一体化新模式。

最后，推动川渝两地生态环境治理一体化，形成两地科学发展、绿色发展。就是要解决好企业与自然以及个人与自然和谐共生的问题。因企业生产、居民活动所带来的空气、噪音、污水等污染早已突破行政区域，需要两地联合建立生态环境治理一体化体系，实现跨地域、跨流域合作治理新模式，减少两地由于行政区划和职权分割导致相互推诿责任的情况。同时，着眼于长效机制，还需要建立跨行政区域型碳排放权和排污权交易平台带动企业转型升级，创新模式保护长江流域以及林地湿地，构筑生物多样性保护网络，坚持人与自然和谐共生，建设宜居人文环境。

（三）建立两地协同创新与利益协调机制

川渝两地地处内陆，较东部沿海发达城市而言，创新人才相对匮乏、高端技术产业相对落后、自主研发能力相对较弱。为了进一步提高创新能力，促进创新发展，川渝两地应共同协作，增强协同发展创新能力。

创新协同的本质，就是要解决好川渝两地和不同城市之间进行合作的动力，或者更准确地说，是要解决城市合作产生的利益分配问题，包括两地产业如何分工、所得收益如何分配、信息资源如何共享等。城市之间的合作阻力主要来自行政经济区的政绩考核体制，这会导致地方政府不合作的意向更强，不合作所带来的可视性收益更大。利益分配不均可以导致一方城市具有较多的收益，那么该城市政府官员晋升的可能性就比较大，另一方政府在合作的情况下晋升的可能性就较小。

探索经济区与行政区适度分离改革，就是破除这种激励结构的一个可能手段。例如从制度设计上考量，经济区的经济管理机构及其人员考核与行政区的社会管理及其经济目标考核适度分开，或者将"两区"的经济管理权限和社会管理权限作优化重组，重塑地方合作、博弈的激励机制。

协同创新和利益协调机制不是直接的社会治理内容，但构成了社会治理创新的基本制度条件与主要动力机制。只有解决了两地一体化合作的障碍，才能为新的社会治理模式提供不可或缺的制度基础和物质条件。故而，它们都是构建双城治理体系的重要外生变量和体系目标参数。

三、双城治理体系的内生性治理目标

双城治理体系运行所对标的不仅仅是宏观制度环境的外部因素。围绕成渝地区治理的特殊命题，我们可以看到，该区域大部分城市可能尚未真正跨越创新内卷的"治理拐点"，或处于社会矛盾的凸显期，在市域社会治理领域同样还存在着尚未解决的旧问题和区域一体化发展中不断凸显的新情况。成渝地区治理需以问题为导向，着眼于解决地方治理面临的突出问题，构建一个更为科学、合理、均衡、公平和高效的双城治理体系。

（一）推动区域社会治理法治化

从各个地方的市域社会治理经验来看，不少治理方面的创新虽然可以在具体实施方式、组织形式、技术手段上予以一定程度的突破，但这种突破多数是外延式的创新，或者一直难以脱离先试先行的地域性和局限性，缺少普适性、制度化、法治化的体系支撑。作为中国特色社会主义制度和国家治理体系的组成部分，成渝地区的治理制度遵循制度化、体系化与法治化的一般逻辑关系，即在制度化中构建体系化结构，而法

治化是制度化的最佳状态。①

成渝地区的公共治理法律困境表现在，区域社会治理的联动法治保障制度供给不足，包括超大城市自身的治理法治保障、区域协同立法、执法和司法服务的法治运行、经济区与行政区适度分离改革的法律依据、区域治理共同体参与社会治理的法律机制，等等，无不涉及区域社会治理的法治化命题。

构建成渝双城治理体系，必然涉及有关治理活动的制度化、规范化、标准化等问题，最终形成治理体系的法治化和区域法治的体系化。这显然有利于全面深入贯彻依法治国，将成渝地区双城经济圈建设各项工作纳入法治轨道，确保有关重大发展和治理决策于法有据，社会治理活动受到法律调整，治理主体主导或参与治理受到法治监督，并培养治理共同体的法治意识，从而为推动成渝地区一体化发展提供坚实的法治保障。

（二）引导治理供需精准匹配

中国区域经济的梯度式发展以及成渝地区的非均衡发展，共同决定了有关社会治理资源不会直接实现区域内的均衡分配和自然流动。② 基于区域发展不平衡现状，不同区域内同一类社会群体以及相同区域内不同社会群体之间的治理需求和矛盾纠纷类型同样呈现出差异化。科层制和行政主导的技术治理手段，存在着不同层级和跨部门协调成本高和官僚主义、形式主义突出的问题。这些因素都不同程度影响治理的精准性和供需匹配的有效性。

通过合理的治理体系结构设计，使得治理资源更加精准有效地随着人口、资金、社会要素流动聚集而优化配置，对于促进经济社会一体化发展具有重要意义。双城治理体系是一种全域治理网络系统，它的重要目标之一，就是引导中心城市的治理资源与经济社会发展的溢出效应同频共振，在继续做大做强极核的前提下，为没有能力进行社会要素和治理资源覆盖的周边区域和中部区域，提供一定程度的社会保护，靶向破解治理塌陷或"内卷"。

---

① 莫纪宏：《从制度、制度化到制度体系构建——制度发展的内在逻辑》，载《西北大学学报（哲学社会科学版）》2020年第3期。

② 韦政伟，王俊俊，陈嘉浩：《中国城市群人口——经济时空格局演变非均衡差异研究》，载《统计与决策》2020年第18期。

(三) 促进基层治理资源有序高效下沉

随着经济社会的快速发展，中西部地区的社会组织有了长足进步，数量快速增多、领域逐步扩展、活动日益频繁。但是，由于治理制度的法治化和体系化不足，社会组织的数量扩张和政府加大社会服务采购力度，不等于社会要素有效下沉。受政府干预社会的历史惯性以及基层偏重行政治理逻辑，社会组织的竞争性和自治性都受到一定限制，治理供给端未能充分"落地"基层社会，多数社会组织处于空转悬浮状态。另一方面，社会组织专业化人员的引进和培育同样未能有效衔接基层社会治理的需要，专业力量悬浮严重。①

双城治理的体系化构建，就是要通过体制机制设计全面激活社会要素的组织化和自治化，引导社会组织不断下沉，发掘、吸引、培养更多的社会专业人员参与社会治理活动，充分实现社会治理服务力量从群众中来到群众中去。② 这一过程最重要的目标是，要对社会组织的登记、监管、推荐和服务采购，进行全过程的体系化设计，并以法律制度予以法定化和固定化；通过合法激励和监督机制，鼓励社会组织依法有序参与基层治理，解决好社会组织供给向上的"机构悬浮"以及专业人员悬空等问题。

(四) 营造更具安全感的平安社会环境

虽然重庆和成都市大力开展"扫黑除恶"专项斗争，有效维护了社会安定，但重庆市黑恶势力治理仍存在较大压力，以报复社会为目的的恶性刑事案件和极端事件依然存在，信息网络新型犯罪同样呈现新特点。③ 在国家安全方面，仍有公务人员和个别群众被外部势力利用的情形。④ 此外，因非传统安全问题引发的社会治理重大风险也多次出现。这在一定程度上降低了本地城市居民的安全感，社会稳定和国家政治安

---

① 付建军，张春满：《从悬浮到协商——我国地方社会治理创新的模式转型》，载《中国行政管理》2017 年第 1 期。

② 李后强，石明，李海龙：《成渝地区双城经济圈城市发展方程探析——基于协同论视角》，载《中国西部》，2020 年第 4 期。

③ 唐英渝：《强化担当精准施策 扎实推进扫黑除恶》，载《中国市场监管报》2020 年 12 月 1 日，第 1 版。

④ 虹新闻：《四川某公务人员被钱冲昏头脑：摸进同事办公室，窃取国家机密资料》，https：//baijiahao. baidu. com/s? id=16971093675151524 77&wfr=spider&for=pc，最后访问时间：2021 年 6 月 11 日。

全存在不容忽视的隐患。

平安建设不能单纯依靠后端执法，也不能局限在传统综合治理所涉的有限范围。平安建设涉及政治、经济、社会、文化和法治等方方面面，是一个长期性、系统性的庞大工程。我们需以双城治理体系构建中所表达的系统思维、底线思维和法治思维，进一步优化市域平安建设内容，加强跨区域的联防联控治理体系，提升人民群众的安全指数、幸福指数和信任指数。因此，构建双城治理体系的目标之一就是营造更具安全感的平安社会环境。通过制度规范对人民群众关心的安全问题予以源头治理、系统治理和综合治理，防范各类微短板和小漏洞叠加形成的系统性风险，建设更高水平的平安中国。

（五）鼓励在更大区域空间创新社会治理

当前社会治理创新之所以容易出现同质化和外延式的"创新竞赛"，很重要的一个原因就在于以行政区划为依托的地区竞争，各地的工作坐标局限于自身"一亩三分地"，上不管市域、省域和区域，下不及基层跨区域的要素流动需求。因此，传统市域社会治理经常沦为一个封闭的创新系统，无法跳出"内卷"，较低概率能够自发形成普遍适用于更大区域空间的创新经验。

双城治理体系自始就以构建一个开放性的治理系统为目标，充分考虑不同地区、不同城市和不同治理主体之间的创新需求，鼓励治理主体在更大治理单位或区域空间进行社会治理创新。纵然这一过程需要借助纵向一体化或半一体化的行政协调，但纵向协调过程亦须保持一定开放性、灵敏性和竞争性，在避免社会治理创新同质化的同时，又有利于及时总结经验，形成可以在全域推广、可复制的治理经验，使得治理创新的学习过程更加高效和精准。

第二节　双城治理体系中的理念表达

成渝双城治理不是一般意义上以行政区域划分为界限的市域社会治理，而是拓展为更大范围的区域社会治理。从治理内容上来看，区域社会治理与市域社会治理虽然不能完全等同，但是在某种程度上，区域社会治理可以形成对市域社会治理内容的包含与覆盖，区域意义上的社会治理更加符合区域协调发展下跨域治理或超大城市治理的基本定位。基于"实践论"部分的经验观察可知,不论是成渝地区还是国内主要城市群,区域意义的社会治理联动已陆续展开,这对于我国在传统市域社会治理基础上,总结治理体系构建的理念表达提供了良好的实践支撑。总的来说,双城治理体系吸收传统治理的一些核心价值,如以人为本、依法治理,且更加强调系统治理理念和底线思维,以回应跨域治理的突出问题。

一、突出以人民为中心的社会治理理念

以人民为中心是马克思主义政党的核心理念,也是社会主义制度的优势。以人民为中心的基本理念可以具体分解为人民民主、以人为本、执政为民等治理思想,它们都符合马克思主义国家由人民当家做主的基本要求。而实现国家政权运行的民主化,同样是我国现代社会治理的本质所在。[①] 习近平总书记指出:"人民是历史的创造者,是决定党和国家前途命运的根本力量。"我国的治理观念从国家管制、国家管理到国家治理的现代转变,就是以人民为中心理念不断发展演变的一个历史侧面。

(一)社会治理中的"人民性"

改革开放以来,以人为本和发扬民主的治国理政思想被不断坚持和深化。党的十九大报告提出,"积极发展社会主义民主政治,推进全面依法治国,党的领导、人民当家作主、依法治国有机统一的制度建设全面加强"。[②] 我们党对治国理政的这一论述,既是我国民主政治理念制度化、法治化的体现,也是民主治理思维在政治领域的广泛实践。特别需要看到,在社会治理的概念提出以后,社会主义民主政治参与有了新的实践空间,由于极大激发和保障了广大人民群众参与国家事务的热情。更重要的是,包括国家治理体系以及由此发展而来的其他治理领域,都是对以人民为中心理念的最新践行。

之所以说,社会治理进一步坚持和体现了人民性,是因为社会治理进程纳入了人民的参与,建立人民共享共治的政治生态系统。只有立足

[①] 沈杰:《马克思恩格斯社会治理思想探微》,载《河海大学学报(哲学社会科学版)》2015年第4期。

[②] 习近平:《决胜全面建成小康社会 夺取新时代中国特色社会主义伟大胜利——在中国共产党第十九次全国代表大会上的报告》,载《先锋队》2017年第32期。

人民，才能实现国家治理体系与治理能力的现代化。① 而且，从马克思主义政党以人民为中心的立场来看，国家治理体系现代化和市域社会治理现代化都属于人民的事业。故而，治理水平的高低，应当由人民来评判。一切治理活动，也应当以人民为主体。治理的目标，应契合人民群众的根本利益。治理的成果，须由人民共享。治理全过程，应体现人民的共同意志。治理的规律，就是要回应人民所思所盼。

总之，突出社会治理的人民性，就是要让广大人民群众真正成为社会治理的主人翁，充分发挥"人民社会人民管，管好社会为人民"，实现社会治理"从群众中来到群众中去"，释放"人民群众才是历史创造者"的制度力量。②

（二）双城治理更加凸显"以人民为中心"

在我国，每一次治理理念与治理体系的更新，都建立在人民群众现实需求和长远利益的前提下。成渝地区双城经济圈建设就是基于对国家和人民利益的现实考量，所提出的重大国家战略，其根本的出发点就是人民群众的根本利益。这一战略不是成渝地区局部地区的群众利益，甚至不是基于区域所辖居民的利益关系，而是涉及区域协调发展、优化国土空间等国家战略布局。因此，打破市域社会治理的行政区划边界，推动双城跨域协同治理，是一件利国利民的重大战略工程，符合"以人民为中心"的基本理念。

在双城治理体系构建过程中，有几个重要的方面，相较于一般市域社会治理更加突出其"人民性"。一是涉及治理主体的区域范围更大，这一治理体系面对的是更大规模的空间转换与重组带来的人民群众需求多样化、利益关系多元化，以及人民群众的区域共同体意识的强化等现实，如不能把握人民群众的现实需求，则全面、完整、充分之体系无以构建。二是相比行政区治理，区域治理的创新需求更高，于是也就更需要紧紧依靠人民群众，秉持开放共享的理念，广泛发动人民群众参与治理创新。三是跨区域治理制度供给不足，迫切需要新的制度供给动力，由政府以外的治理主体补充提供非正式制度供给，这就要求发挥区域治理共同体

---

① 刘鑫鑫，杨彬彬：《习近平社会治理理念的人民性论析》，载《中共南昌市委党校学报》2018年第5期。

② 钱周伟：《习近平新时代社会治理思维方略内涵阐释——从"怎么看"到"怎么办"》，载《河南大学学报（社会科学版）》2018年第5期。

的参与功能，充分体现人人有责、人人参与、人人分享的人民治理观。

二、双城治理体系追求更高水平的法治化

我国当代社会治理的基本内涵之一，就是充分运用法治思维和法治方式，确保社会治理的各项事务的制度化、规范化和程序化，从而实现将社会治理制度优势切实转变为社会治理的实际能效。[1] 从前文的讨论可知，关于市域社会治理现代化的基本实现路径，具体包含了"法治化"这一表述。因此，法治是治国理政的一个基本方式，法治化则是良政善治的内在要求。在双城治理这一特殊命题中，所需的法治配套则需更完善、更合理、更系统。

（一）法治化是良法善治的内在要求

法治是国家治理体系和治理能力现代化的应有之义，是治国理政的基本思路和确切共识。市域社会治理现代化的过程，既是依法治国基本方略全面贯彻落实的过程，也是"各级党和国家机关以及领导干部带头尊法学法守法用法"，在包括广大人民群众在内的社会治理主体共同参与和监督下，运用法治思维和法治方式解决社会矛盾，平衡社会关系，维护社会治理秩序，推进社会文明发展的过程。[2]

对于法治作为社会治理的主要方式，不能简单理解为"依法而治、依法惩治"。首先，良法是善治的前提。制定良好的法律，离不开人民群众和社会主体的民主参与，离不开必要的立法技术和专业要求，最终要体现最广泛的人民共同意志。其次，从法治运行规律来看，法网编织并非越密越好，除了立法、执法、司法和守法全过程法治运行，还要善于运用德治、自治等相得益彰的治理手段，共同为法治提供良好外部环境和补充规范。再次，法治不仅要有力度，还要有温度，即切实尊重和保障社会公平正义和人民权利，提高人民群众的幸福感、获得感和安全感。[3]

由此可见，法治与治理是当代中国治国理政的两个密切相关的关键

---

[1] 徐汉明，邵登辉：《习近平社会治理法治思想研究》，载《中南民族大学学报（人文社会科学版）》，2018年第1期。

[2] 郭晔：《新时代社会治理现代化的法理思辨：法治思维和法理思维学术研讨会述评》，载《治理研究》2019年第2期。

[3] 人民日报评论部：《坚持全面依法治国——让我们的制度更加成熟更加定型》，载《人民日报》2019年11月12日，第9版。

词。法治化是形成良法善治的内在要求，任何治理体系的建立健全，都必须以法治作为基本前提、基本方式和基本路径。

（二）高水平法治为高质量的区域发展提供保障

大多数区域发展战略都是为了促进市场和社会要素在更大空间范围内的高效流动，这意味着更深入的市场化改革。而成熟市场经济本身就是法治经济，对法治化的营商环境水平更为敏感。因此，构建双城治理体系主要任务就是从国家区域重大战略出发，聚焦全面深化改革过程中阻碍市场力量生长和社会力量进步的体制机制瓶颈，加强顶层设计、优化法律法规结构体系、强化区域治理联动、深化公共行政和公共服务协作。这一系列的任务要求，都表明了推动成渝地区一体化发展，必须以更高水平的法治作为保障。

从前文提到的成渝地区治理实践来看，区域协同治理还面临诸多合法性困局，诸如区域协调机构的法律地位、立法权限尚未明确，不同层级立法主体间的协同立法程序有待完善，行政横向合作协议的效力和实施机制亦未明确。[①] 此外，社会治理最核心的社会协同问题，就治理共同体如何参与全域范围的治理协调决策、立法协同、多元矛盾纠纷化解、承接政府职能转移等，在法律程序、机制保障和权利救济方面，尚属于有待探索的命题。在双城治理体系构建中，需要将这些命题作为重要的治理目标，思索破解之道。

三、以系统思维推动共建共治共享区域治理格局

构建"双循环"新发展格局本身就是一个全面的高质量发展体系，需要以国家治理和法治建设配套协调、整体推进。就国家治理而言，它在中国特色社会主义制度体系中的地位亦非闭环，需要各项制度相互配合、协同运转，涉及政治、经济、文化、社会、生态各个领域，具有系统性、整体性属性。[②] 这表明双城治理体系构建不仅要高效融入国家治理体系的全方位内容和全过程环节，同时要保持与传统社会治理高度相关的其他制度体系的衔接，甚至进行必要的制度嵌入。

[①] 王学栋，张定安：《我国区域协同治理的现实困局与实现途径》，载《中国行政管理》2019年第6期。

[②] 卢黎歌，梅煜：《以人民性、系统性、创新性为核心提升国家治理效能》，人民网：http://theory.people.com.cn/n1/2020/1120/c40531-31938295.html，最后访问时间：2021年4月8日。

（一）市域社会治理是一个系统性工程

根据中央和各地对市域社会治理工作提出的要求和做出的相关制度设计，市域社会治理从来就不是一个封闭的体系，而是突出了系统性、整体性的治理理念，强调依法治理、源头治理、综合治理等理念。党的十九届四中全会提出："必须加强和创新社会治理，完善党委领导、政府负责、民主协商、社会协同、公众参与、法治保障、科技支撑的社会治理体系。"[①] 从这一表述看，社会治理本身是一个系统性工程，同时也是一项崭新的社会治理实践活动，从治理目标、治理主体、体系架构和价值追求等进行了明确设定。纵观这些要素和内容，它们有不同特征也有相互之间的联系。由此而展开的社会治理，是抽象而又具体，独特而又体系的，因此社会治理现代化必须要树立系统治理的思维。[②]

从治理目标来看，社会治理的目标反映了社会主义核心价值观，同时作为国家治理的一项重要组成部分，遵循国家治理体系的政治架构和基本立场，目标具有内在一致性。从治理内容来看，社会治理的范围是全方位的，它包含了政治体制、人民民主协商、行政治理、社会协同、法治建设和科技创新等方方面面，覆盖了国家治理体系中的各个领域。从治理主体来看，社会治理的主体既有政治领导核心，也有主要负责主体，同时也包括社会参与的多元主体。从社会治理结构来看，社会治理结构包括执政党的政治地位，政府与市场、社会的关系，社会与个人，以及手段与目标等各种关系。总之，社会治理是一个复杂系统，系统内部有不同关系界面又相互衔接和联系。

（二）双城治理是对市域社会治理新的系统集成

虽然市域社会治理从提出至今，各方无不强调其系统性和整体性，但实际运行往往受到不同因素的影响。例如，市域社会治理工作由各级政法委牵头，其他相关机构和部门予以配合分工，但这种工作模式也受到部门信息分割、职权分割和行政区划分割局限性，这一点本体论和实践论部分已有分析，不再赘述。即使是在理论界，"社会治理"的内涵和

[①] 新华社：《中共中央关于坚持和完善中国特色社会主义制度　推进国家治理体系和治理能力现代化若干重大问题的决定》，载《共产党员》2019年第23期。

[②] 刘国章：《辩证系统思维与社会治理及其治理能力现代化关系探究》，载《阊江学刊》2015年第1期。

所包含的范围，也受到治理现状不同程度的影响。例如，社会治理到底是指党委、政府等主体对社会的治理，还是指政府本身的治理，还是把整个社会看作政府、市场、社会等主体共建共享共治的目标场域，理论界有不同认识。① 又比如，关于治理空间范围，传统市域社会治理局限在地级市的行政区划范围内，治理主体也主要讨论行政辖区范围的党委政府、社会组织、企事业单位、个人等主体。②

国内主要城市群的治理经验早已充分表明，区域一体化发展需要优化区域治理体系结构，适度拓展治理内容和治理空间范围，并把区域法治作为市域社会治理创新的主要突破口。为此，成渝地区双城治理体系构建同样需要把握系统性治理、整体性治理的理念，瞄准整体区域的发展与治理目标，进一步破除区域一体化发展的制度瓶颈。例如，整体上加强经济区与行政区适度分离的治理资源配套和法治保障，避免因为改革突破法治底线或治理权责不清而引发社会治理和矛盾纠纷风险。针对跨域经济联系容易被行政上互不隶属、协调力度有限的协议合作机制所阻断的问题，就要改变过去府际合作中的非制度化协调模式，破除跨域府际合作的"囚徒困境"。③ 在这方面，治理共同体体系构建所发挥作用不可忽视。

总而言之，盘活双城市域治理的不同治理点位和治理面向，下好双城治理"一盘棋"，需要从整体上整合各种治理资源，发挥治理主体共同参与的能动性，形成党建引领、有为政府、社会自治、市场调节的区域治理协调机制。只有在完善市域社会治理体系基础上，在区域治理的层面实现新的系统集成，才能为成渝地区的一体化发展奠定稳固的基石。

四、双城治理以创新与底线并重为价值取向

党的十八大以来，以习近平同志为核心的党中央多次强调，我们党在执政过程中要牢固树立"底线思维"，牢牢把握执政主动权，着力化解社会重大风险。"底线思维"是社会治理一个基本理念，推进市域社会治理现代化过程中，绝对不能逾越法治的红线和事关人民群众根本利益的

---

① 陈成文，赵杏梓：《社会治理：一个概念的社会学考评及其意义》，载《湖南师范大学社会科学学报》，2014年第5期。
② 戴大新，魏建慧：《市域社会治理现代化路径研究——以绍兴市为例》，在《江南论坛》2019年第5期。
③ 余璐，戴祥玉：《经济协调发展、区域合作共治与地方政府协同治理》，载《湖北社会科学》2018年第7期。

底线。而创新市域社会治理，无法排除一定风险，因此在市域社会治理特别是跨区域的平安建设中，有必要准确把握这一对辩证统一的矛盾体。

(一) 双城治理中的底线思维

社会治理"底线思维"的基本要义在于，社会要充分考虑社会治理实践的可能风险和可能影响，并且基于可能出现的最大风险和影响，设立对应的风险防范和化解机制，解决问题"要往坏处准备，同时往好处实施"。[①] 基于现有市域社会治理实践，体现"底线思维"的一个基层经验是，在处理多种利益格局的平衡和协调问题时，避免多数利益的对抗以及矛盾激化，做到"争"而不斗，"斗"而不破。[②] 这一治理经验对于应对基层矛盾纠纷和传统安全风险是有效的。

但这种既有的"底线思维"经验，还需要在推动新发展格局的治理实践中进一步接受考验。根据我们对新时期国家和地方治理性命题的考察，可治理性因素有着全球化、区域一体化和网络化的鲜明时代特征。也就是说，治理风险和安全风险的预判早就超越了线下传导和行政辖区的限制。在基层工作实践中，即便是对一个社区治理琐事的处理失当，都很可能被迅速放大，网络舆情发酵、引发全网关注。此外，安全风险也存在隐秘的跨域甚至跨境传导链条。

正因如此，安全风险防范和基层治理中局部领域短板，有可能导致其他深层次矛盾一次性爆发，诸多民生难题牵一发而动全身。[③] 因此，只有在双城治理中善于运用底线思维，特别是遵循跨域矛盾风险联防联控和大平安建设理念，做好各种风险预判和化解，才能把握国家推动区域发展战略带来的发展机遇，掌握跨域治理的主动权。

(二) 双城治理中的创新思维

底线思维绝非排斥治理创新，从根本上讲，底线思维就是要把治理创新带来的风险控制在社会可承受范围内，保障治理创新稳中求进。同

[①] 《习近平在省部级主要领导干部坚持底线思维着力防范化解重大风险专题研讨班开班式上发表重要讲话强调 提高防控能力着力防范化解重大风险 保持经济持续健康发展社会大局稳定》，载《人民日报》2019年1月22日。

[②] 朱志萍：《社会安全风险治理的底线思维与智慧策略》，载《上海城市管理》2019年第2期。

[③] 郝志强：《重大疫情应对中构建新时代社会治理体系的有效路径》，载《大连干部学刊》2020年第6期。

时，许多风险矛盾积累和治理难题的破解，尤其需要进一步解放思想，通过创新的治理思路和治理手段来跳出"头痛医头、脚痛医脚"的低水平循环。

包括成渝地区双城经济圈建设在内的区域发展战略，以及为此配套的治理制度调整，这本身就是一种国家治理和市域社会治理的创新过程。例如，探索经济区与行政区适度分离改革，当然有可能触及行政机关和基层干部的权责划分调整，带来一些行政风险和社会治理风险。但推动高质量的区域一体化发展，这种风险是值得容忍的。通过"两区"分离改革，能够优化区域资源配置，使不同区域的政府、市场主体和人民群众获益，在此领域的治理资源配置就应当更加突出创新色彩。

又比如，跨域治理需要向基层和下级下放一定的治理权限，特别是经济管理权限。这就促使中央和地方、地方和基层的关系发生了微妙的变化。在传统行政区经济的治理体制下，政治上集中统一领导下的人事任免、监督考核和地方经济绩效共同构筑了压力型体制，促使地方在各种"政治锦标赛"中画地为牢，人为封锁市场，且只关注经济发展，忽视跨域公共事务的治理。[1] 这对区域一体化高质量发展的目标而言，无疑是一个重大的难题。京津冀协同治理、长三角一体化治理、双城治理等区域治理体系的建立，就是为破解这类治理堵点、痛点和难点而量身定做的方案。但毫无疑问，治理结构转型一定程度上也会带来新的治理风险，特别是法治化保障不足与人民群众日益增长的法治期待之间的矛盾会在局部凸显，作为上一级的治理机关如何把握监督与容错的关系，就是颇为棘手的问题。整体而言，这些问题的存在对监督考核机制和法治保障机制提出了更高的创新治理要求，需要不断在创新发展中解决问题、消化风险。

总之，双城治理体系构建需要在创新思维和底线思维之间实现合理分工，促成发展与安全的动态平衡。从创新层面，某些重点领域的治理创新依然是解决矛盾纠纷和跨域治理难题的主要突破口。基于底线思维，各地政府不仅要夯实市域平安建设的基本盘，而且要密切关注新时期民心民意和社会舆论的演变规律，强化跨域治理的职责边界和底线意识，摸清不同区域空间对矛盾纠纷、改革举措的敏感性和容忍度，把握好依法廉洁履职的红线，守住社会公平正义的底线，及时回应社会质疑，在新的起点上推进市域社会治理现代化。

---

[1] 方雷：《地方政府间跨区域合作治理的行政制度供给》，载《理论探讨》2014年第1期。

第三节　双城治理体系的结构与内容

双城治理体系建立在市域社会治理体系基础上，涉及对"社会"本身含义的理解。在社会学领域，社会有其特定的和相对稳定的结构。所谓结构，就是两种关键要素的组合：一是事物本身的组成部分，二是各组成部分的搭配和排列。[①] 随着经济转型发展，为应对经济结构的转变，社会结构也会发生相应调适，社会治理体系构建过程中将面临一定的挑战和责任。[②] 双城治理相较于一般市域社会治理，其内容和空间都有一定的拓展，主体、客体和运行机制等要素构成因而变得更具层次性和复杂性。研究双城治理问题，需要针对这一体系结构的两个核心问题，即党委、政府、市场、社会的关系组合，以及对关系组合的排序加以甄别。在此基础上，构建双城治理体系的基本内容架构。

一、构建双城治理体系结构的两个核心问题

今天，人们已习惯用"结构"一词去描述某些复杂的社会关系与要素组成，如治理结构、体系结构。这种影响有两个方面，一方面它对于我们理解社会单元和治理元素之间的复杂关系，提供了一个较为简约的通用术语表达；另一方面，"结构"一词的模糊性，可能会影响词义的准确性，正如纳达尔（S. F. Nadel）谈到，"对它的用法十分广泛甚至毫无限制，它可以被用来指代与社会构成相关的任何或者所有特征；它直接成了系统、组织、复合体、图景、类型的同义语，甚至与'整个社会'没什么两样"[③]。那么，面对双城治理问题，如何把握治理体系及其结构的定义特征，以何种视角理解与之相关的要素关系组合，这是真正搭建双城治理体系架构前需要明确的。

（一）社会治理体系的结构化视角

什么是结构化视角，传统社会治理研究中所经常涉及的"治理结构"

---

① 《新现代汉语词典》，商务印书馆1996年版，第646页。
② 王郅强、张晓君：《社会治理体系构建面临的结构性失衡及其调适路径——基于耗散结构理论视角》，载《经济社会体制比较》2017年第3期。
③ 张桐：《社会治理体系及其结构：对一个学术问题的重新界定》，载《中国行政管理》2017年第9期。

"体系结构"究竟为何意？当我们描述政府、市场和社会关系时，能否以所谓的"结构"来定义这些关系？结合大多数治理研究，对于治理结构的名称描述有许多不同的称谓，而总结起来，又不难发现之所以存在这种差异主要与其所运用的视角有直接关系。大多数称谓，可能与前面所讨论的结构定义并不吻合。

一种称谓是基于社会治理的研究内容或治理体系内容划分所做的描述，如划分为价值理念、组织体制、运行机制和方法与技术手段[①]，或目标体系、制度体系和价值体系[②]，以及主体与客体、治理理念、制度体系、权力体系、运行与评估[③]，等等。另一种称谓则基于治理体系中的组成部分所进行的列举划分，如政府、市场和社会三元结构；或者对某个局部组成的关系做进一步的描述，进而冠以"结构"的称谓，如"统治型结构""授权型结构"和"管理型结构"。[④] 尽管关于结构的讨论不可避免地会涉及组成单元及其相互关系，但是，结构分析不是简单对组成单元或单元间关系的还原，而须着眼于整体对单元在相互关系中的位置考察。[⑤]

按照结构化视角分析社会治理体系，不但要考察治理体系各个组成单元的关系，更重要的是要理解这些单元各自的位置，以及由该位置发出的对整体关系的影响。仅仅对治理体系具体内容的列举，并不是结构性分析，尽管体系内容可能是结构中的组成部分。另外，对某一组成单元的关系性质考察也不属于结构分析。例如，管理型社会治理是对政府和社会主体之间关系的描述，我们可以讨论诸如"管理型社会治理的结构"这类问题，但不能直接称其为"管理型结构"。[⑥] 基于以上理解，前文对粤港澳大湾区和长三角地区治理体系描述，如多层次半一体化、多样性嵌入式一体化等，就包含了结构性的考察因素，因为其触及了每个治理单元在相互关系中的地位和位置。

---

① 施雪华：《论传统与现代治理体系及其结构转型》，载《中国行政管理》2014年第1期。
② 何增科：《理解国家治理及其现代化》，载《马克思主义与现实》2014年第1期。
③ 孙柏瑛：《我国政府城市治理结构与制度创新》，载《中国行政管理》2007年第8期。
④ 黄显中，何音：《公共治理结构变迁方向与动力——社会治理结构的历史路向探析》，载《太平洋学报》2010年第9期。
⑤ 张桐：《社会治理体系及其结构：对一个学术问题的重新界定》，载《中国行政管理》2017年第9期。
⑥ 李明强，王一方：《多中心治理内涵、逻辑和结构》，载《中共四川省委省级机关党校学报》2013年第6期。

（二）双城治理的体系结构讨论

双城治理体系具有何种结构特征，严格来讲这尚不能成为一个实证命题。这是因为，根据目前该地区的区域治理实践，有关治理内容和关系界定还难以支撑一种结构化的治理体系。或者说，实践中没有提供足够数量的经验事实，来具体描绘成渝地区的治理体系呈现何种结构图。

结合国内其他城市群区域治理的经验，从双城治理的基础理论假设出发，我们可以预测双城治理体系将最终演变为一种多层次、多圈层的一体化治理结构。然而，这一理论预测是不够完整的。因为它并没有告诉我们，在这一治理结构中，中央政府和川渝两地政府将分别发挥什么治理作用。它是如粤港澳大湾区那种有限开放协调的半一体化结构，还是像长三角那种多样性的嵌入结构，或者有自身的特点，目前暂无定论。

结合理论界对我国区域一体化结构演变的一些讨论，成渝地区是否会如某些学者所主张的那样，完全纳入纵向一体化的区域治理结构？亦即，在一个实体化的大都市圈管理委员会的运行模式下，逐步形成省市之间的统一决策及有效执行，最终对当代行政区划进行再造，演化出"上海都""武汉都""重庆都"等大都市圈发展战略。[①] 类似的观点还认为，"契约化治理—半结构化治理—区域大都市政府"的发展轨迹，符合中国区域发展的一般规律，借鉴国外区域大都市政府治理经验将已经高度一体化的周边地区纳入行政区范畴，有利于推进均衡化的经济发展与社会发展。[②]

我们认为，这一思路不但与成渝地区探索经济区与行政区适度分离的改革取向不一致，而且事实上也不符合我国经济社会发展规律。理由在于，区域大都市政府模式的理论源头来自新区域主义，本质是一种多中心治理结构基础上的区域再造。它们之所以需要构造一个庞大的区域性行政机构，是因为这些国家缺乏像中国共产党这样能够统揽全局的政治机构，来具体解决区域之间的协调合作成本问题。在我国这样一个实现了政治集中统一领导，且行政力量长期占据主导地位的国家，设置更多的行政层级并无实际必要，反而因科层制垂直结构增加协调成本，或

---

① 唐亚林：《区域治理的逻辑：长江三角洲政府合作的理论与实践》，复旦大学出版社2019年版，第246页。
② 汪波：《当前中国区域一体化治理的调查与思考》，载《中国经济时报》2019年7月2日。

影响经济区的自发演化，缩减其他治理单元发挥作用的空间。故而，高度纵向一体化的治理体系结构在成渝地区不是可行的演进方向。关于半一体化结构的优势，在后文"圈层空间体系"和"论理运行体系"中会进一步讨论。

二、双城治理体系的基本内容架构

尽管双城治理体系结构尚在具体演进过程中，但根据中央对成渝地区的基本定位，结合成渝地区治理的理论与实践，对双城治理体系进行一定的内容搭建既有必要，也是可行的。根据成渝地区双城经济圈发展规划，成渝地区总体上划分形成"中心都市区—同城化都市圈—毗邻城市群"等区域空间层次。在不同圈层区域，除了各地经济发展情况的差别，其表现的治理需求和治理差异也各不相同，可能形成一定的空间体系分工。从一般市域社会治理体系内容来看，社会治理包括治理主体、治理客体、治理机制等要素的配合参与，共同组成社会治理的基本内容，同样的，双城治理体系也必然涵盖前述内容。根据不同城市群的区域治理经验，区域法治体系、治理运行机制的构建，是解决区域治理制度瓶颈的核心保障路径。基于前述考虑，成渝双城治理体系主要围绕圈层空间治理、治理共同体、治理客体、区域法治、治理运行等五个方面构建。

（一）圈层空间体系

根据成渝经济区整体空间规划和城市经济发展状况，以及对不同区域空间的治理特点和治理需求进行分类研判。除了川渝共同组成的大圈层，区域内部的圈层空间体系大致上可划分为三个层次都市圈，形成"三圈层"治理空间。

第一层治理空间，以"成都市—重庆市主城都市区"为中心区域，共同作为成渝地区第一圈层。这一圈层有两个独立的行政区，是相对独立的双椭圆形治理空间。两个中心拥有超大市域的治理空间，面临超大城市治理的共性问题以及地区个性问题。两大中心城市不但与周边城市或城区发生紧密经济社会联系，同时自身在特定治理结构下开展协同治理，成为成渝地区一体化联动双核。成渝地区的协同治理活动，主要就是围绕两大中心区域展开。

第二层治理空间，以中心城市建立"同城化都市圈"，作为成渝地区第二圈层。该圈层围绕成都都市圈、重庆都市区等发展先行区为治理区域，以同城化发展和一体化治理为目标。在治理结构方面，成都都市圈主要表现为半一体化治理，重庆都市区主要表现为纵向一体化治理，同时嵌入部分经济区与行政区高度或中度分离的治理区域。在治理目标上，同城化都市圈旨在探索同城化治理体制机制、营商环境和公共服务一体化、综合性协同立法以及非政府主体参与同城化治理创新机制等。

第三层治理空间，是作为成渝双城"毗邻城市群"的第三圈层。该圈层以成渝发展主轴、成德绵乐城市带、重庆沿江城市带、川南城镇密集区、南遂广城镇密集区、达万城镇密集区以及其他周边单体城市为治理区域。第三圈层各城市群部分行政边界与成都都市圈和重庆主城都市区的"桥头堡"区域接壤，是成渝地区双城经济圈的中部区域，所谓中部塌陷等治理问题就主要集中在这一圈层。第三圈层与第一圈层的经济社会联系不够紧密，但主动探索经济区和行政区适度分离承接其他圈层资源外溢的积极性较高，以对接式区域合作建立新型治理模式的意识较强。

（二）治理主体体系

党的十九届四中全会提出"发挥群团组织、社会组织作用，发挥行业协会商会自律功能，实现政府治理和社会调节、居民自治良性互动"。从这一表述可以看出，社会治理的治理主体不限于党委和政府，呈现多元主体体系。从结构上分析不同治理共同体在治理体系中的位置，在以行政区为依托的市域社会治理体系中，政府一般都会占据主动地位。基于双城治理的跨区域、"两区"分离等治理空间特征，区域未必是政府完全占主导的区域。不论在何种治理空间和治理层次，中国共产党具有毋庸置疑的领导核心地位，但在差异化的区域治理结构中，行政区政府有时只是代表公共利益的重要参与者，并非绝对的主导者。其他区域利益相关者，如区域准政府组织、社会组织、企业、中介服务机构和居民等亦充当重要的治理角色，可能冲淡政府的主导性。

同样的道理，各级党委在双城治理共同体的体系结构中占据"一核"地位，而双城其他治理共同体的位置难以一概而论。从成渝地区的区域特色来看，由于市场化不足、地区发展不平衡等原因，大多数圈层的治理都需要发挥政府的主导性作用。但在部分市场化程度较高、体制机制较为创新的"两区分离"区域，具有一定经济管理和社会管理权限的管委会等治理机构可能更多承担的是服务职能，属地政府所保留的社会管理职能也主要做好保障工作。由于产业园区和经济功能区的属性较为突出，区域治理中市场主体、社会机构的话语权和治理参与度会更大一些，相应地，属地政府及其行政部门的主导地位相对降低。

在治理共同体的体系构建中，重点是打造优化营商环境共同体、法治保障共同体和基层治理共同体三类核心共同体，分别在市场化、专业化和社会化三个维度解决多元主体共建共治共享的渠道和机制问题。

（三）治理客体体系

社会治理的客体是指主体治理活动的指向对象，即有关治理空间的公共事务。社会治理的客体内容是系统性的，其内容丰富，特点突出。而双城治理的客体则更具包容性和开放性，凡是符合区域内"社会"发展目标的公共事务，都属于这一客体体系的内容。具体而言，双城治理客体体系包括：

一是基层治理。基于区域治理和一体化发展的目标，双城治理中的基层治理超越了基层综合治理的一般内容。具体内容包括：社会治安体系和跨区域联防联控，食品、卫生、医药、消防等平安建设，网格化管理，网络舆情预警与处置机制，社情、民意沟通机制，"诉源治理"与多元矛盾纠纷化解，社会组织依法有序参与社会治理，消费环境治理，生态环境治理，基层自治与协商民主，区域治理共同体参与基层治理机制，等等。

二是公共治理。这里采用广义的公共治理概念，包括政府行政治理、跨区域的准政府治理、法治共同体参与公共治理以及公共服务一体化。其中，公共服务亦采取广义概念，既包括保障基本民生需求的医疗、教育、就业、社会保障、住房保障等领域的公共服务，也包括服务市场主体的招商、水电气、用地等要素服务保障，还包含公共法律服务等领域。

三是治理型公共设施建设。这里的公共设施不是泛指交通和城市基础设施建设，而是特指与区域治理相关的公共设施，包括党群服务中心、社会服务中心点位建设，与社会治理有关的信息化、智能化平台建设，政务服务系统，融入一定社会治理功能的城市更新项目和国土空间规划等。

（四）区域法治体系

区域法治发展是国家法治发展以及法治中国建设在国家的特定区域范围内的具体实现，因而区域法治是区域发展的推动力量[①]，也是区域治理的基本方式和创新突破路径。因此双城治理体系中，包含了以成渝地区为治理空间的区域法治体系，使之与其他体系内容相互支撑、相互

---

① 公丕祥：《认真对待区域法治发展》，中国社会科学网 http://ex.cssn.cn/zk/zk_tp/201604/t20160429_2989825.shtml，最后访问时间：2021年6月10日。

衔接和相互浸润。区域法治体系包括：

一是法治规范体系。既包括法律、行政法规、地方性法规（区域协同立法）、政府规章等正式法律渊源，也包括区域协议、行业标准、民俗习惯、乡规民约等软法或补充性渊源，同时结合其他治理体系进行规范结构优化。

二是法治实施体系。包括建立健全区域协同立法机制，深化综合行政执法改革，建立健全区域联动执法机制，加强区域司法公开和法律监督，优化区域司法环境、行政法治环境和营商法治环境，探索跨区域的行政争议解决机制等。

三是法治载体体系。建立川渝区域法治运行协调机构，确立区域法治运行中心（重庆和成都）并进行实体化运作，按一定区域划片建立法治服务站，结合区域内公共法律服务布局和建设，在一定区域空间建立法治服务示范点。通过一定组织领导和工作机制，整合相关法治保障资源，在全域形成合理布局，加快法治资源下沉基层。

（五）治理运行体系

双城治理是一个内容丰富、体系完整和结构复杂的精密系统，所有静态的体系要素能否发挥治理效果，都需要动态的运行机制予以保障。而这些贯穿和联结所有要素内容的运行机制，是一个相互配合、相互衔接和相互促进的完善体系。治理运行体系包括：

一是技术治理机制。具体包括智能化和大数据治理机制，责任清单、项目清单和政府职能转移清单等清单管理机制，符合社会多元共治的双城治理评估指标体系及第三方评估机制。

二是公共治理机制。包括区域纵向一体化协调机制、政府间合作与利益协调机制，基层党建引领一体化机制，容错纠错联动监督机制，区域社会信用体系及评价机制等。

三是市场运行机制。促进社会治理的市场化机制，包括市场主体投资设立社会组织，市场主体参与治理型公共设施投资和运营，政府、市场和社会主体合作机制等。

四是社会参与机制。包括制度化的居民民主协商机制和跨域协商机制，院落小区居民和"两新"组织自治机制，三大共同体（营商环境、法治保障、基层治理）参与社会治理、协同立法、公共决策和司法执法监督的实现机制，社会监督与部门及时相应机制。

第九章　双城治理圈层空间体系

本章涉及的双城治理圈层空间体系，与另一个相关概念"空间治理"，二者既有联系又有区别。空间治理是指通过资源配置实现国土空间的有效、公平和可持续利用，以及各地区间相对均衡的发展。① 它实际与我国赶超战略模式下高度"压缩型"的城市化进程密切相关②，反映了人口、资本等要素在城市空间的不均衡集中与分配，是为破解城市空间资源在市场化与行政化双重挤压下而引发的"大城市病"，所提出的一个地理经济概念。有时候，空间治理目标围绕与经济社会发展相适应的生态环境空间承载能力而展开③，或特指城市空间人口、城市规划、管理和使用等方面。④

双城圈层空间体系不是空间治理体系本身，后者针对的是对特定要素资源（通常是资本、人口和基础设施）在国土空间上的优化配置与规划管理。但无疑，空间治理与双城治理圈层空间体系也有着一些联系，即它们都建立在20世纪60年代新马克思主义城市空间理论基础之上。这一理论建基于马克思和恩格斯考察资本主义非均衡地理发展和转移空间时的若干分散性的"空间"论述。⑤ 经典马克思主义的空间概念，诸如"中心与外围""第一和第三世界"等，并没有对这一空间结构的产生过程提出详细解释，而新马克思主义学者则进一步将空间维度植入了马克思主义理论体系，以空间为主线对资本主义的空间异化、失调展开了

---

① 刘卫东：《经济地理学与空间治理》，载《地理学报》2014年第8期。
② 张京祥，陈浩：《中国的"压缩"城市化环境与规划应对》，载《城市规划学刊》2010年第6期。
③ 张高丽：《大力推进生态文明 努力建设美丽中国》，载《新华文摘》2014年第4期。
④ 陈水生：《超大城市空间的统合治理——基于北京"疏解整治促提升"专项行动的分析与反思》，载《甘肃行政学院学报》2019年第4期。
⑤ 戴维·哈维：《马克思的空间转移理论——〈共产党宣言〉的地理学》，郇建立译，载《马克思主义与现实》2005年第4期。

全景式扫描。①

本章所研究的圈层空间体系也借鉴了这样的思路，它是指社会治理及与之有关的治理资源在特定国土空间上的结构分布与特征。对于双城治理中的主体、客体、法治和运行机制等体系内容而言，它们无一不是在成渝地区圈层化的治理空间结构中具体展开。在此，探明圈层空间体系的特征和内容，是研究双城治理体系的重要方面。

第一节　成渝区域经济空间演进及其结构特征

成渝地区的发展规划经历了由行政区到经济区再到城市群，最后定位于双城经济圈的发展脉络。这一区域协调发展的国家重要战略布局确立于 21 世纪的第二个十年，是促进国土空间优化在西部地区的重要落子。至此，成渝地区与北方的京津冀、东部的长三角、南方的粤港澳共同构筑起巨大的菱形地理空间，形成京津冀协同发展、粤港澳大湾区、长三角一体化、成渝地区双城经济圈"四个支撑带"的空间格局。② 成渝地区治理空间突出圈群特征，形成圈层化双核多中心治理空间体系。正如学者所言，从"圈""群"理论出发研究成渝地区双城经济圈，既是回顾过去，又是立足现在，更是放眼未来。③ 关于成渝地区治理空间体系的特征，一定程度上可以行政区、经济区和经济圈的关系演变来呈现。

一、成渝区域经济的空间演进

城市群和都市圈是城市化发展到一定阶段的城市空间形态，而城市群和都市圈的出现又推动着城市化向更高质量的方向迈进。在全球化、市场化和区域一体化等驱动因素的共同推动下，城市化不再是单个城市的孤立发展、单点拓展，而是以"圈群"为特征的城市联动或一体化发展，形成连片经济区、城市群或多个都市圈。而且，从行政经济向区域

---

① 张凤超，于尚艳：《资本逻辑与空间化秩序——新马克思主义空间理论解析》，载《社会科学文献出版社（Social Sciences Academic Press（China）：外国经济学说与中国研究报告（2011）》，2010 年版，第 83 页。
② 周跃辉：《积极推动成渝地区双城经济圈建设》，载《成都日报》2020 年 1 月 15 日，第 7 版。
③ 李后强，石明，李海龙：《成渝地区双城经济圈"圈群"特征探析》，载《中国西部》2020 年第 5 期。

经济转型的过程中,城市群作为新型城镇化的主体形态,也将必然成为推动区域经济发展的主导力量。① 在从成渝地区双城经济圈的有关文件精神来看,成渝地区的区域经济发展也具有"圈群"特征,但与其他城市群相比,成渝地区的空间结构更加突出"圈"而非"群",且表现为圈内有圈、圈中有群的特殊性。

(一)传统成渝经济区的空间划分

成渝经济区是一个区域经济概念,不同于行政区划空间范围。2011年4月,国务院发改委发布《成渝经济区区域规划》根据中心城市地理位置、长江黄金水道、主要交通干线等地理空间布局等因素,详细规划了成渝经济区的空间范围。在空间结构上,形成了以成都市、重庆市(主城区)为发展核心,成渝沿江、沿线为发展带的区域空间格局,形成了"双核五带"的整体规划空间结构。

"双核"是指围绕成都市五个主城区和十四个郊县区②、重庆市九个主城区③构建的核心发展都市圈,形成成渝经济区的两个极核城市圈,是成渝经济区经济发展建设的区域中心和主心骨,担负着联系周边城市,形成辐射带动效应的主要功能和作用。

"五带"则是指围绕两大极核城市圈展开的五条城市发展联通带,以交通运输主干道、城市地理空间区域分布情况以及城市发展情况作为划分依据,具体包括成绵乐发展带、沿长江发展带、成内渝发展带、成南(遂)渝发展带、渝广达发展带(见图9-1)。

---

① 宁越敏:《中国都市区和大城市群的界定——兼论大城市群在区域经济发展中的作用》,载《地理科学》2011年第3期。

② 包括锦江、青羊、武侯、金牛、成华五城区和龙泉驿、青白江、新都、温江、双流、郫县、都江堰、彭州、邛崃、崇州、金堂、大邑、蒲江、新津县(市、区)。

③ 包括渝中、大渡口、江北、沙坪坝、九龙坡、南岸、北碚、渝北、巴南主城九区。

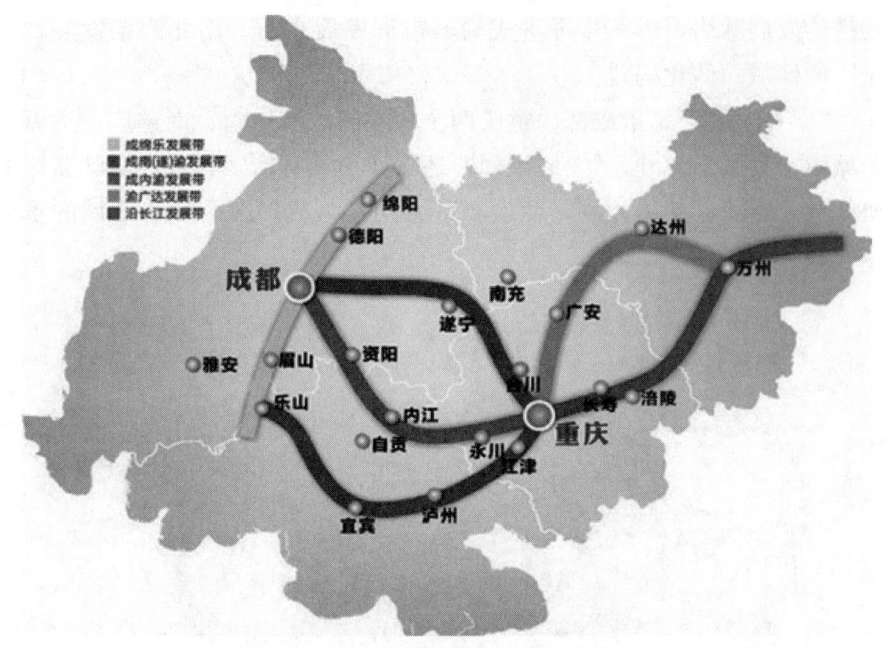

图 9-1 成渝经济区区域规划

（二）成渝城市群规划空间

2016年4月2日，国家发改委、住房和城乡建设部印发《成渝城市群发展规划》，成渝城市群正式纳入国家城市群规划视野。"发展规划"除了关注成渝地区各城市的经济发展状况外，还引入了区域协同发展和区域一体化建设的规划理念，进一步提出在川渝毗邻地区率先打破行政壁垒，建设川渝合作示范区。在区域空间划分上，在"经济区规划"的原"双核五带"基础上，对城市带进一步细化分配，进一步延伸出几大城市群，形成"一轴两带、双核三区"的空间分布格局。

"一轴两带"是指成渝发展主轴及沿江城市带、成德绵乐城市带。其中，"成内渝发展带"被"成渝发展主轴"替代整合，并对主轴进行了扩充，以成都、内江、资阳、遂宁及其他轴线城市①为主要联通区域，依附成渝北线、中线和南线等主要交通干道，形成贯通成都和重庆的中间城市带，强化了成渝核心城市与中部地区的区域一体化进程。

"沿江城市带""成德绵乐城市带"则延续了原"沿长江发展带"和"成绵乐发展带"空间规划布局，同时结合沿江生态城市群、沿线城镇集

---

① 包括成都、重庆、资阳、遂宁、内江、永川、大足、荣昌、潼南、铜梁、璧山。

聚带的发展脉络,进一步推进成渝城市群发展东西、南北两条发展"脊梁"的区域一体化构建。

"双核三区"是指成都、重庆两个核心区以及川南、南遂广、达万三个城镇密集区。此外,"发展规划"还将四川天府新区、重庆两江新区的协同共建纳入了整体规划,两大新区共同作为成渝两个核心区域的重要空间载体(见图9-2)。

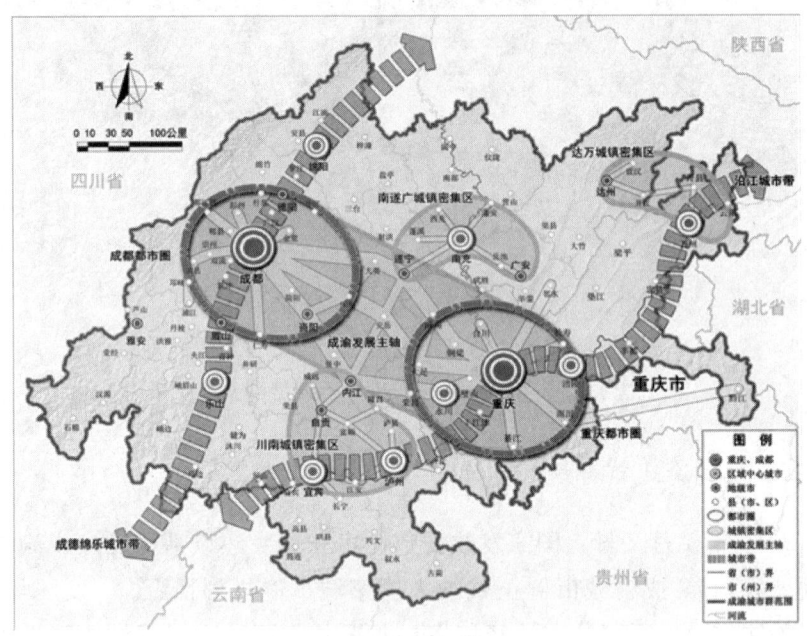

图9-2 成渝城市群发展规划

总体来看,成渝城市群空间范围比成渝经济区有所缩限,前者更加注重成渝双核的引领作用以及中部发展轴的协同发展,开始强调打破行政壁垒和区域协同的规划理念。

表9-1 成渝经济区与城市群规划具体内容

	《成渝经济区区域规划》	《成渝城市群发展规划》
出台时间	2011年	2016年
规划期	2011—2015年	2016—2020年

续表9-1

	《成渝经济区区域规划》	《成渝城市群发展规划》
区县范围	重庆市：万州、涪陵、渝中、大渡口、江北、沙坪坝、九龙坡、南岸、北碚、万盛、渝北、巴南、长寿、江津、合川、永川、南川、双桥、綦江、潼南、铜梁、大足、荣昌、璧山、梁平、丰都、垫江、忠县、开县、云阳、石柱31个区县 四川省：成都、德阳、绵阳、眉山、资阳、遂宁、乐山、雅安、自贡、泸州、内江、南充、宜宾、达州、广安15个市	重庆市：渝中、万州、黔江、涪陵、大渡口、江北、沙坪坝、九龙坡、南岸、北碚、綦江、大足、渝北、巴南、长寿、江津、合川、永川、南川、潼南、铜梁、荣昌、璧山、梁平、丰都、垫江、忠县等27个区（县）以及开县、云阳部分地区 四川省：成都、自贡、泸州、德阳、绵阳（除北川县、平武县）、遂宁、内江、乐山、南充、眉山、宜宾、广安、达州（除万源市）、雅安（除天全县、宝兴县）、资阳等15个市
区域面积	20.6万平方公里	18.5万平方公里

（三）经济圈时代的成渝地区空间划分

中共中央在2020年正式提出"成渝地区双城经济圈"这一区域概念后，成渝地区正式进入经济圈时代，也为成渝地区治理划出了圈层特征的治理空间结构。与经济区规划和城市群规划类似，经济圈也不是一个单纯意义的行政区划概念，但行政区划是城市边界的一个重要表现形式，或者说是空间分界的主要类型之一。在中国，行政区划作为国家行政管理的重要手段，深刻影响国家治理的空间机制，对空间结构的调控具有重要作用。[1] 首先，根据川渝两地统计年鉴等公开信息，成渝地区的行政区划空间范围详见表9-2、9-3：

---

[1] 唐小月：《"一带一路"倡议导向下成渝城市群空间结构优化的区划应对》，载《城市建筑》2019年第28期。

表9-2 四川省行政区划

地级市	市辖区 数量	市辖区 地区	县级市 数量	县级市 地区	县 数量	县 地区	镇	面积（万平方公里）
成都市	12	锦江区、青羊区、金牛区、武侯区、成华区、龙泉驿区、青白江区、新都区、温江区、新津区、郫都区、双流区	5	都江堰市、彭州市、邛崃市、崇州市、简阳市	3	金堂县、大邑县、大蒲江县、	100	1.4
自贡市	4	自流井区、贡井区、大安区、沿滩区	0		2	荣县、富顺县	63	0.4
泸州市	3	江阳区、龙马潭区、纳溪区	0		4	泸县、合江县、叙永县、古蔺县	92	1.2
德阳市	2	旌阳区、罗江区	3	广汉市、什邡市、绵竹市	1	中江县	67	0.6
绵阳市	3	涪城区、游仙区、安州区	1	江油市	5	梓潼县、三台县、盐亭县、平武县、北川县	122	2
遂宁市	2	船山区、安居区	0		3	蓬溪县、射洪县、大英县	72	0.5
内江市	2	市中区、东兴区	0		3	资中县、威远县、隆昌县	70	0.5
乐山市	4	市中区、五通桥区、沙湾区、金口河区	1	峨眉山市	6	犍为县、井研县、夹江县、沐川县、马边县、峨边县	97	1.3
南充市	3	顺庆区、高坪区、嘉陵区	1	阆中市	5	南部县、西充县、营山县、仪陇县、蓬安县	161	1.2

续表 9-2

地级市	市辖区 数量	市辖区 地区	县级市 数量	县级市 地区	县 数量	县 地区	镇	面积（万平方公里）
眉山市	2	东坡区、彭山区	0		4	仁寿县、洪雅县、丹棱县、青神县	62	0.7
宜宾市	3	翠屏区、南溪区、叙州区			7	江安县、长宁县、高县、筠连县、珙县、兴文县、屏山县	105	1.3
达州市	2	通川区、达川区	1	万源市	4	宣汉县、开江县、大竹县、渠县	149	1.6
广安	2	广安区、前锋区	1	华蓥市	3	岳池县、武胜县、邻水县	99	0.6
雅安市	2	雨城区、名山区			6	荥经县、汉源县、石棉县、天全县、芦山县、宝兴县	57	1.5
资阳市	1	雁江区	1		2	安岳县、乐至县	67	0.6

资料来源：《2019年四川统计年鉴》。

表 9-3 重庆市行政区划

市辖区	28	渝中区、万州区、涪陵区、大渡口区、江北区、沙坪坝区、九龙坡区、南岸区、北碚区、万盛区、綦江区、大足区、黔江区、长寿区、江津区、合川区、永川区、南川区、璧山区、铜梁区、潼南区、荣昌区、开州区、梁平区、武隆区、双桥区、渝北区、巴南区
县	11	城口县、丰都县、垫江县、忠县、云阳县、奉节县、巫山县、石柱土家族自治县、秀山土家族苗族自治县、酉阳土家族苗族自治县、彭水苗族土家族自治县
镇	611	
辖区面积（万平方公里）	8.24	

资料来源：《2019年四川统计年鉴》。

从有关中央文件和官方媒体透露的信息来看，成渝地区双城经济圈的空间划分呈现的是圈层化特征,即存在多层城市圈。然而,这个圈层到底范围有多大,尚不可知。

根据学者的研究,从区域经济的角度来看,双城经济圈可分为核心圈、拓展圈和辐射圈三层结构。核心圈是成渝地区的重点建设区域,包括重庆市主城区和成都市两大市域的行政区空间,同时涵盖重庆直辖市所管辖的全部行政区域,以及四川省管辖的大部分城市中的全部或部分市域空间。拓展圈则覆盖川渝两地的全部行政区域空间,辐射圈则是两地经济社会发展的外溢影响区域。① 另有学者认为,双城经济圈三圈层结构的最大空间外延主要还是集中在川渝行政区划,参见图9-3:②

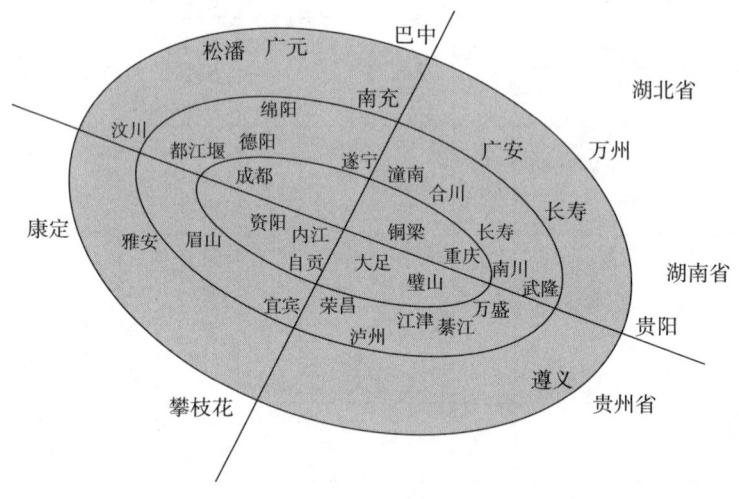

图9-3 双城经济圈结构示意图

二、成渝地区圈层空间结构特征

尽管国家并没有明确发布双城经济圈的空间范围,但从有关历史文件和学界讨论来看,成渝地区的双城治理圈层空间体系化和结构化特征具有高度可辨识性,区域特色明显,可以据此大致刻画双城治理体系所涉及空间结构的总体特征。

---

① 张志强:《成渝双城经济圈建设战略性问题:(3)经济圈空间范围》,http://www.clas.ac.cn/xwzx2016/kyhd2016/202005/t20200525_5585632.html,最后访问时间:2021年3月9日。

② 有关图片源自李后强、石明、李海龙:《成渝地区双城经济圈"圈群"特征探析》,载《中国西部》2020年第5期。后期由作者重新绘制。

（一）以双核为中心的圈层化空间布局

历史上看，不论是经济区、城市群还是经济圈时代，成渝地区相关规划所呈现空间形态都具有大致的共性，其关键词包括"圈""群""点""带""轴"等。其中，重庆和成都两大城市的"双核"布局突出，其空间承载力超强。特别是双核周边圈层区域内，空间聚合形态较为完整，城市群具有较强的内在协同性。而与周边圈层的毗邻圈层以及向外拓展或辐射圈层，城市群与中心城市的经济社会联系较弱，但仍形成一定的分工协作关系。

从成渝地区以上空间特征来看，双城经济圈不是单一的"圈"，不同于东部沿海的高密集城市群，也不再是原规划所描绘的带或轴，而是大圈层内套着核心圈层、同城化圈层和毗邻圈层，圈层内展现为以城市群为载体，以市域为支点的特殊区域空间，其总体特征为洋葱结构的圈层和石榴籽样的城市群紧紧包围住双中心城市。①

（二）次中心城镇空间集聚特征明显

成渝地区的空间结构无疑以双中心为主导，但国家和地方的发展战略规划，都一直以多中心空间布局为规划目标，如四川省之前提出的"多点多级"以及十一届三中全会提出的"一干多支"发展战略。从发展现状来看，虽然中心城市的首位度很高，特别是成都市的"极化效应"更强，但是区域内有若干个密集的城镇空间分布。近年来，这些密集的城镇空间，如遂宁、南充、广安、泸州、宜宾等，具有与极核周边发展融合成"群"的趋势，或至少有条件率先与核心圈层协同发展合作。从这一角度看，成渝地区的空间载体远不止双核，也包括不同毗邻圈层规模大小不一的次中心城镇空间。

（三）毗邻圈层多中心联结支撑偏弱

毗邻圈层中城镇数量多，"双核多中心"空间格局正在形成，但通常经济规模和发展能级都存在不足。这些城镇虽然与双极核周边圈层边缘地带接壤，但成都和重庆主城两大核心依然对周边城市产生巨大的虹吸效应，导致人口和资源的不断涌入，以至于在成渝城市群的中部形成

---

① 有关图片源自李后强，石明，李海龙：《成渝地区双城经济圈"圈群"特征探析》，载《中国西部》2020年第5期。后期由作者重新绘制。

"大都市阴影区"。① 而且，由于这些城镇与中心区域的交通距离较长，自治组织功能又较弱，难以起到联结成渝两市、激活成渝城市带的中介作用②，因此拉长了中心圈层的空间结构，使得成渝地区的圈层呈现为椭圆形。多中心的空间联结支撑功能偏弱，就意味着中部塌陷问题依然有待破题，也不利于培育西部增长极和世界级城市群。

第二节 双城治理圈层空间结构及体系化特征

空间结构是城市群和城镇化发展的表现形式和物质载体，其包括单个城市的空间结构和多个城市的空间结构两个基本层次。③ 从区域经济来看，城市群的空间结构主要考虑的是经济要素和政府合作的空间布局，而从区域治理的视角来看，治理空间结构仅关注与治理资源流动和配置相关的空间载体。尽管按照经济社会同步发展、共同推进的理念，区域经济空间和区域治理空间应尽可能保持内在协调。但是，成渝地区双城经济圈建设是典型的非均衡发展策略，同步发展与治理的制度成本较大，故而将经济圈辐射所及区域结构化地纳入空间治理体系，既不可行也无必要。

基于此，我们主张将双城治理空间适当与成渝地区的区域经济空间做出区分。按照非均衡发展思路，目前重点任务是为发展先行区域配套相应的治理体系。参考成渝城市群的相关发展规划，把双城治理的圈层空间体系界定在核心圈层的重点区域，具有合理性。治理空间结构划分反映了区域经济发展与治理的体系化特征，并可能由此引出一些值得关注的治理需求，需要由双城治理其他体系内容做出相应的治理调适。

一、双城治理圈层空间的结构划分

按照成渝地区的区域经济空间结构特征，结合双城经济圈建设的治理需求，应就双城治理的圈层空间体系做出适当的限定。根据成渝城市群发展规划和中央对成渝地区双城经济圈的发展定位，本书将双城治理

---

① 黄言，宗会明，杜瑜等：《交通网络建设与成渝城市群一体化发——基于交通设施网络和需求网络的分析》，载《长江流域资源与环境》2020 年第 10 期。
② 戴宾：《成渝经济区与成渝城市集群、成内渝经济带》，载《重庆工商大学学报·西部论坛》2005 年第 6 期。
③ 孙晓芳：《城镇化空间结构与要素集聚》，载《经济问题》2015 年第 1 期。

圈层空间体系划分为"中心都市圈（区）—同城化都市圈（区）—毗邻城市群"三个治理圈层。其中，第一圈层是成都市、重庆市主城两大中心区域；第二圈层是成都、重庆两大中心各自形成的同城化都市圈（区）；第三圈层是与第二圈层毗邻的市域空间，即与同城化都市圈（区）接壤的城市群及其相互毗邻的区域。

（一）中心都市圈（区）

成渝双城市域治理空间体系的第一圈层以"成都—重庆（主城区）"两大极核城市为主。治理空间范围上，成都市的治理范围包括五个主城区和十四个周边区县[①]，以及天府新区、东部新区等经济功能区；重庆中心都市区的治理空间范围包括九个主城区[②]和两江新区在内的经济功能区。

与京津冀地区、粤港澳大湾区存在的主要城市政治地位不对等的问题类似，重庆市与成都市的行政级别也不完全对等，因此两大中心都市圈（区）的协同治理需要依赖川渝两地甚至中央政府提供的公共治理机制。但它们也不大可能统一按照高度一体化的纵向协调开展治理活动。首先，正如前文所述，纵向一体化不利于经济区与行政区的适度分离，故川渝协同治理机制只可能建立在两地横向协调和中央政府有限协调基础上，体现为半一体化的治理结构。其次，按照"两区"适度分离的改革取向，在中心都市圈（区）治理空间内，也不可能完全按照行政经济区那种自上而下的行政化治理。

基于以上原因，中心都市圈（区）的治理空间尽管主要依托中心城市行政区划意义上的一体化治理，但它并不完全是行政区划意义上的市域治理，无论外部的治理机制嵌入和内部的"两区"分离探索，都表明中心都市圈（区）是一种区域意义上的治理空间。

（二）同城化都市圈（区）

双城治理空间体系的第二圈层是"同城化都市圈（区）"，这一空间载体表现为以中心圈层直接辐射的同城化区域或发展先行区域。第二圈层的治理空间范围，主要以成都都市圈、重庆主城都市区为治理重点区域，前

[①] 包括锦江、青羊、武侯、金牛、成华五城区和龙泉驿、青白江、新都、温江、双流、郫县、都江堰、彭州、邛崃、崇州、金堂、大邑、蒲江、新津。

[②] 包括渝中、大渡口、江北、沙坪坝、九龙坡、南岸、北碚、渝北、巴南主城九区。

者为成德眉资同城化区域,后者包括重庆长寿、江津、璧山、南川等同城化发展先行区(主城新区),广义上还覆盖重庆行政区的全部其他区域。

参考其他区域的同城化发展经验,如粤港澳大湾区的广佛同城化,同城化治理是区域发展的主要治理模式。理论上讲,同城化治理涉及多级行政区的一体化和协同治理,关键要素包括"建立共识""渠道构建""激励机制"等。① 双城同城化都市圈(区)本质上就是经济区与行政区适度分离的一种模式探索,这一治理空间同样涉及如何处理多级管理架构的行政区治理与府际横向协调、市场引导、社会协同等治理层次的关系。

具体分析,成德眉资同城化经济区并非行政区,更加依靠政府的横向协调和其他治理单位的作用,同时在四川省级协调下,四地政府正试图在这一治理空间建立实体化运行的半一体化治理机制,从而使得整个同城化治理空间拥有相对独立的经济管理权限和密切联动的社会治理,在不打破行政隶属的前提下,逐步实现经济区与行政区中高度分离。

重庆中心都市区治理空间则整体上嵌套行政区治理架构,故空间治理更多表现为高度一体化的层级治理。但重庆中心都市区治理空间内毕竟存在不同的行政区划,各空间单元仍然保持行政区划的独立性,且越往外圈扩展的行政区,就越与中心城区保持相对独立的区域分工,转与成渝腹地发生更多经济社会联系,产生新的"两区分离"治理空间。

(三)毗邻城市群

双城毗邻城市群是双城治理空间结构的第三圈层,是一个群、轴、点结合的空间载体。在治理空间范围上,第三圈层主要以围绕成都、重庆都市圈延伸和辐射的毗邻区域为治理空间,包括成德绵乐城市带、重庆沿江城市带南北、东西两条城市轴线发展带、川南城镇密集区、南遂广城镇密集区等中部城镇密集区,以及达万城镇密集区和其他周边单体市域。毗邻城市群区域内各市域都是独立的行政区,内部建有科层制行政治理架构,其与毗邻区域之间并没有直接的一体化空间结构,地理空间距离中心都市圈较远,发生的经济社会联系也相对较少。因此在治理空间形态上,第三圈层与第一、第二圈层之间,以及第三圈层行政区之间,存在较为明显的非连续性,有待进一步整合、重塑空间结构。

---

① 李郇、吴翊朏、吴蕊彤:《同城化治理研究——以广佛地区为例》,载《人文地理》2016年第5期。

二、双城治理圈层空间的体系化特征

通过对双城圈层治理的结构划分可知，这一治理空间的结构和形态十分复杂，被具体分置为多样化、多圈层不同性质的治理空间。从局部空间形态来看，甚至无法观察相互之间的体系化关联。成渝地区双城经济圈建设是中央站在新时期的重要历史节点上，对国家区域协调发展所做出的又一重大战略部署。在中央的统一部署下，川渝两地政府在推进双城经济圈建设过程中，必须系统谋划、协同推进，促使成渝地区大圈层治理空间的圈层分布更具协调性，逐步突显其空间体系化特征。

（一）双城治理圈层空间体系化的障碍性因素

与国内众多城市群类似，成渝地区的区域发展动力极化现象明显，经济和人口向中心城市聚集的趋势还会进一步加强。这种极化效应存在正面性，不断聚集的区域人口与经济社会发展要素，使得极化中心获得远远超出其所在城市群的影响力，其创新能力也是城市群的发展引擎。[1] 因此，绝不能将进一步突出中心与极核视为一种当然的空间扭曲。但是，我们也必须承认，在成渝两大国家中心城市仍然尚未从大规模虹吸阶段过渡到全域要素聚集、域内要素外溢的阶段时[2]，治理空间的一体化结构会受到极化效应的强力拉扯而失去平衡，甚至有面临分崩离析的风险。

从目前二三圈层治理空间的结构现状来看，不论是同城化都市圈还是毗邻城市群，由于行政边界、地理位置、市场化不足等区隔因素，双城圈层治理空间形态上会呈现明显的结构断层现象。首先，中心都市圈（区）的功能分区模糊、空间扩张"摊大饼"仍然一定程度存在[3]，而同城化都市圈（区）的一体化发展及其治理机制作用尚不明显，使得同城化区域的一体化程度较低，空间结构的边缘化现象暂未完全消除。其次，毗邻城市群所在的中部区域也缺乏中心化的治理空间载体，作为承接两极资源要素转移、重塑区域治理空间的主要治理协同方，以及稳定圈层治理空间结构的关键力量。

---

[1] 张志强，熊永兰：《成渝地区双城经济圈一体化发展的思考与建议》，载《中国西部》2020年第2期。

[2] 蒋永穆，李想：《川渝黔经济一体化助推成渝地区双城经济圈建设研究》，载《西部论坛》2020年第5期。

[3] 钟海燕：《成渝城市群研究》，四川大学2006年博士学位论文，第115—116页。

（二）双城治理圈层空间体系化的再造思路

综合目前成渝地区的治理实践以及各方观点，强化双城治理的圈层空间体系结构特征，主要需要处理好以下几个关系：一是处理好成渝"两核"的发展分工和治理协同关系，避免二者在空间关系上各自为政、功能区重复设置和空间"摊大饼"；二是处理好市场主导与政府引导的关系，空间体系的建立应尊重市场规律，避免按照行政区的治理逻辑搞"拉郎配"；三是处理好中心区域与其他市域的关系，着力解决中部区域的空间断层问题；四是处理好经济区一体化与行政区分离整合的关系，既要促进经济区内要素的有序流动和高效聚集，又要避免经济区与多层级行政区职能重叠干扰。[①]

其中，对圈层空间体系重塑的重点是中部区域的结构断层，解决这一问题主要有两条路径：一是将毗邻城市群治理空间纳入川渝大圈层的半一体化治理结构中，为打破毗邻城市群与其他圈层行政边界提供强有力的纵向协调；二是进行体制机制创新，鼓励行政、市场和地理区隔的行政区之间积极探索经济区与行政区适度分离，共建飞地园区或建立毗邻共建示范区，在原治理空间中演化出新的协同化乃至半一体化治理空间。

第三节 圈层空间体系的结构强化与空间再造

根据国内区域经济发展经验，大城市的治理空间结构会随着城市化和区域一体化进展而发生重构。[②] 随着成渝地区双城经济圈建设的深入实施，超大城市、区域同城化和毗邻区的空间再造等治理空间演变，也必然带来区域空间重组，进一步强化双城治理圈层空间体系结构特征。在此过程中，既包括成渝地区"双核"的超大城市空间有机统合，也包括同城化区域的经济区与行政区空间再造，以及毗邻城市群的共建园区、飞地园区的新空间成长，从而进一步支撑和强化圈层空间体系的基础结构。

---

① 以上四点空间关系处理思路，详见四川省情编辑部：《专家谈成渝地区双城经济圈如何发力》，载《四川省情》2020年第7期。
② 杨上广，王春兰：《大城市空间结构演变与治理研究——对上海的调查与思考》，载《公共管理学报》2008年第2期。

一、中心超大城市治理空间的有机统合

超大城市是一个相对较为新颖并且较为中国化的术语,这一术语的学术意涵目前尚未获得国内学术界的充分拓展,但在国务院发布的《关于调整城市规模划分标准的通知》中已明确界定为"城区常住人口 1000 万以上的城市"。① 成渝地区是世界上少有的双核型圈层区域治理空间,"双核"的空间载体均为国家中心城市和超大城市,在空间体系结构中占据主导性地位。圈层空间体系的结构性强化,首先就要做好两大中心的有机统合,包括超大市域内的空间统合与两大中心区域的协作统合。

(一)超大城市内部治理空间的统合

如前文所指出,空间治理不等于社会治理,也不等于双城治理的空间体系。但就城市治理而言,其必然包含了社会治理、治理空间等组成部分,它们相互交织、共存于实践中。② 与市域社会治理一样,超大城市治理也有自身的现代化议题,包括对治理主体、治理客体和事务范围等问题的重新定位,以及推动治理体制、治理方式以及治理空间的格局转变。③

作为成渝地区的"双核",对成都市和重庆市主城的超大城市空间进行有机统合,是优化双城治理空间结构的首要任务。由于资源的高度聚集和人口密集,超大城市空间结构具有显著的相互依赖性,在庞大空间内部,精细化且合理安排的空间结构对于超大城市治理至关重要。例如,社区空间、产业空间、商业空间与公共服务空间的结构优化;主城空间与城乡结合空间、卫星城镇空间的结构优化;旧城空间与新城空间的结构优化;经济功能区空间与行政区空间的结构优化;等等。

(二)超大城市外部空间治理的协同

从区域经济学视角来看,城市空间结构不仅涉及城市内部的空间优化问题,还包括外部空间体系的结构不协调问题。④ 与外部空间体系的

---

① 赵孟营:《超大城市治理_国家治理的新时代转向》,载《中国特色社会主义研究》2018 年第 4 期。
② 黄怡:《超大城市空间治理的价值、挑战与策略》,载《学术交流》2020 年第 1 期。
③ 徐汉明,徐凯:《超大城市治理现代化:意义、内涵与行动选择》,载《法制日报》2020 年 7 月 6 日。
④ 王宁:《特大城市空间结构缺陷与"城市病"治理》,载《区域经济评论》2015 年第 1 期。

协调需求，主要由该城市空间自身所处更大治理单元的结构位置所决定的。例如，该城市空间主要是主导还是配合区域内其他空间的治理。

双城治理圈层空间体系中的中心超大城市，当然也存在同样的问题。如果要进一步突出治理圈层结构的体系化特征，就不能不考虑"双核"在空间上的协同布局。这一空间协同既有区域经济协调和产业协同方面的基本需求，例如，成都市建立东部新区即有产业空间向东对接重庆西扩的考虑，又延伸有社会治理空间载体协同探索；前文提及的重庆两江新区与四川天府新区共建中央法务区，推动公共法律服务互通互联，则是"双核"治理空间协同的例子。

二、同城化圈层治理空间再造

同城化圈层治理空间最大特征，即是经济区与行政区两大空间的重叠与适度分离。行政区为实现国家行政管理提供了空间舞台，经济区则是区域性生产与消费综合空间，二者既有相互促进的地方，也可能产生矛盾。从空间结构视角来看，所谓治理空间的"同城化"，其本质是治理空间的再造。

（一）经济单元与空间规划的统一

同城化圈层治理空间再造的动机机制相对明确，如产业发展的非均衡性和协同互补性等市场驱动因素[①]，加入了行政协调、社会协同等跨行政区域变量。这些变量促使原本相对独立的经济空间在一定范围内，按照共同目标、统一规划和彼此协调，逐步演化成一个统一的经济单元。

需要指出的是，国土空间规划的本质是对空间用途实行不同程度的管制，即使不同国家空间规划体系、规划内容以及实施规划的手段存在差异，这一点仍然是空间规划起作用的关键。[②] 但是，经济区主要是靠市场主导形成的，空间边界的变动并不遵循行政区边界分割，具有动态性和区域弹性。这就意味着，行政区空间规划可能会对经济区运转产生一定负面影响。为了契合经济区一体化及其相应的治理空间结构，同城化空间规划有必要强化市场牵引，并重视市场、社会等力量参与或独立

---

① 刘斌、牛利娜：《京津冀城市群如何实现协同发展与跨区域治理》，载《前线》2018年第4期。

② 樊杰：《我国空间治理体系现代化在"十九大"后的新态势》，载《中国科学院院刊》2017年第4期。

编制的非正式空间规划对法定空间规划的支撑作用。

（二）社会治理的多空间耦合

如前所述，同城化区域会导致经济区和行政区的适度分离，从空间结构的角度看，一同被分离或分化的还有社会治理的空间载体。一定范围的行政区空间是社会治理的主要空间舞台，但在"两区"分离体制机制的作用下，这一治理空间不只严格对应行政区边界，也并非依据经济区和行政区的分离程度来划分其空间，而是根据具体的事权配置和市场化机制分化出不同的空间。

具体而言，原被行政区隔离的社会治理空间，主要产生了三类空间分化组合，形成多个空间的耦合结构：其一，部分社会治理随同经济活动纳入统一空间内，凸显一体化治理特征；其二，行政隶属并未被打破，行政空间形态相对完整，大部分行政管理和社会治理事项仍保留在原行政区空间；其三，在发展先行区的先行先试推动下，形成若干产业经济和社会治理的协同治理空间。

三、毗邻圈层治理的新空间演化

成渝地区两头大、中间小的"哑铃式"发展格局，与国内其他主要区域的协调或一体化发展现状形成鲜明对比。[①] 学者反复提及的"中部塌陷"不仅仅是一个区域经济问题，同时也是一个区域治理问题，还反映出治理体系中圈层空间结构的断层问题。我国区域经济促进平衡发展的一个重要突破口就是"飞地经济"，如《粤港澳大湾区发展规划纲要》即提出要有序发展"飞地经济"。由"飞地经济"演化生长的新治理空间，能否在补足中部区域的治理短板、强化圈层空间体系结构方面发挥重要作用，在双城治理体系建构中须投以审视的目光。

（一）"飞地经济"及其治理模式的兴起

在中共中央、国务院《关于新时代推进西部大开发形成新格局的指导意见》、国家发展改革委等部门联合发布的《关于支持"飞地经济"发展的指导意见》等文件中，"飞地经济"被描述时用了"打破行政区划界

[①] 韩政：《成渝携手"出圈"补足成渝"中部塌陷"短板 形成多点支撑一体发展新格局》，载《上游新闻—重庆晨报》，https://www.cqcb.com/shuangcheng/2020-05-22/2420569.html，最后访问时间：2021年6月19日。

限""打造协同创新共同体"等诸多功能性用语。作为一种协调区域间关系的跨区域政府合作模式,"飞地经济"的开发管理模式主要有飞出地主导模式、飞入地主导模式、双方共管模式、多尺度参与模式等(见下表9-4)。其中,最后一种模式可能还涉及上级政府的协调。①

表9-4 区域内、跨区域开发管理模式

开发管理模式	区域内合作	跨区域合作
飞出地主导模式	苏州宿迁工业园区	罗星永新工业园
飞入地主导模式	深圳福田(和平)产业转移工业园	南疆齐鲁工业园
双方共管模式	东莞石碣(兴宁)产业转移工业园	郎溪(中国)经都产业园
多尺度参与模式	深汕特别合作区	湖北深圳工业园

总的来看,飞地治理偏重于政府主导治理,主要依靠政府能动性和创新积极性。具体治理模式包括:共同设立联合理事会作为协调机构、共建管委会合署办公、派驻办事处,等等。② 飞地治理模式并非没有争议。例如,飞地的行政区划管辖如何划分,是由飞入地管辖,还是由飞出地管辖,能否通过行政协议的方式划属行政管辖,等等。③ 一般认为,飞地府际合作治理具有《地方组织法》上关于地方事权模糊性规定的可释性,为地域管辖权交易、让渡提供了可能。④ 也有人从理论上论证了行政管辖权与地域管辖权的区别,后者是法学意义上对本地公共事务进行管辖的权力,在有行政管辖权的主体之间具有可交易性。⑤ 这种地域管辖权让渡既可以是部分的,也可以是全面的、彻底的让渡。⑥

(二)飞地模式支撑中部区域治理空间结构

基于前述分析,理论和实践都已经为飞地治理提供了必要的前期准

---

① 李鲁奇,马学广,鹿宇:《飞地经济的空间生产与治理结构——基于国家空间重构视角》,载《地理科学进展》2019年第3期。
② 谢海生:《飞地区域法制发展的挑战及前景——以广东深汕特别合作区为例》,载《人民论坛·学术前沿》2020年第6期。
③ 白云峰:《飞地协议管辖:一个组织法问题的出路》,载《中国土地科学》2019年第32期。
④ 华子岩:《飞地府际合作治理模式的确立与逻辑展开》,载《中国土地科学》2020年第12期。
⑤ 杨龙,彭彦强:《理解中国地方政府合作——行政管辖权让渡的视角》,载《政治学研究》2009年第4期。
⑥ 华子岩:《飞地府际合作治理模式的确立与逻辑展开》,载《中国土地科学》2020年第12期。

备，国家在西部大开发等重要政策文件中也明确给予发展鼓励。飞地经济模式不仅可以为成渝地区毗邻城市群的区域经济协调发展贡献"园区力量"，同时也是支撑第三圈层治理空间结构的重要突破口。

道理其实并不复杂。飞地治理空间不管由谁主导和管辖，必然涉及部分经济和社会管理权限的让渡，同时涉及经济社会要素的大量交换和频繁流动，这本身就具有一定空间置换的效果。换句话说，尽管治理空间的地理边界和行政区划都没有发生变化，但是当飞入地行政区治理空间加入了飞出地的治理要素，治理空间的内涵已经产生质的转变，逐渐生长出吸纳其他圈层治理的新空间载体。

我们还注意到，在国内某些参与层级较多的开发管理模式中，尽管"飞地"建立、开发、管理和协调并非由飞出地来全面主导，但从空间关系来看，这似乎使得飞地空间完成较为彻底的置换，甚至演变成为飞出地治理空间的延伸。深汕特别合作区就是这样一个例子，合作区内相继建立了全国首个"飞地"检察院和"飞地"法院——深圳深汕特别合作区人民检察院和深圳深汕特别合作区人民法院[①]，治理资源几乎按照行政区来进行配置。

---

① 刘淑芳：《探路飞地经济新模式 深汕合作区开创飞地治理新篇章》，载《深圳商报》2020年10月13日。

第十章　双城治理共同体体系

继党的十九大报告提出"打造共建共治共享的社会治理格局"后，党的十九届四中全会《中共中央关示坚持和完善中国特色社会主义制度、推进国家治理体系和治理能力现代化若干重大问题的决定》进一步提出，"建设人人有责、人人尽责、人人享有的社会治理共同体"。社会治理共同体这一概念，区别于西方治理理论中关于治理主体与客体相互对立，或者多元主体围绕客体相互冲突的紧张关系的观点。我国提出建设的社会治理共同体反映的是治理关系中相互认同、相互作用又相互影响的主体间关系。[①] 在这一关系背后，黏合国家与社会的不是实现社会共同利益（common good）这种抽象理想状态，而是在中国共产党的领导下政府、市场、社会等各种主体合作互动的具体社会治理形态。[②] 因此，社会治理共同体的概念，是我们党在新时代完善中国特色社会主义制度过程中对社会治理实践规律的深化认识，也是马克思主义中国化的又一重要成果。

但需要注意到的是，打造社会治理共同体不但涉及治理理念的转变，而且需要体制机制和方法手段的创新。构建一个科学、合理、有效的社会治理共同体体系，这对多元主体参与治理起着至关重要的影响。[③] 受制于基层政府法律地位、自治组织缺乏实际权力、社会组织发育不充分和居民参与积极性不足等现象[④]，社会治理共同体纵向参与渠道和横向参与机制目前均缺乏制度化的安排，跨区域的社会治理主体体系更缺乏

[①] 张磊：《社会治理共同体的重大意义、基本内涵及其构建可行性研究》，载《重庆社会科学》2019年第8期。

[②] 陈进华：《推进社会治理共同体建设》，载《人民日报》2019年11月21日，第9版。

[③] 陈沈慧：《城市社区治理多元共治研究——以三明市梅列区为例》，载《福建行政学院学报》2012第6期。

[④] 王倩，危怀安：《城市社区微治理主体博弈逻辑与协同路径研究》，载《西南民族大学学报（人文社会科学版）》2020年第5期。

统筹设计，这不利于双城治理在更高水平的区域协同和主体互动中展开。按照双城治理体系构建的基本要求，保障治理共同体能够在基层微治理与跨域治理中畅通切换，除了需要在体制机制上作出适当突破以外，一个重要前提是明确共同体内部的组成分工及其在治理体系中的结构地位。本章将从双城社会治理共同体体系完善的现实逻辑、主要挑战、内涵、目标与路径以及共同体体系建设的重点领域等内容展开讨论。

第一节 构建双城治理共同体的现实逻辑及挑战

中国特色社会主义进入新时代以来，以习近平同志为核心的党中央敏锐把握到当前社会主要矛盾，即人民日益增长的美好生活需要和不平衡不充分的发展之间的矛盾。这使社会治理面临的问题日趋复杂化，不仅治理客体逐渐呈现跨界性、综合性，矛盾风险积累也存在归因上的多因一果、传导链条隐蔽和叠加效应明显等趋向，治理空间更是突出跨域性扩张需求。在这样的背景下，单靠党委和政府的力量已经不能很好回应人民更高的治理需求。为了高质量促进区域协调发展，在区域治理中寻求多元主体诉求的最大公约数，凝聚起推动成渝地区一体化发展的共识，加快推进双城治理共同体建设，形成体系化的双城主体协同关系安排，一方面需要根植于清晰的现实逻辑，另一方面又需要迎接突出的现实挑战。

一、构建双城治理共同体的现实逻辑

从市域社会治理和区域治理的理论与实践来看，双城治理共同体建设之所以成为一个重要的时代命题，与三个方面的因素有关。第一个因素是经济社会变迁导致的利益格局转变，治理共同体本质上是一种利益平衡机制。第二个因素与中国共产党执政的基本理念有关，突出"以人民为中心"的理念，必然要求协调与平衡不同主体的利益诉求，精准实现人民的长远利益。第三个因素和重大风险防范的底线思维有关。我国正处于经济社会发展转型的关键时期，也是各类风险和社会矛盾积聚凸显的时期，共同体的治理思维，实际上也是一种风险识别和风险分散机制。当然，这些与治理共同体有关的现实逻辑，需要进一步契合成渝地区的治理实践，精准对应其治理过程中面临的挑战。

（一）双城治理共同体是区域协调发展的自发结果

以历史长河来看，社会共同体的建立反映了人类社会演化的最高阶段。按照马克思的观点，只有到了社会力量与政治力量相结合、国家与社会合二为一的时候，人的解放才完成，真正实现"自由人的联合体"。① 在当代，无论是在西方资本主义发展过程中还是我国社会主义初级阶段探索过程中，处理好国家与社会的关系，都是一个长期的历史性命题。

随着我国社会转型和体制转轨的双重变迁，原先"政府本位"的社会管理模式弊端渐趋凸显，并逐渐受到质疑。② 如今，我们早已认识到不同主体融合参与社会治理的可行性和重要性，但这一认识背后反映的不是观念的转变，也不是政府做出的另一项"强制性"安排，它其实是由经济社会发展的自我演化所推动的。

多年来，以政府为本位或者政府一元管理带来的一个重要教训是，它不但挤压社会自治空间并抑制社会发展水平，而且还诱发政府职能扩张、机构臃肿，导致"社会一无所成"。③ 在市场经济大潮的冲击下，传统的社会治理模式难以适应群体利益多元化、人口流动的高频化、利益平衡的精巧化和法治化现实需求。推动社会治理模式转型需要创新体制机制，而且它也是一项事关政治、经济、法律、社会和文化等方方面面的系统工程，难以由单一主体所完成。

在新发展理念的指引下，区域经济加速往一体化方向迈进，城市群、都市圈等新型城镇化运动方兴未艾，市域社会治理又再演变为一个跨区域的议题，跨区域的治理主体合作已然成为区域一体化发展的必由之路。在此过程中，新型公共事务不断涌现，新型组织和社会主体逐一登场，新型公共空间持续生成，公共风险层出不穷，离开区域共同体的共同参与，区域协调发展难以持续。

我国治理实践的经验充分表明，社会治理共同体的提出契合了经济社会最新发展要求，符合社会治理的一般规律，能够回应社会关切、平衡各方利益矛盾。可以说，在推动成渝地区双城经济圈建设过程中，逐

---

① 《马克思恩格斯全集（第3卷）》，人民出版社2002年版，第189页。
② 朱碧波：《论我国社会治理共同体的生成逻辑与建构方略》，载《西南民族大学学报》（人文社会科学版）2020年第10期。
③ 赵强：《多元共治：改善基层政府治理的有效路径》，载《南都学坛》2017年第5期。

步发展形成双城治理共同体不是什么"理论口号",而是成渝地区协调发展客观规律催生的必然结果。

(二)双城治理共同体是满足人民美好生活需求的现实诉求

党的十九大指出,我国社会的主要矛盾已转变为"人民日益增长的美好生活需要和不平衡不充分的发展之间的矛盾"。除了对生活物资的关注,人民对居住环境、社会公平、法治和民主等也有了新的要求。[1] 坚持"全心全意为人民服务"的宗旨,就必须积极满足人民群众对美好生活的更高期待,使人人有条件、有能力参与公共事务,并且人人共享发展与治理成果。

应当看到的是,"人民群众"是一个抽象概念,而社会成员则是具体的个体,要使得"以人民为中心"不成为一句空话,就需要采用精巧的治理手段并依靠精准的治理机制。社会治理共同体的体系化构建,在某种意义上就是将"人民之治"落实落地的一个有效方案。从市域治理的基层逻辑来看,基层事务未必事事以专业见长,但参与性至关重要,其参与的动力和规模,直接决定了治理的成效;相反,如果基层居民的态度为事不关己,人际关系疏远化,则明显表现出"共同体困境"。[2]

在经济社会运行的另一维度,市场主体对"以人民为中心"的感知视角是完全不同的。他们对营商环境和财产安全高度敏感,对规则预期高度依赖,对治理活动提出了更高的法治化和专业化需求。而不论是哪一类公共事务的治理,治理过程主要是凝聚共识、形成合力,这就需要在决策中既尊重大多数人的意愿,又照顾少数人的合理诉求,才能使人民群众的根本利益和长远利益得到保障。[3] 换句话说,治理不是各主体对公共事务的简单参与或讨价还价,而体现为一种程序设计和公平正义的价值追求,这说明法治共同体在治理主体体系中具有无可替代的重要作用。

由此可见,社会治理共同体绝非一个抽象的、无差别的不变范畴,按一定目标对它进行分门别类、做体系化的安排,体现了以人为本理念与技术理性的有机结合。它一方面反映了中国共产党"以人民为中心"

---

[1] 张广利,濮敏雅:《新时代"共建共治共享"社会治理格局的内涵解析及构建途径》,载《学术前沿》2020年第4期。

[2] 郑杭生,黄家亮:《论我国社区治理的双重困境与创新之维——基于北京市社区管理体制改革实践的分析》,载《东岳论丛》2012年01期。

[3] 高小平:《落实科学发展观加强生态行政管理》,载《中国行政管理》2004年第5期。

的根本宗旨，另一方面也表明了党在执政过程中不断满足人民需求，拓宽人民群众参与社会治理的制度化渠道和多元化平台。

(三) 双城治理共同体是应对区域社会风险的客观需要

我国作为一个人口众多、疆域辽阔、国情复杂的大国，经济发展的规模效应明显，但同时社会治理难度也世所罕见。基于风险防范的视角，社会治理共同体的构建对于我国有效应对各种风险也具有相当的重要性。① 从风险的分类来看，我国当前面临的风险来源主要有两类：一类是人民群众日益增长的美好生活需要与不平衡不充分发展的基本矛盾所产生的经济社会风险。它既包括过度膨胀的经济理性诱发的整个社会较为普遍的"经济风险"②，也包括社会个体视野过于聚焦于自我利益的实现和成本收益的权衡导致的"社会风险"。③ 当然，这其中还包含了个别领导干部法治素养不高、治理能力不强甚至渎职贪腐引起的"治理风险"。另一类是全球化背景下，因可治理性危机以及地缘政治等外部因素向我国国内输入的"政治风险"。正是因为全球存在发展赤字和治理赤字，更加凸显了有效国家治理和国内团结的重要性。④

治理共同体可以从风险甄别和风险内化分散两个方面，为应对防范各种风险叠加提供破解之道。首先，治理主体越多元，意味着社会参与性越强，能够增加上情下达和下情上传的灵活性与及时性。因此，对于社会整体而言，社会领域存在哪些矛盾风险点、哪些风险盲区，社会主体对此感受最深且更为了解，故而能为社会风险甄别提供多元化和高效率的信息渠道。其次，通过治理主体的身份确立，让更多群体成为社会治理的受益者、参与者和评判者，有利于将舆论风险和社会风险内化分散，而不是像原先那样由政府大包大揽，所有的风险矛盾汇聚在政府这一个点上，最终演变为重大行政风险。

成渝地区的发展现状是我国经济社会发展不平衡、不充分的一个现实缩影，在特殊的区域经济社会条件下，建设双城治理共同体无疑是化

---

① 高小平：《落实科学发展观，加强生态行政管理》，载《中国行政管理》2004 第 5 期。
② 石云霞：《马克思社会共同体思想及其发展》，载《中国特色社会主义理论》2016 年第 1 期。
③ 胡小君：《民主协商与社会治理共同体建设、价值、实践与路径分析》，载《河南社会科学》2020 年第 9 期。
④ 吴志成，刘培东：《全球发展赤字与中国治理实践》，载《国际问题研究》2020 年第 4 期。

解区域治理风险、推动区域协调发展的重要一环。

二、构建双城治理共同体当前面临的挑战

从我国市域社会治理现代化和区域经济一体化发展实践来看，在实然向应然的跨进中通常都存在巨大张力，利益分配、价值理念、思维方式等都受到革命性冲击①，这导致我国社会治理出现路径依赖、自治主体异化和道德建设滞后等问题②，且面临着公共性缺失的困境。③ 而且，社会治理共同体的规模越大、体系结构越复杂，就意味着社会治理组织协调的问题会越多，越可能提高治理"准入门槛"并降低多元共治主体参与治理的动力。这一切，构成了相关治理主体有序合作与利益平衡的普遍难点。不论哪一种治理共同体体系建设，都需要直面这些问题。

（一）社会个体原子化趋势的挑战

传统治理模式失灵的一个主要原因，即在于要素流动打破了地域和行政边界的限制，这种流动性摧毁了人与人维系的传统纽带，新组织化的成本与组织化的动力相互抵消，导致社会变迁过程存在明显的社会个体的原子化趋势。从理论上讲，社会共同体不可能是单质化、原子化的个体集合，而是多元化、组织化的主体结合，其内部存在复杂的利益关系和有效的利益协调。④ 在原子化与组织化悖论中，如何重塑共同体意识，将原子化的个人再组织化，构成了当代社会治理共同体建设的一大挑战。

要实现这一点，经验上看通常存在两类构建手段。第一种手段是最为常见的利益激励。共同体的构建不是什么宏大的口号和意识形态，也不是简单的物质刺激，而是采取一种综合的利益协调机制，真正通过人民利益的"链条"将共同体内部的不同"原子"结合起来，形成稳定的政府、社会组织、民众等社会治理主体相互依存的"社会治理共同

---

① 刘志筠：《预防化解多元治理主体利益冲突的制度架构》，载《社会与法律》2021年第1期。
② 霍小霞：《社会治理中政府面临的困境与出路》，载《山西大学学报（哲学社会科学版）》2017年第4期。
③ 马克林：《论我国社会治理中的公共性困境及其超越》，载《甘肃社会科学》2020年第1期。
④ 姚凤珠，张兴年：《城市社区多元主体参与社区治理机制问题》，载《知与行》2020年第4期。

体"。① 另一种构建手段是价值导向。社会治理的主导者通常为政府，而政府的主要职责不是为其他治理者设定规矩，更重要的是引导其他治理者树立共同的目标，突出"人人共享"这一治理目标的价值性，为治理成果公正公平分配提供制度保障。②

这里存在的问题是，越是大规模的治理实践或跨空间的治理主体协同，其协调成本越高，以上构建手段越可能出现障碍。相应地，这对治理共同体体系结构安排的科学性，以及对体制机制创新的依赖性也必然更高。

（二）跨区域主体的信任困境

社会科学研究早已指出，信任是社会结构的构成性要素，只有信任存量达到或高于特定社会的最低限度要求时，社会才能处于良性的运行状态。③ 否则，日益严峻的信任危机，不仅会侵蚀社会公信，也危及社会稳定与国家安全。④ 其中，信任最为核心的一点就是政府与社会的关系。

观察近些年的全国突发公共事件，社会对政府的信任存量明显存在差序格局，即对中央政府信任度高，但对地方政府信任度相对较低，且越是基层信任度越低。这种现状并非没有风险，因为常受诟病的地方政府一旦发生危机，同样会造成整个社会系统的紧张状态。⑤ 分析这一局面的形成原因，可能存在多方面的因素：一是地方政府特别是基层政府是社会治理的直接参与者，与老百姓存在直接而广泛的接触，而更上一层级的政府更多是以治理政策制定者、监督者和纠错者的身份出现，与社会主体关系更为良性；二是基层治理自身的困境所致，诸如形式主义、官僚主义和不当执法等。⑥

区域一体化发展现状则可能进一步放大已经或将要发生的信任危机。在跨域治理下，人员流动带来的是高度异质性的社会结构，各种利益群

---

① 陈咏梅：《社会组织参与社会治理之制度安排》，载《广西大学学报（哲学社会科学版）》2018年第5期。
② 田毅鹏，薛文龙：《"后单位社会"基层社会治理及运行机制研究》，载《学术研究》2015年第2期。
③ 胡全柱：《信任社会——一个社会形态的理想类型》，载《武汉理工大学学报（社会科学版）》2014年第2期。
④ 冯仕政：《我国当前的信任危机与社会安全》，载《中国人民大学学报》2004年第2期。
⑤ 黄文瀚：《突发公共卫生事件中舆情引导与社会信任建设研究》，载《江南大学学报（人文社会科学版）》2020年第2期。
⑥ 邹育根：《当前中国地方政府信任危机事件的形态类别、形成机理与治理思路》，载《中国行政管理》2010年第4期。

体不断分化和组合，与原有依行政划片而相对固定的社会关系及其蕴含的人际信任将受到严峻挑战。① 这种人际信任危机使得原有治理协调机制失灵，又反过来使得政府承担更重的兜底治理任务。如果基层政府不能灵活适应这一点，区域经济的发展就很难同步提升社会对基层政府的认同度，这反而使本地区治理需求与治理能力的实际差距达到历史新高。

（三）治理共同体协同参与机制短板突出

首先，社会共识从来不是一句空话，是在不断地社会互动和交往试错中逐步达成的。这意味着，所谓的社会共识来自社会共同体的常态化治理参与。反过来说，如果没有真正的参与机制，社会治理共同体就可能落入马克思所说的"冒充的共同体"或"虚幻的共同体"②。

其次，治理共同体参与机制并非一种单向机制。政府如果仅仅是提供一种单向表达意见的渠道，对有关意见和诉求没有切实地回应和采用说明，就会沦为"社会参与"的走过场或形式主义。例如，政府可以利用网络平台创新管理方式，为社会主体提供更多表达渠道，但如果政府与公众的网络互动不足，会使得网民对于政府治理表现产生不满。③

最后，治理共同体的参与机制搭建也是有成本的，跨域协同治理更是如此。有关成本既包含政府合作协调成本，也包括地理空间、地域文化和参与规模等方面带来的潜在交易成本。如果不同的治理共同体内部缺少具有协调性功能的组织机构或制度规范，那么参与公共产品或公共服务供给的多元社会主体"搭便车行为"就很可能出现。④

第二节　双城治理共同体构建目标及路径选择

从历史逻辑讲，社会治理共同体是对传统社会治理"政府中心主义"的摒弃，也是对"社会本位理念异化"的矫正。⑤ 在"两个一百年"的

---

① 阎云翔：《社会转型期助人被讹现象的人类学分析》，载《民族学刊》2010年第2期。
② 《马克思恩格斯选集（第1卷）》，人民出版社2012年版，第199页。
③ 康红霞，孙仁金，吴杰林：《协同治理视阈下地方政府信任危机问题研究》，载《南京邮电大学学报（社会科学版）》2018年第5期。
④ 徐芳：《多元主体参与视角下社会治理的困境与出路》，载《中共山西省委党校学报》2020年第4期。
⑤ 朱碧波：《论我国社会治理共同体的生成逻辑与建构方略》，载《西南民族大学学报（人文社科版）》2020年第10期。

历史交汇点，我国提出"社会治理共同体"这一概念，很显然有着特定的内涵和明确的目标导向。研究治理共同体，不仅要阐述这一概念提出的重大意义，更重要的是在准确界定内涵的基础上把握其构建目标，并关注共同体构建的可行路径。只有从理论上讲清楚社会治理共同体内涵与构建目标，在实践中全面梳理其路径选择，才有可能进一步结合成渝地区治理的需要，构建兼具区域普遍性和特殊性的双城治理共同体体系。

一、社会治理共同体内涵与双城治理共同体构建目标

在中国特色社会主义制度实践中，社会治理共同体的内涵、目标与西方类似共同体的提法有哪些相同点和差异，这一点可以从本体论关于中西方社会治理比较中，得到某些启示。但具体到成渝双城治理共同体，其内涵和目标与一般意义的社会治理共同体比较有何异同，则需要做一些必要说明。

（一）我国社会治理共同体的内涵

由于社会治理历史渊源和理论基础的差异，中西方的共同体学说必然存在较大不同。中国特色社会治理共同体具有以下核心特征：一是社会接受中国共产党的领导，在中国共产党的组织动员下体现出了人民性；二是以中华民族的凝聚力作为内生动力，具有深厚的民族共同体意识；三是以中国特色社会主义制度为保障，能平衡各方主体的利益。[1] 以上三点特征，与西方城邦制发展而来的、建立在西方近代民主基础上的"社会共同体"存在本质区别。

但是，中西方的共同体学说也存在一些共同点。从共同体的一般性特征而言，共同体是一种关系的结合，是一种物理性与情感性叠加、富有生命力的有机结构关系。[2] 不论构建方式是什么，都不能改变这种结构关系特征。因此，在这一结构关系特征之下，中西方共同体学说都强调某种身份与认同，反对极端个人主义，且强调公益优先于个体权利。[3]

结合共同体理论学说，我国社会治理共同体具有两个基本内涵：第

---

[1] 高晓波：《中国特色社会治理共同体的内涵、理论与构建》，载《甘肃社会科学》2021年第2期。

[2] 林显东：《以人民为中心建设社会治理共同体》，载《光明日报》2020年06月09日，第6版。

[3] 张国磊，马丽：《新时代构建社会治理共同体的内涵、目标与取向——基于党的十九届四中全会〈决定〉的解读》，载《宁夏社会科学》2020年第1期。

一,因为有中国共产党的坚强领导,国家和社会并非截然分离的场域,社会治理共同体实质是一种政治共同体;第二,社会治理共同体遵循"人人负责、人人参与、人人享有"的基本目标,具有"一核多元"特征,涵盖了最广泛的市场和社会主体,故而它是人民共同体,体现了人民的长远利益和根本利益。

(二)双城治理共同体构建特殊目标

在满足社会治理共同体的一般性内涵前提下,在成渝地区构建一个双城治理共同体,要追求哪些特殊目标,我们可以从区域治理基本理论和成渝地区治理实践两个方面来回答。

双城治理共同体构建的目标之一:加强成渝地区文化与身份认同的"区域共同体意识"。成渝地区要牢固树立"一盘棋"意识,推动一体化发展,不能单靠行政合作和官方宣传,更核心的是成渝地区各行各业逐步接受"双城治理共同体"这一共同体意识,更大范围的社会治理区域联动才能有效展开。

双城治理共同体构建目标之二:加入更多的区域治理主体。鉴于双城治理客体的综合性与复杂性,其治理主体比一般社会治理主体的体系结构更加复杂多元,需要增加各类区域组织以及其他能够开展跨区域治理活动的专业治理主体,甚至引入区域外(如东部沿海地区)的某些治理主体。

双城治理共同体构建目标之三:重点建设三大共同体体系。同样是由于区域治理客体的复杂性,治理共同体的体系结构需突出某些重点,建设优化营商环境共同体、法治共同体和基层治理共同体三大体系。

二、双城治理共同体构建的路径选择

双城治理共同体构建的路径选择需要处理好以下几大关系:一是社会与区域的关系。社会治理共同体着眼于"社会"治理,而双城治理着眼于成渝地区这一区域空间,两者在空间上存在交织,客体方面存在差异但有相互影响的地方。二是处理好政府、社会主体与区域组织之间的关系。双城治理主体更加注重承担区域协调的准政府组织、跨区域联盟等主体的作用发挥。三是处理好政府、社会和市场的关系。这既是社会治理的基本关系,也是双城治理的三大体系建设的考虑重点。

（一）拓宽治理主体参与渠道

社会治理共同体概念的提出，从根本上解决了由谁治理、怎么治理、治理成果由谁享有等重大问题，彰显了中国共产党以人民为中心的价值立场。① 但在如何发挥不同治理主体参与双城治理的积极性，培养其治理内生动力等问题上，需要进一步探索。其中，最根本的途径还是拓宽治理主体参与治理的渠道，特别是跨区域治理的参与渠道。

从社会治理的实际运作来看，"12315"市民热线等平台，就是公共参与和监督的一个渠道。但不足之处在于，治理决策的互动平台偏少，如成渝地区一些城市针对营商环境和民营企业建立了诸如行政负责人与企业互动的"企业咖啡时"等平台，② 但针对其他治理主体很少有类似平台。

区域治理主体的参与平台目前更少。成渝地区的协同治理主要依靠政府及其部门的行政合作，而政府与非政府组织的跨区域合作还很少展开，更不用说其他治理主体能够在诸如川渝党政联席会议上有参与决策的可行平台。

（二）创新治理参与机制

治理参与机制创新是社会治理共同体参与治理的重要突破口，也是拓宽参与渠道的重要手段。在如何强化社会治理共同体治理参与方面，各地实践已做出一些探索。例如，助推社会组织的成长，广泛吸纳社会工作专业人才参加基层协商，需要提出有针对性的机制创新，如孵化与培育社会组织、利用企事业单位的内部资源等。③

除了主体能力的培育，保障机制则是更重要的一环。回顾东部沿海地区的基层治理创新经验，为基层协商设计合理的运行程序，有利于更多治理主体参与到协商程序中，保障协商的实效性和科学性。治理共同体的参与权、监督权保障也是重要的一个创新方向，需要由各级党委、

---

① 夏红莉：《社会治理共同体内涵、意义与建设路径》，载《内蒙古电大学刊》2020年第5期。

② 央广网：《成都双流开启"企业咖啡时"每周五区长请企业家喝咖啡》，http：//sc.cnr.cn/sc/2014dfdt/20180914/t20180914_524360316.shtml，最后访问时间：2021年6月2日。

③ 徐行，王娜娜：《社会治理共同体视域下社区协商治理的梗阻与突破路径》，载《北京行政学院学报》2021年第2期。

政府等治理主体主动赋权其他治理主体,并敢于自我设定义务,对社会建议、诉求和监督意见进行回应和处理。

双城治理的创新机制则要重点考虑跨区域协调的制度成本。为此,前文关于长三角地区的治理经验也有可供借鉴的地方。例如,跨区域的一体化党建,通过党组织的跨区域交流、交叉任职,有利于广泛动员更多社会力量参与跨区域治理。关于双城治理共同体参与治理机制,详见第十三章的内容。

(三)培育双城治理共同体意识

培育双城共同体意识,既是建设双城共同体的基本目标之一,同时也是体系构建的突破路径之一。共同体意识需要公共精神,从根本上来讲,这一意识或精神除了源自共同的历史文化,更多是来自社会治理实践,即通过参与、交流与合作等治理实践促使公共精神生成发展,使得治理主体不仅关注公共事务,而且遵守公共伦理准则。[①]

而成渝地区的跨域共同体意识与一般的生活共同体不同,受制于地理空间的物理区隔以及区域公共事务偏重专业性和技术性等因素,很难只是通过本土化的温情共同体和打好守望相助的情感基础这类传统方法来实现区域身份认同。[②] 因此,培育成渝双城共同体意识,一方面主要以市场导向促使成渝双城治理共同体意识的形式,另一方面在社会层面加强理论协同研究和人文相亲的文化挖掘,通过各种论坛、评奖、专家人才库等多种平台,推动社会要素流动,加速地理破界和心理破壁,逐步培育命运与共、成果共享、居民一家亲的双城治理共同体意识。

(四)加强双城治理共同体建设的制度保障

社会治理共同体是庞大社会系统中的主导性因素,几乎囊括了社会中的所有主体关系,因此治理共同体建设需要采用系统思维,通盘考虑各主体的利益协调与关系互动。不论是参与治理渠道拓宽、机制创新还是培育共同体意识,都需要建立在一定的制度保障基石之上。在有关制度保障中,有两个重点领域可以作为治理共同体制度建设的基本路径。

[①] 杨仁忠、张诗博:《社会治理共同体的公共性意蕴及其重要意义》,载《河南师范大学学报(哲学社会科学版)》2021年第1期。

[②] 主张通过打温情牌和情感牌构建社会治理共同体的观点,参见夏伟、李琼英、赵怀娟:《治理现代化下构建社会治理共同体的理论逻辑与路径遵循》,载《中共宁波市委党校学报》2020年第5期。

其一，关于政府让渡治理权的制度设计。在我国，政府通常是社会治理的主导者，成渝地区的跨区域治理，目前来看也是由政府占据绝对主导地位。因此，让治理共同体真正能够发挥作用，在全方面、多渠道的治理参与中提高自身能力、提升治理效能、形成共同体意识，就必须首先从政府治理权让渡的制度设计入手。只有从制度上推动政府切实转变职能，倒逼其改变对社会事务大包大揽的行为，凸显其自身政策设计、资金调配、公共服务和监管审核的职能，才能真正让社会力量让渡治理空间。①

其二，关于双城治理共同体的法治建设。法治不仅是社会治理现代化的重要方面，也是共同体治理制度化的标志。高水平的法治运行，有利于保障治理共同体依法有序参与社会治理，这就要求健全和完善社会治理的法治体系，坚持在法治路径上规范社会主体治理活动、平衡多元主体间的利益分配、调节社会领域的权责关系。②另外，法治化和法治思维的一个重要特点是突出程序性，这就需要进一步健全社会治理程序，完善信息公开、社会听证等程序和制度，保障社会主体的知情权、参与权和表达权。③

第三节 双城治理共同体的多维体系构成

前文交代了社会治理共同体建设的现实逻辑、基本内涵，以及双城治理共同体构建目标和突破路径，一定程度展现了双城治理共同体体系的大部分构成要素。但是，双城治理共同体具体包含哪些组成单元，以及各单元的相互关系和地位，并没有被完整阐述。本节将围绕双城治理三大共同体体系，即优化营商环境共同体、法治共同体和基层治理共同体，以体系化的视角进行全面审视。应当指出，三大治理共同体不是独立的体系结构，而是双城治理共同体这一整体体系结构中的不同组成单元，它们实际上分属不同维度，是一种分工各有侧重、运行有所差异但主体相互交叉、相互配合的子系统构成。

---

① 张磊：《社会治理共同体的重大意义、基本内涵及其构建可行性研究》，载《重庆社会科学》2019年第8期。

② 姜晓萍，阿海曲洛：《社会治理体系的要素构成与治理效能转化》，载《理论探讨》2020年第3期。

③ 李怡：《社会治理共同体的构建路径探析》，载《特区经济》2021年第1期。

一、双城治理共同体三大子系统的统一性

如果说做强做大重庆、成都两大极核并推动成渝地区一体化发展，是展示西部地区跨越式发展的硬实力的话，那么构建双城治理共同体并推进成渝区域治理现代化就是整个西部地区的软实力"名片"。按照系统治理的理念，双城治理共同体也具有结构特征，是不同主体关系的相互组合。而且，这一组合关系结构不是单维度的，而是在党的统一领导下呈现出多维度的子系统。

（一）双城治理共同体的政治统一性

从内容和性质上看，社会治理共同体都具有相同的属性，双城治理共同体亦不例外。治理共同体不能脱离国家治理这一基本场域，国家和社会存在积极互动和有机融合的关系。在中国，它们都受到中国共产党的领导，是根本利益保持一致的政治共同体。[1] 在党的统一领导下，双城治理共同体不同子系统具有共同的政治目标，如健全和完善中国特色社会主义制度、推进国家治理体系和治理能力现代化以及促进国民经济社会高质量发展，最终实现中华民族的伟大复兴。

党的领导是我国社会治理体系的最大优势，也是确保双城治理共同体建设顺利开展的根本保障。这是因为，党的领导在社会治理中总是发挥着总揽全局、协调各方的核心作用，使社会成为既具有丰富多样性，又具有强烈凝聚力的有机整体。[2] 当前，我们无论开展哪一种治理活动，都要把党的领导贯穿始终，确保每一种治理共同体的政治统一性，为打造高效的治理共同体奠定政治基础，最终实现中国特色的"国家—市场—社会"关系的和谐共融。

（二）双城治理共同体的主体融合性

双城治理共同体是一个有机整体，拥有共同的政治基础。而且，有些重要的治理主体，无论位于何种治理结构中，都当然承担起关键或重要的治理角色。这就意味着有关治理主体即使有所分工和工作侧重，都不可能截然分开，在大多数方面具有融合性，或身兼数职，或配合分工。

---

[1] 高晓波：《中国特色社会治理共同体的内涵、理论与构建》，载《甘肃社会科学》2021年第2期。

[2] 田玉麒：《破与立：协同治理机制的整合与重构》，载《公共管理评论》2019年第2期。

以党委、政府和司法机构为例，它们在优化营商环境共同体、法治共同体和基层治理共同体体系中都是共同体的主要成员。其中，党委是领导核心，通过党建引领和政治领导在不同共同体中发挥中流砥柱的作用。政府在大多数领域的治理协调中都发挥了主导作用，即使在某些领域让渡治理权，也不可能完全退出治理领域或放弃治理职责，而是强调"有所为"和"有所不为"。法治是国家治理、市域治理和双城治理的基本方式，司法机构在具体治理活动中亦不能缺位，需要为不同治理主体依法有序开展活动提供司法服务保障。

其他治理主体，如社会组织和社区居民，尽管不可能参与所有治理环节和治理活动，但在共同体的分工中也负有一定治理职责，有关制度设计须为其留出必要的参与渠道。例如，在法治活动中，社会居民就是守法的主体之一，也是公众参与立法的重要组成力量；在基层治理中，企业和企业家等市场主体是协助提升基层治理效能的重要参与者。

（三）双城治理共同体行为客体的交织性

双城治理共同体之所以存在主体融合，还有一个很重要的缘由，在于当代治理活动的复杂性和综合性，有关行为客体本身是相互交织、难以截然分离的。在基层治理中，基层治理共同体的所有行为都要求纳入法治轨道，即使是自治、德治等治理活动，亦不能逾越法治底线。在优化营商环境治理中，法治更是最好的营商环境。政府与企业的关系也并非局限于"政府—市场"的协同范式，在治理实践中，政企合作经常延伸于社会治理活动，推动形成政府主体、市场主体和社会主体互动的新治理格局。例如，前文提到的社会企业参与治理的组织创新、网络平台公司参与构建社会信用评价体系，即属于政社企合作的典型例子。

从某种意义上讲，正是因为面对当前社会治理中的复合型、复杂性问题，各自分立的治理模式已不再适应，治理共同体才应运而生。[①] 而不同治理共同体于复杂治理事务中的相互融合、配合分工，彰显了治理共同体的目标一致性，并进一步强化了治理共同体的体系结构特征。

二、双城治理共同体的差异化分工

双城治理共同体的主体具有差异化的分工重点，分工覆盖范围宽泛，涵盖法治建设、营商环境优化和基层治理现代化等不同领域，且加入了

---

① 郁建兴：《中国地方治理的过去、现在与未来》，载《治理研究》2018年第1期。

区域空间的关系考量。尽管如此,这不等于双城治理共同体的分工是各管一段,仅仅表现为扁平化的结构关系。由于社会治理共同体在政治立场、治理目标和治理内容方面具有内在统一性,主体融合性强,客体亦有多元交织性,故而其整体上呈现了全过程、多维度、跨空间和立体化的体系结构特征。

(一)优化营商环境共同体

随着世界银行营商环境评价在全球深入展开,优化营商环境工作受到世界各国的高度重视,营商环境排名被认为是一国市场化水平高低以及投资环境是否友好的重要标志。当前,对优化营商环境的政策落实已经成为我国各省市的重要考核指挥棒。① 优化营商环境对于社会治理的意义在于彻底转变政府职能,从而有利于提升政府效能以及市场主体的满意度,让市场机制在包括社会服务等层面的作用更加清晰和高效,在促进经济发展的同时取得良好的社会治理效益。可以这样讲,优化营商环境是市场主体参与社会治理并促进市域社会治理现代化的一个有效路径。

建设优化营商环境共同体的任务是聚集各个方面的力量,为促进企业投资和提升市场创新活力形成良好社会氛围、政策环境与制度保障。需要说明的是,在优化营商环境共同体中,领导核心仍然是中国共产党,但是在其他主体关系中居于主导地位的,未必是政府这一主体。具体分析,在市场化程度高的地区,政府的定位主要集中于资源引导者、市场服务者和秩序监管者三大角色,而不是传统意义的治理主导者。在这里,市场主体、行业协会和其他相关中介服务机构才是市场规则的共同主导者,也是营商环境规则的最终评价者,并且还是建基于市场规则之上的商事制度革新的有力推动者。因此,市场主体在优化营商环境共同体中自然拥有更高的话语权和治理权。

司法机关裁判商事案件,同样须遵循商事审判思维,即更尊重商事习惯和市场主体意思自治。司法机关在营商环境中的正面促进作用主要体现在过程和结果的公正性。当市场主体感到司法机关的运作符合程序公正的要求,产生的结果也更易于被接受和遵从。②

---

① 民生智库政策与战略研究中心:《营商环境评价体系研究——世行、国家发改委、北京市指标的比较分析》,https://m.tech.china.com/redian/2021/0305/032021_724028.html,最后访问时间:2021年5月9日。
② 石佑启,陈可翔:《法治化营商环境建设的司法进路》,载《中外法学》2020年第3期。

由此可见，在高度市场化地区的优化营商环境共同体中，政府和司法机关通常不占据主导地位。特别是在涉及商法机制和市场治理事项时，政府必然从决策主导者退居为辅助者。① 我们注意到，东部沿海地区共同体建设很重要的一点经验，即强调优化营商环境中的法治保障共同体，如上海建立全国首个优化营商环境法治保障共同体，广州黄埔区和广州开发区成立广东省首个区县级优化营商环境法治保障共同体，等等。这除了反映"法治是最好的营商环境"这一社会共识，同时还充分表明，在中国市场化水平很高的以上地区，立法机构、政府和司法机关更看重的是它们自身的保障职能。

但不能因此认为，在优化营商环境共同体建设中，政府的地位必然退居次席，甚至无关紧要。这一方面是对"有为政府"角色的不当忽略，另一方面，在赶超型和非均衡的区域经济发展定位下，区域政府合作对于优化营商环境至关重要，这一定范围内承认和充分利用政府的主导性是必要的。以权力发挥治理效能，以责任担当促进义务履行，才能为建设优化营商环境共同体奠定坚实基础。② 对于成渝地区而言，不必完全按照先行地区的当前路径来推动优化营商环境共同体建设，需要考虑自身的发展阶段和区域特点。

（二）法治共同体

从一般意义上讲，作为推进国家治理体系和治理能力现代化的主要路径，法治在社会治理各个方面都能起到重要作用。在某一领域建立专项法治共同体，如前文提到的优化营商环境法治保障共同体，能够成为一种具有现实针对性和区域特色的治理共同体建设思路。同时也要看到，法治化固然是优化营商环境的最佳突破路径，但是，营商环境中的法治保障共同体建设，其重点任务是推动政府职能转变，并促进行政权和司法权运行规范，而不是直接为市场主体建章立制。市场如何发挥作用、如何参与社会治理，政府和社会主体都无指挥权，更多依赖市场主体自身的商业判断。

所以，从法治共同体与优化营商环境共同体的关系来看，二者在治理参与领域具有一定交叉性，且相得益彰。不过，在主体关系、基本理念和建设路径方面，两者存在着一定差异化分工。法治共同体更重要的

---

① 陈甦：《商法机制中政府与市场的功能定位》，载《中国法学》2014 年第 5 期。
② 田玉麒：《破与立：协同治理机制的整合与重构》，载《公共管理评论》2019 年第 2 期。

任务在于，推动所有治理事务进入法治化轨道，使法治在社会治理中发挥关键性作用，其经济方面的目标反而不是最主要的。市场主体对营商环境的治理话语权，不能简单理解为法治对市场主体的优先偏爱。在公平正义的法治理念指引下，市场主体合法经营、依法履行法定义务与社会责任，对法治共同体而言是更为重要的法律判断。

当然，与优化营商环境共同体一样，法治共同体的建立同样需要党的坚强领导。党坚持依法执政，本身就是对社会治理法治化最大的支持和引领。不过，政府在法治共同体中的地位，略不同于其身处营商环境的这一维度。政府在社会治理过程中常常发挥主导作用，但凡涉及公共事务的处理，各种社会主体内心认可的也是基于公共权威基础上的政府部门治理。[①] 这一治理现状，为中国特色的法治建设提供了独特的路径选择。在不少地区，政府部门在法治建设推进过程中所发挥的主导作用，主要包括部门立法、公共法律服务资源调配、行政综合执法改革、跨区域监管与联防联控等。特别是成渝地区协同立法，无法离开川渝两地各级政府的合作和主动推进。

此外，社会公众在优化营商环境中很少参与治理，或者参与治理的人数和规模有限（通常限于企业家群体）。但在法治共同体建设中，不论立法过程的协商民主、公共意见征求，行政监管的社会共治以及司法社会监督以及社会守法，人民群众对法治活动具有广泛的参与性。但应当注意的是，法治活动特别是立法、执法和司法过程带有较强的专业性，这不同于一般社会主体的守法活动和法律意识，也不同于市场主体对法治活动中平等性和公平性的直觉与感知。法治共同体所表现出的共同体意识，明显具有法律人观察社会现象、认识社会规律所具有的一种独特的思维方式。[②] 故而法官、检察官、律师、法学专家和其他法律行业从业人员，在法治共同体的内部体系中发挥关键性治理参与作用，这是它与其他共同体分工不同的一个重要表现。

重庆和成都两地都有丰富的法治资源，区域间共建法治共同体的基础条件好，如成都市法律服务资源丰富、法律服务业相对发达，重庆的法治研究力量和国家司法资源布局相对突出。两地联手打造双城法治共同体，在推动区域法治、协同优化营商环境和培育共同体意识等方面都

---

① 刘琼莲：《国家治理现代化进程中社会治理共同体的生成逻辑与运行机制》，载《改革》2020年第11期。

② 王利明：《论法律思维》，载《中国法学教育研究》2012年第2期。

可以发挥重要作用。

(三) 基层治理共同体

在社会治理格局中，基层社会与普通老百姓的生活密切关联，处于社会结构的基础位置，成为所有治理活动的交汇点。① 随着社会治理重心的下移，包括社区党组织、基层政府、居民自治组织、社会组织和居民等在内的多主体共同参与社区治理的重要性日益突显。② 这一治理格局形成过程，实际上也是基层治理共同体体系的建构过程。双城治理共同体的体系分工，不能忽视作为社会稳定基本盘的基层治理共同体。

首先，通过党建引领基层治理方向，协调和指导各方支持基层民主协商和自治，促进国家权力与社会自治之间的双向互动。③ 政府在基层治理中无可置疑地继续担当统筹主导角色，但在某些层面应积极转变职能，让位于社会力量下场治理。社会组织参与治理的作用将逐步提升，其致力于让基层自治和民主协商逐步走向常态化、制度化④，以维护社会秩序、保障合法权益、调解社会矛盾、提供社会服务，成为政府与企业、政府与社会之间的协调中介和舒缓器。⑤ 以市场化和"互联网＋"的方式提供社会公共产品，是社会治理创新的另一条路径。"互联网＋"创造的各种共享经济新业态，整体带动了社会公众之间的共享与服务意识，这既与社会治理的主旨相吻合，也为社会治理提供了精神动力。⑥

此外，在基层治理共同体中，还有一类较为特殊的主体，在主体关系中需要进行准确定位。社区在我国法律上属于"居民自治组织"，但事实上承担了一系列的政府延伸职能，也是基层治理网格化管理的中枢节点。社区到底属于社会主体还是属于广义上的"政府"？我们认为，考量到社区工作的实际，不宜将社区定位于"社会"范畴，但它显然也不应承担过多行政职能，而要回归服务居民的本位，继续作为党和政府联系、

---

① 杨仁忠，张诗博：《社会治理共同体的公共性意蕴及其重要意义》，载《河南师范大学学报（哲学社会科学版）》2020 年第 2 期。

② 姚凤珠，张兴年：《城市社区多元主体参与社区治理机制问题》，载《知与行》2020 年第 6 期。

③ 杨晓彤，崔浩：《基层社会治理多主体协同共治的理论依归与现实基础》，载《长江师范学院学报》2020 年第 5 期。

④ 夏伟，李琼英，赵怀娟：《治理现代化下构建社会治理共同体的理论逻辑与路径遵循》，载《中共宁波市委党校学报》2020 年第 5 期。

⑤ 吴太胜：《多元共治：非政府组织参与社会治理的实践选择——以杭州市为例》，载《中共山西省委党校学报》2016 年第 2 期。

⑥ 王勇：《民营企业参与社会治理路径探析》，载《社会治理》2018 年第 4 期。

服务人民群众的"神经末梢",以及人民群众参与社会治理的有效途径。① 换句话说,社区实介于政府与社会之间,是两者之间的一座桥梁。

关于其他共同体与基层治理共同体的关系,它们均要遵循治理重心下移的治理规律。在地方治理实践中,这实际已经逐渐产生了这样的趋势,如律师、调解员等法律公共服务主体下沉基层、市场主体参与社会组织设立和运营社区治理项目等。但我们也必须看到,一方面,专业共同体的下沉不是特别畅通,悬浮化现象依然存在;另一方面,这些社会专业力量在基层所发挥的治理作用,并未削弱政府的统筹主导地位,也不能取代人民这一基层治理的最基础的主体。比之于后者,其他共同体成员参与基层治理,承担得更多的是辅助性角色。

---

① 林显东:《以人民为中心建设社会治理共同体》,载《光明日报》2020年6月9日,第6版。

第十一章　双城治理客体体系

什么是治理的客体，首先需要说明。治理是具有公共性的活动①，对应的客体也必然是公共事务，而非私人事务。按照传统社会管理的理念，公共事务是指该社会的统治阶级为了把社会控制在秩序范围内，推动社会发展，所进行的满足社会成员共同需要与要求的一系列社会活动。② 社会治理观念虽迥异于社会管理，但其公共性意蕴并无不同。在社会治理语境下，如果说社会治理主体体系解决的是社会治理由"谁来治理"或"谁来参与治理"的问题，那么社会治理客体体系则主要是要解决社会治理"治理什么公共事务"的问题。

理解双城治理的客体，需要破除两个认识误区。第一个误区是，双城治理的主要内容与综合治理一样，仅涉及"保一方平安"和维持社会稳定。如果把平安建设作为社会治理的全部内容，实际上是把社会当作治理的客体，即治理"社会"而不是社会治理。而且，这种观点没有意识到，包括政府在内的各种治理主体，其实都是"社会"的组成部分，他们参与的公共事务都属于社会治理的客体。第二个误区是，双城治理就是区域经济意义上的治理。这种认知错误在于，把经济活动作为所有治理活动的中心。虽然区域发展的实践表明，区域经济一体化是区域治理的主要推动力，也是区域形成的核心因素，但区域治理这一命题主要是为了促进区域协调发展，而不是经济活动本身。如果把经济发展和区域治理放在同一范畴讨论，则失去了"协调"的本意。

综上理解，双城治理的客体是一种综合性的社会治理客体体系，需要用一种结构性或者系统性的眼光去观察和研究区域发展与治理中的各

---

① 陈富国，黄晓妹：《现代国家治理的公共性意蕴》，载《中国社会科学报》2019 年 5 月 23 日。

② 王惠岩：《公共管理基本问题初探》，载《国家行政学院学报》2002 年第 6 期。

项事务。① 故而，它包括了基层社会治理和社会综合治理事务，但不限于一般市域社会治理的工作内容。双城治理推崇一种大社会治理和大平安建设的观念，其客体体系覆盖区域整体性发展与治理相关的所有事务，包括与治理有关的基础设施建设、行政治理、跨区域公共治理以及公共服务等体系内容。

第一节　双城基层治理中的公共事务

基层治理是国家治理和社会治理的重心所在，因而成渝地区的基层公共事务必然也是双城治理的主要客体。这些公共事务中主要包括一般市域社会治理中的社会综合治理和基层自治两类公共事务。其中，传统社会综合治理特指社会治安的综合治理事务，是重点围绕社会治安问题开展的综合性治理活动。在社会治理创新以及市域社会治理现代化的新时代背景下，社会公众对于社会平安和治理预期早就越来越呈现多样化趋势，不再局限于打击违法犯罪等社会治安维护，而是进一步扩展为对生活消费、生态环境等各个领域的治理需要，形成了真正意义上的社会综合治理需求。② 互联网的发展又使得基层治理不能停留在线下空间，或者把线上和线下当作两张皮来治理。其他还包括基层自治和协商民主事务，随着区域经济社会的进一步发展，也成为重要的治理客体。

一、优化基层治理客体体系

"促一方发展、保一方平安"是社会综合治理与平安建设的重要内容，也是各级党委和政府的基本责任。③ 双城治理体系构建中，不能弱化社会综合治理和平安建设，而是要进一步加强。但同时，也要考虑到社会经济发展变迁所带来的治理需求的变化，要适当扩大和调适社会综合治理与平安建设的内容，把社会环境的建设纳入治理客体中去，才能确保成渝地区双城经济圈建设的顺利推进，建设更高水平的平安"成渝"，推动成渝地区高质量发展。

---

① 陈光：《区域治理多元规范及其结构优化研究》，科学出版社 2018 年版，第 89 页。
② 袁振龙：《论社会治理创新视野下的综合治理》，载《社会建设》2015 年第 1 期。
③ 李伙金：《积极构建立体化信息化社会治安防控体系》，载《人民公安报》2021 年 5 月 9 日，第 3 版。

(一) 强化综合治理客体推进平安建设

近年来,川渝各级政府在维护社会治安、打击黑恶犯罪和开展常态化的社会治安治理上,做出了诸多努力并取得了积极成效。但是,由于西部地区在自然环境、政治环境和产业结构等方面的诸多特殊原因,出现了一系列自然灾害、重大生产安全事故等传统安全重大事件、黑恶势力违法案件以及网络诈骗等新型犯罪,一定程度影响了当地人民群众的安全。此外,近年来社会公众对食品安全、消防安全、校园安全、网络安全等非传统安全的关注日趋增加,不断地提高了对于整体平安环境建设的治理需求,因此社会综合治理不但不能降低力度,还应该强化治理并朝着更加综合化治理的角度构建客体体系。

平安建设最基础的环节就是加强社会治安综合治理,进一步增强城乡居民生活安全感。在此基础上,各地还要根据本地治安形势发展,特别是某些跨域新型治安违法犯罪,以及居民生活细微场景下触发且容易引起社会关注的治安案件,进一步开展治理整顿工作,加强区域联防联控和信息共享,切实维护城乡居民的人身和财产安全。

除此之外,应当借鉴浙江省等沿海地区大平安建设的基本思路,在与居民日常密切相关、社会高度关注的安全领域开展综合治理。例如,在食品安全领域,加强对流动摊位、小作坊等非登记食品经营主体的日常监督检查,针对校园食品安全强化跨区域、跨部门的联合信用监管,在"明厨亮灶"工程和"智慧食安"基础上,打造可全域联合推行的智能化监管系统,提升成渝地区食品安全的整体治理能力;在消防安全领域,应当建立健全社会协同的消防治理模式,扩大社会主体参与消防安全治理的渠道,推动社会群众形成消防治理的协同意识,增强社会的自治能力,等等。[①]

(二) 拓展社会环境综合治理客体

按照"大社会"的综合治理理念,社会综合治理的客体不但指向更高标准的平安建设事务,同时基于以人为本和精准化治理的要求,综合治理工作还要围绕社会环境构建,营造整体良好的社会治理氛围,避免安全风险在某些治理短板中滋生和放大并叠加形成系统性风险等重点来

---

① 李斌,周语桐:《社会治理视角下消防治理的特质与困境突破》,载《湖北警官学院学报》2018年第3期。

开展。试举几例：

例一：社会心理安全建设。社会心理安全建设并非针对个体的心理咨询和心理辅导，而是针对因不均衡发展而产生的社会不满、社会焦虑和社会消极情绪。这些焦虑和情绪不一定会引起安全事件，但在一定社会条件下会诱发重大社会风险，成都七中实验学校食堂事件就是典型例子，十分不利于社会协商和政企合作的开展。为此需要开展社会心理安全研究、社会心理评估，以及通过社会协同共治有针对性地改变引起有关负面情绪和焦虑的社会情境等治理工作。

例二：消费环境治理。消费环境治理表面上看只限于市场秩序监管工作，与综合治理并无直接关系。但实际上，消费者环境既是社会评价政府效能的一个重要关注点，也是可能引起社会矛盾纠纷的一个爆发点。例如，预付式消费纠纷近年来在四川省消费纠纷数量排名中位居前列，且不时引起群体性事件。对预付式消费的治理显然很难靠市场监管个别部门的力量，应开展涉及多部门甚至跨区域的联合监管与社会共治。

例三：生态环境治理。四川盆地经常出现的冬季雾霾现象，引发社会对生态环境治理问题的担忧，这已不是单纯的生态环境问题，同时也是社会治理问题。为了加大对生态环境的保护力度，除加强川渝两地的协同治理，同时还要在基层形成有效的居民合作与社会协同机制，扩大社会组织的治理参与，提高居民的生态环境保护意识，形成社会凝聚力和治理合力。[①]

（三）基层自治事务的共治客体型塑

基层自治是社会治理中的重要内容，是社会主体参与治理的主要渠道，当然也属于双重治理的重要客体。从基层治理的理论来看，关于自治与国家的关系有强调禁止国家干涉的"保护说"和体现国家赋权的"钦定说"两种划分[②]，其本质上是一种关于自治与国家治理的二元分析框架。调研发现，许多基层干部也存在一种认识，即认为自治事务是社会主体的"事"，具有参与范围的封闭性，包括基层政府在内的其他主体不便于干涉。这反映了实践中有将基层自治客体置于相对独立的体系中，

---

① 王帆宇：《生态环境合作治理：生发逻辑、主体权责和实现机制》，载《中国矿业大学学报（社会科学版）》2021年第3期。

② 郑贤君：《地方自治学说评析》，载《首都师范大学学报（社会科学版）》2001年第2期。

与其他治理客体不发生或很少产生联系的情况。

实际上,"二元分析框架"偏离了我国社会治理的基本理论框架,在行政主导因素强大的地方治理中,也未必有利于基层自治的自我开展。针对调研所发现的问题,我们认为,基层自治在双城治理客体体系的定位不完全准确,应当建立全新的"分权、互动"基层自治的理论分析框架①,实践中存在进一步优化和调适的空间。具体言之,双城治理中的基层自治事务不完全是自成一体的"客体",存在与其他治理客体相互交叉和相互制约的关系。

基层自治事务固然主要是基层利益相关者说了算,但政府和其他治理共同体也应当在必要范围内积极参与,形成某种"共治"的场域。首先,尽管自治组织的秩序生成未必以国家法律制度为前提或条件,但自治组织的利益诉求需要国家和地方立法提供一定的制度供给,其中既包括针对自治组织的登记和监督管理等规范,也包括基层社会组织自治发展、内部财产关系等实体权利问题。② 其次,从中国基层自治实践来看,自治空间的生长有时也离不开基层党委、政府的引导和支持。再者,专家学者、专业人员等治理主体对于基层自治规则制订和自治意识的训练指导,往往也是自治活动顺利开展的重要条件。因此,理解基层自治事务这一客体,同样要纳入结构性分析的视角中。

二、加强网络空间治理事务处置的系统性

网络空间治理并不是狭义上的网络安全治理,而是广义的与社会治理有关的网络空间治理。在某种意义上,这种网络空间治理也可以理解为"互联网+"综合治理。但是,由于网络空间突破线下地域限制,具有特殊的治理规律,且与社会综合治理的主管分属不同部门职责,故单独提及。一方面,网络空间治理对于社会治理的影响不容小觑,网络空间一旦出现治理偏差,极易引发大规模的网络舆情,诱发重大社会公共事件。另一方面,网络空间作为社情民意的重要反馈渠道,加强对网络空间的治理,同样是在完善对社情民意反馈通道的治理工作,对于强化社情民意沟通同样具有重要意义。③

---

① 殷昭举:《基层自治:纵向分权和多元治理——基于地方治理的分析框架》,载《华南理工大学学报(社会科学版)》2011年第2期。

② 张清,武艳:《包容性法治框架下的社会组织治理》,载《中国社会科学》2018年第6期。

③ 王占军:《社会治安综合治理机制建设解析》,载《江西警察学院学报》2016年第2期。

（一）网络舆情预警与处置

正如习近平总书记2016年4月19日在网络安全和信息化工作座谈会上指出的那样，"网络空间是亿万民众共同的精神家园。网络空间天朗气清、生态良好，符合人民利益。网络空间乌烟瘴气、生态恶化，不符合人民利益"。[①] 随着社会信息化程度越来越高，居民通过互联网参与政务互动，进行社会事件的评论和关注，表达个人观点以及宣泄心理情绪，已经变得越来越便捷和快速。然而，基于网络空间的隐匿性、虚拟性特点，网络空间同时也容易成为不法因素聚集场所，例如造谣、传谣和煽动违法等。这无疑会对社会治理形成冲击，针对网络空间的治理，是有必要且必须的。[②]

除了依法治理网络空间中的违法犯罪行为，网络空间的公共事务治理客体还有更为丰富的内容，其中网络舆情的预警和应急处置就是重要的环节。针对网络舆情瞬发性和快速传播的特征，建立一定的网络舆情预警机制是必要的。例如，针对可能引发重大社会公共事件的话题、用户进行提前预警、跟踪关注和及时干预，同时引入大数据分析和人工智能技术，实现对用户话题词频的掌握，实现舆情预警监测机制对危机舆情的精准识别和主动应对。[③]

除此之外，完善网络空间应急处置机制，提高网络舆情应急处置能力也是综合治理能力的重要方面。针对社会公众的质疑和误解，如何及时进行澄清，形成良好的舆论回应机制，避免事态的进一步发酵甚至被利用，[④] 十分重要。前文提及的成都49中学生坠楼事件，就有一些值得总结的地方。这一事件反映出，在网络舆论事件发生后，基层治理并非只涉及向社会公众及时通报事件处置结果这一项常规动作，同时还要注重事件处置的程序性，注重对处置过程的通报。[⑤] 只有形成全方位的综

[①] 姜洁：《习近平主持召开网络安全和信息化工作座谈会》，载《人民日报》2016年4月20日，第1版。

[②] 周峰，周正：《基于网络舆情综合研判的社会安全事件预警研究》，载《情报探索》2021年第6期。

[③] 李彪：《社会舆情生态的新特点及网络社会治理对策研究》，载《新闻记者》2017年第6期。

[④] 易轩宇：《网络治理理论与社会治安综合治理的相融性分析》，载《甘肃社会科学》2016年第4期。

[⑤] 刘涛，汤永利，秦攀科：《网络社会综合治理体系的探索》，载《计算机时代》2018年第4期。

合治理机制,才能确保社会舆论和事件事实的协调统一。

(二) 完善社情民意反馈

网络空间治理的事务外延不只是舆情的预警和应急处置,还包括了常态化的源头治理内容,如对社情民意的合理反馈。理论上讲,社情和民意并不等同,前者是社会生活的基本情况,后者是人民群众的意见和愿望,但民意通常是最重要的社情,或者说许多情况下,社情就是民情。① 对于网络空间来说,网络舆论就是很好的社情民意反馈通道,对此不但要建立和完善网络社情民意信息的搜集、分析和整理,并且应当建立适当的反馈和互动机制,提升网络空间治理的社会参与性。

另一方面,网络空间的一个特点就是信息的快速传播,海量信息数据容易淹没真正的社情民意,形成信息噪音。在被信息噪音干扰的情况下,治理主体很难从中进行有效的抓取,出现社情民意反馈的治理障碍。因此良好的信息分类处理能力和信息传导监督机制,是充分回应社情民意的重要保障,既要对网络社情民意形成科学的分流,又要避免社情民意在向上传递的过程中被有意拦截,形成快速科学的社情民意处置机制。②

第二节 双城治理中的跨域公共治理

公共治理一词最早也源自西方,并在多个学科中沿用。在奥斯特罗姆的"公共资源治理"理论中,公共治理实际是政府治理和市场治理所提供的方案以外的替代性选择。换言之,公共治理是非政府和非市场主体的第三种道路。③ 但在更多情况下,所谓的公共治理是一种公共行政的概念,它是从政府治理这一概念演化而来的,由政府承担元治理角色并同时与自治组织形成互动型治理网络,共同谋求公共利益最大化的治理形式。④

---

① 吉鹏,许开轶:《促进社会矛盾化解的社情民意管理机制研究》,载《广西社会科学》2012年第3期。

② 黄志贤:《建立健全社情民意信息受理反馈机制》,载《人民政协报》2013年8月1日,第3版。

③ 〔美〕埃莉诺·奥瑟特罗姆:《公共事物的治理之道:集体行动制度的演进》,余逊达、陈旭东译,上海译文出版社2012年版,第11页以下。

④ 曾正滋:《公共行政中的治理——公共治理的概念厘析》,载《重庆社会科学》2006年第8期。

本节内容所运用的公共治理概念，与区域治理的宽泛定义一脉相承。它并非区域行政的概念，也不是特指政府治理意义上的区域公共管理，而是融入了社会治理等内容，针对行政区划内的社会公共问题的"区域化"和"无界化"这一态势做出的上下互动、多层次和网络式的治理安排。① 因此，这里的跨域公共治理，显然包含了政府的作用或者说体现政府公共行政这一治理客体，但又不限于政府治理事务或跨区域的政府合作，还包括跨区域非政府组织以及政府与非政府组织合作的治理事务。

一、跨区域的政府治理

政府治理有广义、中义和狭义之分：广义上的政府治理，相当于最宏观意义上的国家治理；② 中义上的政府治理，是指国家行政机关对公共事务的治理；③ 狭义上的政府治理，仅指政府管理体制或对其自身的治理。④ 考虑到区域治理的宽泛意义及其与国家治理的关系，宜采用综合性视角，将政府治理的内容按照双城治理的基本定位进行一定内容重组，具体包括执政党和国家公权力机关对跨区域公共事务的治理，以及跨区域政府协调彼此之间内部关系的治理。

（一）跨区域的政府内部治理

尽管我国政府管理体制与职责划分以行政区为边界，但是在社会公共性越来越宽泛的今天，跨区域的政府协调是经济社会发展的必然要求。从国外的跨域治理来看，政府的作用也是不可或缺的。政府在治理中的任务是构建（解构）与协调、施加影响和规定取向、整合和管理。⑤

在国内城市群区域一体化治理中，跨区域政府就公共事务合作形成了不同的协调机制，川渝两地政府目前也已经建立党政联席会议机制，成都、德阳、眉山、资阳等同城化都市圈也建立了自己的协调机构，这些都属于双城治理客体中的重要内容。不过，应当注意的是，单纯关注

---

① 马海龙：《京津冀区域治理：协调机制与模式》，东南大学出版社 2014 年版，第 107 页。

② 卢现祥，徐俊武：《中国共享式经济增长实证研究——基于公共支出、部门效应和政府治理的分析》，载《财经研究》2012 年第 1 期．

③ 金太军：《从行政区行政到区域公共管理——政府治理形态嬗变的博弈分析》，载《中国社会科学》2007 年第 6 期。

④ 赵红军：《中国政府治理模式变迁的历史考察》，载《社会科学》2016 年第 2 期。

⑤ See Kooiman J. *Governance and Management* [M]. Eliassen K, Kooiman J. Managing Public Organisations. 2nd ed. London：SAGE，1993．PP．66．

政府自身治理和政府外部关系的治理，都有割裂政府治理自治与共治的双重结构，导致治理存在碎片化、非体系化之嫌。① 在未来成渝地区的跨区域政府协调中，亦需要适时加入政府与多主体之间的双向互动和多样性参与的治理因素，特别是考虑三大治理共同体如何参与政府间协调的问题。

（二）跨区域的政府外部治理

跨区域的政府外部治理，主要是指广义上的"政府"，如党政机关、立法机关和司法机关依据其职权，通过体制机制创新或履行法定程序获得授权变更其职责范围，实现联合治理跨域公共事务。通常来讲，这些跨域事务可能是政府特定的公共行政领域，如市场监督管理，也可能涉及整体政府的联合治理，涵盖立法、司法和行政权的职权行使。尽管许多政府治理事务并没有直接的社会治理内容，但如果考虑到政府与社会的关系，政府的治理行为显然构成"社会"的组成部分。故广义上的社会治理客体大量涵盖了对政府治理行为的"治理"。

优化营商环境就是这样一种需要政府治理且需要政府被"治理"的宽泛事务组成。营造一个良好的营商环境，已经不单纯是指向促进经济发展，同时也是提升市场主体参与社会治理、提升全社会成员获得感、幸福感的重要公共事务。在优化营商环境的过程中，其本身就是政府全过程治理与社会治理互动的一种表现。例如，营商环境的跨域治理需要协同立法、协同监管，确保营商环境优化的同步性和整体效应，同时，还要建立科学完善的评估机制，强化评估结果的运用，构建营商环境评价指标，建立激励机制，促进社会参与。②

（三）公共服务一体化

广义上的公共服务是一个包罗万象的内容综合体，既包括保障基本民生需求的医疗、教育、就业、社会保障、住房保障等领域的公共服务，也包括服务市场主体的水电气、用地等要素服务保障。③ 向社会提供公共服务，一般是现代政府的基本职能。在区域发展一体化过程中，容易

---

① 石佑启、杨治坤：《中国政府治理的法治路径》，载《中国社会科学》2018年第1期。
② 蒋硕亮、徐龙顺：《优化营商环境视域下"放管服"改革的运行机制研究》载《云南行政学院学报》2021年第3期。
③ 孙永尧：《公共治理与政府内部控制重构》，载《财会月刊》2021年第1期。

出现不均衡的经济社会发展，表现在公共服务供给上就是区域的不均等，这一点在成渝地区这种非均衡治理体系中，是尤其突出的现象。公共服务的非均衡化不但影响经济协调发展，对于社会治理而言也有重要的影响，即社会主体基于不同资源占有率而引发的"社会区隔"甚至"社会撕裂"，不利于形成社会共识和社会合作。

考虑到成渝地区非均衡发展的历史性，在中短期内还难以完全实现公共服务的一体化。当前，对于成渝地区来说，需要重点解决的问题包括：第一，在同城化先行区域优先推进公共服务一体化和同城化，率先在该圈层实现公共服务均衡化。第二，在部分投入不大、易于推进的领域，率先实行全域均衡化。例如，公共法律服务体系旨在维护社会公众合法权益，事关社会公平正义，是社会公共服务的重要组成部分，也是市域社会治理法治化的重要内容。在这一领域，通过政府采购和服务平台建设，可以较大程度实现中心城市法律服务市场的溢出，在基本公共法律服务层面拉近不同区域的服务水平。第三，建立健全公共服务均衡化区域协调机制。公共服务均等化虽然旨在促进社会公平，但并非要求有关治理资源在区域内部实现绝对的均衡，或者实现同步的均衡。与绝对的、同步的均衡相比，建立公共服务均衡化的区域协调机制更为重要，它能够使该区域及时地感知和调整公共服务需要投入和转移的方向。

二、跨区域的非政府治理

双城跨域公共治理包括了非政府治理以及政府与非政府组织、个人之间的互动与合作。换言之，这种公共治理不是指政府发挥元治理作用的公共行政，而是体现独立于政府之外的组织或个人通过合作就公共事务展开治理，广义上也包括政府与非政府组织开展的政社企合作。按照客体体系的结构化视角，即使是非政府治理，政府的身影一般也不会缺位，它要么主导着治理的过程，要么抽身发挥引导功能，或者是平等协商的一个利益相关者。

（一）政府发挥主导作用的非政府治理

从国内城市群治理的经验来看，除了市场主导的部分领域和事务，在大多数跨域治理中，政府的作用都是不可或缺的。以政府职能转移为例，理论上讲这是政府将部分职能转移给社会主体，进而退出这一领域的治理空间。但事实上，在政府职能转移过程中，政府发挥了主导者和监督者的角色，在包括政府引导资金的投入方向、政府职能转移的清单、承接主体的选择以及监督管理等方面，政府都发挥了重要作用。

当然，理论上分析，这种主导作用并非都是正面的，它可能反映了政府社会管理和社会服务在社会治理过程中存在的责任边界和职能边界不清的问题。[①] 为此，需要在治理职能责任上进一步厘清政府的角色，使其既能够在共治事务中发挥坚实的作用，又能够退出一些不必要"占位"的领域。

（二）政府发挥引导作用的非政府治理

许多社会组织本身即具有自我管理和自我治理的能力，在一些治理领域，政府的加入并非必要，也不具有比较优势。而且，一些组织和主体原本就与市场主体有千丝万缕的联系，能够从市场经营或来自企业的捐赠实现供血或自我造血，在这种情况下，政府的倾斜性扶持和过深的介入，可能反而会刺激市场主体的"政策套利"行为。

为社区居民提供服务的社会企业就是这样一个例子。政府在这一领域的作用并非直接参与或扶持特定企业，而是恪守"竞争中性"原则，为这类企业提供引导资金和更多治理参与空间。[②] 为实现更多社会组织和企业参与治理，两地政府可以考虑共建社会组织孵化和要素交易平台，在更大区域范围做大引导资金池和市场参与空间，提升区域内社会组织整体竞争性和自我治理能力。

在地区治理实践中，消费环境的跨区域治理可能是另一个反映非政府治理方面引导作用的一个例子。我们在调研中了解到，川渝毗邻的一些城市已经在思考和探索如何实现跨区域的消费环境治理联动。例如，通过制定政策指引，引导川渝两地商家形成某种"线下无理由退货商业联盟"，以市场合作治理的形式来优化消费环境。如果这一探索能够成功，无疑具有区域一体化高质量发展和社会治理的双重意义。

此外，政府在非政府治理的引导作用还包括，制定鼓励政策或采取一定激励手段，支持两地商协会、学术机构进行跨域合作交流、共同研究和共同参与与自身相关的跨域公共事务。

[①] 姜晓萍，阿海曲洛：《社会治理体系的要素构成与治理效能转化》，载《公共管理学院》2020年第3期。

[②] 高宝华：《促进我国居民生活服务业"一体两翼"发展的战略思考》，载《金融经济》2020年第2期。

第三节　治理型公共设施规划建设事务

从一般意义上理解，社会治理能力是国家和地区竞争的软实力，经济发展和基础设施建设是硬实力，两者功能上有潜在关联，但无直接的治理客体交叉。但这种理解不完全准确。一方面，治理活动的开展需要借助一些有形载体，如场所、空间和信息化基础设施；另一方面，许多城市基础设施建设与规划，本身就包含了社会治理的现实需求考虑，或者说集中表达了现代社会治理的基本理念。只有从治理供给侧出发，提升这些基础设施建设规划设计的能力，才能让城市发展与社会治理相协调。① 因此，与治理紧密相关的公共设施规划建设，就势必纳入治理的客体内容中去，与其他治理客体形成相互支撑、相互交织的关系。具体而言，治理型公共设施规划建设包含一般基础设施和新型设施这一基本分类。

一、一般治理型基础设施建设规划

作为社会公共产品的主要提供者和推动者，公共基础设施建设规划反映了各国政府的一个基本职能。从"全能型政府"向"服务型政府"转型，已构成现代政府治理的基本理念。这一理念的推动，也必然使得社会治理与公共基础设施建设发生强关联，甚至在客体上产生交叉与融合。例如，加强社会共治需要强化党和政府与人民群众的联系，社会组织参与社会治理需要一定的场所和平台空间，这就要求政府在基础设施规划建设时考虑有关治理需求，同时使得设施建设规划和使用过程本身成为社会治理场景应用。其中，有一定历史延续的治理型基础设施建设规划事务包括公共服务中心建设、国土空间规划与城市发展。

（一）公共服务中心建设

公共服务中心已成为全国各地推动社会治理转型的主要平台载体。目前已广泛建立的党群服务中心、公共法律服务中心、社会组织服务中心等，都是这一基础设施的具体形式。

党群服务中心建设是这类基础设施建设规划的核心任务，不断发挥

---

① 张紧跟：《治理视阈中的基本公共服务供给侧改革》，载《探索》2018年第2期。

党组织和党群服务中心在社会治理中的引领功能，持续推动社会治理通过党群服务中心延伸和创新，具有重大现实意义。在各地治理实践中，利用党群服务中心的空间载体连接功能，各地已在城市空间中打造形成了一大批具有先进模范带头作用的党群公共服务阵地，促进党群服务中心成为联系群众、联系社区、联系社会的中心纽带，并成为整合区域党建治理资源的活动家园。①

除了党群服务中心，具有连接社会治理资源治理功能的基础设施还包公共法律服务中心和社会组织服务中心。这些设施的建设都是由政府来推动的，但主要使用者是其他治理主体，其主要功能在于引导社会组织、律师事务所和其他服务机构等社会力量积极参与社会治理，为特定社会公众提供政府职能转移而来的公共服务，因而具有鲜明的多元共治社会治理功能。这些公共服务中心的建设、运营和孵化，让大量社会组织和专业服务机构实际介入基层治理活动，承担起了社会公众向政府部门进行诉求反映、社会组织与社会公众供需匹配的中间桥梁功能。这类社会治理活动，一定程度上解决了治理资源下沉转移过程中，因不了解社会公众治理需要、资源盲目转移的困境，避免了社会组织在治理活动中的盲目空转。②

（二）国土空间规划与城市发展规划

城市基础设施建设离不开国土空间规划的科学制定，也需要城市发展规划及其相关配套政策的制定与落实。一般来说，国土空间规划与城市发展规划具有经济、空间、社会、文化和生态环境等多种考量，并非只考虑社会治理问题，但在很多方面需要充分协调好国土空间规划、城市发展规划与社会治理之间的关系。对于某些与社会治理直接相关的项目用地和建设规划，就必须主要服务和实现社会治理的基本目标。同时，按照国土空间规划的逻辑证成，在实施国土空间规划前，要充分开展对规划的科学性、合理性研判，确保未来不会出现影响城市空间治理、生态环境治理、居民生活治理的重大治理问题。③

---

① 曹海军，刘少博：《新时代"党建+城市社区治理创新"：趋势、形态与动力》，载《社会科学》2020年第3期。
② 彭善民，陈相云：《保护型经纪：社会组织服务中心参与基层社会治理的角色实践》，载《福建论坛（人文社会科学版）》2019年第6期。
③ 谭纵波：《公共卫生突发事件引发的国土空间规划思考》，载《中国土地》2020年第3期。

与社会治理直接相关的国土空间规划和城市建设领域为城市更新。城市更新不只是单纯的空间规划或基础设施建设，其规划、建设、运营全生命周期管理本身，就是一种社会多元共治的治理过程。城市更新项目涉及政府、社会资本、物业权利人和社区居民多方利益平衡，具有政府主导和物业权利人主导的模式之争①，存在诸如供地模式调整、土地和建筑物规划变性、容积率调整、物业权利人与社会资本的社会协商等系列公共事务的处理，体现出鲜明的政社企合作与共治逻辑。如果考虑跨区域的园区项目整体更新和毗邻社区更新改造，则涉及的利益关系平衡与事务处理更为复杂。故城市更新项目的规划、建设、实施运行事务，都属于双城治理体系中的重要客体。

二、治理过程中的新型设施建设

随着市域社会治理现代化工作的全面推进，社会治理创新模式和形式在各地实践中不断涌现，其中也包括一些具有明确治理功能的新型技术平台、组织平台等设施或载体建设。智慧城市或"智慧××"等技术平台开发建设，就是其中一个典型。此外，为了推进市域社会治理的法治化，基层探索产生的新型法治综合指挥管理平台也应运而生。这些新型设施的共同功能，是实现各种治理资源的整合统一，或突破信息数据和其他治理手段运用的空间或制度壁垒，统筹推进社会治理体制机制的创新。②

（一）信息化智能化服务平台建设

为提高社会治理的信息化智能化水平，各地在社会治理的各个领域及其相关领域都在积极推动这类服务平台建设。尽管这类设施平台本身不是治理客体，但由于设施载体主要用以实现一定的治理目标，同时也是治理现代化的主要呈现方式，因此平台的功能定位、数据采集、资源导入及其使用范围、使用过程，都属于治理事务内容的当然组成部分。

具体来看，这类信息化平台应用领域相当宽泛，既包括党建和政务服务平台，也覆盖了医疗保险、社会保障和养老服务等公共服务领域。而且通过服务内容的系统集成，许多平台上能够实现各类居民生活服务

---

① 匡晓明：《上海城市更新面临的难点与对策研究》，上海市人民政府决策咨询研究报告（2016）。

② 李宜春，宋佳：《统筹与社会治理体制创新》，载《新视野》2020年第3期。

或政务服务的一站式办理,此外,还能按一定的社会治理需求对服务数据进行深度挖掘运用。例如,推动社会服务平台与政府服务平台、通信公司、商业银行机构的信息互通,实现对社会治理数据的统筹管理和分析研判,进一步完善或优化社会治理决策。[①]

当然,在信息化智能化服务平台建设方面集大成者,就是前文谈到的"城市大脑""城市智慧中心"等新设施建设。这一综合信息化管理决策和服务平台在部分城市治理实践中表现亮眼,有助于消除政府部门间的信息壁垒和"孤岛效应",实现多功能政务治理平台的融合打造,为各政府部门、居民用户提供更为全面、快捷的智能化服务。[②] 在区域一体化发展过程中,"城市大脑""城市智慧中心"等的未来可能进一步扩容,进一步提升智能化治理的区域空间,甚至形成多个城市共建的"区域城市大脑"。

(二) 双城治理法治设施载体构建

法治化是市域社会治理现代化的主要创新路径,也是成渝地区未来构建双城治理体系的载体支撑之一。如前文提及的成都高新区基层依法治理体系,其建立了"区级法治中心—街道法治中心—社区法治工作站—社会法治建设点"等法治载体体系,这些法治建设载体统统依托一定的组织层级进行实体化运作。[③] 该依法治理体系构建的对象或客体,事实上就属于法治基础设施建设,是一种新型的体现社会治理法治化创新路径的载体空间。同时,这一载体空间具有明显的系统化、集成化和中心化运行特征,因此不同一般的信息化服务平台或特定领域的公共服务平台。这一法治载体建设既是双城治理体系中的创新客体,又是未来双城治理法治体系的重要一环。关于双城治理法治载体的体系化结构,详见本书第十二章第三节的内容。

[①] 戴香智,马俊达:《大数据时代下的社会治理创新:概念、关系与路径》,载《中国科技论坛》2016年第10期。

[②] 何遥:《珠三角智慧城市建设再升级》,载《中国公共安全》2018年第12期。

[③] 具体详见本书"实践论"部分的介绍。也可参见范瑞鸣:《打造基层依法治理体系"样板间"成都高新区法治中心正式运行》,载《四川在线》,https://sichuan.scol.com.cn/amsc/202012/57996592.html,最后访问时间:2021年6月23日。

第十二章　双城治理区域法治体系

　　区域治理的地位随着我国区域经济协调发展尤其是国内主要城市群一体化发展进程的加快而日益提升。区域治理的主体、客体以及运行机制与一般市域社会治理有着基本规律的共同遵循，如法治化都是各自治理现代化的重要目标和必然要求。但相比之下，区域治理的法治需求可能要高于一般市域社会治理，其根本缘由在于，中国法治建设基本都以政府为主导，而区域并没有统一的共同政府，法治运行分别由不同区域的各级政府主导。缺乏统一驱动的法治运行，也就意味着区域治理失去了法治建设的基本动力，这对包括双城治理在内的区域治理体系构建而言，是明显的"木桶效应"，即区域治理现代化水平并不取决于其他相对完整的体系组成，而是取决于区域法治化这块最短的体系组成。这也是为何在推进双城治理现代化过程中，要把区域法治体系建构作为最重要的议题之一。

　　结合制度逻辑和实践经验，我们认为，双城治理的体系框架中的区域法治体系主要包括法治规范体系、法治实施体系和法治载体建设体系。这一体系构建既反映了一般市域社会治理法治体系的基本要求，又突出成渝地区区域社会治理的主要特点。例如，市域或城市法治体系中的法治规范体系都包含了地方立法、政策和民间规范等多元结构，且依赖某种特定的法治实施机制和法治保障机制；区域规范体系中更加强调规范结构的关联性或可转化性，法治实施和法治保障需更多考虑立法资源、法治载体建设和司法服务的跨区域配置问题，强调矛盾纠纷化解和行政争议解决的区域联动。因此，区域法治体系是双城治理体系中重要的制度建构，涉及依法治国、区域法治和社会自治三者的理论关系，也是区域治理现代化实践的一个重要方向。

第一节 双城治理法治规范体系

法治作为规则之治,既需要以法律法规等正式制度渊源来形成对社会治理的法治化保障。这些正式法律规则,不仅仅体现了社会治理运行规则的权威性、规范性和公信力,也是维护一个国家和地区法律权威和社会治理公平正义的主要手段。治理是一种具有公共属性的活动,按照社会治理法治化的基本要求,任何治理活动的展开,都必须在法律法规的框架下运作。在缺乏正式法律规则的前提下,社会治理的合法性与权威性可能会受到质疑。但正式法律规则毕竟存在滞后性,而社会治理现代化转型则表示一种治理活动的系统性创新。社会治理现实需求和法律制度供给的匹配缺口,不但会影响正式法律规则的实际治理功能,同时也会使得治理实践因缺乏制度化的规范指引而走向"治理失灵"。在新的治理实践背景下,治理规范来源的"一元主义"必然向更为多元的治理规范转型,且多元规范之间同样存在着彼此支撑、相互转化以及合理分工的结构关系。

一、双城治理法治规范的正式规则

国家立法通常并不直接针对地方治理问题,地方立法才是市域社会治理的主要正式规则供给来源。由于城市群、都市圈并非法律规则供给的实体化主体,而是由具有地方立法权的城市形成多中心的立法供给主体。随着区域治理合作实践的开展,治理权的互动需求日趋频繁,单纯依靠市域行政区的立法供给越来越难以解决跨行政区协同治理遇到的各种问题。如果不能填补这一供给缺位,区域治理的规范来源就会更加依赖于非正式规则,诸如公共政策、政府区域合作协议、民间规范等软法治理规范,造成规范体系的结构失衡。从长远来看,双城治理规范的正式规则这一维度,应当受到重视。

(一)关于区域立法的顶层设计

具体观察我国的立法体例,在国家和地方立法活动中,更多是遵循"从中央立法到地方立法"的立法模式,即法律规则的制定只有在中央层级率先形成立法之后,地方立法机关才会开始"尝试"或"效仿"。当然,实践中也不排除某些地区在中央授权或默认下,超越中央的步伐率先进行立法先行,由此形成了我国立法建设"中央单一主导"和"地方试错—中央确认"的两条宪制主线。① 进一步分析中央主导的立法体例,尽管这一模式能够较好解决区域立法面临的合法性困境,但如何针对区域合作中的共性和个性问题,中央主导立法未必能够兼顾法治统一和差异化调整。换句话说,虽然中央单一立法可以解决地方政府面临的立法合法性顾虑,但是"一竿子插到底"的法治统一与法治均衡的做法,并不能让法律规则真正满足地方的实际需要,甚至是大大滞后于这一需要。② 同样地,在缺少顶层制度依据或设计的情况下,鼓励区域立法先行先试的做法③,又可能面临未知的责任风险。这也就使得法律正式规则相对于地方治理需求,要么缺乏法律依据,要么基于对责任的考量而缺乏先行先试的勇气。这一顾虑在长期制度供给抑制且缺乏"试错"宽容性的中西部地区,往往表现得更为明显。

区域治理顶层设计的困境仅仅是区域立法困境的表象,其中更深层次的问题,还在于如何正确理解中央—地方政府的权力配置问题。区域立法合作,涉及了上下级政府间、跨区域平级政府间以及中央政府和地方政府间的立法权配置。受制于中央与地方之间的权力划分,地方基于分权后的自主权空间,包括依托于行政区空间的立法权重新划分的自主性等,均"无法绕开对自治与共治、集权与分权等宪制问题的进一步思考"。④ 虽然我国宪法上有"中央和地方的国家机构职权的划分,遵循在中央的统一领导下,充分发挥地方的主动性、积极性的原则",但从《中华人民共和国立法法》和各种国家机构组织法的相关规定来看,中央和地方的事权划分事实上存在专属权力、共享权力和地方管辖权的划分,且无具体法律规范对这种划分及其运行进行明确界定。因此,区域协同立法需要建立在对以上关系进行细化的前提下,并由国家以法律予以保障。⑤

---

① 苗连营,郑磊:《宪政建设的统合模式——超越"上/下"之争的第三条道路》,载《法学评论》2011年第3期。

② 江国华:《中国纵向政权组织法治体系的解构与建构》,载《武汉大学学报(哲学社会科学版)》2016年第3期。

③ 陈婉玲,曹书:《中国区域经济法制模式探索与路径创新——以政策补强型法制为路径》,载《经济社会体制比较》2019年第6期。

④ 徐祖澜:《纵向国家权力体系下的区域法治建构》,《中国政法大学学报》2016年第5期。

⑤ 杨治坤:《区域治理的基本法律规制:区域合作法》,载《东方法学》2019年第5期。

（二）充分发挥区域协同立法的治理功能

"区域立法"与"区域协同立法"两个概念难以完全等同。区域立法似乎意味着区域是与国家、地方两级立法并列的立法实体，"协同立法"则暗示其只是一种地方立法的特殊形式，并未独立于国家立法和地方立法这两种立法形态。所谓"协同立法"，不过是基于多个立法主体所共同行使立法权而达成的一定程度的联合、调适乃至超越效果。① 如果这种理解是正确的，至少说明协同立法并没有超出已有的立法体制框架，仅就协同过程的主体、程序、事项和理念等方面存在一定的模糊。

具体而言，如何解决地方立法机关的协同处理跨域问题，协同立法过程是否带来某种有约束力的强制性，一旦一方要求另一方履行协同义务，这是否超越了处理本行政区事务的立法权限等，我国现行法律制度并未明文规定。这就给地区协同立法至少带来了两个问题：一是地方立法机关担忧在制定规则时超出自身立法权限而需承担责任，从而引起消极态度，避免开展协同立法，或者开展过程中照搬上位法的规定；二是客观上导致地方立法机关确实超出自身立法权限，带来越权风险。②

为了更好地发挥区域协同立法的治理功能，学者进行了一些探讨，形成了不同的观点。具体言之大体有三种：其一，以产业特征为政策导向，建立专门的区域合作协调促进机构。按照这一思路，基于推动协同立法之目的，可以在区域内形成某种准立法机构。③ 其二，建立介于中央行政立法与地方行政立法之间的中间层次的行政立法主体为实现载体。④ 这一观点实质是突破现有的立法体制，设置跨越行政区的立法主体。其三，延续现有立法体制和运行机制不变，采取松散型的协作方式，但突出和强调"人大主导，政府协作"的原则。⑤ 我们认为，根据成渝地区一体化发展的不同阶段以及协同立法机制运行成熟度，区域协同立法可以在第一和第三种方案之间进行选择，或者在不同圈层着眼于不同

---

① 刘瑞瑞，刘志强：《区域经济一体化视域下的区域立法协同研究》，载《烟台大学学报（哲学社会科学版）》2021年第3期。
② 林珊珊：《区域协同立法的理论逻辑与模式选择》，载《理论学刊》2021年第3期。
③ 杨逢珉，孙定东：《欧盟区域治理的制度安排———兼论对长三角区域合作的启示》，载《世界经济研究》2007年第5期。
④ 陈琛：《我国经济区域内地方立法间的博弈论分析———以长三角经济区域为例》，载《江苏警官学院学报》2011年第1期。
⑤ 宋保振，陈金钊：《区域协同立法模式探究———以长三角为例》，载《江海学刊》2019年第6期。

的发展模式灵活选用。

二、双城治理规范体系的"软法之治"

协同立法虽然注重合作与共同体参与,但毕竟是正式规则制定,具有一定参与门槛和程序条件。受制于立法体制,正式规则制定难免与区域一体化发展的合作理念存在一定矛盾,故治理规范体系完善不能完全依赖于国家立法和地方立法这种正式规则。正如习近平总书记指出,要"发挥市民公约、乡规民约、行业规章、团体章程等社会规范在社会治理中的积极作用"。[①] 在长三角、粤港澳大湾区等区域治理实践中,软法体系对于补充正式规则的不足具有重要意义。成渝地区的实践同样表明,"乡贤治理""社区自治"以及市民公约的"软法之治",在社会治理中发挥的作用不可小觑。同时,由于区域治理打破了行政区划范围的封闭性,多主体跨区域的协调成为治理规范体系的首要目标,带有强制性的正式规则治理在许多方面不如非强制性的软治理,或者说后一种治理的试错成本可能更低。因此,无论正式规则是否缺位,一个区域一体化的软法良治,所提升的不仅是区域规范体系的完整性,同步提高的还有区域本身的竞争力。

(一)强化政府间协议与公共政策的柔性治理

区域合作协议是政府之间合作的一种常见治理工具。关于区域政府合作协议的性质,学界主要提出了行为说[②]、规范说[③]、软法说[④]和独立规范形式说[⑤]等观点。综合这些学说,这类合作协议的主要特征包括:

[①] 习近平:《全面深化改革全面推进依法治国为全面建成小康社会提供动力和保障》,http://military.people.com.cn/n/2014/1103/c172467-25959782.html,最后访问时间:2021年6月24日。

[②] 行为说认为,区域行政协议是一种行政行为,即"两个或者两个以上的行政主体或行政机关,为了提高行使国家权力的效率,也为了实现行政管理的效果,而互相意思表示一致而达成协议的双方行为"。参见何渊:《论行政协议》,载《行政法学研究》2006年第3期。

[③] 规范说认为,区域行政协议是一种规范,本质为一种行政契约。参见杨临宏:《行政协定刍议》,载《行政法学研究》1998年第1期。

[④] 软法说认为,区域行政协议"指那些有关政府及行政主管部门为了顺应区域发展的趋势,在不同行政区间协调行政目标、裁撤制度藩篱、缓解权利冲突等方面协商一致而签订的一系列合意性书面文件的总称"。参见熊文钊、郑毅:《试述区域行政协议的理论定位及软法性特征》,载《广西大学学报》2011年第8期。

[⑤] 独立规范形式说认为,区域政府协议既不属于软法,也不属于法律正式规则,而是一种作用区域发展与治理事务的独立的规范形式。参见陈光:《区域治理多元规范及其结构优化研究》,科学出版社2018年版,第67-68页。

它是一种政府与政府间的契约；它仅是用于约束政府与政府之间的规范，还没有上升到类似于法律规则一样全民全域适用的地位，属于一种非正式制度，可以成为区域治理的基本依据。①

随着区域治理的不断深入推进，政府间协议在我国区域治理中已经成为跨区域政府间用以解决治理协同问题的主要手段。成渝地区在跨域合作中，同样也出现了大量政府区域合作协议，其中既包括省级政府间的，也包括跨省两市间的区域合作协议。可以说，政府区域合作协议的滥觞与普及应用，为行政主导型的区域治理提供了初始推动力和更多的区域发展可能性。尽管缺乏直接的强制力，但这些协议无论对政府行为还是其他共同体，都可以发挥指引、预测和激励的功能。

除了政府合作协议，政府的规划、指南、意见、宣言、标准等政策以及其他共同体的自治规范，为区域治理提供了重要的力量支撑。公共政策虽然一般适用于全域，但主体方面仍然主要约束政府内部层面，一般不对其他社会共同体增加法律法规以外的义务和不利负担。因此，公共政策可以视为一种柔性治理。不过，这并非说公共政策对治理共同体的治理地位及其权利义务关系没有任何影响。从实践来看，基层采用回应型政策这一软法治理手段，如建立流动人口意见反馈平台、对政府和社区管理人员的评价机制，这对于流动人口的权益有更直接的影响。②

社会组织规范、行业规范、自治章程作为社会自治规范重要的规范群③，也构成了软法体系的重要组成部分。虽然在治理逻辑上，这些自治规范与政府合作协议一样，并非直接调整全域治理活动，主要局限在特定场域内，但其有着相对独立和独特的运行逻辑并发挥着与国家法律不一样的效力。④ 而且，共同体自治规范具有比国家法治更大的灵活性，这是由于这种规范力并不是外部给定的而是组织内生的，在共同体意识和一定的内部组织保障下，参与或加入其中的组织成员具有自然的规则遵守意愿，且以一定的内部奖惩机制和文化思想工具维系治理，从而避免这类规范成为具文。

---

① 刘云甫，朱最新：《多维视角下区域行政协议法治化研究》，载《法治社会》2020年第5期。

② 陈光：《论回应型社区软法的创制——以流动人口管理为例》，载《原生态民族文化学刊》2013年第4期。

③ 柴振国，赵新潮：《社会治理视角下的社会组织法制建设》，载《河北法学》，2015年第4期。

④ 沈永东，应新安：《行业协会商会参与社会治理的多元路径分析》，载《治理研究》，2020年第1期，第21页。

总的来看，府际协议和共同体自治规范都是所谓"软法"的组成部分，正好契合了区域治理强调协调、回应和多元共治的理念，具有填补法律制度供给不足和示范性指引的柔性治理功能。

（二）充分发挥民间规范的作用

软法的概念是相对于具有国家强制性的"硬法"而言的。因此广义上而言，民俗习惯和乡规民约也属于软法的范畴。也有观点认为，社会习惯与软法有不同的问题意识，前者属于蕴含了传统治理经验的规范，面对的是传统治理，而后者主要表现为政府合作协议以及社区章程、公约，是不同共同体在当下合作、互动的体现。[①] 不过，两者的共性是明确的，即它们的运行都不直接依赖国家正式规则，不具有国家强制性，都发挥着某种柔性治理的作用。

民间规范虽然并不像法律法规、公共政策那样必定以成文的形式呈现在社会交往中，有时仅仅依靠社会、社区、聚居地居民自发形成的对社会生活以及行为道德的不成文约定，体现为社会居民日常社会生活中潜移默化的共同价值观念和基层合作智慧，为正式法律规则提供了补充性的规范渊源。从本质上看，民俗习惯、乡规民约实质上是社会居民形成的共识性社会契约[②]，它不依靠正式规则而被维系，也非因贤人魅力或能人带头而有效，其社会整合力来源社会居民对部分权利的让渡，是依靠社会居民整体利益整合而成的内生的公共权利。[③] 可见，民间规范这种柔性治理与社会多元共治的吻合度更高，是区域治理不可或缺的重要规范体系构成。

三、关于双城治理规范体系结构的思考

与其他治理体系一样，双城治理规范体系存在多元的组成单元，必然也存在结构的问题，即多种规范的相互关系，以及这些规范在体系中所处的位置。如果运用结构的视角来进行审视，就能够发现这一体系的结构安排对治理效果的影响，及其与现实治理需求的互动关系。结合成渝地区的实际情况，有关规范体系结构主要有四个特征：一是以国家正

[①] 沈岿：《为什么是软法而不是民间法》，载《人民法治》2016年第2期。

[②] 刘淑兰：《乡村治理中乡贤文化的时代价值及其实现路径》，载《理论月刊》2016年第2期。

[③] 杨建华，李传喜：《乡规民约与基层社会治理》，http：//www.wenming.cn/ll_pd/sh/201412/t20141229_2373760.shtml，最后访问时间：2021年6月24日。

式法律规则为元规则;二是以政府间协议为先导规则;三是以地方协同立法为深化和拓展规则;四是以软法为支撑规则。

(一) 区域治理规范体系的结构性关系

对区域治理多元规范体系的结构性审视,理论界已有人展开过讨论。有学者批判了夸大某类规范作用和功能的"孤木逻辑",主张区域治理多元规范之间相互影响、相互制约的连带关系,存在相互衔接和转化的通道。① 应该看到,这一分析视角是有一定启发性的。从区域治理理论与实践来看,区域治理规范体系的确存在类似的关系。它们之间相互促进和衔接的例子包括:在城市治理中,民俗习惯、乡规民约可能进一步地成长为"市民公约"等规范②,甚至被地方立法所直接采用。在区域治理中,立法机关和政府间协议往往是推动协同立法的主要方式,也是立法内容的规范来源之一。

由于不同的规范都面临着自身的短板,因此它们之间也有着互相影响和抵消的关系。例如,民间规范更为强调熟人社会的治理基础,一旦走出熟人社会这一特定场域,就会立即面临失效的可能。③ 在区域空间范围内,其他治理规范随时都要保持动态生成和跟进。另外,"民间"的规则与"国家"的规则有着不同的规范来源,有时候也可能存在一定的冲突,如果完全依照民间规范来治理,就会使得国家法与民间规范"互嵌"脱节,导致法治虚化。④ 因此,民间规范不能完全脱离法治的基本"认证"。

但正如前文所谈到的那样,这并不是完整的结构性分析,真正的问题并不是多元规范的相互关系,而是这一规范在体系中的位置。特别是,结合区域特点和治理需求,哪一种规范结构样态更能契合区域协调发展与协同治理的要求。

(二) 双城治理规范体系的结构特征

到底双城治理体系存在哪些结构特征,尚未有分析提及,成渝地区的规范体系在诸多结构方面的演化,也还没有达到特色鲜明的程度。不

---

① 陈光:《区域治理多元规范及其结构优化研究》,科学出版社2018年版,第90—92页。
② 陈永蓉,黄洁:《论市民公约在文明城市建设中的软法之治——基于武汉市文明城市创建中典型案例的调查分析》,载《企业导报》2015年第6期。
③ 刘广登:《新乡贤与乡规民约的良性构建》,载《民间法》2016年第1期。
④ 张爱军,张媛:《迈向善治:制度与乡规民约的契合逻辑与建构理路》,载《河南师范大学学报(哲学社会科学版)》2019年第5期。

过,从治理理论和区域治理实践已提供的细节来看,双城治理规范体系结构应有以下基本特征:

第一,双城治理规范体系以国家制定法为元规则。区域治理是国家治理的有机组成部分,属于国家治理体系和治理能力现代化的基本范畴。因此,依法治国的基本方略以及依法治理的基本思维,都决定了双城治理规范体系的构建需以国家制定法为基本依据,不能完全突破国家法律的框架。

第二,双城治理规范体系以政府间协议和相关公共政策为先导性规则。从成渝地区和其他区域治理的经验来看,区域治理初始规范一般没有表现为协同立法,而是大多经历了政府间合作推动并以政策形式引导落实的发展阶段。因此,有关协议和政策在完全发展成熟以前,一般不会直接上升为地方协同立法。当然,这也并非绝对。有些合作协议即直接针对某些重大领域的协同立法,由此推动有关规范体系转化为立法内容,如川渝两地的首个协同立法"优化营商环境条例"便是如此。

第三,双城治理规范体系以地方协同立法为深化和拓展规则。上升为地方协同立法的规范内容,一般属于通过前期协议和政策探索相对成熟的领域,再由协同立法进行制度固化。但地方协同立法也未必完全是滞后和消极的,它同样可以发挥积极的规范生成拓展功能。例如,针对区域治理的某些重大问题,协同立法不必直接进行规范,可以通过授权性或倡导性规定,支持自治规范和公共政策的进一步生成和演变。

第四,社会自治和民间规范等软法规范是法律正式规则的补充性支撑。这大概表述为两层意思:一是社会自治和民间规范是正式规则生成的重要来源,尤其在治理共同体参与机制方面,可以更多采用软法规范的治理;二是这种支撑是补充性的,而非主导性的,这是由我国区域治理自身结构特点所决定的。

第二节 双城治理的法治实施体系

法治的实施是法治建设的核心环节。党的十八届四中全会指出:"法律的生命力在于实施,法律的权威也在于实施。"一般认为,一个高效法治实施体系应对应于党的十八大报告所提出的十六字方针。[①] 具体而言,

---

① 这十六字方针是:科学立法、严格执法、公正司法、全民守法。

除科学立法外，严格执法是建立法治实施体系的直接抓手，公正司法是法治实施体系的保障，全民守法则是衡量法治实施体系是否高效的标准。① 由此看来，法治实施的关键在立法、执法和司法这三个重点环节。结合成渝地区双城经济圈的发展任务，双城治理的法治实施体系涉及区域协同立法机制、综合行政执法改革及跨域行政争议处理、区域司法服务与监督等方面内容。

一、区域协同立法机制

在我国区域协调发展的战略背景下，区域协同立法在我国各区域治理中正变得愈来愈频繁、合作日益紧密。2020年7月，川渝两地人大常委会签订了系列合作协议。协议的目的之一是更好地实施两级人大和政府间的立法协同，实现法制的一体化。长三角地区早在2014年就开始了大气污染防治的区域立法协同工作，至今已经形成了相对系统的实施机制。与国内其他先行区域相比，成渝地区协同立法在起步阶段即迅速推出重要的区域协同立法，起点虽高，但总体尚处于两地合作的早期阶段，还有许多体制和机制的障碍需要扫清。

（一）成渝区域协同立法的机制障碍

当前，全国人大常委会和地方人大常委会都对跨区域协同立法给予了肯定和鼓励，提出"围绕区域发展战略和特点做好协同立法"的要求。② 但因中央与地方关系和立法体制约束，如《中华人民共和国立法法》并未就协同立法的主体、权限、事项和责任等问题做出完整规定。这样一来，区域协同立法的合法性可能就受到质疑。③

除了是否超出立法权限的合法性疑问，协同立法的实施机制也存在明显的操作短板。例如，区域协同立法作为一种新的立法模式，究竟应当由谁来主导？在地方立法实践中，地方人大和地方政府发生纵向联系时，区域协同立法又导致不同地方人大和政府产生了横向联系，如何解

---

① 张晋藩：《法治建设的"五个体系"》，载《光明日报》2018年11月29日，第15版。
② 2019年，全国人大常委会组织召开的省级人大立法工作交流会和第二十五次全国地方立法工作座谈会强调要"着眼于推动我国区域协调发展，围绕区域发展战略和特点做好协同立法"。
③ 汪娟：《困境、突围、前瞻——地方人大区域协同立法断想》，载《人大研究》2020年第11期。

决这种"横纵交错"的权限关系？① 区域协同立法事项如何选定？在立法过程中，其他治理主体的"协同"如何体现？即便可以通过一些合作性文件或以规范性文件的形式具体规定协同立法的条件、行为模式和运行机制，却无法规定相应的约束责任。②

以上问题不从思路上厘清，并逐步予以制度化、规范化，成渝地区就很难在区域协同立法方面建立完整的实施体系及其机制。协同立法的质量也难以得到保证。

（二）成渝区域协同立法机制前瞻

区域协同立法的出现，旨在服务于区域协同治理和区域高质量发展，不断调适区域内不同城市群、都市圈之间的立法差异和共性需求，降低区际事务立法和实施成本，弥补不同区域、层级间立法供应的不足。③ 完善成渝区域协同立法机制，不但要解决"哪些能、哪些不能"的协同立法合法性清单，未来还要进一步细化和完善协同立法的工作机制和工作程序，推动地区协同立法的常态化和精细化，形成有成渝特色的协同立法体制机制。

针对区域治理特点，成渝地区要坚持党的领导与人大主导的制度统筹设计，两地省委秉承抱团合作、寻求共赢的发展理念，组织研究成渝地区一体化发展相关重点难点问题，开展协同立法布局，在顶层设计和制度安排上领导联合攻关重大立法项目，消弭区域间的立法冲突。同时协同立法应坚持人大主导，破除行政主导带来的立法格局条块分割，要充分考虑区域协调发展需要，增强两地利益的科学调节和资源合理配置。

具体而言，可以参考京津冀等地区协同立法的机制完善经验，在以下方面细化协同机制：一是在立法规划和年度立法计划方面加大协同力度，满足区域协调发展需求；二是积极推动立法内容协同，围绕共同关心的事项展开常态化与制度化的立法合作，积极吸收不同治理主体参与协同立法；三是立法废改释的协同，在立法动态实施中实现区域的协调一致；四是立法备案审查与立法后评估的协同，探索立法交叉备案和区域法治共同体立法后评估等创新机制。④

---

① 刘松山：《区域协同立法的宪法法律问题》，载《中国法律评论》2019年第4期。
② 严格来说，为"协同立法"立法，已超出了地方立法权限。
③ 阿计：《区域协同立法如何行稳致远》，载《人民之声》2020年第8期。
④ 焦洪昌，席志文：《京津冀人大协同立法的路径》，载《法学》2016年第3期。

此外，对川渝两地今后的协同立法建立风险研判机制，涉及可能超越地方立法权限范围的事项以及需要法律授权"先行先试"的问题，均须及时向全国人大常委会有关方面请示报告，主动争取指导和支持。① 成渝地区协同立法的理念和机制探索建议，具体在对策论展开讨论。

二、综合行政执法改革的整体性治理

我国自从20世纪90年代提出"城市管理综合执法"的概念以来，综合行政执法体制改革持续深入推进，目前已形成从"相对集中行政处罚权"到"相对集中行政执法权"的转变。② 在各地实践中，相对集中行使行政执法权在市域基层得到了积极深化运用，如前文提及的成都东部新区。综合行政执法改革的根本目的是解决行政执法部门职能交叉、机构重叠引发的执法缺位、错位和越位问题，在区域治理背景下，还需要关注这一改革对区域治理、社会治理的影响，以及单兵突进的综合行政执法改革带来的区域之间执法资源不平衡问题。对于成渝地区而言，无论是中心超大城市还是一般市域，都需进一步从整体性视角，统筹完善区域行政执法的整体性治理机制设计。

（一）区域综合行政执法改革要重点关注的问题

成熟和定型的制度体制需要价值理念的正确指引，但从前文关于中心超大城市综合行政执法改革情况来看，个别区县在事权集中过程中，未能充分理解综合行政执法改革的价值取向，不能厘清管理和治理的根本区别，认为执法权的集中就等于赋予了综合执法机关无限的权力和权威，官僚主义、职权滥用等现象依然存在。③ 不仅如此，综合行政执法改革涉及对社会治理执法权限的部分剥离和重整，容易导致整体行政权和部门行政权的"二元配置"，社会治理碎片化现象突出，滑向了"以罚代管"④，或者选择性执法的低水平治理格局。

在当前综合行政执法权配置的纵向、横向关系上，也明显存在一些

---

① 邹钢：《川渝两地协同立法优化营商环境的实践与思考》，重庆人大网：http://www.ccpc.cq.cn/article?id=309080，最后访问时间：2021年6月21日。
② 谭宗泽、杨抒见：《综合行政执法运行保障机制建构》，载《重庆社会科学》2019年第10期。
③ 周继东：《深化行政执法体制改革的几点思考》，载《行政法学研究》2014年第1期。
④ 程琥：《综合行政执法体制改革的价值冲突与整合》，载《行政法学研究》2021年第2期。

治理失衡的突出问题，使得行政执法的社会治理效果受到一定影响。例如，成都市等中心城市虽然开始借鉴北京、上海等超大城市的综合行政执法改革经验，探索将执法权限下沉至镇街，赋予街镇对执法队伍的管理权、指挥权、考核权，基本形成以块为主、条块融合的综合治理体系，① 但是，从实际运行的效果来看，仍然存在明显的"条块"冲突，而且随着区域融合发展和"两区"分离试点的展开，综合执法人员的配置存在区域间失衡现象，难以应对区域治理中的跨部门、跨层级和跨行政边界中的重叠问题。

（二）法治实施体系构建与综合行政执法改革

综合行政执法改革目前存在的问题，本质上就是先行先试过程中单兵突进、缺乏法治实施体系构建和整体性治理思路所导致的必然结果。未来需以法治实施体系构建和区域整体性治理的思维，合理配置监管、执法和监督的权限划分与衔接；要摒弃"一放就灵"的简单思路，在条块关系处理上实现适度平衡；程序上予以合理规划和保障，尽可能避免"先上车后补票"引起的机构法治悖论；同时还要进一步厘清行政区执法和区域执法的关系，推动执法资源在区域间的合理分配，加大强化区域性的监督力量。

按照体系化和整体性的治理思路，具体需要从以下几个路径进一步深化综合行政执法改革：其一，转变行政区执法的观念，以成渝地区一体化发展理念为指引，处理好中心城市与边缘城区、毗邻街镇与相邻政区单元之间的关系，构筑适应区域一体化流动社会的跨政区综合行政执法新机制，为同城化、一体化发展提供社会治理一体化保障。② 其二，实施大部门横向整合和执法力量纵向下沉的有机结合。根据国家行政体制改革在若干重点领域实现执法权相对集中的要求，结合跨区域治理需求和执法力量不均衡的现状，可以将相关执法权相对集中在上级主管部门，与执法力量下沉形成部门、层级联动的动态均衡。其三，对事权集中和下沉进一步完善配套保障机制。综合行政执法改革并不是事权简单地相加、相减或重组，而是要嵌入社会治理和区域治理体系中去，保障

---

① 陶希东：《"十四五"时期上海超大城市社会治理：经验、问题与思路》，载《科学发展》2020年第5期。
② 陶希东：《"十四五"时期上海超大城市社会治理：经验、问题与思路》，载《科学发展》2020年第5期。

综合行政执法立法权、财权的匹配①，推动公私部门之间合作伙伴关系建构和社会参与执法机制建立②，健全跨部门、跨区域行政执法联动响应、协作机制和邻界执法协作机制。③ 其四，构建跨区域的行政争议处理机制，推进行政复议体制改革，充分利用区域法治共同体的力量，探索建立区域行政复议委员会，加大对行政执法的监督力度。

三、司法服务与监督的区域协同

司法公正是所有司法活动必须坚守的底线之一，司法服务是提高司法公正可达性的必然要求，而司法监督又是确保司法公正的重要内容之一。在法治实施体系中，司法保障是无可替代的重要一环。在区域治理中，加强司法服务、司法公开和司法监督，就必须完善体制机制，发挥信息化等技术手段的功能，推动区域司法公开和司法服务一体化，确保社会主体享有充分的知情权和监督权。2021 年 3 月 1 日，最高人民法院发布的《最高人民法院关于为成渝地区双城经济圈建设提供司法服务和保障的意见》中，就明确在提高区域诉讼服务信息化水平、区域司法联动工作机制和司法协作等方面提出了相关指导意见。④

（一）推进区域司法公开与司法服务一体化

对于司法公开对司法公正的倒逼作用，各方面已有一定共识。但在司法运行现实中，仍有一些顾虑和担心。例如，指出目前司法公开是"单兵突进"，在对法官工作考核存在不合理激励的前提下，某些情况下公开案件细节，会产生负面效果。⑤ 然而，如果没有司法的完全公开，加强司法与社会的互动，司法公信力始终无法建立，则无法充分发挥司法服务区域协调发展的职能，甚至也谈不上起码的司法公正。事实上，长三角等地的司法信息化和司法区域公开举措表明，更大范围的司法公

---

① 袁庆锋：《综合行政执法体制改革面临的难点问题及解决建议》，载《机构与行政》2016 年第 6 期。
② 陶振：《大都市管理综合执法的体制变迁与治理逻辑——以上海为例》，载《上海行政学院学报》2017 年第 1 期。
③ 重庆法制报：《服务发展打造"四个共同体"！重庆渝北区司法局和四川广安市司法局启动合作》，上游新闻 2020 年 5 月 29 日发布。
④ 最高人民法院新闻局：《最高人民法院发布关于为成渝地区双城经济圈建设提供司法服务和保障的意见》，https://baijiahao.baidu.com/s?id=16930044220776909038&wfr=spider&for=pc，最后访问时间：2021 年 6 月 23 日。
⑤ 龙宗智：《影响司法公正及司法公信力的现实因素及其对策》，载《当代法学》2015 年第 3 期。

开并不会降低司法公信力,司法服务的一体化联动有助于形成良好的区域治理区域,整体上提升本地区的法治形象。

根据最高人民法院发布的相关指导意见以及结合长三角等地司法公开的地区经验,加强成渝地区司法公开和区域司法服务一体化可以从司法运行信息化入手。例如,引入区块链技术和第三方技术托管,建立区域内各司法机关主动加入的统一司法链平台,对起诉、调解、立案、送达、举证质证、庭审、判决、执行等环节全程"戳印",信息留痕且不可篡改,降低跨域司法机构信任成本;① 通过建立"一网通办"等司法协作信息化平台,解决跨区域的网上立案、执行协作问题,促进区域司法服务一体化。

加强司法裁判标准的区域统一性和裁判文书的说理性,也是提升区域司法信息公开水平和司法公信力的重要途径。具体而言,可以借助最高人民法院建立的区域司法服务保障日常工作机制,加强"类案检索"的运用,对于该区域司法实践中的重大疑难问题统一研究和统一决策及部署实施。② 川渝两地及其各圈层区域可以根据实际情况建设各种司法服务一体化平台,共同构建多元解纷资源共享机制,如四川天府中央法务区,以强化区域司法服务合作,合力推进区域司法服务一体化。

(二) 强化区域司法监督协同

不论是行政区社会治理还是跨区域治理,司法监督都不是一个独立的法治实施环节,而是一个紧密依靠各方治理主体协同参与的过程。首先,要增强人大、检察监管的司法监督职能,既要确保人大监督规范有序,也要避免"个案监督"影响人民法院依法独立行使审判权;③ 既要充分利用好检察机关的监督职能,又要防止监督权的滥用和与司法权的相互对抗。④

区域司法监督体制创新的一个重要路径,就是以跨区域行政案件管辖配合经济区与行政区适度分离改革。党的十八届三中全会提出"探索

---

① 浙江日报:《长三角司法链推动司法区域一体化发展》,浙江新闻客户端2019年5月22日发布。
② 梁平:《区域协同治理的现实张力与司法应对——以京津冀为例》,载《江西社会科学》2020年第3期。
③ 邢玉柱,漆鹏,张涛等:《地方人大开展司法监督工作的实证研究》,载《重庆行政》2021年第1期。
④ 秦前红:《两种"法律监督"的概念分野与行政检察监督之归位》,载《东方法学》2018年第1期。

建立与行政区划适当分离的司法管辖制度",《中华人民共和国行政诉讼法》(2017 修正)明确规定了跨行政区的案件管辖规则。① 跨行政区行政争议解决虽然有利于缓解行政诉讼"立案难""审理难""执行难"等突出问题②,但是"异地政府之间的互惠性干预和上级政府对下级政府的自动化支持"现象仍然存在。③ 为了进一步增强跨区域行政案件审理法院的权威性、专业性和独立性,加强对各类合作示范区、飞地园区治理活动的司法监督,可以在最高人民法院的协调下,由两地高院协商确定重庆、成都两地的中级人民法院或专门派出法庭集中审理有关区域的行政案件,一则提高审理法院的层级和抗压能力,二则提升行政案件审理的专业性。

另外,司法监督离不开社会监督这一渠道,不断完善监督机制,同时也是提高司法公开化水平,助推社会公众与司法机关互助与共生关系的重要方面。④ 为此,可以考虑借助区域法治共同体建设和共同体参与治理实现机制等体系化建设,一方面加强人民法院对社会治理的协同,另一方面强化社会力量对司法本身的监督,进而间接推动司法对其他治理活动的监督。

第三节 双城治理法治载体建设体系

法治高效实施既离不开规范体系这一基本规则供给,还需要一定实体化的组织运行载体来实现。这类载体尽管不是法治体系要素本身,但能够汇聚法治体系组成要素,为法治实施体系的有效运转提供机制支撑和组织保障。实践中,社区综合体所连接的公共法律服务、调解和普法宣传等法治资源,本质上就是一种市域社会治理中的法治建设载体。但

---

① 《中华人民共和国行政诉讼法》第十八条:"行政案件由最初作出行政行为的行政机关所在地人民法院管辖。经复议的案件,也可以由复议机关所在地人民法院管辖。经最高人民法院批准,高级人民法院可以根据审判工作的实际情况,确定若干人民法院跨行政区域管辖行政案件。"

② 程琥:《行政案件跨行政区划集中管辖的法治意义》,载《人民法院报》2015 年 5 月 20 日,第 6 版。

③ 董皞、郭建勇:《独立而公正:行政案件跨区域审理改革的价值追求与制度设计》,载《法律适用》,2015 年第 2 期,第 13 页。

④ 钱弘道、姜斌:《司法公开的价值重估——建立司法公开与司法权力的关系模型》,载《政法论坛》2013 年第 4 期。

这些载体一般没有形成体系化和跨区域的建制，法治实施常常会遇到多头治理的运作困境。我们在调研中形成的直观感受是，党委政法部门主导的市域社会治理关注重点是平安建设，司法行政部门更侧重于公共法律服务，党委领导的全面依法治市委员会虽然能够调动更多法治实施资源，但很少直接针对社会治理进行资源整合，原因就在于法治载体的建设缺乏体系化支撑和整体性的安排。本节将以一定的基层探索经验为基础，探索在川渝两地建设"区域法治中心"，在圈层的重要市域节点建设"区域法治服务站"，在合作园区、飞地经济区和基层重点区域建设"法治服务示范点"，构建形成"中心—站—点"的法治载体建设体系。

一、构建双城区域法治中心

成渝地区在基层依法治理实践中正在或已经探索一些更具体系化的载体建设，如前文谈到的成都高新区四维基层依法治理体系即属于载体体系化建设的例子。但是，这一体系建构只是一种初步探索，体系架构和具体内容都存在一些缺点，如法治实施的区域化视角不足，所涵盖的治理主体和客体都不够全面，法治功能相对单一。为此，我们可以按照一体化治理的理念全面优化升级该体系结构，并逐步在成渝地区全域推广应用。其中，建立双城区域法治中心对于建设成渝地区的法治载体体系尤为重要。

（一）区域法治中心的定位与结构

区域法治中心旨在建设成渝地区的法治实施一体化载体，连接整合区域内政法系统、立法机关、司法行政机关以及其他行政部门的相关治理与法治资源，为社会治理特别是区域治理提供法治保障。区域法治中心作为成渝地区法治载体体系的核心环节与法治中枢，其空间范围覆盖成渝地区双城经济圈的三大圈层，对双城治理体系中涉及法治实施有关的要素资源进行全域统筹规划和调配，实施区域一体化治理。

按照成渝地区的圈层空间布局以及未来公共治理机制的可能演变，区域法治中心可以暂时采用"一虚双实"的架构进行建设。所谓"一虚"，是指由川渝两地借助党政联席会议机制，共建一个虚拟运行的区域法治中心，作为区域法治双中心（成都、重庆主城）实体化运行机构的统筹协调平台，实现区域中心的互通互联。所谓"双实"，是指在成渝地区区域法治中心的统筹下，分别设立成渝地区（成都）法治中心和成渝地区（重庆主城）法治中心两个运行实体，建设成渝地区区域法治实体化平台。

区域法治中心实体平台依托全面依法治市委员会、人大、政府、党委政法部门等现已存在的组织架构，全面整合相关治理资源，导入市场化和社会化运行机制，保障法治共同体和其他共同体推动法治体系高效运转。

（二）区域法治中心的具体功能

与现有的社区共同体、场景化社会治理载体、公共法律服务中心和基层法治中心等空间或内容碎片化的治理载体不同，区域法治中心更突出区域空间一体化、治理客体集成化、法治实施系统化的属性，是成渝地区区域法治保障的综合性服务管理指挥平台。具体而言，区域法治实体化平台汇聚以下功能：

一是协同立法社会参与承载功能。为了更高效地推动区域协同立法，在党政领导和人大主导统筹安排下，可以由区域法治中心具体承担法治共同体参与立法实现机制的承载功能，如组织和召集法治共同体开展协同立法研究，举办相关论坛，负责开展立法后评估、立法咨询的采购服务，征求、接收和回复社会相关立法意见和建议，等等。

二是法治协同实施功能。除了协同立法，区域法治中心还可以有效承载法治协同实施功能，包括推动公共法律服务区域一体化和均衡化，普法项目、社会治理法治化创新项目评选、服务购买和项目验收、司法案件信息公开及案例查询、商事仲裁的外国法查明等司法服务。

三是区域综合治理功能。区域法治中心可以整合或对接基层综合治理的资源，跨区域整合三大治理共同体，为综合治理和基层自治制订相应的操作指引，区域法治监督员、区域调解员选聘，承接法院的诉源治理功能，分领域和行业制订矛盾纠纷化解和调解的程序与机制，就涉及社会稳定和公共安全重大风险的领域进行风险研判和预警，等等。

四是区域法治"大脑"功能。区域法治中心可以导入城市大脑、智慧中心、大数据中心等资源，积极运用人工智能、区块链、大数据等信息化技术，推动社会治理和法治实施的智能化、精准化，链接司法运行、行政监管的有关信息并依法向社会公开，加大区域治理事务的数据和信息共享，建立法治共同体的信息化共享和互动机制，推动社会协同参与法治运行的智慧化，等等。

二、打造区域法治服务站

在区域法治中心这一中枢神经的实体化运行指挥下，可以将法治载体进一步向不同圈层延伸，区域法治服务站就是法治中心延伸的主要载体。区域法治服务站秉持一体化和全要素运行理念，为成渝地区各圈层的同城化、一体化治理提供重要的载体建设。

(一)区域法治服务站的定位

区域法治服务站作为成渝地区两大法治中心向其他圈层辐射扩散的法治建设载体，是法治载体建设中承上启下的一环。其建设目标是激活各圈层内的法治实施体系，并实现跨圈层的法治互联互通，推动区域治理法治要素和社会要素的全域流动。

在空间范围上，区域法治服务站的设置主要考虑中心辐射范围、区域治理现状、要素承接意愿及能力等多方面因素。区域法治服务站主要设置在中心城市的同城化圈、毗邻城市群的次级中心城市。对于设置条件不成熟的地区，可以考虑在不同市域共建服务站的方式，扩大法治服务站的跨域运行范围。

(二)区域法治服务站的具体职能

区域法治服务站的具体职能与区域法治中心类似。在区域法治中心与法治服务站的分工定位上，由区域法治中心对服务站实行统一监督、服务站独立运行。区域法治服务站按照中心的运行模式和运行规则连接本地区域的相关法治与治理资源，也可以根据法治运行和治理需要直接导入区域法治中心的资源，实现资源的跨域流转。

另外，根据本地或本区域的治理需要，服务站可以适当突出本地的服务保障重点和特色。一般而言，区域法治服务站更侧重保障市域社会治理现代化，重点是区域法治的智能化建设和法治实施的协同化职能，并且负有将有关资源向基层下沉的职责，统筹和指导各法治服务示范点建设，做好基层治理专家选聘、基层治理政府采购的项目管理清单与监督、法治共同体参与指导基层自治与民主协商的规则制定等工作。

三、延伸区域法治服务示范点

区域法治服务示范点是区域法治载体建设在基层的延伸，将区域法治的资源进一步下沉到一定空间范围，在相对基层的空间辐射范围内发挥法治建设中枢的功能。同时，法治服务示范点也是区域法治全要素治理在微观区域上的体现，遵循"小点位、大治理"的建设思路。

(一)区域法治服务示范点的基本定位

如前所言,区域法治服务示范点是法治服务站向基层的进一步延伸。它主要为了解决法治实施要素在基层难以汇聚而呈现碎片化治理的难题。不同于楼宇、院落、单位等基层示范点这类治理载体的神经末梢,区域法治服务示范点是一种"点面结合"的载体空间,一方面强调法治资源向基层下沉,另一方面要在一定面上承载资源汇集和载体打造,具有一定区域化治理的功能。

在空间范围上,区域法治服务示范点的辐射范围覆盖基层一定区域空间。它既可以设置在毗邻共建园区或飞地经济区,也可以根据需要设置在某个基层社区,但服务范围不限于该社区的管辖空间,而是跨域联动一定的片区。

区域法治服务示范点并非纯粹的基层点位,而是一种区域治理点位。对上,它可以联通区域法治中心和区域法治服务站的资源;对下,则跨域辐射若干个社区或街道。

(二)区域法治服务示范点的职能

按照"小点位、大治理"的思路以及双城治理体系结构特征,法治服务示范点与社区或街道的现有治理载体并不重叠,可以发挥资源互补、治理功能放大的作用。区域法治服务示范点通常设置在法治实施存在现实堵点或治理资源分配不平衡的毗邻区域。与资源分布相对均衡、法治运行相对畅通的基层治理社区不同,示范点并不需要横向汇集本区域的资源,而是背靠区域法治中心和下设服务站的资源导入,引导治理资源跨区域流动,填补与疏通个别区域的治理空白点、堵点。

基于这一职能定位,区域法治服务示范点主要侧重于与片区内综合治理中心、公共法律服务站点、社区治理综合体等治理载体的对接工作,将区域法治中心和法治服务站的有关法治资源与基层治理充分融合,为推动基层治理的法治化提供组织和机制上的支撑。

第十三章　双城治理运行体系

　　一般意义的社会治理体系建构，需要静态和动态两个层面的体系构成。除了静态的体系框架上形成相对稳定的完整结构与内容要素，体系内部的组成单元能否顺畅高效运转、协调匹配并相互支撑，则是决定治理体系能否维持结构动态稳定的重要因素之一。从某种意义上讲，一国或一域的治理体系建立好比人体骨架，骨架的成熟完整才能支撑起有人体的具象化存在。而人体运动机能是否健全、行动是否协调，则取决于骨架间各"肌肉组织""神经系统"的密切配合。只有依靠神经系统的信号传导和肌肉组织的有效带动，一个整体的"人"才能走得稳、走得远。同样的道理，建立双城治理运行体系解决的是成渝区域治理的动态传导机制，目的是保障双城治理体系更高效、长久和平稳运行，可以视为整个治理体系架构中的"肌肉组织"和"神经系统"。

　　成渝双城治理体系建立在市域空间一般意义的社会治理体系基础上，因而既包含市域社会治理中的通用运行机制，也包括区域治理中探索建立的一些新运行机制，主要由技术运行机制、公共治理机制、市场运行机制、社会参与机制四大组成部分。具体而言，技术治理机制是双城治理运行体系中的"转动轴"，通过智能化、清单式的工具助力提高社会治理效能；公共治理机制是双城治理运行体系的"中枢神经"，通过各级政府和非政府组织的多样性机制综合运用，负责联通治理主体体系和客体体系的信息传导与行动协调；市场运行机制是双城治理运行体系的"驱动器"，以市场化和一体化运行推动高质量社会治理；社会参与机制是双城治理运行体系的"稳定阀"，有利于培育区域治理共同体意识和拓展社会参与渠道，促进共建共治共享局面的生成。

第一节　双城治理体系中的技术运行机制

自十九届四中全会报告再次重申"建立健全运用互联网、大数据、人工智能等技术手段进行行政管理的制度规则",治理者要懂技术,技术专家要懂治理,成为国家治理现代化的目标之一。① "技术治理"一词在全国各地方兴未艾,技术俨然成为治理创新的基本驱动力。② 关于技术治理与治理能力的关系,许多文献都进行过探讨,形成了诸如"倒逼治理创新说"③ "治理权力与责任精细配置说"④ "技术参与治理说"⑤ 和"技术赋能说"⑥ 等,不一而足。本书第四章亦指出过,在一定条件下,技术治理与精准治理之间似乎存在紧张关系。

不过,"技术治理"总体来看既是当前基层社会治理的基本特征和主要趋势,也是中国特色社会主义社会治理的一种实践创新。⑦ 技术治理存在的限度无非表明,我们需要对"技术手段"与"治理主体"的关系进行一定的调适。在双城治理体系框架下,技术治理机制重点解决两个问题:一是治理要素和治理力量在成渝地区的全域流动与匹配;二是以法治、人本等理念校正技术治理的方向,避免见"术"不见人。

一、智能化和大数据治理机制

智能化、大数据等现代信息技术与社会治理相结合,使得社会治理创新有了科技支撑的新路径。但是,信息技术本身不是社会治理,将前沿智能技术和信息技术运用于社会治理场景,不等于市域社会治理自动

---

① 彭亚平:《照看社会:技术治理的思想素描》,载《社会学研究》2020年第6期。
② 宋辰熙,刘铮:《从"治理技术"到"技术治理":社会治理的范式转换与路径选择》,载《宁夏社会科学》2019年第6期。
③ 王磊,陈林林:《人工智能驱动下智能化社会治理:技术逻辑与机制创新》,载《大连干部学刊》2019年第2期。
④ 刘伟,翁俊芳:《撕裂与重塑:社会治共同体中技术治理的双重效应》,载《技术》2020年第12期。
⑤ 宋辰熙,刘铮:《从"治理技术"到"技术治理":社会治理的范式转换与路径选择》,载《宁夏社会科学》2019年第6期。
⑥ 王倩,危怀安:《工具赋能与价值失控:技术化社会治理问题解构》,载《云南社会科学》2021年第1期。
⑦ 张福磊,曹现强:《城市基层社会"技术治理"的运作逻辑及其限度》,载《当代世界社会主义问题》2019年第3期。

实现现代化。只有信息化技术与基层社会治理理念和内容相结合，真正起到聚集居民意见与诉求、推动多元力量参与、整合多方治理资源、对接基层社会各种需求的治理效果，才能真正提高社会治理的精细化水平。① 总的要求是，智能化和大数据等技术治理机制应当深植于双城治理的其他体系要素中，实现技术与治理的深度融合。

（一）智能技术融入双城治理体系

按照一些学者的定义，社会治理智能化就是在网络化和网络空间基础上，通过大数据、云计算、物联网等信息技术，重构社会生产与社会组织彼此关联的形态。② 科技无界，但行政区划有边界。只有代表技术一方的数据和算法能够突破各种制度的无形壁垒，才能实现技术与治理价值理念深度融合，使得治理行为与过程体现智慧性，而非单纯从技术上表现为智能化。③

智慧城市、智慧政府和智慧社会等提法，就体现了这一思路。从逻辑上讲，智慧治理同时遵循技术治理、整体性治理和动态性治理三重逻辑④，但在现实中很难完整呈现，往往在某一个环节上自动停止了技术规则的逻辑延伸。部门之间的"数据孤岛"和"数据闲置"，就是社会治理"大数据"难以聚集的重要原因。⑤ 推动成渝地区探索联防联控和联合监管，主要途径就是推动大数据跨区域的智能化应用。而随着治理空间和治理主体的扩张，数据采集的行政区划壁垒成为智慧化进程中的最大障碍。

进一步促使数据和智能技术融入双城治理体系，有以下三个方向：一是搭建区域内统一的互联网数据平台。在智能技术时代，社会共享的是数据资源本身，而非成品服务，承载来自各方面的数据，需要搭建一个统一的数据平台。⑥ 二是实现区域数据共融共享。建立统一数据平台，就是为了让不同地区和主体数据采用统一技术标准，可以互相开放采集

---

① 唐有财，张燕，于健宁：《社会治理智能化：价值、实践形态与实现路径》，载《上海行政学院学报》2019年第4期。
② 杨雅厦：《应用大数据提升社会治理智能化水平》，载《智库时代》2017年第1期。
③ 颜佳华，王张华：《数字治理、数据治理、智能治理与智慧治理概念及其关系辨析》，载《湘潭大学学报（哲学社会科学版）》2019年第5期。
④ 谭成华：《智慧治理的内涵、逻辑与基础探析》，载《领导科学》2019年第24期。
⑤ 王翔，刘冬梅，李斌：《我国公共数据开放的促进与阻碍因素——基于交通运输部"出行云"平台的案例研究》，载《电子政务》2018年第9期。
⑥ 周汉华，刘灿华：《社会治理智能化的法治路径》，载《法学杂志》2020年第9期。

端口。三是建立健全大数据分析结果推送和互认机制。数据采用和交换只是第一步,加上算法计算结果的自动推送,以及对于智能分析结果的动态反馈机制,才是智慧治理的完整过程。

(二)智能技术激活双城治理共同体意识

技术治理的目标与社会治理应当具有高度的内在统一性,即追求共建共治共享的治理格局。但是,大数据易催生信息权力,如技术门槛和信息垄断。[①] 如果有治理主体一方在技术权力上能够轻易凌驾于他方,则永远谈不上共治。因此,技术治理的价值取向并不是单一主体"治理"其他主体的手段,而是要塑造"成果共享、权责同担"的责权体系,共同应对和化解技术带来的重大风险。[②] 从这一角度理解,治理共同体的责任伦理和人本理念是保证技术治理不变形、不异化的价值约束。

为了做到这一点,就要鼓励区域多元主体参与技术治理,在对话、协商与合作中设定技术治理规则,形成激励相容的责权体系。这样,与治理有关的技术就不再是单纯的技术,同时也会成为激发治理共同体意识的内在黏合剂。按照大数据和智能技术规则逻辑,其技术延伸不应只体现为自上而下,还要推动自下而上协同,以适应协同治理角色的转换,对技术治理实行有效的价值导向和疏导。[③] 也就是说,大数据的人本理念本质上是实现技术嵌入社会治理,体现公平公正和以人为本的价值理念,而不是相反。

二、清单管理机制的制度化和法治化

自党的十八届三中全会明确提出清单管理以来,各种权力清单、责任清单和负面清单制度开始层出不穷,形成了我国政府治理领域的"清单革命"。[④] 在社会治理领域,清单式治理模式也已经被广泛采用。清单式治理本质上也属于技术治理手段之一,对于创新城市治理机制、提升

[①] 杨述明:《论现代政府治理能力与智能社会的相适性——社会治理智能化视角》,载《理论月刊》2019年第3期。

[②] 刘伟,翁俊芳:《撕裂与重塑:社会治共同体中技术治理的双重效应》,载《技术》2020年第12期。

[③] 宋辰熙,刘铮:《从"治理技术"到"技术治理":社会治理的范式转换与路径选择》,载《宁夏社会科学》2019年第6期。

[④] 付建军:《清单制与国家治理转型——一个整体性分析框架》,载《社会主义研究》2017年第2期。

城市社区治理的现代化水平有着重要意义。① 但是，清单式治理技术被滥用的风险也是现实存在的，其中最大的风险就是法治风险。此外，更精准、更深化的清单式治理，仍然有较大完善空间。

（一）填补清单式治理的制度化空白

当前，清单式治理最大的问题在于缺乏系统性的法律制度支撑。这一方面导致公共领域清单式治理的约束力不足，特别是对公共部门行为的约束力不强，对公众利益的实现也不能提供有效的法治保障。② 另一方面，清单式治理往往表现出科层清单的行政主导和封闭运行的逻辑，侧重自上而下的考核，并没有突出治理的多元主体特征，没有为市场和社会主体的有效介入创造空间。③

对清单式治理有效运行来说，破除清单管理的行政主导逻辑，避免清单管理完全沦为内部的行政机制，转而从体系上去建构制度是必要的。④ 为此，进一步推动清单管理机制的制度化和法治化，就需要统一为区域内的清单管理活动建章立制，进行法治化衔接设计。同时，各类区域清单的设置、运行和监督，应当有区域共同体参与和介入的机制设计。

（二）拓展社会治理清单的适用范围

清单式治理不仅仅是行政治理手段，也是服务社会治理的一种重要机制支撑。例如，负面清单制度的作用之一，就是为社会治理中的社会主体释放发育与成长的空间。⑤ 同时，在清单式治理类型中，社会治理的正面清单也具有重要意义，可以进一步扩大清单治理的社会自治参与，自治权力清单就是这样一个例子。

从理论上讲，社会自治的合法性和成长空间无须法律和行政授权。

---

① 叶良海，吴湘玲：《清单式治理——城市社区治理新模式》，载《学习与实践》2018年第6期。

② 艾琳：《适法合理的政府施政：依法行政与政府治理的接榫》，载《江西社会科学》2017年第8期。

③ 付建军：《清单制与国家治理转型——一个整体性分析框架》，载《社会主义研究》2017年第2期。

④ 李珍刚，古桂琴：《清单式治理在中国公共领域的兴起与发展》，载《江西社会科学》2020年第8期。

⑤ 周锦尉：《"负面清单"、"权力清单"与制度建设》，载《文汇报》2013年12月31日，第5版。

但是，在行政主导色彩浓厚的中西部地区，政府与社会的分工本就不明确，自治权力清单编制有利于引导基层社会共同体参与自治实务，同时为社会介入提供行政支撑。例如，建立社区居民参与清单和社区协商清单，将需要居民参与和协商的公共事务通过清单形式公布出来，并保持动态调整的刚性约束逻辑，减少对社区清单的行政干预。①

此外，社会治理清单在双城治理中还可以发挥特殊的功用。由川渝两地按照一定目标和需求编制的区域治理清单，可以引导和保障双城治理共同体跨域参与社会治理，其治理运行逻辑一如自治权力清单，有利于促进区域公共治理水平，培育双城治理的共同体意识。

三、双城治理评估指标体系及第三方评估机制

评估指标体系和第三方评估也属于技术治理的一种方式。双城治理评估与其他社会治理评估一样，建立一定的评估体系和评估机制，有助于为创新社会治理建立强有力的激励和约束机制，其本身亦会成为创新社会治理的重要内容。② 但是，如何设置评估指标体系却有不同理念、手段和方法，形成了五花八门的评价体系。在我国，社会治理工作通常由政府主导，因此对于治理效果的评估也往往以政府及其部门的工作考核来体现。而区域治理又不同于社会治理，因为区域内并没有一个统一的政府机构作为考评主体。因此，双城治理的评估指标体系及其评估机制的科学设置，与一般的市域社会治理存在差异。

（一）科学合理建立区域治理评估指标体系

据世界银行相关部门统计，经常使用的治理评估指标体系大约有140种，包括数千个单项指标，通常包含问责制、政府效能、回应性和参与性等指标。③ 国内治理评估指标体系的研究和实践同样多样化，但总的来看，国内评估指标体系多以政府为对象，以政府工作内容作为分解指标依据，对政府以外的其他主体评估较少；评估框架和指标设计通常大而全，可操作性差；大多数评估体系较少反映市域社会特色与市域

---

① 付建军：《当代中国公共治理中的清单制——制度逻辑与实践审视》，载《当代世界与社会主义》2016 年第 5 期。

② 张欢，胡静：《社会治理绩效评估的公众主观指标体系探讨》，载《四川大学学报（哲学社会科学版）》2014 年第 2 期。

③ 周红云：《国际治理评估指标体系研究述评》，载《经济社会体制比较》，2008 年第 6 期。

差异性。①

从双城治理的特点及其评估需求来看，区域治理评估指标设计需要考虑以下几个特殊因素：首先，评估对象和评估层级更为多样化，包含区域内各级政府、公共机构，甚至包括跨区域的准政府组织；其次，从评估内容看，双城治理评估侧重功能性而非职能性，不是对具体工作内容的分解，客观指标更倚重各类客观数据，主观指标则依赖治理共同体的"主观"感受；再者，双城治理的效果无统一行政层级进行评价，整体上无法建立整齐划一的评估机制，故双城治理评估机制应以第三方评估为主。

（二）优化第三方评估机制

第三方评估一般是指独立于服务提供方和服务接受方之外的另一方，并且通常是由非政府组织所主持的评估机制。② 在实践中，第三方评估分别有"专家学者第三方""专业公司第三方""社会组织第三方"等三种评估主体。③ 但目前，由于社会组织专业化能力、社会公信力以及对政府的依赖性等方面的欠缺，第三方评估职能主要还是由专家学者来承担。

第三方评估作为一项推动双城治理体系建设高效、平稳、长久运行的机制，可以结合区域特点从以下几个方面进一步优化：第一，要充分认识双城治理共同体在双城治理体系内的结构性位置，将第三方评估机制与双城治理共同体三大体系充分结合；第二，明晰第三方评估的角色定位，确定合法性与正当性基础，着手建立并形成第三方评估的专业服务体系；④ 第三，进一步强化评估的中立性，改变部门通过政府采购"自行评估自己"的评估模式，鼓励和保障跨区域组织开展实施第三方评估，探索治理共同体跨区域的交叉互评机制。

---

① 樊红敏，张玉娇：《县域社会治理评价体系——建构理路与评估框架》，载《河南师范大学学报（哲学社会科学版）》2017年第1期。

② 徐双敏：《政府绩效管理中的"第三方评估"模式及其完善》，载《中国行政管理》2011年第1期。

③ 潘旦，向德彩：《社会组织第三方评估机制建设研究》，载《华东理工大学学报（社会科学版）》2013年第1期。

④ 高丽，徐选国：《政府购买社会服务第三方评估的合法性困境及其重构》，载《社会建设》2019年第6期。

第二节 双城治理体系中的公共治理机制

当前,政府已不是社会管理的唯一主体,它在社会治理中已经向着公共服务的提供者、社会秩序的维护者的角色转变。[①] 在政府让渡治理权的过程中,公共治理机制发挥了重要作用。它不仅强调党在政治引领上的核心作用,还要求强化区域治理联动,深化政府内部行政机制改革,确保多元主体治理与公共职能双在线。[②] 在双城治理体系构建中,这些公共治理机制包括跨区域的一体化治理机制、区域联动监督机制以及区域协同监管与服务机制。

一、跨区域的一体化治理机制

在国内区域治理模式中,跨区域的一体化治理是必不可少的公共治理机制。尽管根据不同区域特色,一体化的治理机制表现出不同的体系结构特征,但总体来看都包括以下几类:一是纵向一体化协调机制;二是跨区域政府间横向合作与利益协调机制;三是跨区域基层党建引领一体化机制。只有这几样机制建立健全以后,双城治理体系内容才算完整,并保持体系结构的稳定性。

(一) 构建纵向一体化协调机制

在"行政区行政"模式之下,区域内各地方政府基于行政区划的刚性界限,对本地区社会公共事务进行垄断式管理,具有相当程度的封闭性。[③] 这种封闭性直接影响了经济社会要素的跨区域流动,各行政辖区流动人口管理、医疗卫生管理、就业与社会保障管理等社会治理政策可能面临相互冲突的困境。[④] 为此,需要适度打破行政区与经济区的界限,在区域治理主体之间进行有效的沟通与协调,形成治理合力。

[①] 申锦莲:《创新社会管理中的社会参与机制研究》,载《行政与法》2011年第12期。
[②] 胡博成:《社会治理精细化的生成机理、挑战以及应对策略》,载《甘肃理论学刊》2017年第5期。
[③] 金太军:《从行政区行政到区域公共管理——政府治理形态嬗变的博弈分析》,载《中国社会科学》2007年第6期。
[④] 同城化研究课题组:《大都市区同城化进程中的社会治理一体化——府际合作与多元共治》,载《中共福建省委党校学报》2015年第6期。

在保留行政隶属关系的前提下，区域治理通常有纵向和横向两种协调机制。由于行政主导下"条块"分工的强大影响，不同地方治理主体采取联合行动，共同治理跨域社会问题，存在权力配置上的不足，需要上级政府在更高的层次上做出统筹协调。① 因此，国内区域一体化治理中，基本上都采用了纵向一体化协调机制。成渝地区双城治理同样有此需求，只是中央层面的纵向一体化协调机制目前尚未成型，仅在内部圈层成立有"同城化领导小组"这类一体化协调机制。

值得指出的是，区域治理的一体化协调，基本都不属于"大行政区""大都市区"等行政科层机制，而是为地方政府保留了一定的开放性决策选择空间。这种公共治理机制与区域协调发展的基本战略是契合的，即强调行政区与经济区适度分离，而非完全分离或新设行政区。这意味着，双城治理纵向一体化协调下，川渝两地政府仍然需要大力依靠高效的横向合作与沟通机制，且需要加大社会、市场的协同参与力度，最终以"协作、开放、协调、统一"为主要特征的行为模式代替刚性的、封闭的行政区行政模式。②

（二）健全跨区域政府间横向合作与利益协调机制

任何区域性社会问题都有一定的公共品属性，不可能通过纵向一体化协调解决所有这些问题，区域政府的横向合作和利益协调机制也是相当重要的。但具体而言，哪一种横向合作和利益协调机制可以有效运行，则不能一概而论。从国内其他区域治理经验来看，地区政府联席会议、专家咨询委员会和经济协调会议都是常见的横向合作机制。目前，川渝两地政府已经建立有川渝党政联席会议机制，也属于这类横向合作机制。

区域间政府利益协调机制也是横向合作的重要方面，甚至是衡量治理能力的主要标尺，也是最终决定治理成败的关键。③ 政府利益协调机制在实践中主要存在三种形式：一是区域利益分配机制，包括区域投资、税收等利益争端处理机制，地区财税分享机制，地区税收征管一体化机

---

① 同城化研究课题组：《大都市区同城化进程中的社会治理一体化——府际合作与多元共治》，载《中共福建省委党校学报》2015年第6期。
② 曾鹏：《区域经济一体化下政府合作治理及其制度权威建设》，载《湖北大学学报（哲学社会科学版）》2021年第1期。
③ 周进萍：《利益相关者理论视域下共建共治共享的实践路径》，载《领导科学》2018年第8期。

制。① 二是政府间跨域项目合作机制，重点在产业发展、资源开发、土地利用、基础设施建设等方面，从合作区域的整体利益和长远利益出发推进管理体制和运行机制的创新，形成政府间的利益共同体。② 三是区域合作示范区的体制机制，在毗邻地区一体化发展先行区、合作示范区、飞地经济区等合作区内探索经济区与行政区适度分离管理机制，以及飞地治理机制。

横向机制最大的问题在于机制松散，有关合作成果缺乏法定约束力，有关强制性安排缺乏法治支撑。建立具有一定法律约束性和制度化安排的横向合作机制，大致上有三条路径。一是前文提过的飞地治理模式，其依据《中华人民共和国地方各级人民代表大会和地方各级人民政府组织法》的一些模糊性规定，通过地域管辖权的让渡来实现治理权分割合作。二是由联系比较紧密的区域间政府通过推动地方立法达成制度化协议并赋予其法律效力，建立起区域间社会治理的制度架构。③ 三是更长远来看，由国家出台区域协调与合作的相关立法来规范区域合作，解决此类合作的合法性和长效性问题。

（三）探索跨区域基层党建引领一体化机制

在各地的基层治理实践中，由于区域一体化治理的需要，一些地方也从区域党建引领的角度来推动基层社会治理创新实践。这一类治理机制通常发生在相邻省际、市际等不同行政区域间，通过建立联合党组织实现党建引领，推进跨区域治理机制进一步优化。④ 这种基层党建引领一体化机制，当然也可为双城治理所借鉴，特别是在同城化圈层区域和毗邻城市群区域的基层治理中进行探索。

当前，包括成都高新区、重庆高新区在内的12个国家高新区还成立了成渝地区双城经济圈国家高新区党建联盟，强化"成渝一盘棋"工作

---

① 管华宇：《京津冀区域一体化发展利益共享机制研究》，载《全国流通经济》2019年第4期。
② 程必定：《合作区域与地方政府区域合作机制的创新》，载《发展研究》2009年第6期。
③ 张玉磊：《跨界危机治理中的府际合作研究》，载《上海大学学报（社会科学版）》2018年第2期。
④ 陈世瑞：《党建引领跨区域治理的实践创新模式探析》，载《科学社会主义》2020年第6期。

理念。① 但是，由于缺乏交叉任职等一体化组织体系，这一党建联盟更多还是一种横向合作机制，有待进一步的实践探索。

二、区域协同监管机制

协同监管与司法服务，是区域协同公共机制中的两个重要方面。事实上，在市场监督管理方面，川渝两地已经开始建立有关机制。例如，四川省市场监督管理局和重庆市市场监督管理局签署的《深化川渝市场监管一体化建设 推动成渝地区双城经济圈建设方案》《深化川渝市场监管综合执法协作工作方案》等文件，明确了两地市场监督执法协同互认的线索移送、执法协助、执法联动、信息通报等机制。② 其中，与区域社会治理关系最为密切的一项协同机制，就是区域社会信用监管。下面以区域社会信用监管为例，予以说明。

（一）构建区域社会信用体系

党的十九届四中全会将"完善诚信建设长效机制，健全覆盖全社会的征信体系，加强失信惩戒"作为推进国家治理体系和治理能力现代化的重要内容。③ 社会信用体系建设既是社会治理的一项重要工作，同时也是需要依靠智能化和大数据等信息技术，以信用为核心的一种新型市场监管模式。川渝两地部门2020年12月共同发布了《川渝省级公共信用信息目录》，就推动成渝双城经济圈信用建设一体化开展协同合作。④

构建区域社会信用体系包含以下几个方面内容：一是信用信息的归集、评价和公众查询平台，并扩大信用评价对象。⑤ 二是建立科学、合理和社会认可度高的社会信用风险评级体系，利用各种区域力量提升信用风险评级的权威性。三是信用修复，需要畅通修复渠道，激发失信主体守信意愿，在更广的范围内为失信者提供修复机会，保障失信主体的

---

① 成都高新：《成渝党建"朋友圈"——成渝地区国家高新区党建联盟成立》，http：//web. chinamshare. com/cdgxqrmt_html/APP/fglm/60814052. shtml，最后访问时间：2021年6月21日。

② 光明网：《川渝深化市场监管一体化执法协作》，https：//www. sohu. com/a/429637509_162758，最后访问时间：2021年6月21日。

③ 王辉，迟皓冰，张睿等：《信用治理视角下社会信用体系建设路径研究——以青岛市为例》，载《中国经贸导刊（中）》2020年第12期。

④ 信用四川：《成渝双城经济圈社会信用体系建设视频会议召开》，http：//www. creditsc. gov. cn/xysc/c1000021/202012/7767b9649ab4443da8d3e0ecc980c0d1. shtml，最后访问时间：2021年6月21日。

⑤ 王伟，熊文邦：《我国信用服务业分类规制研究》，载《征信》2019年第12期。

合法权利。^① 四是发挥信用评级的正负激励机制，既要对失信行为进行惩戒，又要正面鼓励守信行为，实行奖惩并重。

（二）建立健全区域联合失信惩戒机制

失信惩戒是"监管长出牙齿"的关键一环，也是新型市场监管手段发挥作用的核心机制。从社会治理的效果来看，联合失信惩戒的适用范围越广、涉及评价对象越多，则社会诚信的作用覆盖就越强。倘若社会主体和市场主体在不同地区享受不同信用待遇，则监管效果和社会效果都会大打折扣。目前来看，在成渝地区建立覆盖全域的联合失信惩戒机制，需要着力于以下几个工作：

其一，以区域协同的思路建立社会信用体系。前文提到信用监管四项体系内容，在区域协同中并非孤立的工作，需要在评价对象、适用空间范围、数据归集、权利救济和信用激励方面实行全域体系覆盖。

其二，为联合失信惩戒机制进行相应的协同立法。失信惩戒需要对社会和市场主体的权利进行合理限制或增加不利负担，因此惩戒措施、惩戒对象、适用范围、惩戒程序等，都需要通过法律法规的形式加以系统规定。通过协同立法而非各自立法，将两地的信用信息和失信惩戒按照一体化方式运行前，提高联合失信惩戒的合法性和实效性。

其三，建立失信惩戒效果评估和完善反馈机制。失信惩戒是社会治理的一个有机组成部分，不能偏离社会公正的一般认知，且应根据一定的评估情况完善反馈机制。^② 跨区域联合失信惩戒同样如此，需要将治理共同体和社会公众参与的评估机制作为权威性和公正性的治理效果保障。

三、完善容错纠错联动监督机制

容错纠错机制，是深化改革的新时代背景下，保证公职人员在依法履行法定职责中，不懈怠、不假公营私的重要制度，同时又是鼓励其放心履职，大胆进行治理创新的有力保障。中央对于容错纠错问题有"三个区分开来"的指导原则，即对于决策严重失误，工作失职的领导干部

---

① 董树功，杨崎林：《基于社会治理的社会信用体系建设研究——学理逻辑与路径选择》，载《征信》2020 年第 8 期。

② 梅帅：《社会治理视域下失信惩戒机制"治理意义"要素构造与完善方向》，载《征信》2020 年第 12 期。

实行严格问责，同时要注意保护领导干部改革创新热情。①但是，跨域治理最大的障碍和困惑在于行政壁垒，而行政壁垒的本质又在于，以行政边界划分职责与区域事务处理的冲突。在跨域治理中，如何把握各方职责边界，在鼓励创新、允许试错的同时，在跨域治理中，如何做到厘清各方职责边界，鼓励创新、允许试错，又有效推动区域联动监督，真正把社会治理区域协同制度落到实处，同样是重要的公共治理机制之一。

（一）通过制度化明晰容错纠错各自内涵

容错纠错机制目前尚未上升到正式制度的层面，未能与机关行政法律责任、公职人员监察责任等制度实现有效契合。各地的容错纠错规范性文件多是"头痛医头脚痛医脚"的临时性政策措施，在实践中又具体表现为两个极端：一种是喊口号不落地，操作性不强，且各地规定同质化倾向明显；②另一种是将容错作为"乱作为"的庇护伞。

在理念上，容错纠错机制未能达到"容纠"并重。无论从容错纠错机制的语义关系，还是将之放置在行政责任制的整体语境中考察，容错和纠错应当是并重且互补的。内容上偏重任何一方，都可能会影响这项机制的完整性与系统性。③容错纠错存在双重的法律含义，即过错不成立和有错免责。这种情形在制度设计上的价值导向和技术处理完全是不同的。对于本身没有过错的履职行为，应无条件不予追责；而对于有错但可免责的行为仍要追责，毕竟存在过错，有可能造成损害信赖利益、降低政府公信力等不良后果。④

由以上分析可见，要实现区域治理的容错纠错联动监督，不能依靠各级语义不清、缺乏配套保障的政策文件，而是要进一步建章立制，对政府跨域治理活动中的纠错容错进行全面制度设计，并明确把握两者的关系和界限。

（二）合理设置容错纠错的认定规则

对容错纠错进行制度化设计的一个核心内容，就是科学设置容错纠错的认定原则。就容错而言：一是要合理区分机关责任和个人责任。机

---

① 熊项斌：《新时代领导干部创新动力与提升机制》，载《河南师范大学学报（哲学社会科学版）》2020年第1期。
② 王炳权：《各地容错纠错机制的优点与不足》，载《人民论坛》2017年第26期。
③ 胡杰：《容错纠错机制的法理意蕴》，载《法学》2017年第3期。
④ 郎佩娟：《容错纠错机制的可能风险与管控路径》，载《人民论坛》2016年第11期。

关责任归责依法采用行为违法原则，不论是否有主观过错，客观违法即承担相应法律责任；但工作人员个人主观确无过错的，不应承担责任。①二是合理区分无责和免责的认定条件。如前所指，"容错"的"错"实际包含了两种不同的法律含义：一种是指"过错不成立"，如主观上无法预见的情形；另一种是指"有错免责"，如因先行先试探索"两区"分离而行使法外职权，但未造成严重后果的，免责的认定条件显然应严于"过错不成立"。

就纠错而言：一是合理认定不同领域的过错，在某些权责不明确的先行先试领域，如经济区与行政区适度分离改革，应当侧重于容错保护，不宜设置严格要求。二是明确某些违法或不履职行为的过错推定原则，如明显违反法定程序。但同时应该允许行为人进行过错抗辩，如能够在法理和专业认知范围内予以合理说明，或者证明自己尽了审慎审查义务，则应当免责。

（三）建立健全容错纠错联动监督机制

双城治理过程涉及工作领域多，容错纠错的制度规定不能"单兵突进"，需要健全多元协同的区域联动监督机制，便于在不同领域及时地发现未履行治理主体责任的行为。双城联动监督应当符合人民性、多元性、开放性的要求。人民性要求联动监督应以人民为中心，务求将建设成果惠及人民。多元性要求联动监督主体的多元化，既有中央层面的主体，又有地方层面的主体，以确保监督主体地位的相对合理，方便监督工作的开展。开放性要求秉承"监督—知情—公开"的逻辑线索，使联动监督的过程、内容、结果公开透明化。

与之相适应，联动监督还应当是一个目标统一、功能衔接、结构完整的有机体系。为进一步整合资源调度、提升监督质效，有必要对联动监督关系和体系进行重新梳理和整合，如完善中央地方的联动监督关系，以依法监督为核心的联动监督体系，并搭建双城联动监督新平台、新坐标、新方向和新风尚。② 具体表现在联动监督机制上，它们包括：一是健全决策风险评估机制，建立容错纠错治理防火墙；二是健全社会监督评价机制，提升治理共同体参与监督的力度；三是健全监察问责联动机

---

① 有观点认为，行政违法即推定行为人有过错，行为违法原则吸收了过错原则。参见徐国利：《论行政问责的责任与归责原则》，载《上海行政学院学报》2017年第1期。

② 具体详见"对策论"部分内容。

制，监察主体和各类监督主体要定期会商，涉及需要跨部门、跨区域协作的公共事项，明确追责触发机制，防止出现脱节现象。①

第三节　双城治理体系中的市场运行机制

治理是一种公共性活动，但不能简单认为公共性活动皆与市场活动无关。从公共性治理机制生成逻辑来看，国家、市场和社会是一个互为整体的运行体系。改革开放以来，中国国家治理转型的核心是由计划体制向市场体制转轨。② 随着政府职能转变和社会治理现代化进程的加快，大量社会组织等社会新兴力量也开始进入治理场域，这一过程既表现政府与社会组织的重要互动，也表现市场机制加入治理格局的重塑。正是由于有了市场机制的加入，才在一定程度上改变了政府与社会组织之间的模糊定位，进一步推动国家、市场和社会的良性互动。

一、强化市场机制在双城治理中的作用

目前，资源下沉基层的一个直接体现是基层政府和社区有了更多的资金购买社会服务，从而将部分职能转移给社会组织或中介服务机构承担。但也正是因为社会组织服务项目的资金来源主要是政府购买服务，类似"跟着政府走"的情况时有发生。因此，市场化成为必要一步。③在双城治理中，市场机制的作用主要体现在提高跨区域治理事务效率，引导社会力量跨圈层提供社会服务和社会保护，以保证圈层一体化发展的协调稳定。

（一）市场机制可以提升区域治理事务的效率

当代中国语境下的"社会组织"，一般指的是介于政府组织与市场组织之间的庞大组织体系，主要包括社会团体、民办非企业单位和基金

---

① 方世南，张云婷：《增强容错纠错机制的实效性研究》，载《党政研究》2020年第4期。
② 屈站：《国家、市场与社会三重视角下公共治理机制的生成逻辑》，载《领导科学》2015年第10期。
③ 徐慧慧，颜秋瑶等：《基层治理中行政、市场和志愿三机制互联互补性研究》，载《社会发展研究》2020年第3期。

会。① 对于政府而言，社会组织的入局有利于转移政府职能，也有利于提高政府治理的社会兼容性。但这一过程不是由政府直接下达指令完成的，而是融入市场化的因素。具体表现为，政府按照清单管理的要求，通过提供社会服务购买资金，并以项目制为抓手引入市场竞争机制，使得社会组织得以参与提供公共服务，提升了公共服务的资源配置效率。也正是因为社会组织与市场化机制结合，使其获得发展资金和市场声誉，才能够在治理格局变迁中赢得一定的自主空间，成为参与社会治理的一支重要力量。

而对于治理活动的持续性和治理主体的多元性而言，市场机制的作用也是明显的。市场激励机制可以吸引更多参与者进入治理领域，在"社会组织"的名义下，企业家、各行业专家甚至居民个人都可以找到参与社会治理的组织渠道。而市场"无形之手"的力量，也可以促使治理主体自主适应市场参数的动态变化，通过调整利益相关方的供需行为为基层治理提供持续的动力基础。②

目前来看，市场机制的作用发挥仍然不够明显。政府购买服务带有一定的行政地域性和封闭性，项目竞争公平性不充分，跨域性的社会要素流动存在障碍。因此，在更大范围内配置社会治理公共资源，应该朝着有利于打破行政垄断壁垒、促进要素自由流动、激发创新和企业家精神等方向去改革。③ 为此，双城治理体系需要考虑为社会治理市场化进一步创新体制机制。

（二）市场化引导加强对中部区域的社会保护

我们还应当看到，市场化的机制发挥作用的条件和空间不是绝对和无限的。通常而言，市场化的前提有两大现实约束，一是体制机制方面的限制，二是经济条件的限制。创新社会治理体制，建立社会合作治理体系需要一定的经济基础作为支撑，一个地方的财政状况直接影响到本地社会治理创新的思路及方式方法。④ 如果本地财政状况不佳，市场化

---

① 方晓彤：《中国社会组织：历史进程、现实状况与发展趋向》，载《西南石油大学学报（社会科学版）》2017年第5期。
② 孙涛，刘凤：《转型期城市基层治理：机制、逻辑与策略》，载《学海》2016年第5期。
③ 田国强：《疫情大考中的短期举措建议与政府、市场、社会治理之道》，载《湖北经济学院学报》2020年第2期。
④ 孙涛：《国家市场社会三维视域下社会治理结构重塑探析》，载《中共福建省委党校学报》2016年第5期。

机制创新动力不足，则又会反过来约束市场机制的作用，使得有关社会组织和社会力量参与治理的渠道和积极性受到较大抑制。

从双城治理的系统性和整体视角来看，非均衡治理结构是常态。如何在中心圈层以外特别是第三圈层中部区域更有效地发挥市场机制作用，为区域治理的协调均衡提供一定的社会治理保护，是双城治理体系建构需要重点考虑的问题。在这方面，市场化机制不但不能退出，反而应当进一步强化，否则成渝地区的圈层治理体系与社会结构就有可能被撕裂，不利于治理体系结构的稳定。具体来讲，这就要加大制度统筹力度，发挥中心圈层的市场辐射功能，通过区域合作、园区共建、平台搭建和财政转移等多种方式，为市场化引导社会要素向其他圈层流动提供制度配套，从而实现要素的区域流动。

二、促进市场参与双城治理的主要机制

具体到机制运行方面，市场主体参与社会治理的机制主要体现在以下两个领域：一是市场主体参与治理型公共设施的投资和运营，为社会治理项目和空间载体提供造血功能；二是创新市场主体参与社会治理特别是跨域治理配套机制，营造共建共治共享的良性竞争环境。说到底，就是要按照党的十八届三中全会提出的"着力解决市场体系不完善、政府干预过多和监管不到位问题"的要求，处理好政府和市场的关系。[①]

（一）治理型公共设施投资和运营参与机制

治理型公共设施是指由政府全部或部分投资的，以服务社会治理为直接目的或者自身具有一定社会治理功能的公共设施及空间或项目载体。在"实践论"部分提到的社区治理综合体、法治建设服务站或服务点，以及引入社会资本投资的城市更新项目等，都属于治理型公共设施投资和运营的范畴。由于这些投资项目需要大量资金投入，特别是设施建成后还要进行后期运营，因此会面临"政府的供给能力有限，无法满足规模日益增加、差异化程度不断提高的社会需求"这一矛盾。[②] 此时引入社会资金，发挥市场机制的治理力量就成为必然的选择。

[①]《中共中央关于全面深化改革若干重大问题的决定》，载《人民日报》2013年11月16日。

[②] 韩凤芹，周孝：《更好发挥社会组织作用将事半功倍——NIPS的经验与启示》，载《财政科学》，2020年第5期。

在此类公共设施投资和运营中，引入市场主体不只是为了解决公共服务的资金来源问题，更大的作用是打破政府作为全能型城市治理主体的基本格局。① 对政府而言，需要向市场主体让权让利，尊重市场主体的投资权益与商业自治规则，同时在有关项目运行中发挥监督职责，不偏不倚地处理相关争议。对于市场主体而言，参与提供公共产品和公共服务，一方面可以提升其市场声誉，并获得一定商业回报，另一方面也能为社会治理注入市场评价机制，提升治理效能。社会资本还能够明显提升项目运行效益，从而让社会居民享有更高水平的公共服务。此外，市场机制的引导，也有利于政府更好发现社会需求，改善公共服务质量。整体来看，市场主体参与治理型公共设施投资与运营，是多方主体共建、共治、共赢、共享的表现②，本身具有社会治理示范意义。

治理型公共设施是城市基础设施和公共事业的组成部分，在引入市场机制方面，主要倡导一种"公私伙伴关系"，综合采用签约外包、特许经营、财政补贴等机制提供公共产品和公共服务，实现社会资源整合，增强社会生机活力。③ 在市场化程度较高的地区，还可以引入项目竞争机制和社会监督考评机制，以提高项目发包的竞争性，并在项目验收过程引入社会评价机制，保证市场化机制的社会认可度，促进政府、市场和社会的良性互动。

（二）创新双城治理市场化的配套机制

根据以上分析可知，双城治理市场化过程并非任何一方治理主体的独角戏，而应由政府、社会、市场三方来完成，彼此间由制度联结，相互制约，创造出对彼此有利的治理局面。④ 而三方的联结，就需要配套的制度设计和机制创新。前文提到的增加治理项目发包的竞争性和社会性考评，就是这样一种思路。从体系化建构的视角考虑，应当在制度上进一步固化三方合作的良性机制，使各个主体关系摆脱单纯依靠行政命令的基本框架，而是通过谈判、对话、协商、合作等集体行动机制，形

---

① 彭姝:《城市治理现代化演进中的市场机制作用分析》，载《特区实践与理论》2019年第5期。

② 彭姝:《城市治理现代化演进中的市场机制作用分析》，载《特区实践与理论》2019年第5期。

③ 孙涛:《国家、市场、社会三维视域下的社会治理结构重塑探析》，载《攀登》2016年第3期。

④ 金泽龙:《政府、社会、市场之多元维度视阈下的治理发展研究》，载《南方论刊》2019年第11期。

成多方利益共享、互动机制和组织结构。①

在政社企合作方面,双城治理共同体也是一种可以充分利用的治理资源和机制导入系统。一些社会公共领域组织,不但能够通过其研究成果直接为社会治理出谋划策,在一个治理共同体的协调机制下,它们还能够充当企业与企业、企业与社会个人利益的协调者,更容易被市场主体和社会公众认同。② 此外,由于双城治理还涉及社会要素的跨域流动和社会保护问题,为此还应当建立跨区域的社会治理项目管理清单,统筹设计政府职能转移事项,建立健全更具开放性和公平性的公共服务政府采购机制,搭建跨区域的社会要素交易平台,有效促进治理资源在区域内畅通、高效流动。

第四节 双城治理体系中的社会参与机制

一般意义上的治理参与机制,包括以政府决策机构为中心的指挥机制、以责任单位为中心的执行机制、以监督机构为中心的考评机制和以社会主体为中心的参与机制。③ 其中,社会参与机制是针对社会主体的治理参与而言的,本质是除政府以外的治理共同体参与治理的渠道、程序和方式的总和。而双城治理中的社会参与,实际就是关于三大治理共同体如何参与区域治理和基层治理的问题。从基层自治参与、法治实践参与和公共决策社会参与三个方面,各种治理共同体都能发挥不同的作用,可以通过进一步完善符合治理主体和治理活动特点的多样化参与机制,激活基层治理的社会参与力度。

一、基层治理共同体参与基层自治

长期以来,以行政化为导向的社区管理占据着主导地位,自治组织弱化、自治功能萎缩、自治制度空转的"成长的烦恼"和"制度的

---

① 孙涛:《国家、市场、社会三维视域下的社会治理结构重塑探析》,载《攀登》2016年第3期,第56页。
② 杨仁忠:《社会公共领域的经济功能及社会治理价值》,载《天津师范大学学报(社会科学版)》2014年第5期。
③ 朱帆:《城市管理社会参与机制的经验和启示》,载《产业与科技论坛》,2020年第17期。

瓶颈"引人关注。① 不过,近年来基层自治的现状已有明显改变,特别是在东部沿海地区,涌现了一大批居民广泛参与的自治项目和示范社区,制度化的民主协商机制和各种强化治理主体参与或辅助自治的新机制不断形成,为基层治理共同体实现共建共治共享提供了体制机制保障。

(一)基层民主协商机制及其制度化构建

居民民主协商机制在一定程度上是我国民主协商制度在基层的一种表现形式。但居民民主协商具体应用于社区治理,在实践中仍面临一些亟须解决的问题,如政府和社区的职能边界尚未厘清,导致社区无暇关注社区居民的利益诉求,阻碍了社区协商民主的发展。② 更重要的是,基层民主协商缺乏制度化的设计,容纳不同主体参与的空间有限,居民对社区协商治理的内容、程序、执行等缺乏了解,自我管理能力尚未完全形成。③ 因此,基层自治的民主协商需要一整套制度化的设计,包括协商的法治框架、基本程序、公示原则和执行机制,使居民民主协商具有更强的传播性、操作性和科学性。④

实现这样一种制度化参与机制的过程,实际也是各种治理共同体参与制度建设的过程。首先,社区认同是社区成员与社区联系的一种重要机制,有效回应居民需求是提升社区认同、调动居民参与社区治理的前提。⑤ 因此,基层大多数事务,如自治公约的制订、自治协商会议的召开和民主评议的开展,通常要充分利用社区精英带头、兴趣团体带动和专业服务购买等机制加以保障。⑥ 同时,需要协调居委会、业委会、物业公司等主体,通过利益关联机制促成居民参与自治过程走向制度化、规范化。

另一方面,基层治理经常采用精英带头和贤人治理,这些主体身上往往具有专业知识不足、法治素养不高的短板。把基层民主协商和自治推向

---

① 任路:《协商民主:居民自治有效实现形式的运转机制》,载《东南学术》2014年第5期。
② 李晓峰:《社区协商治理的实践价值、问题甄别与实现路径李晓峰》,载《党政研究》2021年第2期。
③ 闵学勤:《社区协商:让基层治理运转起》,载《南京社会科学》2015年第6期。
④ 宋庆华:《中国基层社区协商民主的原则、特点和发展方向》,载《社会学人茶座》2020年第1期。
⑤ 苏霞:《层级化网络治理:多层级村庄自治架构及其运行机制》,载《华中农业大学学报(社会科学版)》2014年第1期。
⑥ 刘伟:《上海基层社区自治规范化与创新居民参与社区治理机制》,载《科学发展》2019年第1期。

可持续的发展方向,就要同时引入法治共同体的力量,将专家学者、法律从业人员等社会主体吸引到基层共治协商的制度建设和实际运行中去。故而,建立专家评议指导机制和律师专业调解机制,亦有较强的现实需求。

(二)居民自治机制创新

除了民主协商的制度化保障,基层居民自治参与在动力机制、表达机制、选举机制和责任机制方面,尚缺乏体系化的保障,需要进一步加大创新力度,形成更加浓厚的自治氛围和更为完善的社会参与机制体系。首先,就自治参与动力而言,利益机制往往是核心。社区或小区的经济条件好、矛盾纠纷突出,则民主协商的自治动力必然充足。反之,另需围绕新增利益(不限于经济利益)吸引居民参与,或者以购买服务的市场化机制发动、协助居民参与自治协商。

其次,关于居民利益和诉求表达机制,目前各地多只有"市长热线"等平台机制,而无其他更多制度渠道。这就需要搭建更多的利益表达平台,来汇集基层自治需求和民声民意。在此过程中,可以考虑建立治理共同体搜集民意、代表居民发声的激励机制,使得基层居民的利益和诉求表达渠道更加畅通、丰富。

再次,基层民主选举(特别是小区业委会选举)的选举机制较为局限,居民参与度通常较低。为了提高小区自治的积极性和能力,可以新增两项机制:一是推广和完善网络投票机制,降低小区自治的个人"精力"门槛,提高社会参与度;二是探索社会组织跨区域的自治协助参与机制,通过社会组织的参与和扶持,形成小区之间区域联动、相互帮扶和培育自治共同体意识等自治参与新机制,动员和发动更多人关心小区事务,增加居民参与自治的社会获得感。

最后,建立自治责任新机制。自治是居民的一项基本权利,作为公共事务执行者的基层组织干部同时也承担着一定的治理责任。许多基层自治组织面临的一个问题是,对自治组织干部无明确的责任约束,居民因此对自治组织信任度不高。同时,自治组织的干部也通常认为自己执行公共事务只是义务帮忙,没什么具体责任。小区业委会就是一个典型例子。增强基层自治组织干部的责任感和使命感,使基层自治工作进入制度化、法治化的良性发展轨道[①],已刻不容缓。具体而言,建立新责任机制的路径如

---

① 张清:《基层自治制度的理论阐述与路径选择》,载《法律科学(西北政法大学学报)》2020年第2期。

下：一是通过地方立法，明确业委会成员等基层自治组织干部的法定责任，建立责任约束的法治机制；二是进一步压实基层政府对基层自治组织的监督管理责任，通过一定机制手段，如公示违规行为，促使其积极履行义务；三是充分利用党建引领机制，鼓励和保障党员在基层自治组织中任职，通过从严治党将责任感和使命感植入基层自治组织。

二、法治共同体参与治理的实现机制

社会治理共同体这一概念彰显了"中国之治"的制度优越性，展现了社会自治、社会法治与社会德治的未来逻辑。[①] 他们参与社会治理的过程体现了主体和客体全方位的协同与分工。而双城治理共同体是一个拥有更立体化和多维度的体系，具体延伸出优化营商环境共同体、法治共同体和基层治理共同体三大主体体系。地方立法协同、司法协同服务监督都是双城治理的主要创新路径，由于拥有专业优势和更高的共同体意识，法治共同体在这一领域能够发挥更大的治理作用。但是，法治共同体内部也有不同组成，法治运行体系实践中存在一些闭环。缺乏开放性的参与渠道和机制，则法治共同体参与治理效果差。

（一）共同体激励机制

共同体建设意味着社会治理结构的根本转型，即从科层治理结构转向多元共治的治理网络。法治活动是一种高度专业化活动，并非所有治理共同体都能全过程、无差别地参与法治建设，在其他治理领域也难以发挥法治共同体那种专业优势。同时，法治共同体一般都"以法为业"，要提升法治共同体参与社会治理的效果，首先要为法治共同体提供参与治理的激励机制。政府应当发挥资源优势和政策导向，通过多种方式来激发共同体的能动性。[②] 这包括但不限于经济回报，还要让法治共同体的社会贡献能够获得充分肯定与尊重。

（二）平台参与机制

除了激励机制，政府应当建立平台参与机制，搭建多样化的平台，

[①] 范逢春，张天：《国家治理场域中的社会治理共同体：理论谱系、建构逻辑与实现机制》，载《上海行政学院学报》2020 年第 6 期。

[②] 张磊：《社会治理共同体的重大意义、基本内涵及其构建可行性研究》，载《重庆社会科学》2019 年第 8 期。

如区域法治监督员、区域行政复议委员会联盟、区域法治专家库等,引导和保障法治共同体通过这些参与平台,实质性介入区域治理和区域法治建设运行。同时,这类平台应当采取实体化运行,真正推动共同体在法治活动或公共治理决策中的咨询、协商和监督作用,不能只作为一种"虚职"或用作部门创新的"门面"。同时,这类平台或机制也要引入技术治理的元素,建立健全信息网络,加强法治共同体之间的沟通交流及与治理客体的互动。

(三)公共危机事件法治监督参与机制

一般的社会监督虽然可以通过制造舆论、影响舆论来左右公共事件的发展,但社会舆论没有制度强制力[1],且缺乏专业性和思辨性,容易受到极端言论和虚假信息的影响。从社会治理的效果来看,社会监督不可或缺,但需要进行一定的制度化和规范化。在法治监督方面,法治共同体的行业代表性使其具备一定社会监督的属性,其专业性又有助于提升监督的精准性。这显然有利于多元主体对公共危机事件达成共识,不断提高其他共同体的互信,形成相对具有妥当性和公信力的处理意见,降低舆情发酵风险。因此,除可以在社会关注度较高的公共事件中鼓励公众参与公共危机治理[2],同时考虑建立制度化的法治监督参与机制,由法治共同体组成危机处置法治监督小组,与社会其他共同体协同参与公共危机事件的治理。

三、共同体参与社会监督的反馈机制

对治理权分配和运行处于主导地位的主体进行一定的权力约束,这是多元共治的应有之义。而社会监督是治理权实现共享的标志之一。但是,不论哪一种社会主体的监督,都不具有直接的强制性,提出的建议和意见是否得到及时回应,具有不确定性。从社会监督的本意来看,监督活动一旦启动,政府等被监督主体应当对此做出及时反馈。[3] 若非如此,社会监督就失去了应有的威力和效能,也无以谈及社会参与机制的稳定运行。因此,拓宽社会监督渠道和完善社会监督的反馈机制,是对

---

[1] 张卓:《网络综合治理的"五大主体"——新时代网络治理综合格局的意义阐释》,载《人民论坛》2018年第5期。

[2] 吴志敏:《城市公共危机治理下公众主动参与有效性研究——基于协同治理视角》,载《学术界》2018年第2期。

[3] 战晓华:《建立健全社会监督机制研究》,载《辽宁行政学院学报》2011年第12期。

共同体参与社会监督的重要保障。

(一) 拓展社会监督渠道

我国社会主体参与监督的渠道中，投诉、申诉、举报等传统形式已经不能满足多元化的社会治理主体的参与需求。这就提出了拓展新的社会监督渠道的要求。在互联网时代，搭建社会参与的媒体平台，对于增进不同治理主体的相互了解和信任，促进社会和谐稳定有重要意义。① 前文谈到的法治监督参与机制，广义上也属于一种新的社会监督渠道。除此之外，优化营商环境共同体和基层治理共同体中，也应当分别拓宽新的监督渠道，以适应新的利益调适格局。例如，社区通常被视为党群联系的服务窗口，为此可以进一步拓展社区的监督载体功能，强化社区对行政部门的社会监督机制，使社区成为居民和社会组织日常社会治理参与的主要渠道。②

(二) 完善社会监督的反馈机制

社会监督的有效运行，离不开政府及其部门对社会监督意见的必要反馈。从实践中的治理经验来看，许多重大风险的进一步蔓延，往往不是由事件本身的性质决定的，而是由政府及其部门对社会关切和监督意见缺乏及时反馈、正确回应以及合理说明所导致的。要想让社会监督真正地发挥作用，就必须完善相对应的政府部门监督响应机制。③ 为了让反馈更加精准适切、响应更加及时高效，而不是漫无目的或疲于应付，就需要建立分类反馈机制：一是对治理事项进行分类，确定不同事项的反馈优先级别及其适用的反馈程序；二是对治理主体进行适当分类，凡是三大共同体通过制度化的参与机制提出的监督意见，各政府部门原则上应当充分响应并完整反馈；三是对反馈程序进行分类，按照不同主体和不同治理事项，设置不同的反馈时限、反馈内容以及内部流转程序。

---

① 林祥明：《探索社会协同参与机制构建民主民生互动平台》，载《决策咨询》2012年第5期。
② 申锦莲：《创新社会管理中的社会参与机制研究》，载《行政与法》2011年第12期。
③ 王琦：《我国公共政策过程中的社会监督基本对策研究》，载《科技创业月刊》2014年第3期。

第五部分 对策论

加快推进成渝地区双城治理现代化

第十四章　加强双城治理国家制度供给

　　放眼全国，制度供给不足的问题不仅仅限于成渝地区，已历经数十年发展的传统城市群、都市圈，问题依然如故。例如，京津冀地区在协同立法上，很难充分地依靠北京这一政治中心发挥出区域协同立法的区位优势，区域协同立法尚停留在大气污染防治的层面；再如，粤港澳大湾区，在中央赋予其先行先试权限的背景下，区域协同立法方面同样建树不多。在非均衡治理结构的影响下，成渝地区治理制度供给抑制效应尤甚。且作为后来者和追赶者，成渝地区在不具备政策优势的情况下，想要突破立法机制的限制进行区域创新，具有一定的难度。

　　从成渝地区中心城市的市域社会治理实践来看，制度供给不足已经成为成渝区域治理现代化的消极影响因素之一。推动成渝地区双城经济圈建设，急需一套能够在四川、重庆两地协同适用的区域制度体系，来确保区域协调发展与治理。随着成渝地区双城经济圈建设上升为和京津冀、长三角、粤港澳等早期城市群区域经济发展地位相同的国家区域战略，各级政府应当意识到，主动寻求国家支持赋予成渝地区一定的治理创新先行先试权限，并非不可。退一步而言，在现有法律制度框架下，探索跨区域治理各项体制机制创新，在某种程度上也是可行的。在具体的构建路径上，可以根据区域治理需求的优先等级和紧迫性的不同，进行长期、中期、短期的制度供给探索。

第一节　双城治理的长期制度供给路径

　　双城治理命题具有历史长期性，这决定了建立健全双城治理所需的制度体系，并不是一项在短期内就能快速完成的事务。此外，区域治理通常也会随着经济社会的不断发展，提出新的治理需求，相应的治理制度供给也处于一个不断动态调整的过程。长期制度供给的可能性与可行性，我们都应当予以关注。在长期制度供给的路径选择上，一方面要积极研究区域治理国家立法的可行性，制定在某个区域范围内可以全域适用的法律，确保区域治理有法可依；另一方面也要积极探索行政区与经济区适度分离法治保障，在相关法律制度的联动修订中予以考虑。

一、建立国家区域协调发展法律制度

区域不是单纯的行政区，更多是一个经济区的范畴。如何从长期制度供给层面保障区域协调发展的法律制度呢？我们认为，国家立法是区域社会治理的根本法治保障。当前面临的许多问题，正是由对区域内政府关系和事权划分缺乏一个系统的法律安排所导致的。解决这一问题，就必须通过顶层设计、制度安排和体制机制创新，建立区域协调发展的法律制度，实现重大改革于法有据，以法治的方式优化制度设计。

推动这一法律制度的建立，主要有两种立法路径。一是修订《中华人民共和国立法法》，明确区域协同立法的事项、程序、效力和责任等一系列顶层设计，为地方协同立法提供法律依据。二是就区域协调发展制定专项立法。对于哪些区域发展事项应当专门立法，目前有不同的认识。有观点认为，应当完善区域经济协调发展的金融法律制度；也有观点认为，应当完善区域经济发展的产业法律制度；还有观点认为，应当完善区域协调发展的社会治理法律制度。[①] 我们认为，区域协调发展的法律制度的内涵是丰富的，涵盖了发展与治理领域的方方面面。且近年来，随着国家全方位、高频次、大力度地推行区域协调发展国家战略，理论界和实务界都能够感受到区域治理在国家治理体系中的作用越来越大，其重要性愈加明显。加之全面依法治国进程的推进，如何以法治思维和法治方式来实施区域政策、促进区域发展，如何就区域发展的经济法治定位在既有评价的基础上给予必要的考量，就成为学术研究中和实务工作中必然面临的议题。在此背景下，区域协调发展的法治化已然步入了一个新的起点。[②]

根据以上讨论，我们就区域协调发展法律制度的建立提出以下建议：

[①] 王在亮，张慎霞，房晓军：《加强社会建设创新社会治理：2017年思政课实践教学调研报告汇编》，中国海洋大学出版社2019年版，第33—133页。

[②] 黄茂钦：《区域协调发展的经济法治新维度——定位重塑与体系演进》，载《北方法学》2020年第6期。

一是通过《中华人民共和国立法法》《中华人民共和国城乡规划法》等法律的修订，为新的发展与治理单元提供立法和规划法律保障；二是在条件成熟的时候制定一部统一的《区域协调发展与治理促进法》，通过对区域发展与治理重大问题的综合性立法，来实现区域治理法律制度供给的全面化和系统化。这部法律的内容应当包括：立法目的、宗旨和原则，促进手段、治理参与主体、保障措施和相关责任等。

二、建立经济区与行政区适度分离的立法保障

党中央关于成渝地区双城经济圈建设的批复，明确提出要支持成渝地区探索经济区和行政区适度分离。而城市群、都市圈发展与治理的关键是突破职责与行政边界，让经济社会要素能自由流动，经济活动能充分遵循市场规律。在现有行政管理体制下，促进经济区与行政区适度分离，创造政府集中精力抓经济发展的环境，"形成不同于一般行政区域的具有特色的管理体制"，将为城市群建设提供科学的路径选择。[①]

成渝地区双城经济圈更多的是突出了区域经济的特征，适度淡化了行政区特征。要真正让地方在探索经济区与行政区适度分离时避免陷入"法治悖论"，国家应当从顶层法律设计上给予一系列的保障：

一是打包修改《中华人民共和国地方各级人民代表大会和地方各级人民政府组织法》《中华人民共和国人民法院组织法》，明确地方政府可以通过协议方式在共建园区、飞地经济区、一体化发展示范区等特殊区域内，让渡一定的地域管辖权，并且可以根据情况设置跨区域的法院。二是为成渝地区一体化发展制定相应行政法规。根据《中华人民共和国立法法》（2015年修订）第九条规定[②]，国务院有权根据全国人大及其常委会的授权，就区域发展与治理问题制定行政法规。一个较为可行的思路是，由全国人大常委会在条件成熟时，授权国务院就成渝地区一体化发展制定《成渝地区双城经济圈建设区域合作条例》，明确对经济区与行政区适度分离做出相应规定。作为区域合作治理的总纲性行政法规，应当对区域发展与治理立法的基本目的、基本原则、合作方式、合作范围、

[①] 胜毅，杜雪峰：《基于经济区与行政区适度分离视角的成渝地区双城经济圈建设路径》，载《西华大学学报（哲学社会科学版）》2021年第2期。

[②] 《中华人民共和国立法法》（2015年修订）第九条规定："本法第八条规定的事项尚未制定法律的，全国人民代表大会及其常务委员会有权作出决定，授权国务院可以根据实际需要，对其中的部分事项先制定行政法规，但是有关犯罪和刑罚、对公民政治权利的剥夺和限制人身自由的强制措施和处罚、司法制度等事项除外。"

法律程序以及有权合作的各类主体进行明确规定，赋予各级地方政府具体的职权职责和建立区域利益协调机制。

第二节 加强双城治理国家制度供给的中期路径

区别于系统性、综合性法律制度供给的长期路径，双城治理国家制度供给的中期路径应当重点考量的是各项专项立法的单项突破。由于单项立法突破相对简单可行，因此在制定或修订时，只需融入一定的区域治理理念并单独设计个别条款，为区域协同立法提供必要的法律支撑。这些单项立法可能涉及的重点领域，包括国土空间规划、城市管理与建设、行政执法、诉讼制度、环境保护等。要在这些领域的立法中，融入区域治理的思路，建立区域协调治理机制，设计某些治理条款。

一、在相关专项立法中融入区域治理理念

随着区域内社会客观环境和自然资源格局更迭、区域内市场运行机制复杂化以及区域内公民权利保障与社会参与意识提升，传统的以行政区划为权力分界的公共行政运行模式已经不能充分适应这些跨区域的公共事务新发展，不能及时有效回应社会公民对这些公共治理难题的诉求。[①] 目前，从较为成熟的区域一体化进程来看，其合作政策、行政协议等软法规范在内容上倡议性、框架性、方向性规定居多，但是对于一些实质性操作层面的问题则缺少具体的制度规范。因此，有必要进行更进一步的重点领域立法探索。

区域内的行政机关相互间产生公共治理关联的频率越来越高，但在一种单纯的软法框架下，无法破解区域内公共事务治理与法治资源碎片化的新型制度裂痕。为此，国家既需提供一种区域间立法的法治整合，又需要将破解区域公共事务治理难题的问题导向思路融入立法进程。

二、对重点治理事项进行区域协同立法

在促进市场要素的跨区域流动的立法方面，应当对资本、金融、技术、知识产权等市场要素的正常流动提供规范化举措建议。这种治理的协调性就意味着区域内企业、社会组织以及个人可以在区域内实现自由

---

① 杨治坤：《区域协调治理的法治路径研究》，载《东方法学》2019年第5期。

消费，包括对住房的购买。但是，也要注意资本的安全问题。可根据特定的公共政策以及公共利益考量，合理、适当地限制资本的流动，特别是宏观的监管和资本控制，规定某些形式的税收待遇、公共政策，基于国家安全和国防的金融惩罚。

在公民的个人权利保障上，除了传统的就业权、教育权、非歧视权等，目前应当注重保护成渝经济圈内的公民个人数据。个人数据通常是指任何可以识别个人身份及其行为的信息，如一个人的姓名、地址、出生日期、健康历史或在线购买历史等。在大数据时代，个人数据被他人收集、存储、使用或以其他方式处理时，法律通常要进行保护。具体而言，下一步立法可从以下几个方面进行完善：一是通过"当事人查阅要求"提供有关其持有的个人数据资料；二是执法机关在调取个人数据时应当具有严格的对称性、比例性以及合法的审批手续；三是因违反《中华人民共和国数据安全法》而造成损害时，公民有主张赔偿的权利；四是数据的自动化处理应当具有中立的监管者。

在环境、气候与能源问题治理上，应当将三者进行统一规划治理。这方面的立法应旨在保护和改善环境，应对气候变化，促进能源安全和优化能源市场。具体的规则应旨在保护区域内公民的基本权利，如制定获得更清洁的空气、更纯净的水和更安全的卫生设施的规则体系，制定防止跨区域环境破坏的规则体系，等等。具体的协同立法包括：限制空气污染，减少温室气体排放，防止臭氧消耗物质排放的立法；促进能源效率和增加可再生能源的立法；改善和保护饮用水的质量的立法；促进减少废物、再利用和循环利用的立法；控制化学品、杀虫剂和转基因生物的销售和使用的立法。这方面的整体立法应是规定最低标准或程序要求，如果区域内政府愿意，有权维持或采取更严格的保护措施。同时，应当制定切实有效的程序，帮助社会组织与公民参与环境决策、执行环境规则，防止环境损害，并确保政府机关或检察机关在做出某些决定之前考虑到环境影响评估方面的信息。

第三节　加强双城治理国家制度供给的短期支撑策略

不同于京津冀以北京为区域主导城市，长三角一体化发展以上海为区域中心城市，也不同于粤港澳大湾区以广东为主推力量，成渝地区的治理特殊结构在于，四川和重庆在历史发展中的对等性与竞争性，且地区整体呈现圈层治理空间结构。从目前成渝地区治理现状来看，如何在中央的主导下建立川渝两地的一体化治理结构，并在国家支持下实现区域的执法协同、推动区域司法协同服务，加强区域内治理主体的联系与互动，是成渝地区双城治理急需予以回应的问题。从短期来看，中央为双城治理提供一定的制度支持，是成渝双城治理体系结构能够尽早成型的关键。

一、在全国人大支持下建立区域性协同立法相关机制

就现状而言，川渝两地仍然是以各自行政区划为单位，"分头部署、各自实施"是目前两地发展经济圈的主要组织方式及运作机制，支撑双城经济圈同步一体化发展的法治基础与逻辑机制尚未真正构建。具体而言，就是两地对如何开展经济协同发展、如何进行区域协同立法并没有足够的动力，因此需要在全国人大的支持与统筹安排下，建立两地区域性协同立法的相关工作机制。[①]

第一，在全国人大常委会统筹框架下，召集川渝两地省级人大制定《成渝地区双城经济圈区域协同立法"十四五"发展纲要》，实现两地立法规划的同步性、立法对接的协调性以及立法效应的毗邻性。特别是就重点的人才交流、金融证券、产业布局等方面，应当强调立法的优先性。

第二，在全国人大常委会监督下，建立成渝地区协同立法的立法后评估机制。全国人大常委会负责指导和协调两地协同立法的实施过程，评估地方立法实施是否实现了既定的初衷。也可以由全国人大常委会直接牵头对川渝两地立法实施情况进行评估。川渝两地人大常委会还应当尽快建立对不遵守区域协同立法的消极后果评价机制。

第三，以全国人大常委会授权的方式，赋权成渝地区作为经济区与行政区适度分离改革综合示范区，在更深入的范围和领域进行先行先试探索。

二、在国务院支持下深化建立区域治理协调机制

按照中央《成渝地区双城经济圈建设规划纲要》的相关精神，成渝地区在经济发展方面承载着成为内陆开放高地、高标准市场体系、一流营商环境等重任；在区域定位上承载着成为西部陆海新通道，积极参与

---

① 贺海仁：《我国区域协同立法的实践样态及其法理思考》，载《法律适用》2020年第21期。

国际国内双循环的重任；在生态环境保护上，则需要探索"生态优先、绿色发展"的新路子。最终，实现以成都和重庆主城为中心的整个圈层的全面竞争力。鉴于川渝两地一直以来存在的各种壁垒，应当尽快健全两地的行政协调机制，这需要尽快明确中央政府的角色地位，在宏观层面上获得国务院的整体支持。

首先，国务院应当制定成渝地区双城经济圈的全新考评体系。行政壁垒导致的地方保护主义，根源就在于地方政府考评是以行政区划为单位，各个地方都在为本区域争取优质资源、优质产业，对外来的竞争者往往采取了排斥或敌视的态度。因此区域间的合作一直都被竞争所替代，影响了国内大循环的流动力。针对成渝两中心以及中间圈层城市的考评需求，四川省政府与重庆市政府需要提请国务院制定全新的考评指标，指标体系应当以突破行政壁垒与地方保护主义为导向，鼓励区域间人才、商品、科技、知识产权等要素的合理流转，发挥两中心的辐射力与带动效应。

其次，国务院可积极推动成渝地区双城经济圈内的各类平台建设，实现信息数据的共享。比如在执法信息交流层面，目前沟通平台建设能力还不能满足协调执法的需求，还需要进一步打造执法信息资源共享互认平台，实现区域执法信息共享和结果互认的统一协调。

最后，国务院可积极推动区域内各类标准认定体系的建立与完善。比如，重庆的农产品及其他商品在通过检验认证后，也可以在成渝区域市场流转等。当各类标准体系或准入体系无法有效达成一致时，四川省政府与重庆市政府可以就相关问题提请国务院进行讨论解决，国务院将在更加客观中立的立场上平衡区域内的发展。

第十五章　加快双城协同治理制度供给

除去国家层面的制度供给支持，成渝区域治理协同探索也是必须且必要的。双城治理体系的建构，更多地依靠川渝两地的协同探索合作，在国家顶层设计的制度支持下，社会治理的主要发力主体还应当是由川渝两地，而非陷入国家推动区域协同治理的依赖之中。基于成渝地区非均衡发展的特点，川渝两地在开展区域治理协同合作过程中，既要形成治理合力，又要充分尊重两地的经济社会发展需求和治理差异，形成在价值理念上的同频共振，从而有效地探索适合两地发展状况的协同治理模式，充分体现"求同存异"的治理思想和治理逻辑。首先，要充分利用体制机制的联动效应，强化区域间的协同治理合作；其次，要强化成渝两地在区域间的立法协同功能，积极开展区域协同立法尝试；再次，要密切关注成渝双城治理共同体的协同建设，实现区域治理共建共治共享；最后，要形成科学有效的治理评价机制，适时对治理效果进行评估和反馈。

第一节　川渝党政联席会议机制的完善

成渝地区双城经济圈建设是川渝两地社会治理现代化发展的重大契机，因此应当提高两地市域社会治理现代化的政治地位与战略地位，打造市域社会治理现代化优势化凸显的成渝双城模式，为国家治理体系和治理能力现代化大局做出新的贡献。从历史上看，川渝党政联席会议机制经历了以下发展阶段：

第一，首次携手部署阶段。2020年3月17日，推动成渝地区双城经济圈建设重庆四川党政联席会议（以下简称：川渝党政联席会议）举行第一次会议,对于共同唱好"双城记"、建好"经济圈"进行了部署。①在新冠肺炎疫情防控的巩固关键期,面对经济下行压力,川渝两地能够携手共渡难关,并以党政联席会的形式直接敲定诸多合作事项,将国家的战略要求转化为战略行动,意义非同寻常,成为成渝地区双城经济圈建设的有力助推器。

第二,合力推动阶段。2020年12月14日,川渝党政联席会议第二次会议以电视电话会议形式召开②。在这次会议中,两地主要领导就双城经济圈建设探究了关于国内大循环为主体、国内国际双循环相互促进新发展格局的重大举措;③在落实好《成渝地区双城经济圈建设规划纲要》,推动川渝两省市在政治责任和发展机遇等方面达成共识。

第三,全方位协同阶段。该阶段主要体现战略协作、政策协同和工作协调。2021年5月27日,推动川渝党政联席会议第三次会议在重庆市永川区召开。双方就"五个一"④以及"四个着力"⑤,在完善政策体系、细化制定任务清单、加快重大项目实施、推动重点区域和重点领域先行突破等方面达成深度共识和细化部署。

第四,深化全领域合作阶段。2021年12月14日,川渝党政联席会议第四次会议在四川省宜宾市举行。会上就共建世界级装备制造产业集群、国家工业互联网创新发展新高地、成渝地区"双碳"示范区、"两极核、四通道、五区、三带"⑥物流体系达成战略合作,并着力把高竹新区打造成川渝合作的高水平样板,进一步完善川渝基本公共服务普惠共

---

① 熊筱伟,梁现瑞,程文雯,颜婧,王眉灵:《川渝两地党政联席会传递出哪些新信号》,载《四川日报》,2020年3月18日。

② 张守帅:《推动成渝地区双城经济圈建设重庆四川党政联席会议第二次会议召开》,载《川观新闻》,2020年12月14日。

③ 重庆政协网:《唱好"双城记"渝川合力打造区域协作高水平样板》,http://www.cqzx.gov.cn/cqzx_content/2020-12/15/content_10101281.htm,2021年6月23日最后访问。

④ "五个一",即共下双核引领、区域联动"一盘棋",共抓产业协作"一条链",共建基础设施"一张网",共筑科技创新"一座城",共治生态环境"一江水"。

⑤ "四个着力",即着力构建"双核"引领发展格局,协同提升"双核"综合能级和国际竞争力;着力推进区域协同创新发展,共建成渝综合性科学中心和西部科学城;着力加快重大基础设施建设,力争在共建轨道上的都市圈等方面做出示范;着力打造特色优势产业群,共同打造一批世界级产业集群;着力深化公共服务领域改革,协同推进市域社会治理现代化试点。

⑥ "两极核、四通道、五区、三带",即以成渝双城为极核,畅通西部陆海、亚欧、沿江、航空等国际物流大通道,共建重庆主城都市区、成都都市圈、万达开、成渝中部、川南渝西这个5个枢纽经济发展区,培育成渝、沿江、成绵乐这3个口岸物流发展带。

享政策体系。①

第五，走深走实持续发力阶段。2022 年 6 月 29 日，川渝党政联席会议第五次会议在重庆召开。在这次会议中，双方着力推进交通基础设施互联互通、现代产业体系互联互通、科技创新资源互联互通、城市服务功能互联互通和社会公共政策互联互通，生态上共筑长江上游生态屏障，产业上推进产业发展协同协作，文化上共建巴蜀文化旅游走廊，②深化各项战略部署的协同举措，推动川渝合作提质增效。

第六，高水平协调发展阶段。2022 年 12 月 30 日，川渝党政联席会议第六次会议在成都举行。在双城经济圈建设已初见成效的基础上，此次会议通过了《推动成渝地区双城经济圈市场一体化建设行动方案》《推动川渝共建重点实验室的实施意见》，③聚焦提速打造科技创新中心、加快共建"改革开放新高地"、持续推进基础设施重大项目建设，共谋成渝双城高水平区域协调发展新篇章。

六个阶段都与市域社会治理现代化建设直接相关，尤其是自第三阶段起，更是鲜明提出了"协同推进市域社会治理现代化试点"，重点为成渝地区双城经济圈的市域社会治理现代化提出了协同的方向，并在其后的阶段中予以细化。可以说构建川渝党政联席会议制度正是成渝地区双城经济圈市域社会治理现代化的一大亮点。"

川渝党政联席会议是在建设成渝地区双城经济圈背景下，市域社会治理党建引领体制的自然延伸，对推进成渝两地市域社会治理现代化起着举足轻重的作用。在职能定位上，川渝党政联席会议制度是两地党政班子集体议事的一种决策运行模式，是两地党政领导加强沟通、密切合作的一种有效工作形式。一方面，川渝党政联席会议机制有利于保障市域社会治理现代化的科学决策和民主管理。川渝两地联动开展市域社会治理现代化工作中的重大事项由川渝党政联席会议研究决定，在广泛调查研究的基础上，按照民主集中制原则形成决议或通过，能调动川渝地

---

① 四川省人民政府：《推动成渝地区双城经济圈建设重庆四川党政联席会议第四次会议召开 突出高质量发展导向和高水平协作联动 合力推动成渝地区双城经济圈建设取得更大进展 陈敏尔 彭清华讲话 唐良智 黄强通报有关情况》，https://www.sc.gov.cn/10462/spbd4/2021/12/16/66f854bff4e14f5abfb37e8e6927c031.shtml，2023 年 5 月 20 日最后访问。
② 张守帅：《推动成渝地区双城经济圈建设重庆四川党政联席会议第五次会议召开 陈敏尔王晓晖讲话 胡衡华黄强通报有关情况 王炯田向利出席》，载《川观新闻》，2022 年 6 月 29 日。
③ 张立东：《推动成渝地区双城经济圈建设重庆四川党政联席会议第六次会议召开 在新时代新征程推动双城经济圈建设乘势而进 共同书写高水平区域协调发展新篇章 袁家军王晓晖讲话 胡衡华黄强通报有关情况 王炯田向利出席》，载《川观新闻》，2022 年 12 月 30 日。

区双城的积极性和创造性，确保两地市域社会治理现代化决策的科学性、民主性。另一方面，川渝党政联席会议机制有利于保证党的路线方针政策在市域社会治理层面得到贯彻实施。在川渝两地形成治理合力并转变为治理效能，是新时代市域社会治理现代化政治维度上的理论创新、实践创新和制度创新，是市域社会治理现代化中党建引领与时俱进的重要表现。因此，继续推动和完善川渝党政联席会议制度是十分必要的。

一、明确川渝党政联席会议决策内容清单

川渝党政联席会议在成渝地区双城经济圈市域社会治理现代化工作中具有重要的决策性。要从市域社会治理现代化的琐碎中解脱出来，突出治理重点，明确有关重大事项和重要内容，要求川渝党政联席会议进一步明确治理工作决策的内容清单，界定有关共建共享共治工作的议事范围。其中，重点将党的建设与思想政治工作结构性嵌入市域社会治理现代化体系中去，将统筹两地市域社会治理现代化工作、建立完善两地市域社会治理现代化的管理体制机制、指导督促两地市域社会治理现代化工作、研究审定两地市域社会治理现代化发展规划及工作重点纳入党政联席会议范围，充分讨论研究，形成科学决策，加强党组织在市域社会治理中的领导力、号召力和组织力。

在具体工作方面，川渝党政联席会议应当焦聚未来成渝地区双城经济圈重点工作领域，主要体现如下：

其一，以成渝地区双城经济圈大平安建设为例。平安建设是维护广大人民群众根本利益、为人民群众所期盼的民心工程，也是成渝地区社会治理的重要一环。具体而言，就是要以共建共享为导向，坚持市域社会治理现代化、基层社会治理创新的目标导向，以防范化解影响安全稳定的突出风险为重点，关注食品安全、消防安全、网络安全、校园安全等非传统安全风险，完善社会治安防控体系，健全公共安全体制机制。

其二，重点探索行政区和经济区适度分离下的市域社会治理现代化创新。支持成渝两地符合创建条件的产业园区，结合资源禀赋、产业基础、交通区位等条件，携手打造产业合作园区[①]，促进两地都市圈经济组织和要素配置更加高效。成渝双城共治共建并不意味着要改变行政区划，而是要探索经济区和行政区适度分离，也就是在不打破行政隶属关

---

① 四川观察网：《首批成渝地区双城经济圈产业合作示范园区名单出炉》，http：//kscgc.sctv. com/sctv/redian/2021/01/08/1058464_shared. html，2021 年 6 月 23 日最后访问。

系前提下,成渝地区双城经济圈内的政府依法让渡一部分社会管理权限,建立维护共同利益的体制机制。

其三,创新探索三飞机制,即飞地、飞人、飞项。① 一是建立成渝地区干部互派挂职长效机制,助推成渝地区双城经济圈加速互融。要搭建好成渝地区双城经济圈的沟通桥梁,必须要探索建立两地人才交流机制,实现定期对干部人才进行互派,遴选干部到主要职能部门、重要开放平台、重点合作市区(县)挂职,让干部在双城互动融入中进行思想的碰撞和行动的契合,更好地锤炼优秀的干部队伍,提升新时代干部的履职能力,加快双城经济圈的融入和发展。二是通过进一步研究两地优势、两地差异、两地特色、两地互补,将成渝地区双城经济圈建设机遇转化为发展优势,共同谋划生成一批重大事项、重大项目、重大工程,科学制定近期、中期、远期工作任务和目标,保障、推动成渝地区双城经济圈建设各项部署落地落实。

二、设立实体化协调议事机构

为进一步推动成渝地区双城经济圈建设,川渝两地以川渝党政联席会议为抓手共下双核引领、区域联动一盘棋。面对两地之间行政壁垒和治理空间破碎化等问题,亟须设立实体化协调议事机构,以机构为平台,搭建川渝政府间层级式命运共同体,对接国家制度供给,对当前成渝双城市域治理体系进行整合与创新,构建双城经济圈发展新格局。

一是宏观层面,在中央设立高层统筹决策和实施的成渝地区双城经济圈建设领导小组,以"决策"为首要职能,出台成渝地区双城经济圈建设规划纲要和有关专项规划,指导两地双城治理的高层架构工作,在重大政策、重大改革探索、重大项目建设方面加大顶层支持力度,促进双城决策共商。

二是中观层面,在成渝地区双城经济圈建设领导小组的框架下,设立一个长期的成渝地区双城经济圈协调议事机构,根据一体化发展中的工作重点和难点,指导各级、各部门建立联动机制,进一步提升统筹协调川渝两地市域治理的工作效能。其主要职责是定期召开联席会议,制订议事规则,提出会议议程,提供会务保障,沟通中央和地方,协调各

---

① 齐鲁晚报:《委员热议:建成具有全国影响力的重要经济中心,双城经济圈如何推进产业协作》,https://www.qlwb.com.cn/detail/14861017.html,2021年6月23日最后访问。

方诉求。具有高度权威性与强大执行力的实体化议事协调机构是保障成渝地区双城经济圈协调发展的必要手段。因此，该机构的设立，其实质是实现上传下达的制度性管道与两地横向协作机制性桥梁的高度统一。

三是微观层面，在成渝地区双城经济圈协调议事机构内部，下设法律、金融、交通、科技、教育、民生等各个专门委员会，下设各个工作委员会，使之能够更有针对性地协调成渝地区双城经济圈发展问题，协调成渝地区双城经济圈辐射区域的关系。协调议事机构应当基于双城经济圈辐射功能的叠加、产业的分工协作、土地共同开发等，科学确定双城合作治理的项目和优先领域、提供公共服务，营造统一的要素流通环境，建设大型基础设施，促进基础设施互联互通，建立成渝双城协调发展基金，确保协调川渝两地利益。①

三、完善川渝党政联席会议制度体系

川渝党政联席会议为细化落实中央对成渝地区双城经济圈顶层设计的制度安排，明确了具体的实施路径。② 该制度安排，基本形成了两地合作的制度框架。在未来的发展中，为开创成渝地区双城城市党建引领治理新局面，用好成渝地区双城经济圈的发展红利，川渝党政联席会议机制亟须加强系统设计。建议如下：

其一，强化川渝党政联席会议本身的规章制度建设，对议事规则等方面加以完善，通过对规章制度的细化，保障两地有关重大决策落到实处。

其二，完善管理制度体系，使每一项市域社会治理工作都有章可循，避免盲目性、随意性，不因人而异、朝令夕改，用管理制度体系的制度化、规范化来彰显决议、政策的权威性。

其三，联席会议决议执行的关键在于两地是否能共同负责、协同合作，在党的领导下实现双城市域社会治理效能最大化，因此应当充分发挥川渝党政联席会议机制"黏合剂"的作用，为市域社会治理的"双城"模式的有效运行提供组织保障。

四、发挥基层党组织参与决策咨询的立体作用

在成渝地区双城经济圈密切合作的基础上，川渝双方商定了一系列

---

① 孟静：《以协同共治推进区域治理的现代化转型》，载《现代经济探讨》2019年第6期。
② 中国经济网：《推动成渝形成高质量发展增长极》，https://www.sohu.com/a/401076097_120702，2021年6月23日最后访问。

工作机制，对促进成渝地区双城市域社会治理发挥最大合力起到了极大的推动作用。但应注意的是，在市域社会治理的党政引领方面，川渝党政联席会议机制应当注重成渝两地基层党组织参与，形成两地"横向到边、纵向到底"的立体治理框架，促进两地市域社会治理合作走深走实。为此，应当调动两地基层党组织的积极性，运用基层的智慧，层层传递，让基层党组织更大程度地参与到川渝党政联席会议机制中来，充分发挥基层党组织在市域社会治理方面的重要作用，成为川渝党政联席会议的重要因子，形成合力，为川渝党政联席会议引领两地市域社会治理提供更多决策依据。具体而言：

一是通过自上而下的纵向覆盖与自下而上的纵向协作，形成双向良性互动，打造好党建引领善治指挥链。一方面，坚持"基层基础"，构建以党建为"核"的"一核多元"纵向组织体系，通过在纵向上将组织体系逐级下沉，深入基层，嵌入社区、街道中去，着力打通双城市域社会治理的"最后一公里"，将双城市域社会治理党建引领延伸到最基层、最细微之处。构建党组织引领的基层社区治理体系，实现双城市域社会治理重心下沉，在最大程度上发挥基层党组织在双城市域社会治理中的核心领导作用，不仅确保双城市域社会治理的各项工作能够有效运转，同时也促进了具体的治理工作落地、落实、落细。另一方面，在成渝两地市、区、街道、社区四级城市党建纵向结构体系全覆盖的基础上，坚持目标导向、问题导向、效果导向，以群众为中心，打造一级抓一级、一级带一级、层层抓落实的党建工作架构，通过自下而上的自查、自找、自决，发现市域社会治理的需求和真正痛点，同时汇聚辖区内有效资源，并以资源清单和项目服务为抓手，建立起具有开放性与精准性的数据库，激励各主体根据需求与问题发起相应的项目，进一步深化资源、需求的项目化对接，确保服务靶向精准，充分激发成渝地区双城经济圈的基层组织活力，真正实现以党的建设引领双城市域社会治理精准发力，写好党建引领市域社会治理的双城答卷。

二是横向上因地制宜，以平台为依托，促进党建引领双城市域社会治理。主要有三种形式：一是构建区域化党建平台，完善区域组织架构，构建有利于整合党建资源的区域化党组织体系，建立多个街道"大党工委"、社区"大党委"区域化党建平台。[①] 二是构建网格化党建平台。网

[①] 徐朴：《新型社区治理如何发挥好党组织的领导核心作用——基于成都市社区党建工作的调研报告》，载《中共成都市委党校学报》2017年第1期。

格化党建平台是以区域化党建为基础，在"大党委""大党工委"的区域化党建平台之上进一步划分出区块，把党组织建在网格上，在网格中坚持党建引领，细化、落实、明确有关责任，通过横向协同与定点定责，确保双城市域社会治理问题能够得到有效解决、治理任务能够落地。三是构建枢纽型党建平台。枢纽型党建平台不同于区域化党建平台与网格化党建平台，是依照不同的服务项目与主体类型，有针对性地搭建具有专业化、专门化特色的枢纽型多方共建平台，通过组团的模式为双城市域社会治理提供所需要的资源与服务。

五、加强川渝党政联席会议监督和考评机制

完善监督和考评机制是发挥川渝党政联席会议在市域社会治理中引领作用的重点。考核要多视角、细指标、全方位地全盘考核，一方面要对于党委发挥总揽全局、协调各方的核心领导作用，创新完善市域社会治理工作协调机制的职能作用，落实市域社会治理领导责任情况，街道社区基层党组织建设情况等刚性指标要进行有关量化考核；另一方面，也要对市域整体治理情况，社会精神风貌，党的凝聚力、向心力，群众对市域社会治理工作的认可和满意程度，党组织的领导力、动员力、组织力等柔性指标进行综合性考核。此外，还应加强对川渝党政联席会议制度的建设和实施情况进行监督和考核，将外界监督考核以及自主监督考核相结合，并把考核结果运用到干部管理中。[1]

六、做好"顶层与底层"的设计与衔接

顶层设计指运用系统论的方法，从全局谋划一域、以一域服务全局。第一，需要川渝两地进一步统一思想，形成合作共事，从而在顶层设计上加强国家"十四五"规划与两省市"十四五"规划对接、有效建立两地合作的工作机制、强化国家政策的争取、强力推动两地项目合作和提速落实具体事项。第二，从全局的角度，对成渝两地共同任务或者某个项目的各方面、各层次、各要素进行统筹规划，以集中有效资源，高效快捷地实现目标，具有顶层决定性、整体关联性的特点。

而底层设计指在顶层设计的指导下，实现发展规划的具体措施，更是一项基础性工作。相对顶层计划的特点而言，它具有可实施性、

---

[1] 刘斌：《高校院系党政联席会议制度实践存在的问题与解决对策》，载《办公室业务》，2019年第5期。

可操作性。例如，成渝地区加快谋划和实施一批引领性、带动性和标志性的重大基础设施，并惠及两地，包括川渝两地合作规划布局一批合作产业园区和示范区，为双方产业合作项目落地提供有力的载体。又如，在川渝党政联席会议基础上，重庆市与四川省共同成立推动成渝地区双城经济圈建设联合办公室，双方将互派人员联合办公，推动两地议定事项落地落实。

在"双城"模式下，川渝党政联席会议机制不仅要做到顶层与底层的设计规划，还要做好两者之间的有机衔接。在内容上，紧紧围绕成渝双城市域社会治理现代化这个目标，力求党政融合，围绕中心工作抓党建，抓好党建促进双城市域社会治理；在形式上，要一一对应，不仅要求成渝双城的市域社会治理要形成对应，还要求每项治理规划与具体措施相对应，落实到基层去、落实到网格中去；在过程中，要监督考核，保证成渝两地顶层设计与底层设计衔接紧密，保障川渝党政联席会议的市域社会治理决策接地气、落实到位、开花结果。

综上，川渝党政联席会议以加强党的领导为核心，在"抱团式"发展的基础上，明确两地各自分工，进一步协调两地党政联席、保障集体领导，有利于及时调度、安排、研究、处理重大问题，及时交流沟通思想，统一行动，以更高站位抓牢市域社会治理政治方向、以更高水平谋划治理思路与举措，是推进市域社会治理现代化双城模式上的重要一环。

第二节　双城治理立法供给及监督联动

成渝双城市域社会治理的治理保障来源于法治供给的支撑，在区域治理合作中，要进一步加强区域协同立法，在现有法治框架下，探索四川省、重庆市两地立法机关协同立法的先行先试经验，形成成渝双城市域社会治理乃至成渝地区双城经济圈建设的有效法治依据。一方面，要加强立法机关的协同合作，形成以硬法为主的区域法律制度体系，针对不同治理圈层进行差异化制度设计，鼓励区域法治创新试错以形成行之有效的治理经验；另一方面，还要加强区域内法治实施的监督，提高法治实施能效，形成对治理活动的科学监督体系，推动法治建设在阳光下运行。

一、协同立法助力成渝地区双城经济圈建设

要唱好成渝地区抱团联动、合作共赢、共建共享的"双城记",有赖于制度建设的持续长久和坚如磐石的作用。协同立法是克服地域限制、突破双城壁垒、创新机制的助力杠杆,是优化成渝地区双城经济圈制度建设的触发引擎。为将成渝地区双城经济圈打造成中国经济第四极,创建成渝协同立法的全国制度样本和标杆典范,加速实现以京津冀、粤港澳大湾区、长三角、成渝地区为核心区域的东西南北四维驱动发展布局,可凭借协同立法创新机制这一抓手展开相关工作。推动成渝地区协同立法,通过政策导向和立法决策统一衔接,促进成渝地区统筹发展,实现产业、人口、要素合理流动和高效集聚,需要切实抓好以下五个坚持。

(一)坚持党的领导与人大主导的制度统筹设计

通过顶层设计、制度安排和体制机制创新,实现重大改革有法有据,以法治的方式优化制度设计,实现制度改革与创新,从而突破行政区划边界刚性约束的分割、冲破地方利益固化的藩篱。

协同立法应坚持党的领导。虽然当时的《中华人民共和国立法法》尚未规定协同立法,但 2020 年 1 月,京津冀相继围绕"机动车和非道路移动机械排放污染防治"共同事项诞生全国首部省级层面区域协同立法。协同立法属于重大立法事项和立法实践创新,必须由党来把方向、掌大局、定乾坤。建议中共四川省委和中共重庆市委要秉承抱团合作、寻求共赢的发展理念,进一步加强区域间的立法合作。党对立法的领导应当是对重大立法事项和立法中重大问题的领导,包括立法规划的制定,重大立法项目的确定以及对立法中重点难点问题的把控。也就是说,两地党委的工作重点应是方向领导、组织领导和对人大常委会党组的领导,即在两地党政部门条块对口合作的基础上,针对成渝地区一体化发展相关重点难点问题,开展协同立法布局,在顶层设计和制度安排上领导联合攻关重大立法项目,整体谋划,逐一消弭区域间的立法冲突,实现整个成渝地区双城经济圈建设的高质量发展。

协同立法应坚持人大主导。一方面,探索建立"一个协议两项制度",即两地人大常委会签订协同立法协议,搭建两地人大常委会协同立法联席会议工作制度、法制工作机构联系制度,共同研究协同立法相关事项,议定部署阶段性目标、主要任务和协同立法项目。另一方面,将

立法工作协同作为推动实现成渝双城经济圈人大协同立法的重要途径，主要体现在两个方面：

一是起草立法项目上的协同。在立法项目的起草阶段，对于有关成渝地区双城经济圈发展建设有重大影响的立法项目，中共四川省委和中共重庆市委可以采取联合起草、分别审议、协同推进的方式，也可以就协同立法项目进行同步调研、同步论证、同步修改，对涉及的难点、重点、焦点问题，进行联合攻关。此外，两地人大常委立法计划安排不同，常委会会期安排不同，法规草案起草进展情况不同，亦可采取一方牵头起草，另一方配合的方式。

二是推进立法工作上的协同。对两地年度立法计划中相同的立法项目，两地人大常委会的法制工作机构要尽可能同步推进工作进度；对在本区域内施行而又需要其他区域进行配合对接的立法项目，要主动向其他区域提出需要协调配合的意见建议，其他区域应积极予以协助。对立法工作进度不同、需要相互学习借鉴的立法项目，可以通过交换主要制度安排、有关参考资料等重要立法信息进行协同。在具体协同方式上，可以采取联席会议、联合调研、联合研讨、联合修改等方式，围绕共同关心的事项展开常态化与制度化的立法合作。此外，两地人大常委会还可以依法适时做出决定，为川渝毗邻合作示范区、重大改革试验区、协同区等赋权赋能或暂停部分地方性法规条款的实施，鼓励创新、先行先试。

（二）坚持中心城市与城市集群的制度红利释放

四川省和重庆市的协同立法要追求最大限度共建共享、同频共振、合作共赢的目的和效果。成渝地区双城经济圈作为我国经济增长的又一极，成都市、重庆市主城区两大中心城市是成渝地区双城经济圈的内核，亦是成渝地区双城经济圈的经济联系中心，以整个四川省、重庆市所辖城市为中心，对外形成典型的星形辐射结构，组成城市集群划定双城经济圈的圈层，因而二者并不是各自独立与孤立的。协同立法的目的最终指向建构成渝地区双城经济圈内各大城市的"命运共同体"。以点带面、以面促点、点面结合，通过协同立法来引领成渝地区双城经济圈的改革和经济社会发展。

中心城市为城市集群提供动能，城市集群为中心城市提供支撑，双向循环，良性互动，协调发展，实现高质量发展的规模效应。协同立法的制度设计应发挥中心城市的中枢作用。这是将四川省和重庆市的协同立法关注视野聚焦到"点"上。2021年，成都市和重庆市主城区两个中心城市以7.56%的面积承载了川渝两省市36.58%的常住人口、50.19%的经济总量，在整个成渝地区具有核心作用。① 推动川渝两地协同立法，不是将两地简单地做加法，而是要通过制度层面的创新，发挥两地的比较优势，拓展发展空间和腹地，增强经济承载能力，提升发展能级，打造高质量发展动力源，辐射带动整个区域协同发展。协同立法的制度设计应发挥城市集群的规模效益作用。这是将四川省和重庆市的协同立法关注视野聚焦到"面"上。整个协同立法的制度设计要确保能够实现整个成渝地区双城经济圈的规模效益。一方面，辐射范围内各城市应根据自身资源禀赋和经济发展水平，按照成渝双城经济圈建设发展要求，进行要素资源的整合和合作融合。② 另一方面，四川省、重庆市应积极发展包括内江、自贡、宜宾、泸州等在内的川南，包括遂宁、南充、广安、达州等在内的川东北，包括潼南、大足、铜梁、荣昌、永川、合川等在内的渝西城市网络子群，打造成渝城市群的新区域增长极，并鼓励城市群内各层次的城市建立横向协调关系，改善城市群的网络化层次结构，探索以重庆、成都为中心的川渝双向协同发展之路。

（三）坚持横向联动与纵向连贯的制度体系畅通

关于四川省与重庆市的协同立法，应当将体系化思维贯穿始终，做到类似问题类似处理，同样问题同样对待。运用系统观点，把成渝地区双城经济圈建设互相联系的各个方面及其结构和功能进行系统集成，立足整体和全局，把握制度体系。针对协同立法所涉及的制度对象，应实现横向联动。将统一规范的制度对象有序衔接、无缝对接。依照《中华人民共和国立法法》赋予的地方立法权限，在各自的立法权限框架下寻找立法交叉点，焦聚重点领域的立法协作，如包括铁路、公路、民航在内的川渝综合立体交通领域，又如长江、嘉陵江流域的生态保护问题，再如加强成渝地区双城经济圈现代化产业体系建设、优化营商环境的经济领域。无论围绕四川省与重庆市的产业、科技、资源、交通、应急、民生、历史、文化、传统、生态等哪类事项进行制度协同设计，都要在

---

① 重庆市统计局：重庆统计年鉴2022，http：//tjj.cq.gov.cn/zwgk_233/tjnj/tjnj.html？url=https：//tjj.cq.gov.cn/zwgk_233/tjnj/2022/zk/indexch.htm；四川省统计局：四川统计年鉴2022，http：//tjj.sc.gov.cn/scstjj/c105855/nj.shtml。

② 曹炜威、杨斐：《成渝经济圈城市群的经济联系网络结构》，载《技术经济》，2016年第7期。

梳理两地现有地方性法规的基础上，积极对接《成渝地区双城经济圈建设规划纲要》，做到沟通商议、通力配合、利益协调、冲突化解、求同存异的圈层内立法联动，特别要实现对许可的条件和处罚的幅度趋同联动，既可以避免同种情况不同处理的尴尬，还能最大限度地减少制度竞争带来的投机行为。

针对协同立法所涉及的制度本身，应实现纵向连贯。一方面，将不同位阶的制度规范串联、运行畅通。具有全局观，不抵触上位法，不与上位法相冲突。对于法律有明确规定的，直接适用相关规定判断是否抵触。主要是通过《中华人民共和国立法法》《中华人民共和国行政处罚法》《中华人民共和国行政许可法》《中华人民共和国行政强制法》的权限范围排除法进行判断与甄别。对于其他情形，则需要区分协同立法到底属于实施性立法、自主性立法还是先行性立法，再进行进一步的判断与甄别。另一方面，立足区域发展和合作需要，进一步加强地方性法规、政府规章的"立改废释"工作，最大限度消除地域和部门藩篱，构建理念一致、衔接有序、规则通行、科学完备的区域法律制度体系，从源头上为区域合作建立统一的法治标准，消除制度间的冲突和盲区，以良法促善治。对有关编制情况建立体系化通报、协商制度，加强川渝两地已有地方性法规的对接，避免立法同质重复和浪费，促进川渝两地在立法资源和制度规范上协同推进达到优势最大化。

（四）坚持鼓励创新与勇于试错的制度活力激发

成渝地区双城经济圈建设应坚决贯彻和实现党的十八届三中全会全面深化改革的决定要求，[①] 可从正向创新和反向试错两方面激发成渝地区双城经济圈制度活力。协同立法应满足正向激发创新的功能要求。在省（直辖市）、市（州）层面的立法权限范围内，大胆求变，大胆创新。只要是实践中被证实是行之有效的创新性方式方法，都可以被固定下来，上升为地方性法规或地方政府规章的协同规定，通过创新来促进成渝地区高质量发展。创新必须要契合一定的条件和要求，不是为了变而变，不是为了创新而创新，需要在成渝地区双城经济圈范围内扎实做好实证调研，讲求实事求是，有针对性地通过地方立法来发力，做到成渝地区双城经济圈制度设计的真创新，而非伪创新。协同立法应满足反向允许

[①] 赖德胜：《使改革红利更好地惠及全体人民》，载《北京工商大学学报（社会科学版）》2014年第1期。

试错的功能要求。要充分信任立法主体,大胆假设,小心求证。任何制度设计都可能存在文义模糊、文义欠缺或文义冲突的情形,都可能会发生出乎立法主体预料之外的境况,因而不要低估社会成员将制度引向反面理解的想象力和创造力。只要协同立法履行了公众参与、专家论证、风险评估、合法性审查、集体讨论决定等重大决策法定程序,即使立法协同最终的制度设计出现了值得商榷的某种不确定性,也应当通过免责机制免除责任。

(五)坚持突出重点与彰显特色的制度价值推进

推动协同立法,助力成渝地区双城经济圈建设,需要处理好"重点"与"差异"两个问题。加强行政立法协作。建立川渝两地协同立法机制,紧扣成渝地区双城经济圈建设规划,加强营商环境、生态环境、城乡治理等重点领域立法协作,推动形成与区域协调发展相适应的地方性法规和政府规章体系,防止标准不同造成经济融合发展壁垒。[①] 坚持突出重点。建设成渝地区双城经济圈,首先要在"推进交通、生态环保、公共服务"三个重点领域率先实现共建共享。交通、环保、公共服务等应率先成为协同立法重点,通过制度设计,明晰法律责任,促进优势互补、互利共赢、区域一体。

交通一体化是成渝双城协同发展的基础和条件,在此领域进行协同立法,应聚焦以下四个方面。一是聚焦构建快速公路运输体系协同立法。共同梳理川渝两地公路管理、道路运输等地方性法规,加快制定成渝地区的双城经济圈交通建设管理条例,修订道路运输条例,促进两地公路规划与区域公路网统筹衔接、同步规划。二是聚焦构建铁路运输体系协同立法。加强铁路建设、管理和运营,以及高速铁路外部环境治理等方面的调研,适时启动立法工作,助力"四向八廊""五大环线"铁路运输体系建设在成渝地区落地。三是聚焦构建航空运输体系协同立法。用好四川低空空域协同管理试点成果,探索通过协同立法助推两地低空空域互通。围绕推动川渝航空运输体系统筹、区域机场布局、资源整合和分工协作等加强协同立法,助力打造西部国际门户枢纽。四是聚焦构建水路运输体系协同立法。协作修改两地航道、港口、水路运输等地方性法规,加强在港口建设、航道整治等方面的协同规定,推动提高长江上游

[①] 四川法治报:《川渝司法行政协同打造"四个共同体"服务双城经济圈高质量发展》,https://www.cqcb.com/fazhi/2020-05-16/2401425.html,2021年6月21日最后访问。

航运能力,打造长江上游航运中心。

生态环境保护既是重要的民生问题,也是成渝可持续发展的重要保障,同时又是成渝地区作为长江上游生态屏障的应有之义。其一,应着眼加强跨界污染联动治理协同立法。通过立法统一两地环境治理领域执法主体和标准等,完善联防联控机制,规范协同执法行动。其二,着眼统一两地生态保护标准协同立法。坚持一部法规管全域、一张清单管两地,围绕建立统一的环境规划、标准、监测和损害评估等加强立法协作,用法律武器筑牢长江上游生态屏障。

推进基本公共服务共建共享,是促进资源要素自由流动,集聚发展动力的重要支撑,也是实现成渝地区全域治理,避免"社会撕裂"和治理塌陷的有效手段。目前,川渝两地在教育、医疗卫生、社会保障等方面制定了不少地方性法规,但公共服务供给不平衡、不充分问题依然存在,因此需要两地在人才资源、社会保障、养老服务、医疗卫生、应急救援等方面深度合作。特别是要围绕户籍便携迁移、居住证信息互通共享、养老保险关系无障碍转移、跨省异地门诊医疗直接结算、工伤社会保险协同互认、养老服务、随迁子女入学等领域加强协同立法,打造高品质生活宜居地,让群众在双城经济圈建设中有更多的获得感、幸福感、安全感。

在突出重点的同时,也应正视特色差异。要确保整个协同立法的制度设计能够实现四川省和重庆市"1+1>2"的高质量发展,就不能忽视四川省与重庆市各自的特色。协同立法所指向的协同发展不是同样发展、同等发展,不排斥差异化、个性化。要严格区分制度操作同步与制度效果差异。成渝双核发展能级有待提升、中部区域城市发展落差较大,次级城市发育不足,这就导致在未来发展中,各地重点不尽相同。要求通过协同立法,完善制度设计,确保处理好共同发展与自主发展、齐头并进与分别起跑的关系。正确解决成渝地区双城经济圈涉及的差异化、个性化发展问题是防止协同立法成为制度壁垒和制度障碍的必然要求。

综上,要通过协同立法建立更加有效的区域协调发展新机制,发挥中心城市核心作用,以城市群辐射构建大中小城市协调发展新格局和共同体,探索生态文明建设有效路径、促进人口经济资源环境相协调,最终实现中心城市优势互补、成渝地区高质量发展。

二、联动监督助力成渝地区双城经济圈建设

成渝地区双城经济圈建设是党中央、国务院的重大决策，是启动西部增长极的重要举措，是惠利地区、福利人民的核心战略。当下，四川省和重庆市已采取多种合作措施推动成渝地区双城经济圈建设，但关于监督的事宜仍有待提上议事日程。其中，联动监督是提升监督效果、减少监督成本的有益探索和有效路径。为促进成渝地区成为辐射全国的重要经济中心、科技创新中心、改革开放新高地、高品质宜居地，有效助推西部乃至全国经济高质量发展，确保工作任务落实和腐败行为防治，需要切实实现联动监督的六个"新"。

（一）建立健全成渝地区双城经济圈建设联动监督新架构

成渝地区双城经济圈建设联动监督应当符合人民性、多元性、开放性的要求。人民性要求联动监督应以人民为中心，务求将建设成果惠及人民。多元性要求联动监督主体的多元化，既有中央层面的主体，又有地方层面的主体，以确保监督主体地位的相对超脱，便于监督工作的开展。开放性要求秉承"监督—知情—公开"的逻辑线索，使联动监督的过程、内容、结果公开透明化。

与之相适应的，联动监督应当是一个目标统一、功能衔接、结构完整的有机体系。为进一步整合资源调度、提升监督质效，有必要对联动监督关系和体系进行重新梳理和整合。完善以中央、地方为枢纽的联动监督关系，即中央层面的联动监督主体或地方层面（四川省委省政府、重庆市委市政府及以下）的联动监督主体围绕着成渝地区双城经济圈建设中的公权力展开多领域、全方位、立体式监督，以确保中央指示精神的贯彻落实和对建设过程权力腐败行为的零容忍。中央层面的联动监督主体或地方层面的联动监督主体可以采取"专项式"监督，对交通、产业、土地、生态、教育、公共服务等某一个领域查找落实力度、进度、效度以及规范等方面的实际问题；也可以采取"接力式"监督，挖掘深层次的"四个意识""四个自信""两个维护"等政治思想方面的问题；还可以采取"协同式"监督，中央层面的联动监督主体与地方层面的联动监督主体合力查找上述问题。

机制体制上，建立健全成渝地区双城经济圈建设区域联动监督机制、监督架构、监督平台，设定合理的监督考核机制和容错机制。推动建立川渝两地行政执法联动响应和协作机制，实现违法线索互联、监管标准

互通、处理结果互认,联合开展市场监管、生态环境、道路交通等领域行政执法监督检查。加强政府法治工作协同,协同开展法治政府建设评估、法治政府示范创建。① 一方面,针对加强双城经济圈建设中的监督与考核机制做出具体规定,明确监督的主体、重点、途径和要求,以及具体的方式,并规定建立举报、投诉平台。另一方面,明确成渝地区双城经济圈建设考核的主体,以及考核的方式、重点内容和考核结果的运用,将考核工作纳入地方和单位年度目标考核内容,通过建立健全监督与考核机制,加强对双城经济圈建设的管控,建立考核导向机制,对那些慢作为、不作为、乱作为和明哲保身、不求有功、但求无过的人,形成一种强大的压力,促进双城经济圈建设,从而推动各项建设决策部署落地生根、取得实效。同时,建立相应的容错机制,川渝两地应综合考量两地各自实际,不仅要联合研究制订出台专门办法,对容错机制建设做出制度安排,更要积极在两地重点领域、共建区率先开展试点,为更大范围推广提供参考样本。

(二)科学搭建成渝地区双城经济圈建设联动监督新平台

既往的监督(包含联动监督在内),虽然强调多方参与、合力监督,但由于涉及多个地区、多个部门,不可避免地导致各地区、各部门之间监督资源的条块分割,形成监督的"地区孤岛""部门孤岛""信息孤岛"等现象。即使在联动监督主体内部也未能实现不同监督机关和不同监督层级之间相关信息完全实时共享和技术有序平稳衔接。因此,为防止由于信息和科技导致监督真空地带的出现,有必要将信息化和智能化的时代元素注入联动监督,为成渝地区双城经济圈建设提供更加有效的监督平台。打造信息共享的联动监督。信息是科学联动监督的基础,很多有价值的信息有待整合,其中蕴含的监督价值并未得到充分挖掘。为此,可以从如下几个方面着手。

一是按照大数据思维的要求,稳步建立联动监督信息共享机制。首先,要统一数据技术标准。通过统一成渝地区双城经济圈建设相关指标、任务、工作等信息采集和存储的技术标准,奠定联动监督数据合并和共享的技术基础。然后,实现信息共享。在联动监督的部门内部、部门之间、地区之间、地区与部门之间逐步实现成渝地区双城经济圈建设相关

---

① 四川法治报:《川渝司法行政协同打造"四个共同体"服务双城经济圈高质量发展》,https://www.cqcb.com/fazhi/2020-05-16/2401425.html,2021年6月21日最后访问。

指标、任务、工作等信息的合并与共享。

二是加强政府法治工作协同,实现资源信息共享。协同开展法治政府建设评估、法治政府示范创建。建立行政复议区域协同机制,推进行政复议信息共享、专家库共用,助推行政复议规则制度创新。① 实现信息共享的联动监督,也为日后联动监督评估工作的开展奠定坚实的基础。

三是打造科技驱动的联动监督。在信息化和智能化的今天,充分发挥现代科技手段在成渝地区双城经济圈建设事前、事中、事后联动监督的作用,形成系统整体科技联动监督效应。依托互联网、大数据、物联网、云计算、人工智能、区块链等新技术推动监督创新,凭借数据分析、信息抓取、人机协同、跨界融合,努力实现联动监督效益最大化、联动监督成本最小化。

联动监督借助科技驱动,超越时空限制,充分实现提质增效,不仅促使川渝两地应当完成的工作任务时刻处于联动监督主体掌握之中,也使得匿藏的腐败行为在科技面前无所遁形。

(三)多元注入成渝地区双城经济圈建设联动监督新活力

邓小平同志曾提出:"充分发扬人民民主,保证全体人民真正享有通过各种有效形式管理国家、特别是管理基层地方政权和各项企业事业的权力。"② 成渝地区双城经济圈建设联动监督发挥市域治理合力,应高度重视社会监督在联动监督中的重要作用。

第一,社会组织方面。当前成渝地区双城经济圈已初步建立与社会经济发展相适应、门类齐全、层次丰富、结构优化、布局合理、覆盖广泛的社会组织体系,发展了一批信誉度好、服务力强、运作规范、作用明显,在全国有影响力的社会组织。③ 社会组织参与双城市域社会治理现代化并进行联动监督,需要政府改变传统的政府管理模式下的操作流程,结合当前成渝地区双城经济圈发展现状,对社会组织参与双城市域社会治理联动监督流程进行明确。具体而言:

一是加快转移政府职能。传统政府监督模式在市域治理上存在一定

---

① 四川法治报:《川渝司法行政协同打造"四个共同体"服务双城经济圈高质量发展》,https://www.cqcb.com/fazhi/2020-05-16/2401425.html,2021年6月21日最后访问。
② 邓小平:《邓小平文选(第二卷)》,北京:人民出版社,1994年版,第322页。
③ 第一财经日报:《成都实施"效能革命"推进治理现代化》,http://m.10jqka.com.cn/20130724/c565101383.shtml,2021年6月23日最后访问。

缺陷，而社会自治依靠自身的社会属性却能很好地填补传统政府监督的空白，从而促进联动监督日趋专业化和精细化。因此，川渝政府应在对公共领域现行监督职能进行梳理的基础上进一步规划出台相关规定，制定具体的职能转移目录和职能承接目录，同时拟定实施细则加以执行。①另外，对于相关转移的监督职能，两地政府要加大公示力度和普及力度，达到职能转移的有效衔接。

二是促进社会组织对政府监督职能的衔接。社会组织对政府转移监督职能的有效衔接是社会组织参与双城经济圈建设联动监督的重要组成部分，也是激发社会组织活力，建立多样化多层次公共服务供给体系的重要内容。社会组织应当对自己参与成渝地区双城经济圈建设联动监督的主体地位有清晰的认识，强化联动监督与治理的意识，提高参与联动监督与治理的能力和水平。同时，应当积极搭建社会组织与区域内各级政府对话和协商的平台与渠道，在联动监督中保持与政府之间的信息传递和沟通联系。

三是整合利用监督资源，拓宽联动监督范围。社会组织应当充分发挥其主体优势，拓展社会组织与其他监督主体之间的监督资源，进一步加大各监督主体开展成渝地区双城经济圈建设联动监督的广度和深度，进一步关注那些联动监管相对缺失的领域。建立川渝两地法治督察协同机制，联合开展成渝地区双城经济圈建设法治化营商环境专项督察。探索建立成渝地区"法治监督员""法治观察员"制度，定期收集反馈法治建设意见建议。联合开展法治研究。对标长三角、京津冀、粤港澳大湾区，研究推动川渝法治建设协同发展机制。联合四川大学、西南政法大学等院校，共建"成渝地区双城经济圈建设法治智库"，创办"法治巴蜀"高峰论坛。②

第二，公众参与方面。一是引进个人征信系统，建立信用奖惩机制，鼓励公众参与。就双城治理现代化而言，最后惠及的是社会公众，改革成果也是由人民共享。为加强成渝地区双城经济圈建设联动监督的公众参与，有关部门可以依托并打通成渝现有的网上个人征信系统，对每一个参与成渝地区双城经济圈建设联动监督的社会公众予以"信用分奖励"，如对积极举报信用缺失的企业的个人实行信用加分。以个人信用促

---

① 易轩宇：《社会组织参与社会治理的机制创新研究》，2015年湘潭大学博士毕业论文。
② 四川法治报：《川渝司法行政协同打造"四个共同体"服务双城经济圈高质量发展》，https://www.cqcb.com/fazhi/2020-05-16/2401425.html，2021年6月21日最后访问。

企业信用，从而达到企业自治和公众参与的双重效果。

二是建立一套完善的群众共建共管机制，激发社会活力。公众参与是成渝地区双城经济圈建设联动监督的重要组成，但目前公众参与成渝地区双城经济圈建设联动监督的主体意识淡薄，参与积极性不高。对于激励社会公众参与联动监督，除了要建立相应的奖惩机制，还需要充分调动社会公众参与联动监督的积极性。例如，可以建立以基层党组织为核心的共建共管机制，以群众自治组织为基础的自治参与机制等，发挥层级优势，结合成渝地区双城经济圈建设实际，努力建立一套适合双城经济圈建设发展的群众共建共管机制，以调动社会公众参与社会治理的积极性。

三是大胆拥抱新技术，拓宽公众参与成渝地区双城经济圈建设联动监督的渠道。除了传统的方式外，成渝地区双城经济圈可大胆拥抱互联网、大数据、网络爬虫等新技术，开发社会公众参与双城经济圈建设联动监督的新渠道。例如，当前网络空间日益成为公众的意见平台，社会共治的主体在网络空间内发表各种意见、建议，其中不乏对于双城市域治理的意见、建议等，但这些言论往往被忽视。成渝地区双城经济圈建设联动监督机制可以利用网络爬虫技术充分收集网络空间里社会公众对于双城市域治理的意见、建议，经过整合、处理后，可以有效了解社会公众对于成渝地区双城经济圈建设的意见、看法，而公众通过网络空间的言论经意或不经意间参与联动监督。

（四）合力打造成渝地区双城经济圈建设联动监督新坐标

在以京津冀、粤港澳、长三角、成渝地区为核心区域的东西南北四维驱动发展布局中，前三个区域常见的监督更多的是一种部门内部的联动监督，如纪检监察机关协同监督。此外，常见的监督还有一种关于"点"的局部联动监督，如旅游部门信用协同监管等。自中央财经委员会第六次会议提出成渝地区双城经济圈建设至今，后发区域的优势在于能够充分吸取京津冀、粤港澳、长三角区域的联动监督经验，并弥补联动监督的不足。为确保中央的指示精神落地落实，有必要突破既有的内部联动监督与局部联动监督，使得成渝地区双城经济圈建设的联动监督成为一种监督示范样本与典型标杆。具体如下：

一是开展多部门联动监督。这是在内部联动监督的基础上，融合和拓展外部联动监督，实现内外结合。要确保联动监督主体适格，依照法定权限和程序，开展多部门合作共同实施监督。在操作中，以"1+X"

联动监督机制为宜,"1"是牵头部门,"X"是配合部门。各相关监督主体,因时、因事、因势变化,根据监督的对象或客体的不同,而在"1+X"联动监督中随时变换"1"与"X"的身份。无论联动监督主体是"1"还是"X",相互之间都要精诚团结、通力合作、协同共享,务求最大限度提升监督实效。

二是开展广视角联动监督。这是在局部联动监督的基础上,融合和拓展整体联动监督,实现点面结合。目前,成渝地区双城经济圈建设已经在交通、产业、土地、生态、教育、公共服务等方面开展具体的合作与联盟,但这些合作的效果如何、是否是应景式地工作等,都有赖于联动监督做出评估、检验与回答。

三是要坚持问题导向、法治导向、落实导向、目标导向,多层次、全方位地查找问题。坚持创新性、开放性、整体性、协同性、系统性、智慧性思维,不局限于某一个方面、某一种思维,而是要加强联动监督工作统筹,多管齐下,多措并举,以整体带动局部,确保联动监督范围无死角。

(五) 实践评判成渝地区双城经济圈建设联动监督新向度

新向度是确定或评判一个事物全方位、广角度、多层次的概念。在推进成渝地区双城经济圈建设过程中,可能会出现这样或那样的质疑声音,中央层面或地方层面的联动监督并不是要束缚住四川省、重庆市的手脚,相反,是要在某种程度上打破不合理的质疑,为成渝地区双城经济圈建设保驾护航。

一是联动监督要为正向激发创新给予支持。成渝地区双城经济圈建设过程中,任何的具体操作制度、手段、理念、行为等方面的创新都可能会改变既有的利益关系或利益格局,这就不排除部分利益相关者为维持或保留原有的利益,而坚守成规、反对创新。面对反对者,成渝地区双城经济圈建设甚至可能还会不断徘徊在既有规则能否被突破的边缘,停滞不前。这些都需要联动监督在合法性的基础上,充分把握合理性与成效性的尺度。此外,成渝地区双城经济圈建设过程中出现的新业态、新模式、新技术等,有利有弊,监督必不可少,但要在监督特别是联动监督的基础上应更多地鼓励创新,扬长避短,消除新生事物可能带来的负面因素,积极引导新业态、新模式、新技术等健康发展。

二是联动监督要为反向鼓励试错留足空间。虽然京津冀、粤港澳、长三角的高速发展有大量的经验可供西部成渝地区双城经济圈建设借鉴,但由于各区域有着各自的特点，四川省和重庆市仍需要促进经济高质量发展的有益探索与试错尝试。联动监督不是要打压或扼杀试错探索，而是要规范这种试错探索行为。凡是经由重大决策法定程序实施的试错探索，即使最终出现了值得商榷的某种不确定性，也应当通过免责机制免除责任而非追究责任。

（六）力争形成成渝地区双城经济圈建设联动监督新风尚

在大力推动成渝地区双城经济圈建设的背景下，交通、产业、土地、生态、教育、公共服务等方面都是当前关注的重点问题。这些都属于第一层面的建设问题，但不能忽视第二层面的监督问题，因为第二层面的监督为第一层面的建设提供了充分的保障。更进一步而言，联动监督不是为了监督而监督，除了应使自身成为新风尚之外，更重要的是还要促使成渝地区双城经济圈建设形成一种新的社会风貌与时尚。

一是应实现联动监督工作成效立行立改。这是联动监督正向保障作用的体现。在成渝地区双城经济圈建设过程中，必须坚决贯彻党中央、国务院的决策部署，坚决落实四川省委省政府、重庆市委市政府的指示要求，将每一项工作任务落地落实。凡是工作任务落实不到位的、不积极的，都是联动监督的对象。查出问题不是目的，解决问题才是目的。力争在成渝地区双城经济圈建设的联动监督中，在监督工作尚未结束时，监督意见就能得到立行立改、即知即改、边查边改，并将此联动监督新风尚新风格坚持下去，深入人心。

二是应实现联动监督防治腐败"三不循环"。这是联动监督反向保障作用的体现。借助联动监督相关法律、法规、纪律等标准，经过较长一段时间的他律高压，最后转化为内生习惯性行为反射，实现以不敢腐为重心，以不能腐、不想腐相配合的"三不循环"第一步。编织联动监督制度笼子，强力推进物权登记全国联网，早日实现终身一号编码，在条件成熟时实现现金限额使用制度，建立大数据的廉洁防控反腐体系，实现以不能腐为重心，以不敢腐、不想腐相配合的"三不循环"第二步。经由从行为上的不敢腐到制度层面上的不能腐向主动的可持续的不想腐转变，在思想上筑起拒腐防变的钢铁长城，就实现了以不想腐为重心，以不能腐、不敢腐相配合的"三不循环"第三步的最高境界。

第三节 双城治理现代化指标体系构建

设计指标对"双城"社会治理体系进行量化,是在现有单一城市社会治理体系指标的基础之上,进行的一次创新探索。在过去的指标体系探索中,不同国家、不同城市,甚至不同历史阶段,市域社会治理的评价指标都可能发生变化。例如,联合国人居署提出的"城市治理指标体系"采取了绩效、平等、参与、责任和安全5个原则及26个具体指标,中国学界和实务界提出过"十二维度""八维度",北京、上海等城市提出了从社会活力、城市管理、社会安全、社区建设、社会文明等方面的社会治理17项指标等。

市域社会治理现代化的成渝"双城"评价指标体系,首先是一个不同于过去所有单一城市社会治理的指标体系,是一个全新体系。其次,市域社会治理现代化的成渝"双城"评价指标体系是一个动态的计量体系,原因在于"双城"协同发展的快速推动和治理更新,造成这些评价指标,很可能在今时今日适用,而在下一发展阶段就成为弃用指标。这种动态的修正,使得检视论证成为常态。最后,市域社会治理现代化的成渝"双城"评价指标体系是一个可量化、可考评的得分体系。

市域社会治理现代化的成渝"双城"评价指标体系虽然是以实证数据为基础、以量化分析为手段,但由于市域社会治理内涵理解必然受到既有理论约束,据此设计的评价指标难以避免价值判断,因此得出的结论也远非事实陈述,很难完全做到"价值无涉"。尽管如此,成渝"双城"评价指标体系的价值带入应当体现在评估指标体系选择和赋权环节,一旦指标体系确定,则必须具有重复验证意义上的客观性,也即使用相同的数据和评估手段进行多次测评,应该得出稳定的结论,使用相同评估手段对多个评估对象进行评估,得出的结论应该具有差异性。

市域社会治理现代化的成渝"双城"评价指标体系建构中,应当严格遵循指标设置公允、方法运用科学的原则,在指标取舍上严格依据政策文件并反复征求各职能部门、代表企业和专家的意见,赋权轻重上选择采用层次分析法（the Analytic Hierarchy Process，AHP）[①]，采用矩阵数学的方法综合来自研究部门、实践部门的多位专业人士判断，最终确定各层级指标的权重。

一、设计思路与框架

市域社会治理现代化的成渝"双城"评价指标体系需要综合考虑"双城"协同的基本要素、指标体系的功能并兼顾实效性。为此，本书在广泛征求各职能部门意见及参考其他地区相关指标体系的基础上提出三种不同的评价模式：

第一种是"职能指标"评价模式。根据中央政法委《全国市域社会治理现代化试点工作指引》提出的指导性意见，参考四川省自选《全国市域社会治理现代化试点四川省区域特色工作指引》，以及重庆市自选《重庆市市域社会治理现代化试点区域特色工作指引》、不同部门领域已有成型的指标设计或考核办法，最大限度设计与党委政府各分管职能相吻合的指标体系，即按照政务联动、经济联动、立法联动、司法联动等几个方面来设计一级指标，其功能主要用于考核各部门、各单位依法治理工作情况。

第二种是"检视论证"评价模式。强调区别过去所有的治理评估与工作考核，跳出"自己给自己评价"的职能指标思路，将有关数据交由权威专家按照事先设计一系列参数的标准评分。[②] 这种模式依赖于社会治理专家的智识和判断，在评估指数计算中排除工作数据和公众评价。

第三种是"多方混合"评价模式。在强调主体职能指标的同时，兼顾多方评价的因素。通过吸收专家检视论证、社会参与反馈因素，改变单纯的治理主体自己评估自己的做法，最大限度满足指标评估的公正性、实效性和立体性。"职能指标＋检视论证＋社会反馈"三大板块等量齐观、相互独立，各自具有不同的评价内容。

我们认为，单纯的主体职能目标虽然表面上更接近实务部门，但实质是特定范围的工作推进和自我评价。这种指标体系弱化了价值评判功能和社会参与功能。检视论证评价模式虽然符合国际上的通行做法，却

[①] 王称心、蒋立山：《现代化法治城市评价——北京法治建设状况综合评价指标体系研究》，知识产权出版社2008年版，第119页。应用层次分析法计算法治建设状况评价指标权重系数，就是在建立有序递阶指标系统的基础上，通过指标之间的两两比较，对评价体系中各个指标进行优劣评判，并利用这样的评判结果来计算各指标的权重系数。

[②] 钱弘道：《余杭法治指数的实验》，载《中国司法》2008年第9期。

完全忽视了我国现行评估指标体系，不容易得到职权部门的重视和响应，也容易形成专业"偏见"。"多方混合"评价模式，能够有效增加指标评估的综合性、公正性、实效性和立体性，契合市域社会治理共治、共建、共享的核心价值主题。

根据所选评价模式，笔者选择"客观绩效与主观评价相结合""相同维度不同视角"的思路，根据市域社会治理现代化的成渝"双城"模式所面临的制度需求、多元场景和立体互动维度，遴选政务联动、经济联动、立法联动、司法联动等几个方面来设计一级指标，通过"主体职能＋检视论证＋社会反馈"的混合评价视角构建评估指标体系，将"市域社会治理现代化的成渝'双城'评估指标体系"分为三大板块，分别是：主体职能指标、检视论证指标和社会参与反馈指标。在这三个一级指标下，均设置分解出二级和三级指标。从整体上看，这三个组成部分相对独立，主体职能指标主要通过客观数据来展现，检视论证指标和社会参与反馈指标则主要体现主观评价，根据评估模型计算出综合得分，最后将综合得分转换成为市域社会治理现代化的成渝"双城"协同指数，从而形成"双城"协同治理模式综合评价指标体系，最终能够克服本体论所提出的双城治理"五个悖论"。

二、主体职能指标设计

主体职能指标主要用于对相关部门在优化"双城"协同治理过程中做出工作的评价。本部分指标的选择和设计参考中央政法委《全国市域社会治理现代化试点工作指引》、四川省自选《区域指引》、重庆市自选《区域指引》、《成渝地区双城经济圈司法协作框架协议》、《成渝地区工业互联网一体化发展示范区建设方案》、《成渝地区双城经济圈建设文艺先行战略合作框架协议》、《成渝地区双城经济圈建设青春建功行动志愿服务专项备忘录》、《四川省市县政府依法行政评估指标》等。根据这些指标反映的主体职能与评估目标之间的相关性，筛选设计了多个"双城"协同治理二级、三级指标，参见表15-1：

表 15-1 主体职能指标设计

一级指标	二级指标	三级指标
成渝"双城"协同治理主体职能指标	立法协同	营商环境领域立法协作
		行政立法协作
		成渝地区双城经济圈建设规划立法协作
		生态环境领域立法协作
		经济区与行政区适度分离的立法协作
		城乡治理领域立法协作
	政务协同	建立川渝两地行政联动响应和协作机制
		建立"三互"机制：线索互联、标准互通、处理结果互认
		联合开展市场监管与监督
		联合开展生态环境监督检查
		联合开展道路交通行政执法监督检查
		联合开展打击经济圈内跨区域犯罪联合执法行动
		联合实现经济圈内政务数据的流动、共享与整合机制
		协作开展党政职能建设评估
		协作开展法治政府示范创建
		建立行政复议区域协同机制以及行政复议规则制度创新
		实现行政复议信息共享
		实现咨政、顾问专家库共用
		联动开展政府规范性文件合法性审核
		建立党政联席会议机制

续表 15-1

一级指标	二级指标	三级指标
	司法协同	进一步完善跨域立案诉讼服务机制
		建设委托办理诉讼事项协作平台
		实现诉讼服务事项川渝两地通办
		推进跨流域跨区域生态司法与环境公益诉讼
		建立成渝两地生态环境损害赔偿诉讼案件联络机制
		建立成渝两地司法信息报送制度
		实现执行联动
		协作开展司法体制综合配套改革
		建立跨区域刑事犯罪案件集中审理制度
		协作推动两地智慧法院建设
		实现两地法律适用统一
		实现两地人才培养、挂职、交流
	监督协同	建立川渝两地督察协同机制
		联合开展成渝地区双城经济圈建设法治化营商环境专项督察
		建立成渝地区"法治监督员""法治观察员"制度
	纠纷化解协同	建立健全川渝边界调解协作机制
		共建行业性、专业性调解专家库
		建立成渝地区双城经济圈商事调解中心
		建立"信息互通、矛盾共管、人员联控、事件同处"的跨区域矛盾纠纷多元化解和风险防控联调联动机制
	产业协同	协同建设工业互联网标识解析体系，以标识解析推动平台协同、产业协同、企业协同
		联合建设一批产业合作示范园区，创建一批国家新型工业化产业示范基地和产业转移示范基地 联合共建川渝交界"中部地带"的经济、科技、文化产业链
		共建成渝一体化工业互联网安全体系，建立成渝区域工业互联网安全"一张网"
		强化成渝两地工业互联网创新发展政策协同，促进技术、资金、人才等资源要素和服务共享，合作共建区域工业互联网产业生态
		联合组建成渝工业互联网产业创新联盟，加强两地工业互联网交流合作

续表 15-1

一级指标	二级指标	三级指标
	文化协同	整合川渝两地传媒资源，打造川渝宣传联盟
		建立"成渝地区双城经济圈建设智库"
		定期开展两地高峰论坛
	社会参与协同	共同实施联动志愿服务计划
		共同实施川渝社会组织"伙伴计划"

三、检视论证指标设计

检视论证指标的依据在于，业内研究者和实务专家对有关数据的分析研判存在专业知识上的比较优势，并且"双城"协同治理的某些目标难以通过原始数据量化，专家的估分评价在很大程度上是一种"量化参考"。因此，与主体职能指标等其他指标相比，专家学者（尤其是外部专家）眼中的某些衡量因素，在市域社会治理评估方面具有不可替代的作用。因而，笔者在梳理既有文献和做法基础上，借鉴统计学和社会学的做法，先拟定若干待测量维度，然后围绕这些维度设计问卷。

相关维度的设计遵循以下几个原则：首先，项目组借鉴了"世界正义工程"所列出的部分依法治理城市的条件；其次，具体结合了当代中国的社会治理实践特点和当前"双城"经济圈的发展取向，以满足社会治理评估的总目标；再次，为避免出现重复评价，本部分指标选择主要针对其他部分设计的目标反映不全，或目标反映可能存在明显差异的因素；最后，本部分评估指标均为定性指标和主观指标，其量化方法为以问卷形式由评价者参考其他部分的指标数据或其他因素，分别对每项指标打分，然后采用因子分析法萃取分析因子进行评价，具体的指标设计见表 15-2。

表 15-2 检视论证指标

一级指标	二级指标	三级指标
成渝双城协同治理检视论证指标	协同规则构建	规范性文件公开程度
		规范性文件体系化程度
		规范性文件稳定性
		规范性文件实际执行效度

续表 15-2

一级指标	二级指标	三级指标
成渝"双城"协同治理检视论证指标	协同市场完善	市场诚信程度
		市场公平程度
		市场要素流动程度
		市场运行效率高低
	协同监管效能	监管行为效能
		监管行为的可预期性
		监管行为的合法性
		监管行为的同质性
		监管行为对企业的负担程度
	协同政府作为	政府信息公开程度
		政府承诺可信度
		政府间数据流动、共享与整合程度
		公职人员清廉程度
	协同纠纷化解	司法效能
		纠纷解决成本
		获得法律帮助的便捷度
		异地纠纷解决的公平度
		区域间法律资源分配公平程度
	"双城"社会活力	创新创业自由度
		政府对社会资源的注入度
		民间组织对社会治理的参与度
		社会诚信程度
		社会秩序安定程度

四、社会参与反馈指标设计

市域社会治理的良好状态是社会公众的一种认知、感受和态度，其实质是群众评价政府的协同治理工作。虽然公众对相关问题的观感在某种程度上具有不确定性、易被导向性甚至极端性的特点，但社会公众毕竟是社会治理实践的主体。本指标体系设计的一个显著特点就是将社会公众参与反馈提升到目标指标层次的地位，实现"双城"协同市域社会治理的核心价值之一——公众的共建共享共治。因此，将公众的参与反

馈作为评价"双城"协同治理水平高低的一级指标衡量因素,具有实际意义。社会参与反馈维度的内容参见表15-3:

表15-3 社会参与反馈指标

一级指标	二级指标	三级指标
成渝"双城"协同治理社会参与反馈指标	协同规则构建	规范性文件易得程度
		规范性文件是否易于理解
		规范性文件稳定性
	协同监管效能	监管措施是否有力
		监管违法程度
		监管措施满意率
	协同政府作为	政府信息公开程度
		政府承诺可信度
		政府间数据利用的转换度
		公职人员清廉程度
	协同市场完善	市场违约率
		市场运行的实际公平程度
		经济组织对异地市场准入的公平感受度
		市场效率高低
	协同纠纷化解	司法公正感知
		判决执行满意度
		纠纷解决方式是否多样
	"双城"社会活力	创新创业活力强弱
		社会诚信程度
		对政府角色的满意度
		群众安全感测评度
		社会秩序安定

五、指标体系的评估赋分

在确定了"双城"治理现代化指标评价体系的一、二、三级指标后,笔者将其作为指导构建"双城"治理现代化指标量化评价评估的完整内容,并将这些内容赋予了一定的质、量和度的规定性,形成了具体的评价指标。接下来需要进一步完成的任务是"双城"治理现代化指标体系的具体应用,即通过一定的技术方法,使之成为科学的、具有操作性的指标评估体系。其中的核心问题有两个:一是如何设计和确定双城治理现代化指标的权重指数;二是如何对相关原始数据进行无量纲化处理。

(一)权数计算

首先是权数计算方法选择。所谓权数,是以某种数量形式对比、权衡被评价事物总体诸多因素相对重要程度的量值。[①] 权数的设计将直接影响到评价结果,因此科学地确定指标权数是法治指标具体应用的核心步骤。

关于指标权数确定的方法,比较常用的是德尔菲法[②]和层次分析法[③]。笔者讨论并征求部分职能部门的意见后认为,作为定性与定量结合的分析方法,层次分析法特别适宜于"双城"治理现代化指标评估这种分层交错的多目标综合体系,因此最终采用层次分析法作为基础权重计算方法,同时考量到主体职能评价、检视论证评价和社会参与反馈评价三个评价视角数据采集和性质差异较大,因此在三级指标上综合采用德尔菲法和因子分析法确定权重。

"主体职能"评价指标下三级指标采用德尔菲法进行赋权,是因为该三级指标较多,采用层次分析法进行两两比较过于复杂,对判断者的要求太高,不具有可操作性。

"检视论证"和"社会参与反馈"两个指标的二级和三级采用因子分析法,是因为其通过问卷来获取评价数据,需要根据回收问卷的数据结构特征来确定题项和题项结构,因此不能在事先进行权数计算。

(二)一级指标权数计算

A. 列出总目标、各层指标之间的层次结构体系

根据上文所做讨论,设定评估总目标为"双城"治理现代化指标评

[①] 四川省司法厅:《四川省"法治指数"构成与法治环境评估体系》研究报告(2011)。

[②] 何俊德:《项目评估——理论与方法》,华中理工大学出版社 2000 年版,第 36 页。德尔菲法是以不记名方式征询专家对该问题的看法,并对专家意见进行统计整理,再将经过整理的调查结果反馈给各位专家,让他们重新考虑后再次提出自己的看法,并特别要求那些持极端看法的专家详细说明理由。通过多次反馈,最终使大多数专家的意见趋向集中。

[③] 王称心,蒋立山:《现代化法治城市评价——北京法治建设状况综合评价指标体系研究》,知识产权出版社 2008 年版,第 119 页。应用层次分析法计算法治建设状况评价指标权重系数,就是在建立有序递阶指标系统的基础上,通过指标之间的两两比较,对评价体系中各个指标进行优劣评判,并利用这样的评判结果来计算各指标的权重系数。

估水平，记作 Z。根据总目标设定三个评估视角作为一级指标，即"主体职能""检视论证"和"社会参与反馈"，分别记作 C_1，C_2，C_3。

B. 建立一级指标两两比较判断矩阵

从评估模型的准则层开始（即为 C_1、C_2、C_3），对同一层次各元素关于上一层次中某一准则（或目标）的重要性进行两两比较，最后确定各评价指标在该层中相对于某一准则所占的比重，即把每个评价指标对上层某一目标的影响程度进行排序。

针对总目标 Z，先建立因素集 $C = (C_1, C_2, C_3)$

各个层次两两比较判断矩阵流程见图 15-1：

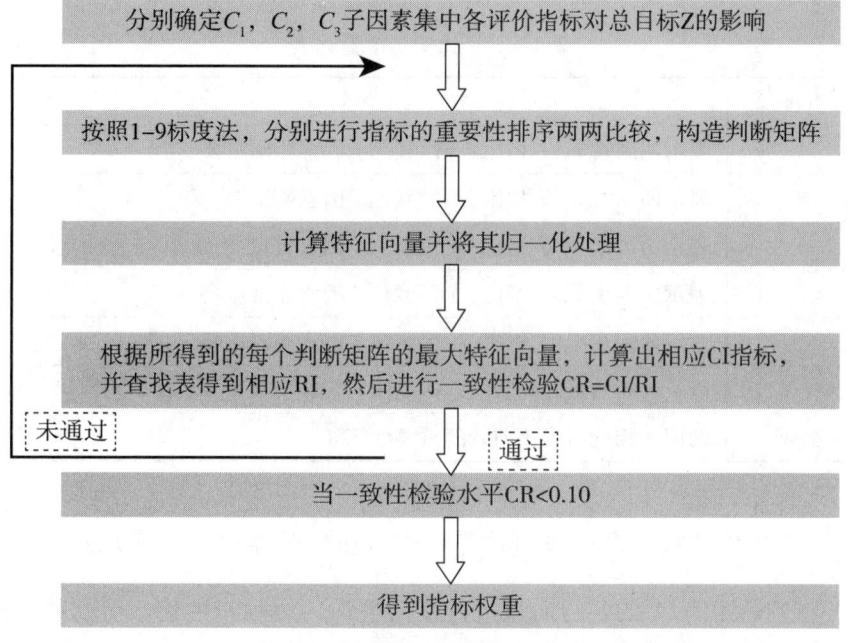

图 15-1　层次分析法作业流程

一级指标因素层包含主体职能 C_1、检视论证 C_2、社会参与反馈 C_3 三个因素，要比较三个因素对目标层"双城"治理现代化指标评估 Z 相对重要性大小，用 a_{ij} 表示准则层中第 i 个因素相对于第 j 个因素的比较结果（如 a_{12} 代表主体职能评估 C_1 与检视考核 C_2 对于目标层 Z 的相对重要性大小）。运用 Saaty 教授[①]提出的 1—9 标度法量化表，根据专家对"双城"治理现代化现状各有关要素权重的评估，可以得到判断矩阵：

$$A = (a_{ij}) \begin{bmatrix} a_{11} & a_{12} & a_{13} \\ a_{21} & a_{22} & a_{23} \\ a_{31} & a_{32} & a_{33} \end{bmatrix}$$

判断矩阵 A 具有以下三个性质：1 期 $a_{ij} > 0$，2 期 $a_{ji} = 1/a_{ij}$，3 期 $a_{ii} = 1$，称为正互反判断矩阵。判断矩阵的值直接反映了人们对各元素相对重要性的认识，一般采用 1—9 比例标度对重要性程度赋值，标度及其含义如表 15-4 所示。

表 15-4 比例标度量化表

标度	含义
1	表示两因素 i、j 相比、i 因素与 j 因素相同重要
3	表示两因素 i、j 相比、i 因素比 j 因素略重要
5	表示两因素 i、j 相比、i 因素比 j 因素较重要
7	表示两因素 i、j 相比、i 因素比 j 因素非常重要
9	表示两因素 i、j 相比、i 因素比 j 因素绝对重要
2、4、6、8	以上前后两级之间对应的标度值
倒数	两因素相比后者比前者的重要性标度

（三）利用层次分析法的计算权重（通过计算机软件实现）

将判断矩阵 A 的各行向量进行几何平均，然后归一化，得到的行向量就是权重向量。设 A 的最大特征根为 λ_{max}，其相应的特征向量为 W，则 $AW = \lambda_{max} W$

λ_{max} 和 w 的方根法计算步骤：

① 判断矩阵每一行元素的乘积 $M_i = \prod_{j=1}^{n} a_{ij}, i = 1, 2, \cdots, n$

[①] 考托马斯·萨蒂（Thomas Saaty）的九级标度方法，是指将所评价因素进行两两比较，决定同层评估因素的重要程度，量化标度。其中，Saaty 标度 1 表示同样重要，Saaty 标度 3 表示一个因素比另外一个因素稍微重要，Saaty 标度 5 表示一个因素比另外一个因素明显重要，Saaty 标度 7 表示一个因素比另外一个因素强烈重要，Saaty 标度 9 表示一个因素比另外一个因素极端重要，Saaty 标度 2、4、6、8 表示因素之间重要性比较在上述描述之间，相应上述数的倒数表示一个因素比另外一个因素不重要的上述描述。

② 计算 M_i 次方根 $\overline{W_i} = \sqrt[n]{M_i}$

③ 对向量 $w = [\overline{W_1}, \overline{W_2}, \cdots \overline{W_n}]^T$ 归一化，$w_i = \overline{W_i} / \sum_{i=1}^{n} \overline{W_i}$ 即是指标权重。

④ 计算判断矩阵的最大特征根 $\lambda_{\max} = \frac{1}{n} \sum_{i=1}^{n} \frac{(AW)_i}{w_i}$

取得特征向量 $w = (\eta_1, \eta_2, \eta_3)^T$，其中 η_1, η_2, η_3 分别为 C_1、C_2、C_3 的权重。

（四）判断矩阵一致性的检验

层次分析法对人们的主观判断加以形式化的表达和处理，逐步剔除主观性，从而尽可能地转化成客观描述。其正确与成功，取决于客观成分能否达到足够合理的地步。由于客观事物的复杂性及决策者认识的主观性，对判断矩阵做一致性检验，成为不可或缺的环节。一致性指标为：

$$CI = \frac{\lambda_{\max} - n}{n - 1}$$

为了度量不同阶数判断矩阵是否具有满意的一致性，需引入判断矩阵的平均随机一致性指标 RI 值。1—15 阶判断矩阵的 RI 值如表 15—5 所示：

表 15—5　均随机一致性指标 RI 值

n	1	2	3	4	5	6	7	8	9	10	11	12	13	14	15
RI	0	0	0.52	0.89	1.12	1.26	1.36	1.41	1.46	1.49	1.52	1.54	1.56	1.58	1.59

当阶数大于 2，判断矩阵的一致性比率 $CR = CI/RI < 0.10$ 时，即认为判断矩阵具有满意的一致性，取得特征向量 $w = (\eta_1, \eta_2, \eta_3)^T$，其中 η_1, η_2, η_3 分别为 C_1、C_2、C_3 的权重。否则需要调整一级指标判断矩阵 A，以使之具有满意的一致性。

（五）获得影响权重

据上文设计的权数模型，最后通过总排序的一致性检验，便可以得到子因素集对总目标 Z 的有效影响权重：

Z "双城"治理现代化指标综合得分 $= 0.4516 \times C$ 主体职能评估 $+ 0.1671 \times C$ 检视评价 $+ 0.3813 \times C$ 社会反馈

六、需要说明的问题：是影响因子，而非决定因子

需要说明的是，上述指标评估体系，并非一成不变的指标，而根据治理情况的动态变化或者政策、社会实际的各种变化从而发生各种变化。上述指标体系中的所有指标以及估分方式，只能在一定程度上对当前"双城"协同治理模式进行一种评估赋分。这种基于当前静态条件下的指标设计与评估赋分方法，绝非对"双城"协同治理终极的量化考核。甚至在实践中，两地各级政法委还应根据自身实际，对上述指标和估分方式进行调整，或进一步精确、复杂化上述指标设计与评估赋分方法，如引入赋权计算等，对治理成果进行更为科学、计量的考核；或进一步简化、宏观化对"双城"协同治理模式的评价考核，这一点类似于当前中政委下发的指引中每个三级指标赋分在 10 分上下，或有不等，进行 10 位数内的打分方法，虽然精量、精准不够，但操作起来却更为直接、简便，有利于下级对照执行。

笔者进行的指标设计与量化赋分方法，旨在提供一种思考方式，一种高量化、高数学化的模型构建，是尽可能多地抽取了对"双城"协同治理有所影响的因子，用以对治理指标体系进行评估。这些影响因子和评估方法，都只是为"双城"协同治理中的实践者提供一种有力的治理视角，而非为其提供一种一成不变或放之四海皆准的方法论。市域社会治理是一个动态、综合性的命题，成渝"双城"协同治理则需要更多的视角和不断实践来支撑。

第十六章　市域社会治理融入双城治理的建议

　　双城治理具有一般意义上市域社会治理的特点和要求，都是强调城市内部的社会治理问题，在行政区划上，重点是围绕市级城市单元展开的，但与一般意义上的市域社会治理相比，成渝双城治理又有着相对独特的治理逻辑。根据成渝地区双城经济圈的发展定位，成渝双城治理表现出明显的圈层化现象，即形成了从中心到周边的不同治理圈型，在不同的治理圈层内部，治理内容存在差异化，会依据区域发展水平和内部治理需求的不同而表现出差异化的现象。同时，圈层的存在也进一步要求区域间治理的一体化展开。社会治理除了要管好单体城市的"一亩三分地"之外，城市与城市之间的治理协同也是治理关键，因此，在治理范围上，就很容易突破传统行政区划治理的治理逻辑，转向更为广大的区域治理的概念。换言之，成渝双城治理是寓于区域治理项下的市域社会治理。在此种逻辑下，成渝双城市域社会治理的体系构建，一方面要深刻理解到成渝双城市域社会治理与一般市域社会治理的差异，积极推动社会治理融入双城建设；另一方面又要注重不同发展圈层的治理需要，形成区域治理协同合作机制。

第一节　市域立法对市域社会治理创新的制度设计

　　在前面的章节中，我们讨论了国家制度供给如何从短期、中期以及长期的路径中为双城经济圈提供立法支撑，但这种立法支撑是基于国家统筹安排以及区域的协同立法，在很大程度上不能兼具经济圈内的市域特色。成渝地区双城经济圈建设并不要求大规模的一致性和相似性，而是鼓励成渝双核之外的区域城市能够在大的发展框架下凸显自身的市域治理特色。通过市域立法，用好设区的市在城建管理、环境保护、历史文化方面的立法权，积极为市域社会治理创新以及破解区域难题提供立法保障，是一种比较可行的治理思路。

一、准确把握市域立法对市域社会治理创新的功能定位

总体而言，市域立法的功能在双城经济圈建设的框架下，应当作为一种双城治理框架的下位制度而附属于市域治理，承担着补充、优化、创新市域治理体系的重任。从《中华人民共和国立法法》的规定来看，中央赋予地方一定的立法权限，仅仅限定在非传统行政事项范畴，更确切地说，是一种补充性的事权立法，其立法本身的公共利益属性极其明显，涉及当地城乡建设与管理、生态文明建设、历史文化保护、基层治理等方面。尽管《中华人民共和国立法法》只列举了这四个方面的内容，但从立法意图来看，"等"外领域也不能突破这个基本框架。也可以认为，市域立法对市域治理来说，更多偏向于"锦上添花"的类型，能够在国家、省级立法框架下造福于一方百姓。

同时，市域立法也能对过去在该领域始终存在的制度顽疾进行攻克，从而优化市域治理体系。比如，宜宾市颁行了《宜宾市翠屏山保护条例》，这意味着管理翠屏山的方式，由过去的"依规管理"升华到"依法管理"，对于"刻划、污损树木、岩石和文物古迹"等14种行为有了处理依据。过去劝阻和引导，并不能制止这样肆意的损害行为，导致山区环境受到严重损毁。在该条例出台后，景区管理方可将不听劝阻并造成损害后果的游客交给相关行政部门进行处罚。通过市域立法对市域治理的优化，可以不断塑造全社会的守法意识，让规则意识更加深入人心。最后，市域立法在功能上还承载着对市域治理的创新之策。比如，内江市出台了《内江市甜城湖保护条例》，这是内江市在《中华人民共和国立法法》修订后而获得地方立法权限后制定的第一部地方性实体法规，也开启沱江流域加强水资源生态资源环境保护的立法先河，给沱江流域的其他城市在保护沱江水资源方面树立了立法的典型参考，也为后续的协同立法打下了坚实的基础。综合而言，市域立法可以在各地遵循公共利益框架下，在秉承补充、优化、创新的功能定位基础上，不断探索符合地方特色的市域立法，从而促进双城经济圈的内部制度供给机制。

二、深刻认识市域立法对双城经济圈建设的影响

第一，市域立法的治理效应对协同立法的影响。在成渝双城经济圈建设过程中，市域立法与协同立法可能具有同质性，也可能不具有同质性。一部分市域立法是依据双城经济圈的整体规划及建设目标而制定，

一部分市域立法则是各个城市单独制定而来。这就可能存在一系列的冲突问题。当协同立法属于省一级人大及政府的立法时，成渝经济圈的相关地级市当然会受到这种协同立法的影响，在不具备市域立法权限的领域，尽管《中华人民共和国立法法》规定地方政府规章原则上不得规定应当由地方性法规规定的立法事项，但地级市可能会以政府规章的形式在两年内对相关协同立法进行转换与固定。当两年的规章期限到期之后，地级市政府又不能在法定明确范围及非公益范围之外进行市域立法，这时就会出现两个问题。一是政府没有动力去制定有破坏原有发展格局可能的市域立法，因为发展经济与生态环境保护在很大程度上存在矛盾，此时应当响应国家政策号召的生态环境保护政策可能在一些地级市不能有效贯彻。二是政府制定了相关市域立法后，会影响当地对双城经济圈协同立法的执行效度，从而在高标准市场体系的合规建构上存在缺陷。

第二，市域立法对双城治理法治化的影响。若相关地级市的市域立法是在成渝经济圈建设之前出台，这种市域立法在很大程度上也会影响相关地级市参与一些区域内的产业链合作。比如，明确了城乡规划用途的市域立法，在土地征收上、生态红线保障上可能会对政府有更加严格的规制。一些产业对环境的污染较大，那么是否需要修改市域内的相关环保法，设置更高标准的立法保障，也会成为地级市决策者们的难题。若地级市政府追求现实利益的最大化，那么就只有对已经出台的市域立法选择视而不见，这就意味着法律在被选择性地执行和遵守，这对成渝地区双城经济圈法治一体化建设十分不利。

第三，市域立法对跨区域合作机制的影响。目前，推进成渝地区双城经济圈共建最常见的方式就是区域内各行业之间的合作机制，如执法协作机制、司法协作机制等。比如，2020年6月，川渝四县会签《关于加强区域检察协作服务保障成渝地区双城经济圈建设的框架协议》，[①] 协议的一项重要职责就是充分发挥四地公益诉讼职能，围绕辖区内的河流生态安全，强化线索移送机制，开展联合调查，整合执法资源，提升公益诉讼质量。相对应的则是，若该四地没有相应的河流保护市域立法，检察机关开展公益诉讼就缺少了强有力的立法支撑。所以，市域领域侧重于公共利益实现的功能，与两地的诸多促进公共利益最大化的合作机制产生了关联。在立法思路上，既可以是先有市域立法，也可以是在合

[①] 重庆市梁平区人民检察院、重庆市垫江县人民检察院、四川省邻水县人民检察院、四川省大竹县人民检察院。

作机制达成后再详尽制定相关具有保障性的市域立法。若是市域立法已制定,那么合作机制应当尽可能不与立法产生职能、权力、机构方面的冲突。若立法不能适应最新的合作机制,应当尽快提请当地人大进入修订程序。

三、双城经济圈市域立法需重点注意的问题

第一,应当在双城经济圈建设框架内,增加对市域立法的经费投入。众所周知,立法是一门技术难度极高的法律工作。立法中的字句偏差可能引发诸多在适用中的争议点。成渝之间的市域立法,主要存在于四川省境内的相关地级市,而这些地级市的整体经济水平与法律人才储备都无法与成都重庆两地相提并论。为保证立法质量,实现立法目的契合双城经济圈建设,省级人大应当给予相关具有立法计划的地级市更多的人财物支持,帮助其在走访调研、立法框架搭建、立法用语等方面尽可能严谨、务实。

第二,应当注重市域立法主体的等级问题。由上所述,重庆市是直辖市,在整个辖区内只有一个重庆市人大作为市域立法的主体,重庆市的诸多行政区,虽在行政级别上与四川的地级市相同,但不具备市域立法资格。比如,四川省安岳县与重庆市大足区可以就保护石刻文化出台联合意见,但是若要进行协同性的市域立法,则需要资阳市与重庆市在石刻保护上出台立法,这显然不符合级别对等的原则。这必然成为成渝经济圈在后续协同立法中需要解决的问题,是否赋予直辖市区一定的市域立法权,值得探讨。

第三,应当注重市域立法与省级立法的优先顺序。设区市成为独立的立法层级后,应认真对待省与设区市之间的立法权限划分问题。在省、设区的市之间,出现立法事项的重叠现象后,应当先由设区市行使,若在设区市能够较好地进行规制时,省级立法主体不应行使立法权。① 只有在设区市无法突破立法技术、缺乏立法权限,以及无法保证立法适用和执行的预期效果时,省级立法主体才可以介入。这样就可以保障设区市的立法积极性,也可以减轻省一级层面的立法负担。

---

① 程庆栋:《论设区的市的立法权:权限范围与权力行使》,载《政治与法律》2015 年第 9 期。

第二节　市域社会治理融入双城治理体系的构建突破

成渝双城市域社会治理表现出明显的圈层化现象，不同治理圈层治理需求不尽相同，在体系化构建的过程中，要充分了解不同治理圈层的空间构成，同时进一步了解不同治理圈层的治理需求，进行个性化治理，以及采取不同的推动手段，推进不同圈层融入成渝双城市域社会治理的大体系中。这不仅仅需要在社会治理领域开展区域间的深度合作，在社会经济建设的物质基础合作上，亦需要深化社会治理基础设施的共建合作，推进不同圈层向成渝双城市域社会治理体系的治理融合。

一、圈层分化与主动融合现状和问题

成渝地区作为一个具有国家战略意义的整体经济单元，内部其实也存在圈层分化问题。成都市在研究部署成渝双城经济圈建设工作中，明确提出推动成德眉资同城化发展，共建具有全国影响力的重要经济中心。在此背景下，前述城市区域一体化发展的思想共识明显增强，统筹协调更加有力，在空间规划和产业布局统规统筹、交通基础设施互联互通、公共服务共建共享等领域有望率先突破。就重庆目前与周边城市的合作来说，大多数区域发展内容都还限于政府之间签订的协议或战略。受成渝城市群发展规划的影响，重庆与四川多个城市建立了合作交流的关系，将各自比较优势最大限度转化为发展优势，如渝西经济走廊、重庆一小时经济圈等战略促进了成德绵轴带、沿江轴带、成渝双核地区的经济发展。2020年3月，为更好地促进遂潼一体化发展，遂宁和重庆签署了"1+17"一体化发展合作协议。这表明，双城正在拆除行政区域所限定的门槛，打破地域限制，推动"地理中心"转变为"发展轴心"，推动成渝之间城市的"中部塌陷"迈向"中部崛起"。

二、市域社会治理融入双城治理体系的突破方向

新区域主义理论告诉我们，不要把注意力仅放在单纯的组织结构调整方面，还应尝试把集中治理和分散治理结合起来。例如，新区域主义理论主张跨部门合作，注重部门间通过合作的方式来实现区域间一体化治理。尽管新区域主义理论与我国社会治理理论存在根本不同，但在有关区域和市域关系的处理上，这一理论仍具有一定参考意义。就成渝双

城区域而言，在这个圈层内，成都和重庆具有较好的发展基础，而其他地市发展基础相对薄弱。在成渝地区双城经济圈社会治理过程中，各地市应当积极融合发展，提升经济发展和社会治理水平。整体而言，在融合发展，提升社会治理水平过程中，应当重点从以下方面入手。

（一）着力推动生态环境大数据基础设施建设

一是要建设生态环境信息大数据中心，连接川渝两地的生态环境数据，整合人口、经济、水文、气象等数据，同时充分发挥生态环境大数据的应用优势，打破信息壁垒，连接数据孤岛。基于人工智能、数学模拟和数值预测技术对大数据进行深入分析和挖掘，系统制定污染防治和生态保护方案。

二是要加快生态环境监测网络建设，积极与国家生态环境大数据建设对接，利用成都、重庆现有生态环境监测网络，优化区域内监测点设置，按照"三区三线一单"的控制体系配置标准化的自动监控设备，建立标准化的数据采集和传输机制，形成完善的数据传输体系。

三是要实施监测数据标准化建设，严格控制环境监测数据的有效性，深入挖掘监测数据的价值，实时发布和共享环境监测信息，实现业务管理与智能监测报表的一体化。①

（二）共建共享高速信息网络

正如前文指出，成渝区域各地市政府的信息化建设速度特别是区域融合程度明显无法及时响应社会治理发展的需求。为推动成渝地区中间层各市融入双城经济圈建设，发挥技术治理机制对区域治理创新和治理共同体意识培育的作用，应当加快推进新一代信息基础设施建设，建成成渝地区双城经济圈高速共享信息网络。为了更好打造内陆开放战略高地，两地国有通信企业要通力协作，加快推进 5G 网络建设。根据 5G 产业圈统计，截至 2022 年 12 月 29 日，四川省 5G 基站数量为 10.8 万个，重庆市 5G 基站数量为 8 万个，实现川渝地区主要城区和重点区域 5G 网络全覆盖。同时，中国电信四川公司、重庆公司已在成渝双城经济圈区域建成一张低时延、超高速、一跳直达的 ROADM 光网络，提供 100G 以上速率×96 波的传输能力，支撑建成西部领先的"川渝陕"大型数据

---

① 搜狐网：《加快推进成渝生态环境大数据建设》，https://www.sohu.com/a/404424385_198170，最后访问时间：2021 年 6 月 27 日。

中心。① 在上述基础之上，成渝区域各个地市之间应当打破信息壁垒，构建区域一体的涉及社会治理的信息共享数据系统，建立全方位的信息化共享协同机制。

（三）创新基层社会治理，促进社会协同参与

基层社会治理相对专业性要求较低，而矛盾解决需求更高，事务处理也更为琐碎，提升基层社会治理水平应当从提升公众性、组织性与便利性着手。具体来说，要从以下七个方面优化基层社会治理：一是"小区党组织＋业主委员会＋物业服务企业"三方联动，创新社区组织管理体制；二是"社区＋社会组织＋社会工作者"三社联动，提升社区组织服务能力；三是深化基层民主治理，实施多元主体参与，构建社区协商民主新形式；四是引入"互联网＋"模式，提升基层社会治理的"四化"水平；五是整合基层政府的职能、机构、资源和行动，提升主导能力；六是整合基层党建，提升社会协同参与的合力；七是整合基层社会需求、社会工作者、社会组织、社会资源，增强社会协同治理主体能力。②

第三节　成渝地区市域治理优化及加快同城化治理的建议

成都、重庆主城作为成渝双城市域社会治理的中心圈层，在双城市域社会治理的体系构建中，发挥着举足轻重的治理导向作用。可以说，成渝地区内的其他城市，某种程度上都以成都、重庆两座中心城市为标杆。因此，在社会治理层面，成都、重庆同样要发挥治理导向作用，形成成渝双城市域社会治理的治理引领，形成对中部圈层、周边圈层的治理示范，带动社会治理的有效发展。这就要求，加强两地的社会治理协同合作，推动治理协同再上新台阶。

一、信息支撑：注入"智"治新动能

第一，以绿色低碳理念支撑成渝大型智慧城市可持续发展。一方面，

---

① 腾讯新闻：《川渝地区主要城区和重点区域实现5G网络全覆盖》，https：//new.qq.com/omn/20210330/20210330A01EJ700.html，最后访问时间：2021年6月27日。

② 童彬：《新时代社会主要矛盾视角下的社会治理"四化"创新》，载《重庆行政》2018年第4期。

通过各类智慧系统部署，使城市管理部门以更加精细和动态的方式管理成都、重庆的城市生产和生活，提高资源利用率，改善人与自然间的关系；另一方面，通过智慧大型城市建设，把部分实际物流、人流虚拟化，从而使得大量城市活动可以通过互联网实现，推动轻量化、清洁化生产生活方式的形成，使城市从"灰色发展"向"绿色发展"转变。

第二，以信息资源开放共享促进智慧应用对周边辐射的智慧大型城市建设。在强化各部门系统和资源整合的同时，顶层设计以"数据集中、应用辐射、区域协同"为目标，进一步发挥成都、重庆在成渝双城经济圈中的主导地位，将一卡通、智慧交通、智慧医疗等智慧应用推广至周边，加速智慧城市服务范围从单个城市升级至以大型城市为中心的都市圈。

第三，构建以人为本的信息惠民应用。将智慧城市建设与人民群众对经济社会的实际需求精准结合，通过广泛采纳社会各个层面、各个领域对经济社会发展的建议，着眼于促进市民生活改善，不断提高公共服务水平，使广大市民、企业切实感受到智慧城市建设带来的实惠和便捷。以智慧政务服务为例，以双城政府为建设思路，推进成渝两地政府资源后台统筹和行政审批流程再造，以现代技术为手段，建立政务服务"一站式"的网上全程办理平台。

第四，构建城市大数据驱动的产业创新与治理创新体系。依托大型城市信息化建设成果，围绕大数据的开放应用，以信息资源开放促进产业转型提升和产业链延伸。积极探索"城市大脑"数据授权社会第三方使用机制，深化政社合作，推动数据在社会中依法有序流动，并形成以社会为中心、以市场化为导向、突出公众参与的城市全面创新形态，进而打造一批智慧型企业及应用示范项目，促进智慧产业发展。

二、市场驱动：助力双城经济发展新突破

一是产业互补互融。一方面，综合两地市场优势，促进两地市场融合发展，深化两地的产业合作。例如，加强两江新区与天府新区优势互补，推动两大新区的创新合作。① 另一方面，应当建立健全"万达开川渝统筹发展示范区""遂潼川渝毗邻地区一体化发展先行区""川南渝西地区一体化发展示范区"等两地跨区域经济产业协同发展空间载体的相

---

① 重庆行政：《成渝地区双城经济圈建设下市域社会治理联动机制构建》https：//m.fx361.com/news/2020/1128/7269589.html，2021年6月23日最后访问。

关准入机制、产业履约激励与惩罚机制等，并搭建成渝双城经济圈建设发展市场合作平台、投融资平台等，深化成渝双城经济圈产业协同发展。

二是持续优化营商环境。优化营商环境应进入更高层级，即实现更加稳定、公平的国际化营商环境。一方面，持续深化"放管服"改革，成渝两地联手共同清理规范行政权力，探索建立成渝双城经济圈区域内统一的权责清单与市场准入负面清单，推动"非禁即入"普遍落实。另一方面，加强政务服务互联互通，促进川渝商务领域政务服务水平一体化和均衡化，打通政务服务平台，实现商务审批服务事项的受理标准、设定依据、申请材料等规范统一，探索开展线上"一地认证，全网通办"、线下"收受分离、异地可办"，合力推动实现审批事项互办互认，向成渝地区双城经济圈辐射的地区放权赋能。另外，设立"成渝移动办"，在优化审批流程节点设计、加强数据共享的基础上，对行政审批服务的条件、事项、环节、时限等要素进行标准化管理，合力打造"成渝联动审批"的"互联网＋政务服务"新模式，促进政务服务从"最多跑一次"向"不见面审批"转型升级，压缩重大建设项目审批时间，为着力解决重大建设项目创新启动"跨区联动""市区联动"审批服务工作机制，提升成渝地区双城经济圈营商环境竞争力，共同推进川渝毗邻地区融合发展。

三、法治协同：打开双城市域治理新局面

在成渝地区各市域对接中心、融入双城治理体系方面，法治协同是主要的路径之一。这是因为，法治化水平往往是地区治理能力的关键指标，而法治协同既是区域治理的主要手段，也是各地区能够实现一体发展的重要条件。在相关法治协同领域中，产权保护、司法服务信息化和矛盾纠纷化解是三个相对容易推进的领域。

（一）推进产权保护协同立法，为经济发展构建体制保障

一是进一步厘清公私财产权的界限，加强对非公有制经济财产权的法律保护，完善平等保护产权的法律法规体系，构建川渝两地民营经济联动保护大格局，优化处理涉企案件的有关机制，依法严格保护人身财产权，切实保障民营企业自主经营权，促进、支持民营经济发展，构建川渝两地民营经济良好法治环境。

二是探索建立知识产权侵权快速反应机制，深化两地知识产权保护的信息共享和协同行动，建立知识产权法院，加强川渝两地知识产权保

护力度，切实保护川渝自贸试验区、天府新区、成都高新区、两江新区、重庆高新区、中国西部（重庆）科学城等各类园区高新技术企业、创新型领军企业等的知识产权，促进科技创新。

三是健全农村集体产权制度，重点围绕农村集体资产清产核资、农村集体经济组织成员身份界定、集体经营性资产股份量化、农民集体资产股份权能完善以及证书发放、资料归档等方面，积极探索农村集体产权制度改革路径与新型集体经济发展路径，完善农村土地"三权分置"落实机制，促进农村集体资产管理升级，有效保障农民财产权利，全力推动脱贫攻坚与乡村振兴同频共振。

（二）依托信息化平台，实现网上诉讼服务中心有效对接

一是深化智慧法院建设协作，以需求为导向，以机制为支撑，加强两地诉讼服务设施建设，以网上诉讼服务中心、移动微法院、12368热线、诉讼服务窗口等平台为依托，合力推进大数据、人工智能、区块链等科技创新成果与司法工作深度融合，加强两地在平台建设、软件开发、数据管理等方面的交流与合作，畅通两地司法系统在案件信息、电子送达、律师服务等方面的信息共享，完善"互联网+诉讼"模式。

二是共同构建川渝两地诉讼服务事项无缝衔接机制，进一步完善跨域立案诉讼服务事项，加强委托办理诉讼事项协作平台建设，推进两地远程庭审的工作协同，优化跨区域涉诉信访的协调配合机制，积极探索成渝辖区法院文书异地打印、委托送达、调查取证、保全鉴定等审判辅助事务的跨域协作，深化成渝双城司法协调联动，打造集约高效、多元解纷、便民利民、智慧精准、开放互动、交融共享的现代化诉讼服务体系，为当事人参与诉讼提供便利，努力实现诉讼服务事项两地通办。

（三）积极推进多元矛盾纠纷解决和社会治理协同机制建设

一是充分发挥司法在多元化纠纷解决机制中的引领、推动和保障作用，共同构建分层递进、衔接配套、功能完备、形式多元的纠纷解决体系，加强在线矛盾纠纷解决平台与智慧法院的对接，实现各种治理资源的深度融合与合理配置，促进成渝两地在线调解联动，共同推进矛盾纠纷在线化解。

二是面向"一带一路"，建立川渝边界调解协作机制，共建行业性、专业性调解组织，探索建立跨区域的商事调解中心，打造包括成都"和合智解"e调解平台、重庆"巴渝和事佬"调解平台在内的跨区域联合

调解平台，通过"联心、联动、联调、联治"，实现川渝地区所有解纷主体一网覆盖、所有解纷流程一体衔接、数字智能一键服务，为川渝多元纠纷化解注入活力。

三是成立川渝联合人民调解委员会，构建跨区域联调专家库，规范联席会议制度、联合排查机制、联络交流机制，在矛盾信息、数据信息、案例发布等方面进一步优化信息共享制度，建立"信息互通、矛盾共管、人员联控、事件同处"的跨区域矛盾纠纷联防联调联动机制。

四是鼓励政府与社会、市场主体的联合行动和跨界合作，夯实跨域合作治理的社会基础。成渝地区各市域社会治理应由跨区域的政府、社会、市场等力量多方驱动，实现区域共建共治共享的治理格局。双城市域社会治理要更加强调多元主体的联合行动和跨界合作，充分挖掘社会、市场主体本身所具有的治理能力，发挥党建引领的作用，加强党对社会组织、公众、市场主体参与治理的引导，根据各自的社会功能和特点，对各主体参与市域社会治理的方式方法予以明确，使各主体在跨域合作治理中发挥最大效能。制定有关主体跨域参与市域社会治理的奖惩机制，促进社会组织、公众、市场主体参与双城治理的主动性和积极性。

第四节　毗邻圈层市域社会治理的协同建议

毗邻圈层作为成渝双城市域社会治理空间体系中的重要一环，发挥着纽带和桥梁的作用。毗邻圈层在参与市域社会治理过程中，应当坚持一体化建设目标，积极融入成都和重庆两个主要城市引领的双城发展建设中，不能消极懈怠，要迎难而上，克服困难，勇争先锋，要因地制宜，结合本市域的基础条件，出台相应的经济社会发展政策，拓宽社会治理渠道。

一、优化产业治理配套机制

无论是从产业发展角度，还是产业延伸孵化的角度，都需要专业性的工作开展，而社会治理的重要内容就是为产业和专业做好配套服务。应当打造优良的产业研发环境，营造良好的产业生产氛围和舒适的产业人员生活环境，做好产业园区与社区的融合治理，让产业企业发展好，让产业专业人才生活好。要为产业做好配套服务，应当做到如下几点：

一是强化政府在产业执法上的法治化建设。推进社会治理法治化需要加强执法规范化建设，严格规范行政执法行为。依法行政不仅要求政府能够严格执法，更要求政府在治理中面对复杂多样的产业问题时，能够运用法律原理、法律原则和法律条文所蕴含的价值、理念来执法。①

二是强化产业治理监督机制。用权必监督，要推动法治政府的治理专业化需要落实配套的监督体系。这些监督机制包括完善政府重大信息披露制度，重大事项报告制度，重大决策听证和投诉制度，重大决策审计、风险评估和纠错制度。建立和完善基层监察体系，畅通社会监督渠道。

三是建立相应的产业治理考核评价体系。基层社会治理法治化需要一套全面、科学的评价体系和评价机制，从而构建长效的评价机制和激励机制。② 奖惩机制与依法行政挂钩，绩效考核结果与公务员个人绩效工资直接挂钩。完善考核机制，将依法办事能力水平和个人遵守党纪国法情况纳入述职内容，把考核结果作为干部奖惩、提拔任用的重要依据。③

四是构建社会治理服务产业专业的新机制。社会治理与产业专业之间的互动机制应当进一步完善，将社会多元主体纳入公共事务管理中来，充分依靠社会多个主体来管理社会事务，能够避免政府失控或市场失灵现象。在高度流动性、离散化的现代城市社会中，要进一步增强产业园区的社会黏性和成员归属感，推动园区居民基层自治创新，真正实现"民事民议、民事民办、民事民管"。要拓宽产业园区企业和人员的参与渠道，加强公众参与的有效互动，完善信息公开，从而推动产业园区公众对治理工作的有序参与，真正做到有效服务。

二、强化人才要素支撑

一是完善社会组织人才培养政策，完善人才引进、资格认定、职称评定、福利保障等政策。社会组织具有一定的公益性，薪酬水平低于其他行业，晋升渠道有限，难以吸引高素质人才进入团队。要更好地解决社会矛盾，必须实行专业化分工，集中专业力量，建设专业机构，培养

---

① 季金华：《社会治理创新与法治政府建设互动的法律机理》，载《江苏大学学报（社会科学版）》2017 年第 5 期。

② 童彬：《基层社会治理法治化：基本现状、主要问题和实践路径》，载《重庆行政（公共论坛）》2018 年第 4 期。

③ 唐寿东，孙英：《全面依法治国视域下基层治理法治化研究》，载《天津行政学院学报》2017 年第 5 期。

专业人才。要激发专业人员运用专业知识,了解各种社会事务的新特点、新问题,把握规律,解决问题,提高效率,提高社会治理效率和水平。[①]

二是为有效促进成渝毗邻圈层的经济社会发展,防止中部区域各城市的治理内卷化。为此,一方面应当重点考虑软性人才计划[②],扬长避短,与中心城市错位竞争,吸引中心城市的高端人才在有余力的情况下参与这些城市的发展和治理。另一方面,要更加注重职业教育建设,培养职业技能人才,使之能够有效承接中心圈层外溢的产业需求。在社会治理工作中,应当努力满足不同层次的人才所需的公共服务需求,让各类人才能有效投入社会经济发展的工作之中。

三、对接中心城市公共法律服务和社会化服务资源

成渝地区中部区域各市应当积极对接成都和重庆两个中心城市的公共法律服务资源和社会化服务资源,提升本地区的社会治理能力。川渝两地政府应当加强区域法治中心、省级司法诉讼服务中心等法治载体建设,为中部区域各市对接中心城市治理资源制定配套政策,提供体制机制创新保障。

具体而言,应当建立与中心城市的不定期或者定期的交流合作机制;利用现代信息技术,建立大数据资源共享网络新格局,中部区域各地市应创建在线互动网络平台[③],以达到实现治理资源、信息最快的传递与共享。同时,成渝中部区域各地市完全可以利用信息技术资源,搭建共享平台,充分利用这个中心,服务本地的法治建设。当前,成都和重庆两个主要城市在公共服务方面,如社会保险办理互通、人才信息交流合作等方面已经初步融合联通,其他地市也应尽快加入其中,实现社会化服务的资源共享。最后,各地市可以根据自身情况,积极对接区域法治中心等载体,优化布局区域法治服务站和法治服务示范点。

---

① 肖丹:《四维视角:社会治理现代化的困境和对策研究》,载《广西社会科学》2019年第2期。

② "软性人才计划"又称"柔性引才",是指在人才引进过程中,用人单位在不改变引进人才的户籍、档案、社保、人事等关系的情况下,通过顾问指导、短期兼职、候鸟服务、实习实践、创新创业等方式,吸引人才在本地工作或创业,实现"不求所有、但求所用"的灵活引才方式。

③ 谭菊华:《现代社会治理与政府治理法治化融合互动机制研究》,载《人民论坛》2019年第27期。

参考文献

一、英文文献

Cooke P. Regional innovation systems: competitive regulation in the new Europe [J]. *Geoforum*, 1992, 23 (3): 365—382.

Coston J M. A model and typology of government – NGO relationships [J]. *Nonprofit and Voluntary Sector Quarterly*, 1998, 27 (3): 358—382.

Fluno R Y. The Floundering Leviathan: Pluralism in an Age of Ungovernability [J]. *Western Political Quarterly*, 1971, 24 (3): 560—566.

Gidron B, Salamon L M, Kramer R M. *Government and the third sector: Emerging relationships in welfare states* [M]. New York: Jossey—Bass, 1992: 1—14.

Gottmann J. Megalopolis or the urbanization of the northeastern seaboard [J]. *Economic Geography*, 1957, 33 (3): 189—200.

McGinnis M D, Ostrom E. Reflections on Vincent Ostrom, public administration, and polycentricity [J]. *Public Administration Review*, 2012, 72 (1): 15—25.

McGuire M. Collaborative public management: Assessing what we know and how we know it [J]. *Public Administration Review*, 2006 (S1): 33—43.

二、中文文献

专著类:

[爱] 帕特里克·麦克纳特. 公共选择经济学 [M]. 梁海音, 译. 长春: 长春出版社, 2008.

[德] 尤尔根·哈贝马斯. 公共领域的结构转型 [M]. 曹卫东, 等译. 上海: 学林出版社, 1999.

[法] 卢梭. 社会契约论 [M]. 李平沤, 译. 北京: 商务印书馆, 2017.

[美] E. 博登海默. 法理学——法哲学及其方法 [M]. 邓正来, 姬敬武, 译. 北京: 华夏出版社, 1987.

[美] R. 科斯, A. 阿尔钦, D. 诺斯. 财产权利与制度变迁——产权学派与新制度学派译文集 [M]. 刘守英, 等译. 上海: 上海人民出版社, 1994.

［印］阿马蒂亚·森. 正义的理念［M］. 王磊，译. 北京：中国人民出版社，2012.

［美］埃莉诺·奥斯特罗姆. 公共事物的治理之道：集体行动制度的演进［M］. 余逊达，陈旭东，译. 上海：上海译文出版社，2012.

［美］布莱恩·卡普兰. 理性选民的神话：为何民主制度选择不良政策［M］. 刘艳红，译. 上海：上海人民出版社，2010.

［美］道格拉斯·C·诺思. 经济史中的结构与变迁［M］. 陈郁，罗华平，等译. 上海：上海三联书店，1981.

［美］迈克尔·桑德尔. 民主的不满：美国在寻求一种公共哲学［M］. 曾纪茂，译. 北京：中信出版集团，2016.

［美］塞缪尔·P.亨廷顿. 变化社会中的政治秩序［M］. 王冠华，刘为，等译. 上海：上海人民出版社，2008.

［英］安东尼·吉登斯. 第三条道路及其批评［M］. 孙相东，译. 北京：中共中央党校出版社，2002.

［英］科林·斯科特. 规制、治理与法律：前沿问题研究［M］. 安康永，译. 北京：清华大学出版社，2018.

［英］罗纳德·哈里·科斯，王宁. 变革中国：市场经济的中国之路［M］. 徐尧，李哲民，译. 北京：中信出版社，2013.

陈光. 区域治理多元规范及其结构优化研究［M］. 北京：科学出版社，2018.

卢现祥. 西方新制度经济学［M］. 北京：中国发展出版社，2003.

马海龙. 京津冀区域治理协调机制与模式［M］. 南京：东南大学出版社，2014.

唐亚林. 区域治理的逻辑：长江三角洲政府合作的理论与实践［M］. 上海：复旦大学出版社，2019.

期刊类：

艾伦·罗森鲍姆，许玉镇. 分权与地方治理：美洲经验的启示［J］. 吉林大学社会科学学报，2014，54（04）：128－135+175.

白云锋. 飞地协议管辖：一个组织法问题的出路［J］. 中国土地科学，2019，33（02）：12－18.

卜宪群. 中国古代"治理"探义［J］. 政治学研究，2018（03）：81－86.

陈艾，陈伟东，张彩云. 协作行动：建设社会治理共同体——以湖北省第六届社区公益创投大赛为分析对象［J］. 社会科学动态，2020（12）：62－68.

陈柏峰. 基层社会治理模式的变迁与挑战［J］. 学习与探索，2020（09）：46－53+2.

陈成文，陈静，陈建平. 市域社会治理现代化：理论建构与实践路径［J］. 江苏社会科学，2020（01）：41－50+8.

陈世瑞. 党建引领跨区域治理的实践创新模式探析［J］. 科学社会主义，2020（06）：56－62.

陈甦. 商法机制中政府与市场的功能定位［J］. 中国法学，2014（05）：41－59.

陈秀山，石碧华. 区域经济均衡与非均衡发展理论［J］. 教学与研究，2000（10）：12-18.

成伯清. 市域社会治理：取向与路径［J］. 南京社会科学，2019（11）：10-16.

崔晶. 大都市区跨界公共事务运行模式：府际协作与整合［J］. 改革，2011（07）：82-87.

单学鹏，罗哲. 成渝地区双城经济圈协同治理的结构特征与演进逻辑——基于制度性集体行动的社会网络分析［J］. 重庆大学学报（社会科学版），2021，27（02）：55-66.

党国英. 论城乡社会治理一体化的必要性与实现路径——关于实现"市域社会治理现代化"的思考［J］. 中国农村经济，2020（02）：2-13.

范逢春. 国家治理现代化场域中的社会治理话语体系重构——基于话语分析的基本框架［J］. 行政论坛，2018，25（06）：109-115.

范如国. 复杂网络结构范型下的社会治理协同创新［J］. 中国社会科学，2014（04）：98-120+206.

方木欢. 分类对接与跨层协调：粤港澳大湾区区域治理的新模式［J］. 中国行政管理，2021（03）：36-44.

付建军，张春满. 从悬浮到协商：我国地方社会治理创新的模式转型［J］. 中国行政管理，2017（01）：44-50.

付建军. 当代中国公共治理中的清单制：制度逻辑与实践审视［J］. 当代世界与社会主义，2016（05）：166-174.

付建军. 清单制与国家治理转型：一个整体性分析框架［J］. 社会主义研究，2017（02）：73-80.

贺海仁. 我国区域协同立法的实践样态及其法理思考［J］. 法律适用，2020（21）：69-78.

贺雪峰，田舒彦. 资源下乡背景下城乡基层治理的四个命题［J］. 社会科学研究，2020（06）：111-117.

华子岩. 飞地府际合作治理模式的确立与逻辑展开［J］. 中国土地科学，2020，34（12）：51-58.

纪志耿. 社区治理"内卷化"的特征及突破［J］. 人民论坛，2021（12）：73-75.

焦洪昌，席志文. 京津冀人大协同立法的路径［J］. 法学，2016（03）：40-48.

李龙，任颖. "治理"一词的沿革考略——以语义分析与语用分析为方法［J］. 法制与社会发展，2014，20（04）：5-27.

梁平. 区域协同治理的现实张力与司法应对——以京津冀为例［J］. 江西社会科学，2020，40（03）：168-175.

林建华. 国家制度、国家治理体系和治理能力现代化的新时代逻辑［J］. 广西社会科学，2020（05）：19-23.

刘鹏，刘嘉. 非均衡治理模式：治理理论的西方流变及中国语境的本土化［J］. 中国行政管理，2019（01）：109-115.

刘琼莲. 国家治理现代化进程中社会治理共同体的生成逻辑与运行机制[J]. 改革，2020（11）：147-159.

刘祖云. 社会治理创新的路径遵循——基于内地与香港比较视角的探讨[J]. 武汉大学学报（哲学社会科学版），2018，71（06）：168-176.

石佑启，陈可翔. 粤港澳大湾区治理创新的法治进路[J]. 中国社会科学，2019（11）：64-85+205-206.

宋保振，陈金钊. 区域协同立法模式探究——以长三角为例[J]. 江海学刊，2019（06）：165-171.

孙晓莉. 西方国家政府社会治理的理念及其启示[J]. 社会科学研究，2005（02）：7-11.

陶希东. 社会治理体系创新：全球经验与中国道路[J]. 南京社会科学，2017（01）：62-70.

王丛虎，王晓鹏. "社会综合治理"：中国治理的话语体系与经验理论——兼与"多中心治理"理论比较[J]. 南京社会科学，2018（06）：60-66.

王浦劬. 国家治理、政府治理和社会治理的含义及其相互关系[J]. 国家行政学院学报，2014（03）：11-17.

王郅强，张晓君. 社会治理体系构建面临的结构性失衡及其调适路径——基于耗散结构理论视角[J]. 经济社会体制比较，2017（03）：45-53.

吴晓林，谢伊云. 国家主导下的社会创制：城市基层治理转型的"凭借机制"——以成都市武侯区社区治理改革为例[J]. 中国行政管理，2020（05）：91-98.

夏锦文. 共建共治共享的社会治理格局：理论构建与实践探索[J]. 江苏社会科学，2018（03）：53-62.

邢华. 我国区域合作治理困境与纵向嵌入式治理机制选择[J]. 政治学研究，2014（05）：37-50.

徐祖澜. 纵向国家权力体系下的区域法治建构[J]. 中国政法大学学报，2016（05）：17-26+159.

薛泉. "自上而下"社会治理模式的生成机理及其运行逻辑——一种历史维度的考察[J]. 广东社会科学，2015（04）：202-210.

杨磊，许晓东. 市域社会治理的问题导向、结构功能与路径选择[J]. 改革，2020（06）：19-29.

杨治坤. 区域治理的基本法律规制：区域合作法[J]. 东方法学，2019（05）：93-100.

曾小波. 社会治理：从理念到方法的变革[J]. 西南民族大学学报（人文社会科学版），2014，35（07）：196-200.

张福磊，曹现强. 城市基层社会"技术治理"的运作逻辑及其限度[J]. 当代世界社会主义问题，2019（03）：87-95.

张广利, 濮敏雅. 新时代"共建共治共享"社会治理格局的内涵解析及构建途径[J]. 人民论坛·学术前沿, 2020 (07): 108-111.

张虎祥. 全球性社会治理危机及创新路径研究[J]. 社会科学战线, 2017 (10): 185-191.

张乾友. "社会之死"与"通过社区的治理"的形成——对西方社区治理实践的反思性考察[J]. 南京社会科学, 2019 (05): 71-77+84.

张清, 武艳. 包容性法治框架下的社会组织治理[J]. 中国社会科学, 2018 (06): 91-109+206.

张清. 基层自治制度的理论阐述与路径选择[J]. 法律科学(西北政法大学学报), 2020, 38 (02): 45-53.

张桐. 社会治理体系及其结构: 对一个学术问题的重新界定[J]. 中国行政管理, 2017 (09): 76-80.

张蔚文, 金晗, 冷嘉欣. 智慧城市建设如何助力社会治理现代化? 疫情考验下的杭州城市大脑[J]. 浙江大学学报(人文社会科学版), 2020, 50 (04): 117-129.

张文显. 新时代中国社会治理的理论、制度和实践创新[J]. 法商研究, 2020, 37 (02): 3-17.

张现洪. 技术治理与治理技术的悖论与迷思[J]. 浙江学刊, 2019 (01): 160-165.

赵天宝. 论中国社会治理观的赓续与嬗变[J]. 江苏社会科学, 2019 (06): 165-174.

钟韵, 胡晓华. 粤港澳大湾区的构建与制度创新: 理论基础与实施机制[J]. 经济学家, 2017 (12): 50-57.

周汉华, 刘灿华. 社会治理智能化的法治路径[J]. 法学杂志, 2020, 41 (09): 1-12+149.

周庆智. 政社互嵌结构与基层社会治理变革[J]. 南京大学学报(哲学·人文科学·社会科学), 2018, 55 (03): 139-149+160.

朱碧波. 论我国社会治理共同体的生成逻辑与建构方略[J]. 西南民族大学学报(人文社科版), 2020, 41 (10): 200-206.